U0126502

朱舜水學術思想及其對
日本江戶時代文化之影響

莊凱雯 著

臺灣 學生書局 印行

序一

　　南明遺民大儒朱舜水是一位非常特殊的明季儒家,他與晚明三大儒顧炎武、王夫之、黃宗羲以及時於豫北輝縣夏峰村結寨耕讀授徒的孫奇逢、隱居陝西華山的李二曲是同一個時代的儒者。但朱舜水與他們很不一樣,因為一般言,儒家是高度依附在神州故國的,明朝亡於異族滿清,對於家國之喪亡,儒者心懷天崩地裂之深痛,當時的有德行學問的儒家,多固守故國之大地山河以及衣冠禮制而在中國土地之上,或傳孔孟之道於民間草野,或遁隱山林邊陲而著書立說冀能將儒家真理垂諸後世,上言三大儒家以及遁隱民間草野之儒者即屬此典型。而唯有籍屬餘姚而生活於松江的臨海儒士朱舜水根本是實踐孔子所言「道不行乘桴浮於海」之志節而長期孤舟離航於東亞之洋,於越南和日本之間來回漂泊,在日本長崎效法顏回寄居陋巷,過著簞食瓢飲的異國清貧生活,卻以其高尚精純的德學而得到日本儒士如安東省庵等人的尊敬崇仰,奉為老師,最終受到水戶藩德川光圀的敬重,以賓師厚禮尊迎於江戶,在其晚年成為德川日本時期傳播孔孟聖人之道於東瀛之國的最重要之明朝中國大儒。

　　莊凱雯女史在中興大學攻讀博士學位,抉擇朱舜水為研究詮釋的對象而撰述其論文,其論文都數十萬言,題為《朱舜水學術思想及其對日本江戶時代文化之影響》。

　　凱雯女史在其著作中首先深入分析了籍屬江浙之朱舜水與當時當地的文士儒者社團之間的關係。這樣的析論甚重要,因為世上

並無抽象懸空之個人，一個知識份子是結構地在一個文化、思想、學術的關係脈絡和互動場域之中，所以結構地分析或詮釋朱舜水於其成長學習的歷程中如何與他的故鄉地區的明季儒風發生深刻的關聯，是很有意義的論述。

再者，朱舜水在安南國（今中越）的大港埠會安居停時，忽遭安南君臣的拘禁，而又逐漸得到他們上下一致的敬重。此段經歷，朱舜水撰述之而題為〈安南供役記事〉，此中含具朱舜水作為一名中國儒者的「春秋節義」的文化民族主義思想和信念。凱雯女史的研析和解釋十分充實豐富，她在這方面的撰述乃是在十分有限的關於朱舜水在安南國的遭遇之研究和創作中而言，達到了一個高度的學術貢獻。

在這本論著的後半部，凱雯女史努力表彰闡釋了朱舜水在德川日本的生涯中，與幕府官員的交流和論學之內容，也闡述詮說朱舜水與日本漢學者的來往和論道。在這兩大章裡，凱雯女史運用相關史料、文獻以及著作，剖析了朱舜水在德川日本以其出入而又有別於宋明理學心學的溯古之儒學來啟發、教導、影響了當時的日本統治階層以及重要的大知識份子，朱舜水特重孔孟原始儒家之大義以及通過禮樂文制而在政治層和社會層落實呈現的禮政型儒學，此種朱舜水式儒家之大方向，透過其為水戶藩德川光圀賓師的身份，而具體地影響了其之後的日本國家級的儒學大政以及大知識份子級儒家的思想。換言之，由於朱舜水之存在且講學於日本，讓日本的儒學發生了朱舜水意義下的呈現和內化，對於此之後的日本儒士或政治家明顯地以這樣的儒學或儒道對日本近現代生發了深遠的動源性的作用。

　　然而，就一位遭逢國破家亡之大難卻堅信春秋大節，而離散漂泊並且客居於日本的遺民型大儒而言，南明大儒朱舜水之歷史意識和文化方向，不僅僅是在日本儒學架構中才有意義，在近代至現代的儒家的發展史之大河裡，朱舜水其一生行誼以及在日本的儒家實踐，應該在更寬大且深刻的結構中來加以體認，就中國立場言之，朱舜水建立了中國儒家邁出中土而在東亞世界中實踐中國孔孟道術與慧命的新典範，換言之，朱舜水儒學之觀照普及之尺度，在後人看，是具備了「東亞性」和「海洋性」的中國儒學。我們除了從德川日本儒學史的角度之外，更宜從上述的「東亞性和海洋性的中國儒學」之面向來認識朱舜水，而此種型態的朱舜水儒學正是儒家進入全球而與當代全球重大觀念系統和倫理系統交流、對話、會通之象徵性和實踐性的開端。

　　總之，凱雯女史的這本著作，無論就中國儒家學術或東亞儒家學術言，均非常值得出版成書以利睿思慧識之推廣，而讓世間有志於學習東亞儒學或中國儒學的學者、學生以及社會一般讀者，都能品味欣賞學習這本甚有內涵的儒家思想和智慧的作品。

　　　　　　　　潘朝陽　謹序於　臺北·天何言齋
　　　　　　　　中華民國一〇一年四月八日

序二：舜水學的成立如何可能？

　　近年來，隨著東亞文明研究在政治、經濟、文化諸領域的全方位拓展與深化，作為明清之際東亞文明對話之結晶的、以朱舜水的獨特生命歷程及學術思想為主要對象的「舜水學」研究，也步入了一個高潮期，2008 年 10 月和 2010 年 11 月，先後在海峽兩岸的餘姚和臺北舉辦了有關舜水學的國際學術研討會，便是明證之一。與上世紀初的朱舜水事蹟回傳和七、八十年代的朱舜水研究相比，如今這個高潮期，可以說無論在資料覆蓋上還是思想跨度上，都向前邁進了一大步。

　　作為一門介於中國思想史與中日文化交流史之間的跨門類學問，舜水學的成立有其歷史必然性和現實合理性。舜水學之稱謂，最早是 1976 年由臺灣學者王進祥在《朱舜水評傳》中提出的，1993 年大陸學者李甦平在《朱舜水》一書中作了強調，1996 年張立文又以《論舜水學的意蘊》為題作了進一步闡釋。依筆者拙見，舜水學這門學問之所以能夠成立，不僅在於海內外學術界均有以朱舜水為對象而作博碩士論文者[1]，更主要的還在於朱舜水的傳奇生涯、學問技能、越境傳道、師友關係、回傳故土、東亞交涉以及對日本思想文化的影響等諸多方面，而這些內容，是完全能夠構成一門完整的學問體系的。儘管它在思想體系、學派傳承等方面不能與朱子

---

[1]　據筆者初步統計，以朱舜水為題作博碩士論文者，在中國大陸、臺灣、日本、美國有二十餘人。

學、陽明學等同樣傳播於東亞諸國的「顯學」望其項背，但在中日文化交流史、近代中日關係史等方面，則具有自己的明顯優勢和豐富內涵。從學術史的角度看，舜水學既可以說是中國浙東學派的一個分支，又可以說是日本水戶學派的一個源頭，故而浙東學派所具有的特點，如重視史學、實學實用、心性為本、知行合一等，在舜水學裡都有體現；而水戶學派所具有的訴求，如儒教興國、大義名分、尊王攘夷、忠孝一體等，在舜水學裡也有反映。若從更廣闊的視域考量，舜水學還可以說是一門涉及南明抗清鬥爭史、海外遺民史、中日文化交流史以及近代中國海外典籍傳播史的綜合性學科。

概而言之，舜水學在內涵上應包涵內外兩個層面：「內面」指的是朱舜水與浙東、浙西以及閩浙沿海、臺灣、越南、泰國等東南海域之間的互動關係。浙東（主要是餘姚）是朱舜水出生成長地，浙西（主要是松江）是他的思想形成地，閩浙沿海和東南海域是他從事反清復明、經營公私貿易等活動的寓居飄泊地。「外面」指的是朱舜水與日本的省庵學、水戶學、朱子學、仁齋學、古學之間的互動關係。它在政治學上涉及日本的幕藩制、武家制、天皇制等，在經濟學上涉及海域交通、商貿物流、資金籌措等；在文化學上涉及儒學傳播、教育立國、典章文物等，在人員交往上涉及流亡遺民、東渡僧侶、早期華僑等，在學術思想上涉及儒學、佛學、神道教等。

如果說朱舜水與以餘姚為代表的浙東文化之間主要是精神性格、生活習慣上的鏈結，與以松江為代表的浙西文化主要是儒學經義、生產技能上的傳接，那麼其與閩浙沿海和東南海域的聯繫，則主要體現在政治軍事上的抗清復明以及由此而隱蔽進行的經濟上的商貿活動中。

　　眾所周知，明末清初在東南沿海活躍著一批兼有商人與文化人雙重身份的群體，其中既有文化人為了政治經濟等目的而經商的，又有經濟人為了純粹商業利益而從事文化產品的。朱舜水屬於前者，但似乎也有屬於後者的個別行為表現，如他帶三尊孔子像和一大批書籍到日本，開始可能並不僅僅是為了文化傳播，也許還包含著某種經濟利益和政治目的在其中（如籌集資金、借兵抗清等）。在當時流寓海外的一大批明遺民中，既有像朱舜水這樣兼具經濟頭腦的高素質的文化人，又有頗具學術眼光的精明商人，如在寧波與長崎的海上貿易中把大量漢籍輸入到日本的江浙商人。舜水學固然屬於思想文化的研究範疇，但它似乎又與浙商及海外貿易有一定關係，而這一點恰好是以往的舜水學研究所疏忽的。

　　相對於舜水學的興起，對朱舜水的關注其實早在中國辛亥革命前後就已漸趨高漲。是革命黨人的政治需求，把一位埋沒了二百餘年的「畸人」（梁啟超語）重新發掘出來。據蔡元培日記記載，章太炎 1901 年在東吳大學堂任教時，曾以明末清初浙東大儒黃宗羲的《明夷待訪錄》為課本，以激發學生的民族意識。1902 年春，章太炎流亡日本，與秦力山等在東京發起「支那亡國二百四十二年紀念會」，在為紀念會撰寫的文稿中，章太炎又以包括朱舜水在內的抗清鄉賢激勵留日學生。1903 年，蔡元培率領罷課出校的南洋公學學生創辦愛國學社，邀請章太炎為教習，章在講課中又「多述明清興廢之事」。直到加入光復會和同盟會之後，章太炎在進行革命宣傳的同時，仍不忘用反清志士的壯烈事蹟激勵國人。與此同時，李大釗、魯迅、馬一浮等大一批仁人志士和文化先賢，也加入到早期宣傳朱舜水的熱潮中。

20 世紀 80 年代之前，以朱舜水為載體的日本民間對華友好人士主要是以臺灣為中心，有關朱舜水的話題，也主要是在日本與臺灣之間展開。日本自 1912 年舉行朱舜水「永住」或者「移居」日本的一系列紀念活動後，上規模的紀念活動便很少聽說了。後來以強化對華友好為背景，1975 年 5 月 25 日常陸太田市成立了「朱舜水遺德顯彰會」。顯彰會成立後先在德川光圀晚年隱居的西山莊（地處常陸太田市，現為茨城縣立西山公園）之不老池畔建立「朱舜水碑」，並於 1976 年 5 月 15 日舉行了揭幕式。1980 年 5 月 29 日，以會長戶倉久喜和理事長小松崎為正副團長的「朱舜水遺德顯彰會代表團」一行 15 人訪問臺灣。5 月 30 日臺灣朱氏宗親會在台南市延平郡王祠（即鄭成功廟）舉行「朱舜水祭」，以紀念朱舜水誕辰 380 周年。1981 年 5 月 20 日，常陸太田市舉行朱舜水逝世 300 周年祭典活動[2]，臺灣又派出了以朱氏宗親會朱正義理事長為團長、朱舜水第 12 世孫朱力行、新竹市知事朱盛淇等 10 人代表團出席。祭典活動包括參拜瑞龍山朱舜水墓、參觀西山莊朱舜水碑以及紀念集會等，同時還發行了《朱舜水先生遺德顯彰會會志》。從 70 年代中期到 80 年代初的若干年間，以日本茨城大學教授石原道博為首的多位日本學者還先後在月刊《常陸評論》及其他報刊上發表了數十篇有關朱舜水的評論性和資料性文章，並且舉辦了各種形式的

---

[2]　按：朱舜水逝世於 1682 年農曆 4 月 17 日，日本與中國一樣，也有先一年預祭的風俗。

「研究會」、「懇親會」、「講演會」等。[3]這段時期可以說是日本的朱舜水研究較為活躍的時期，此後逐趨於沉寂，直到 2002 年，為紀念江戶幕府開府 400 周年和朱舜水「永住」日本 320 周年，日本東京、水戶、柳川等地又乘勢舉行了一些紀念活動。而反觀臺灣的朱舜水研究，則由於日臺斷交，臺灣解除黨禁，民進黨逐步壯大乃至執政，與國民黨光復大陸的政治軍事訴求相伴而生的朱舜水情結受到相對削弱等原因，而漸趨沉默，直到最近幾年，伴隨著東亞儒學研究的興起和展開，才重新進入高潮期。

朱舜水研究在中國大陸消沉了近半個世紀後被重新推倒歷史前臺，是在 20 世紀 70 年代初中日恢復邦交以後的事。在此之前，只有北京大學教授朱謙之等人的零碎研究對後世有重要影響。70 年代後期，國人又把注意力轉向「改革開放」。當時的中國大陸，出於政治、經濟等原因，其產、官、學界在相當長一段時期內對宣傳朱舜水表現出異乎尋常的熱忱。這是因為，在向西方開放的過程中，日本是個巨大的存在，中日友好是當時的時代主題，更是經濟發展的實際需要，所以當時的朱舜水研究，大多是在這種宣傳中日友好、服務「四化」建設的氛圍中展開的。而朱舜水作為「中日友好的偉大使者」之形象重登當代政治舞臺的標誌，就是 1982 年在餘姚舉行的「朱舜水先生紀念碑」揭碑式。這年的 5 月 20 日，兩年前剛訪問過臺灣的日本「朱舜水遺德顯彰會」，又組成了由時任參議院議員戶葉武為團長的代表團來餘姚參加「朱舜水先生紀念

3　參見本多利光編集：《朱舜水先生遺德顯彰會會志》，1976 年 5 月 20 日第 1 號，常陸太田市朱舜水顯彰會事務局發行。

碑」揭碑式。於是，以朱舜水為載體的日本民間對華友好活動亦隨之從臺灣移向大陸。遺憾的是，由於種種原因，餘姚的朱舜水後裔赴日本為先祖掃墓的夙願，直到朱舜水逝世 330 年後的 2011 年才最終實現。據日本共同社報導，2011 年 11 月 3 日，朱舜水 11 世孫朱育才和朱育成兄弟（皆為旁系）應水戶德川家第 15 代掌門人德川齊正邀請，赴茨城縣常陸太田市瑞龍山朱舜水墓地掃墓，從而實現了餘姚朱氏幾代人的願望。

如果要對百年來中日兩國的舜水學研究作番粗線條的對比，那麼可以說，除了研究視角、手段及採用資料上的差異之外，還有就是在研究目的上的不同。比如日本往往選擇朱舜水的逝世日或者移居日搞紀念活動，這或許是為了凸顯日本的主體意識或東亞的「共同記憶」，而中國大陸往往選擇朱舜水的誕辰日召開學術研討會，則可能與中國人潛意識中的「中華記憶」有關。而且日本的紀念活動大都屬於知識界的民間性紀念集會，與學術研究干係不大，更與海峽兩岸由政府主導的紀念活動相距較遠。至於在提法上為何不用「歸化」而用「永住」，則主要是因為對朱舜水「歸化」日本說歷來存有分歧，同時也是對朱舜水本人所堅守的「明遺臣」之政治信念的尊重。這一點，似乎已成為當下圍繞朱舜水而展開的東亞文明對話的基礎與共識。

從以上簡述的舜水學之特點可以看出，研究這門學問絕非輕而易舉之事，要以它為題作博士論文，更是有相當之難度。而研究舜水學的難度，在筆者看來，主要有三個方面：

一是國內史料缺失。朱舜水的現有著作大多是 60 歲以後寫的，誠如水戶本《朱舜水文集·凡例》所言：「先生在明所作文字，

一無所傳,今所編次者,皆海外文字也。長崎所作,皆先生歿後安東守約所錄送,在交趾所作,亦在其中,而散落漸盡者,不知其幾。」即使江戶時期所作,亦因「天和壬戌(1682)之冬,先生故第罹災,原稿悉為灰燼」;後雖經過努力,使各方人士「出其所藏,稍稍得完。其在外者,旁搜廣求,庶無所遺」,[4]但那也只是其流寓日本後的著述。至於舜水在中國大陸時的著述,惟有張廷枚《姚江詩存》附載的《泊舟稿》一篇,收錄舜水詩 12 首,而且直到 1912 年才被稻葉君山收入《朱舜水全集》中。故此安積覺《朱舜水文集後序》曰:「惟《文恭先生文集》二十八卷,合六百七十四首,皆先生年邁六十以至八十三歲二十餘年間所作,而筆語、批評不在此數。其間雖有《上永曆帝》、《魯王疏》、《祭王侍郎文》,皆系海外文字,其在明室所作,一無存者,則其遺軼淪喪者不知幾千百首,豈不可惜哉!」[5]如此一來,對研究朱舜水的晚年思想與事蹟固然很有益,但卻給研究朱舜水在中國大陸時的思想與生活帶來了極大不便。比如他在松江時期的思想、他在舟山沿海的活動、他在中國大陸其他地方的經歷等,有許多至今還是個謎,也許還是些永遠解不開的謎。

　　二是回傳過程漫長。自朱舜水流亡海外後,他就一直保持著與家鄉親人的書信聯繫,而其在海外的資訊,也曾斷斷續續地傳回故國。惟因種種原因,朱舜水在日本的事蹟回傳故國的過程相當漫長,屈指算來,有三百數十年之久。正因為如此,才使得朱舜水所

4　　朱謙之整理點校:《朱舜水集》(北京:中華書局,1981 年),頁 788。
5　　朱謙之整理點校:《朱舜水集》,頁 786。

取得的學術成就和具有的歷史地位，雖早就為歷代日本人士所首肯，但國人真正對他有所瞭解和研究，卻是近代以後的事。在相當長的一段時期內，朱舜水在明清知識階層中的點擊率可以說是最低的，多數國人對黃宗羲、顧炎武、王夫之等人可謂耳熟能詳，但對朱舜水卻相當陌生。即使在談到中日文化交流史時，也往往舉出徐福、鑑真、晁衡、最澄、道元、隱元等人，而較少述及朱舜水。這不僅與朱舜水的歷史地位極不相稱，而且還影響到舜水學研究的深入開展和朱舜水事蹟的教育普及。近年來，這種情況雖然有所改觀，但離全面深入的研究尚有不少差距。尤其是在經濟全球化、政治地域化、文化多元化的複雜背景下，如何把舜水學的研究與東亞的歷史與現實的研究相整合，更是值得期待的方向。

三是人脈關係不清。朱舜水書簡中涉及的中日兩國人物不下百餘人，其中有不少人尤其是日本方面的人物是沒有任何歷史記載的。因此舜水學研究中碰到的最棘手問題，就是對諸多人物及其歷史史實的考證，因為這些人物和歷史事件是與近世的中日關係、日本的學術背景、舜水的思想性格等重要問題緊密相連的。這也是本書在敍述過程中，並不局限於朱舜水本人，而是把研究的視野擴展到與舜水關係密切的人物、學派和歷史事件上的重要原因。正是由於對相關歷史人物缺乏研究，才造成了以往研究者對於朱舜水給日本的恩惠說得比較多，而較少述及朱舜水受惠於日本人的狀況。其實，曾任臺灣總督府民政長官、南滿鐵道會社總裁、日本外物大臣和內務大臣等要職的後藤新平，早在《朱舜水全集序》中就說過：「我善遇之瑜，之瑜亦感激我之知遇，宛若花有清馨，鐘有遠響。……我之所得於之瑜也固大矣！然之瑜之所負於我，亦有均大

者矣！我之知所以攝取於彼者，已為可貴；彼之知所以寄託於我，亦可謂明矣。水月鏡花，相得則成俊致。之瑜之於我邦也，真得其所。」[6]從朱舜水身上可以看到，即使中國作為完全的文化輸出者時期，中日文化交流也是雙向的、互動的，而不存在簡單的誰得益、誰受惠的問題。

莊凱雯的這本論著，可以說就是圍繞著如何破解上述三大難題而展開的力作。全書共分七章，第一章是緒論，具體闡述了本書的研究動機、方法及方向之選擇；第二章是對舜水學研究史的綜述和概論；第三章是對與朱舜水相關的晚明江浙文人集團的梳理和探究；第四章是對朱舜水在安南的異國生涯的考察和審思；第五章是對朱舜水與日本幕府官員交往情形的考量和分析；第六章是對朱舜水學術思想及其與日本漢學者之論談過程和內容的闡述和解讀。其中寫得最有分量的部分，我以為是第四、五、六章，尤其是安南部分，是以往研究者較少涉獵的領域，作者以越南為對象和方法，把朱舜水置於明代中越關係的大背景下予以深度考量和整體把握，為今後的舜水學研究打開了新的視域。除此之外，本書還有一個特點，就是利用圖表作業，為讀者提供了可以直觀解讀的新視角。

在論述方法上，本書可以說是以對照的手法，對朱舜水所關注的議題和當時各國的具體情況，加以並列說明，採取歸納、系連方式，將於朱舜水相涉的言論、人物、環境等面向合觀，以分析梳理朱舜水的整體學術思維，並定位其在歷史脈絡中的意義和價值。借助此手法，本書又進一步為我們在全球化和地域化的當下國際交流

6　朱謙之整理點校：《朱舜水集》，頁796。

環境中，如何展開與各國文化的互動和交流，提供了詮釋學上的選擇和傳播學上的視界。

今年是朱舜水逝世 330 周年，臺灣學生書局選擇這樣一個有紀念意義的時段推出莊凱雯的這部舜水學研究新著，其深意自不待言。半個多世紀以來，有關朱舜水研究和介紹的專著，已出版了幾十種，但真正有分量的似乎並不多。莊凱雯的這本書，可以說舜水學與東亞文明研究方面不可多得的好書。該書從採集、詮釋資料到撰成博士論文，再到修改成正式出版物，其間的艱辛與曲折，但凡從事過學術研究的人，都會有同感。而筆者作為較早讀到莊凱雯博士論文並與其有過當面交流的人之一，對本書的評介性意見難說全面、客觀，但確信可做到言之有理、言之有據，這也是我願意接受為本書撰寫序言的主要原因。至於所序之內容，則除了聊發拜讀此書後的諸多感想，就是想通過這篇小文來袒露一點自己的讀書心得並表達對舜水學研究的更多期待。謹是為序。

錢 明

2012 年 3 月謹識於杭州寓所

朱舜水學術思想及其對日本江戶時代文化之影響

目次

序一 ……………………………………………… 潘朝陽　I

序二：舜水學的成立如何可能？ ………………… 錢　明　V

第一章　緒論 ……………………………………………… 1

　第一節　研究的旨趣 ………………………………… 1

　第二節　研究方向 …………………………………… 15

　第三節　研究方法 …………………………………… 19

　第四節　章節概述 …………………………………… 21

第二章　朱舜水研究之文獻回顧及其未來發展趨向 … 29

　第一節　朱舜水研究的前期階段 …………………… 34

　　一、朱舜水逝世至日本幕末（1683~1868 年）…… 34

　　二、明治維新至二戰時期（1868~1945 年）……… 38

　　三、日本戰敗之後（1945~1970 年）…………… 57

　第二節　朱舜水研究的近期階段……………………… 69

　　一、中日關係恢復友好之後（1970~1999 年）…… 69

　　二、二十一世紀全球化之後（2000 年~）………… 76

　第三節　朱舜水研究總論及其開展…………………… 79

　　一、朱舜水研究總論………………………………… 79

　　二、朱舜水研究之開展……………………………… 87

第三章　朱舜水與晚明江浙文人集團關係之探究…… 89

　第一節　朱舜水生平及其身分疑義…………………… 91

　　一、朱舜水生平略述………………………………… 91

　　二、黃宗羲認知中的朱舜水疑義…………………… 96

　第二節　朱舜水與晚明江浙文人集團……………… 114

　　一、明代文人集團結社概述………………………… 115

　　二、朱舜水與文人集團結社之關係………………… 119

　第三節　朱舜水學術與晚明學風…………………… 148

　　一、朱舜水對文人評介與期許……………………… 148

　　二、朱舜水學術思想與晚明學風…………………… 164

第四章　朱舜水在安南之異國生涯探討……………… 195

　第一節　明代文人及朱舜水對安南的認知………… 201

　　一、明代歷來君主的安南政策……………………… 201

　　二、明人及朱舜水對安南的印象…………………… 213

　第二節　朱舜水在安南禮儀之交涉………………… 226

一、與安南國官員之相見禮儀 …………… 228

二、安南國王召見之待客座次第禮 ………… 232

三、安南國王召見之堂上禮儀 …………… 235

四、安南國王召見之跪拜禮辯析 ………… 237

五、在異國接魯王詔書禮儀儀式 ………… 247

第五章　朱舜水與日本幕府官員交往情形 ………… 253

第一節　日本德川時期學術發展與朱舜水之關係　259

一、德川時代儒學發展起因 …………… 260

二、德川時期舜水學的接受與傳播 ………… 273

第二節　朱舜水與日本官員論政治相關議題 ……… 277

一、德川時期的階級制度略述 …………… 278

二、朱舜水論農業土地政策 …………… 285

三、朱舜水談人材教養策略 …………… 303

四、朱舜水說世子的教育 …………… 317

第三節　朱舜水「歸化」日本疑議 ………… 322

一、朱舜水的國家認同觀 …………… 326

二、朱舜水的文化認同觀 …………… 342

第六章　朱舜水之學術思想及其與日本漢學者之論談　353

第一節　「舜水學」之理論內涵 …………… 362

一、朱舜水和德川時期的天道觀 ………… 367

二、朱舜水和德川時期的人道觀 ………… 390

第二節　朱舜水與日本儒學學者 …………… 424

一、朱舜水與古學派 ⋯⋯⋯⋯⋯⋯⋯⋯ 425

二、朱舜水與水戶學派 ⋯⋯⋯⋯⋯⋯ 432

第七章　結論 ⋯⋯⋯⋯⋯⋯⋯⋯⋯⋯⋯⋯⋯⋯⋯ 437

附錄

附錄一：2004 年~2010 年朱舜水研究書籍與期刊論文 ⋯ 443

附錄二：朱舜水前往長崎七次之行程圖表 ⋯⋯⋯⋯⋯ 451

附錄三：與朱舜水交往之各藩藩主 ⋯⋯⋯⋯⋯⋯ 453

附錄四：與朱舜水交往之各藩儒官、武士 ⋯⋯⋯⋯⋯ 454

附錄五：朱舜水的日本弟子 ⋯⋯⋯⋯⋯⋯⋯⋯⋯ 455

附錄六：石原道博《朱舜水》附「鄭成功贈歸化舜水書」 459

參考及引用書目 ⋯⋯⋯⋯⋯⋯⋯⋯⋯⋯⋯⋯⋯⋯ 461

第一章　緒論

第一節　研究的旨趣

　　從許多考古資料和史籍記載裡，均可以發現：中國古代從政治、經濟、以至於文化等方面，早已與各國進行交流。例如：張騫藉由絲綢之路，進行西域的經貿活動往來；日本、朝鮮、越南等國，曾向中國尋求典籍、博士教學之事；以及西方科學、基督教等思潮進入中國。諸凡此類，國與國間的互動，不僅只於物產交流和觀念的相互影響，同時也促成人類文明不斷地往上提昇和朝向多元化發展。換言之，自古以來，國與國之間的經貿、政治、文化等活動交涉過程，彼此欲求溝通瞭解和平衡利益等情狀，自然而然地，也協調出今人所謂的「國際共識」。這類國際共識中，尤以文化、價值觀等等思維，常在彼此交換、融通與轉化之下，與各國獨有文明內涵相互交流，形成特殊的樣貌，例如：印度佛教傳漢後，演化為中國式佛教（漢傳佛教）；傳入日本則成為日式佛教等。依此看來，各國從事交流活動後，任何「可能」皆不斷地被開創。

　　故，居處於國際社會交流不已的趨勢裡，人們應有所體悟──隨著交通、聯繫網絡、科技進步等情況之下，不斷延展及緊密接觸的人與人、國與國之間──各個國家倘若仍想要閉鎖門戶、孤守一

隅、又企求在簡單模式裡，便能自顧自的壯大起國力，那麼無疑是緣木求魚。也因此，鑑古推今，明辨歷來中外交流模式、內容及意義，應用於現今世界共融圈之發展，實為二十一世紀人們從事研究工作時，刻不容緩的課題和趨勢。

本書擬以明末清初之際，帶著中國儒學思想、中華文化前往日本、越南等地進行交流的學者——「朱舜水」為研究主軸。其實，眾多明末遺民們，除了朱舜水之外，也有不少東赴日本、東亞各地的禪師、醫師和儒者們，他們也都曾在各地進行種種交流活動，然而，本文之所以選擇朱舜水作為主要論述對象，或者說他之所以值得研究之處，即是在於他那具備典型儒者性格、根深柢固的儒學思想，還有，極為固執的民族情懷。此外，朱舜水不僅處於明朝亡國後，因乞師欲求復明之志等狀況下，必須以流亡者和泱泱大國儒士的雙重身分之特殊角色，與他國進行對話，在當時國際情勢裡，朱舜水接觸多元文化、政治衝擊等困境時，他從未有消極地全然接受他國文化、政治上的控制，或則苟且偷生。《朱舜水集》裡記載諸多他面臨二難抉擇，例如：《安南供役紀事》裡記朱舜水寧可一死也不願拜他國國王等，諸如此類事件其結果往往彰顯了朱舜水個人獨有特質，同時也展現其繼承和接受中華文化內涵之影響。也因此，朱舜水與當時居處中國（例如：王船山、黃宗羲等）或流亡海外的明末遺民們（例如：徐孚遠等），同具有研究之價值與意義，而且，凡談及中國歷來與他國文化進行文化交流成功之歷史時，朱舜水更為此脈絡中不容忽略的重要人物。

除此之外，將依循朱舜水在明亡後逃離家鄉前往他國的空間流動脈絡（中國江浙地區→舟山⇆越南⇆日本等），以及他與日本、

越南各地學者或官員等人物的實際互動紀錄裡，分析、釐清他居處在時、空移動的過程裡，個人的學術思想內涵，以及那些思維內容又如何在其學思歷程轉換中承襲或連繫起中國孔孟、儒學、禮學等文化傳統。並且欲藉此，再進一步理解，朱舜水如何在保有中華文化傳統內容時，又能順利地與異國文化進行交流、對話，其方法與手段為何？最後，將由歷史脈絡中中國與他國交流記載上來說明：朱舜水在這一場明末中日文化交流裡，當如何為其定位，即他在中日交流史上之意義與價值。

　　在尚未進入朱舜水學術思想及其對江戶時期文化影響之研究討論前，有幾個面相的文化交流概念應當注意，例如：「研究者」、「接受者」、「文化」、「交流方式」等，而這類概念、變因、困境的把握將有助於之後論述朱舜水與他國文化交流之議題時的警示，方能使本書能以較為客觀的說明來詮解朱舜水在中日文化交流史上之價值與意義。以下略為敘述：

　　1、中外文化交流所涉及之相關問題略述：閱讀歷來交流史相關研究，屢次發現凡涉及中國與他國在文化、經貿、政治交流之文章，各國作者喜以本位主義[1]從事論述的視角和核心，常形成文化

---

[1]　案：近來學者針對「中國文化與他國文化進行交流」這類研究命題裡，無不著重於——學者們應修正以「大中華文化影響他國」視角來從事詮釋的工作。例如：在 2010 年台灣大學舉辦之「朱舜水與東亞文明發展國際學術研討會」會議中與會學者黃俊傑、錢明、呂玉新等人皆指出從事東亞交流、中日文化交流等研究時，研究者應將研究對象——如本次會議討論之主角「朱舜水」——放置於時代脈絡，或是整個東亞圈、亦或當時的世界環境之中，以較為全面的視角來作為探討和詮釋，也唯有如此，才能較客

交流詮釋上偏頗之情狀。其實,「文化交流研究」存在著幾個不同層面,且又環環相扣的問題:第一,從基本形式上來看,文化交流是否有其模式、脈絡可以依循?第二,文化的「具體內容」,身為研究者應如何掌握?第三,文化交流的價值與目的,凡言及某文化對他國造成影響,即意指某方文化被他方所接受接受,其接受之內容和程度上又應如何評估?是否有一客觀或科學的評量標準?

　　針對上述三則問題,第一及第三,可簡要地以日本學者森正夫於 2007 年「族群、與文化:東亞歷史變遷國際學術研討會」上談論「文化交流」議題之內容作為理解,他說道:

> 從歷史學角度對於文化交流進行研討的時候,牽涉的範圍很廣,碰到的課題很多……因此選擇相關的三個課題。第一是「歷史和現代」、第二是「自國和他國」,第三是「族群和文化」。[2]

　　接著,森正夫在第一點「歷史和現代」裡說道:「像歷史研究這類的文化活動,實際作用不是直接而是間接的,不是可視性而是隱含性。」[3]於是,吾人可知:任何文化交流,造成影響有可能是

　　觀地彰顯研究對象——朱舜水——在中日文化交流史上的價值與意義。換言之,不僅只朱舜水研究,凡是涉及二國以上、多民族等文化交流研究時亦應注意個體與全體間相互影響之大範疇。

[2]　森正夫〈文化交流的三個課題與明末清初中國版畫在日本的影響〉頁4,《成大歷史學報》第三十五號,2008 年 12 月。

[3]　森正夫〈文化交流的三個課題與明末清初中國版畫在日本的影響〉頁4,

間接的、或隱含性，換言之，理解文化交流，還得整合當時現實環境、經濟、法律、國際情況等相關條件。[4]除此之外，文化交流的

《成大歷史學報》第三十五號，2008 年 12 月。

4　案：隨著二十一世紀中西文化交流頻繁，投入中西文化比較的西方漢學家也逐漸增加，他們由西方科學態度來觀察中西文化差異，並帶來比較研究的新方法，使得人們不得不重視漢學在西方的發展。然而，西方方法論的傳入不僅帶來研究視角的多元，同時彰顯中華文化不同的面貌。換言之，方法論的多元、資訊暴增的同時，其實也警示著研究者進行中外文化、交流等研究裡，不僅方法得注重，而取材上更得謹慎篩選，以免造成錯誤解讀，近來有關文化研究的相關論戰恰可以為此情狀補充說明。2006 年日內瓦漢學家畢萊德（Jean Francois Billeter，1939~）針批駁法國漢學家弗朗索瓦·于連（François Jullien，1951 年~，或譯為朱利安）。首先，于連認為純粹的「將中國視為與西方世界完全不同的，甚至視與之相對立的世界。」也因此，可以從研究中國的結果反過來探索西方世界的真相之說法，他的一系列作品《迂迴與進入》等皆以此做為漢學研究的方法論。如此以 A 證 B 的方式帶來了影響，同時卻簡化了文化交流多層次的內涵，於是，畢萊德認為：于連的學說「有影響，所以有責任。」，「他的影響在相當的程度上是有害的」故畢萊德認為有釐清的必要，遂而發表了〈駁于連〉一文。（至於其他畢萊德言論內容及相關討論可參見：（日內瓦）畢來德撰，郭宏安譯〈駁于連〉《中國圖書評論》第 1 期，2008 年。李春青〈為于連一辨——兼談對中國古代文化的闡釋立場與方法問題〉《中國圖書評論》。畢來德〈對李春青教授文章的回應〉《中國圖書評論》。李冬君〈真理之辨——讀畢萊德《駁于連》〉《中國圖書評論》。）最終，中國學者李春青為此爭論做了以下的評論，他說：于連和畢萊德「二人都使用了全稱判斷，將一種高度複雜並且充滿異質的文化分別表述為田園詩和陰謀劇，前者從中國文化中抽掉了權力，文化變成了個人的冥思，而後者將中國文化大體等同於權力，它圍繞帝國的統治構建起來並為帝國提供合法性。」（頁 1）簡言之，李春青認為他們（于連、畢萊德）都各自以自己偏頗的視域來理解中國。筆者以為這評論是公允的，就如同上中所

影響不止於某一個時間呈現，它有可能在延續一段時間後才展現出來。換言之，文化交流未必有一固定交流模式，卻仍有其影響之客觀評定。也因此，研究者不僅應採取客觀態度來理解文化交流之情況，同時也應當拉長時間或專注於某一時段，方可理解那文化進行交流時的實際價值和貢獻。

其次，「文化的具體內容，身為研究者應如何掌握呢？」森正夫在「自國和他國」裡談及：「關於某個國家、某個社會的文化理解，在本國人和外國人之間，有其根本上的極大差異是明確的。」[5]；「大家都感覺外國學者假如語言、文章、字體和文獻的理解力比本國人差的時候，他們也能運用自己豐富的知識經驗提出本國學者所沒有自覺到的一系列問題。」[6]依此看來，對於「文化具體內容的掌握」實際上還與「研究者」的身分相關，異國文化與本國文化不同，還有，研究者自身感受與訓練影響著解讀內容之結果。倘若因原有的差異或訓練不足，那麼，可能會因為文化隔閡造成研究時無法觸及或真正意識到異國文化之核心問題。另外，也可能因為這差異性——從事研究時有時需要大膽假設、創意的觀點來思考——或許正可以不同視角查覺、凸顯異國文化之問題等等，「研究

言，相異的中西方理解他國必然會有差距，無論是複雜化或單純化解讀，都將帶來新的詮釋或誤讀，故不得不謹慎。筆者也以為研究中外交流倘若能掌握更全面的人、事、時、地、物的資訊，那麼將有助益於詮釋、解讀。

5　森正夫〈文化交流的三個課題與明末清初中國版畫在日本的影響〉頁5，《成大歷史學報》第三十五號，2008 年 12 月。

6　森正夫〈文化交流的三個課題與明末清初中國版畫在日本的影響〉頁5，《成大歷史學報》第三十五號，2008 年 12 月。

者身分異於研究文化傳統」反有助於異國文化之研究。總之，研究者如何掌握實際文化內涵，實與個人素養、原本接受之文化思維、訓練等內容相關，因此，在大膽假設後還得小心求證，以免造成詮釋上之訛誤、錯解。

　　還有，文化的形成來自多元因素，無法簡化地陳述其具體內容。或則如同森正夫所言：「『族群』與『文化』的結合基本上是緊密的，但是經過著長期的歷史過程，兩者都有相對的獨立性，有時各自分開活動。……『文化』有時離開民族集團，反而獨自地影響到另一個民族集團的文化。」也有「兩個民族集團合而為一，形成一個新集團和新文化的情形。」[7]從事文化交流研究還得多方考量。

　　總之，文化交流的研究不僅得考量的文化形成的整體因素，再加上還得理解文化研究者可能具有的個別差異等因素，凡此，諸多變數參入文化交流研究裡，無不增加了文化交流研究結果的困難性。換言之，文化交流研究者必須掌握：(1)，文化交流模式，不僅止於自國和他國文化間互通有無的層面，同時還涉及到現實時間、種族和文化自身變化等等情況。依此理解文化交流的整體意義與價值，即交流非單向式的給予或接受，也非給予了之後就等同於對方將接受。(2)，研究者解讀文化交流的態度和能力，往往足以決定研究結果，以及所呈現的文化交流意義，如同黃俊傑於 2010 年「朱舜水與東亞文明發展國際學術研討會」中提及：「在中日文化交流

7　森正夫〈文化交流的三個課題與明末清初中國版畫在日本的影響〉頁 5，《成大歷史學報》第三十五號，2008 年 12 月。

的經驗裡可見……所謂『他者』常常是反映著觀察者的『自我』特質和願望的他者。」[8]換言之，客觀來看中外交流，不可能僅有「偉大的中華文化對他國造成影響」的唯一結果論述。因此，從事中外、中日文化交流研究時應多方比對、梳理以達到客觀和貼近實際情狀的說明。

2、中外文化交流裡，「中華文化」所扮演的角色：英國人類學家愛德華·泰勒（Edward Burnett Tylor，1832~1917）1871 年《Primitive culture 原始文化》[9]提出：「文化，或文明，就其廣泛的民族學意義來說，是包括全部的知識、信仰、藝術、道德、法律、風俗以及作為社會成員的人所掌握和接受的任何其他的才能和習慣的複合體。」[10]由此，十九世紀以來人類學、社會學等不同領域學者逐展開對「文化」一詞內涵的定義、討論與研究[11]，至於這類相關學者們細究「文化」一詞定義及其包含那些內容，因與本文

8　黃俊傑〈近三百年中國知識人の日本経験及び論評：朱舜水、李春生と徐復観見られる日本観の比較〉（專題演講書面），頁 15，《朱舜水與東亞文明發展國際學術研討會》台灣大學，2010 年 11 月 5 日。

9　《Primitive culture 原始文化》此書全名為："Primitive culture: researches into the development of mythology, philosophy, religion, language, art, and custom"。

10　愛德華·泰勒（Edward Burnett Tylor）《Primitive culture 原始文化》。

11　案：泰勒說明文化內涵之後，不同學派及不同研究領域的學者便注意到此範圍，至於相關討論可以參閱──（美）拉爾斐·比爾斯等著，駱繼光、秦文山等譯《文化人類學》河北教育出版社，1993 年 8 月。綾部恒雄主編《文化人類學的十五種理論》中國社科院日本研究所社會文化室譯，國際文化出版，1988 年，等等書籍皆有所討論。

並無太大的直接關聯，故不加以條例或做深入探討。本節簡要地以
殷海光（1919~1969）在《中國文化的展望》一書其中總結國外四
十七位學者所定義文化意涵，作為接下來論述「中華文化」內容的
依據。殷氏將各家「文化」定義略加區別為六個方向[12]，並歸納地
說道：

> 顯然得很，在那些定義中，任何一個定義只說到文化的一個
> 或若干個層面或要點。這也就是說，在那些定義中，沒有任
> 何一個足以一舉無遺地將文化的實有內容囊括而盡。[13]

凡各類國家、民族均有其賴以生存、與人互動及維持體系正常
運作的模式或可視為其文化傳統。然而，隨著人與人之間聯絡的網
絡愈來愈緊密與容易，各國家和各民族間的文化交流漸為頻仍，其
實各國文化形態也在相互浸染中逐漸轉換。因此，如前所述，假使
談論文化交流時僅言「某文化深刻地影響他國文化」則又顯得太過

---

[12] 殷海光於《中國文化的展望》〈第二章什麼是文化？〉文中，逐條例出學
　　者們針對「文化」一詞的定義內容，並將其區分為：一，記述的定義，以
　　愛德華·泰勒等人為代表；二，歷史的定義，以巴爾克（Park）和波爾格
　　斯（Burgess）等人為代表；三，規範性的定義，以維斯勒（Wissler）等
　　人為代表；四，心理的定義，以史莫勒（Small）等人為代表；五，結構
　　的定義，這一類的定義所著重的是文化之型模或組織，以維利（Willey）
　　等人為代表；六，發生的定義，又區分為二，A·把文化看作一個產品和
　　器物，以溫斯頓（Winston）等人為代表。B·著重觀念的，以華爾德（Ward）
　　為代表。頁33~47，桂冠圖書出版，1988年3月。
[13] 殷海光於《中國文化的展望》頁47，桂冠圖書出版，1988年3月。

決斷。除此之外，即便是論及一國自身的文化傳統發展與建立上，也有著自身文化自我轉化與修正的可能，如同源了圓曾詮解文化之形成時所說：

> 文化有因民族而異的個性差，同一民族的文化也有因時代而異的個性差。文化的這種難以捕捉的實在性……我認為，要具體地把握文化的這種難於捕捉的實在性，只有通過了解那個文化、進一步說那個時代的典型才有可能。[14]

「同一民族的文化也有因時代而異的個性差」，因此，除了各文化中因連續呈現而被視為「文化傳統」之內容部分外，同時也應當覺察那些片斷、不被特別提出的「傳統文化」，即如葛兆光曾在《中國思想史導論》一書提出傳統文化內涵之質疑，其思考著：那些所謂的中國傳統文化（或文化傳統）難道只有經典或精英所重視的那些內容嗎？他說道：

> 事實上，某些精英和精典在那個時代究竟是否像思想史著作中所說的影響如此巨大深遠，是否應該在思想的歷史順序上佔據如此重要的位置，實在很有疑問。……反過來，有些思想史上並不佔有一段或半頁的東西卻有可能真的在思想史上深深地留下過印迹，像晚清那本被李提摩太翻譯過來的

---

[14]　源了圓《日本文化與日本人性格的形成》頁 5，北京出版社，1992 年 3 月。

《泰西新史攬要》……因此，似乎在精英和經典的思想與普通的社會和生活之間，還有一個「一般知識、思想與信仰的世界」。[15]

依此概念脈絡，再回頭思索「中外文化交流」的議題，則可言：各國交流後在文化與思潮等方面所造成的影響，其結果絕不可能僅只有 A 國全盤接受或複製 B 國的經驗；也非強勢權力就能完全取代弱勢文化等類情況。整體看來，古今中外文化交流裡任何「容受」均有其必經階段、歷程與演進，也常與所處時空環境下之需要相關。於是，中外文化交流史之研究者，應避免以主觀或情感式的推論交流結果，以他國如何在既有的傳統文化裡近行接受中華文化，或是轉換、融通了哪些中華文化內涵等，唯有如此理解中外文化交流，才能真正顯示中華文化之價值與意義，並明瞭「文化」之所以被視為「有機體」具生命力的原故。

實際看來，中華文化因其本來就具有多元的內涵，故長期以來為東亞各國文明提供進步的元素，是「文化資源的提供者」。但是，它不可以強行介入他國文化成為「文明破壞者」，也不可能全然地取代他國文化，此為從事中外文化交流研究時，研究者應有此體悟。

3、中古今中外交流史中研究者對於「容受」的詮釋及態度：誠如上文敘述，所謂「容受」指某一文化內涵，被其他文化、國家容納接受且融合，在此，接受者具絕對的選擇、取捨能力。因此，如同王汎森曾提醒相互容受的過程中不應只注意接受了什麼，而同

15　葛兆光《中國思想史導論》頁 12，復旦大學，2001 年 8 月。

時也應著重接受後轉化、改進、創造出什麼。他說道：

> 我們過去通常只關心強勢的、輸出方對於接受方的影響，但
> 我們似乎不能忽略，接受方透過接受或購買的偏好，在受容
> 過程中，替輸出方的文化產業或其他層面進行細微複雜的篩
> 選、改進、重新編碼、或重新創造等形形色色的作用，同時
> 也引起輸出方文化地景的調整或重組。[16]

　　如前所述，在各國政治、經濟、文化互動交流的過程，絕對不
可能有全盤複製、或全然接受異國給予的概念內容。然而，歷來研
究中國與他國交流影響的諸多文章內容裡，撰寫者總是喜好以「中
華文化（學者）對他國造成影響」做為論述核心、結論，也因此，
易造成過度詮釋或自說自話的窘境。如：陳世昌〈中國文化在日本〉
言：「幕府上下及民間學者，多從朱舜水問學，在日本就產生了『水
戶學派』」[17]；或是李嘉〈朱舜水與明治維新〉指出：「『尊皇攘
夷』是日本明治維新的大口號，而這大口號正是接受朱舜水學說精
神的水戶學二百數十年來的基本思想。」[18]人們從事朱舜水研究時，
常將他與水戶學、明治維新運動，以及日本歷史與文化發展等等情
況並列，且「必然地」認為他的思想一定影響日本。平心而論，朱

16　王汎森〈從東亞交涉史料看中國〉頁 93，《東アジア文化交涉研究》別
　　冊 1。

17　陳世昌〈中國文化在日本〉《聯合報》，1992 年 6 月 25 日。

18　李嘉〈朱舜水與明治維新〉《聯合報》，1968 年 3 月 22 日。

舜水思想對於當時日本有其影響，但影響深度及廣度究竟有多少，則非口號、情感式的宣說就能夠使人信服。

　　另外，「反對受中華文化影響」者也會以主觀情感式評價來排除受到中華文化影響的部分。例如，韓東育於〈「道統」的自立願望與朱子學在日本的際遇〉文章中指出：日本學者津田左右吉[19]認為，朱子學是根植於中國體制之下所產生的學說，即使東傳至日本

---

[19]　津田左右吉（つだ－そうきち，1873~1961）本名親文（ちかふみ）。昭和歷史學者。與白鳥庫吉為好友，曾任滿鐵東京支社滿鮮地理歷史調查室員，著「神代史の研究」「古事記及日本書紀の研究」。案：日本二十世紀初期出現批判主義者，在嚴紹璗《日本中國學史》〈第二節批判主義學派──以山路愛山、津田左右吉為代表〉一文中指出：「這些對於中國文化的懷疑，大都與『脫亞論』相關聯，或者說，支持他們的批判主義精神中，程度不等地潛存著『脫亞主義』的因素。」（頁424）津田左右吉一生經歷明治、大正、昭和三個時期，明治維新以及第二次世界大戰，這些都讓他的生命與學術產生影響，在批判中國文化之前，津田氏研究以日本文化史為主，然而他著作中對於日本神代史部分的質疑，最終引起日本軍國主義者強烈反應，遂使自身陷於筆禍之中被起訴，連同作品也一併被查收。1942年東京地方法院正式以「冒瀆皇室尊嚴罪」，處刑事拘役三個月，終身禁止寫作。另外，津田氏曾參任滿鐵調查員，藉由理解中國文化進而對「日本文化受中國文化影響」概念解離，企圖找尋日本文化主體，也因此他的中國研究文章時可見嚴屬地文化批判。無論如何，他的中國研究與日本研究是具相同批判性，當然，某些程度上也與當時日本國際政治需求是一致的。關於津田左右吉可參考之相關資料：嚴紹璗《日本中國學史　第一卷　19世紀60年代~20世紀40年代中期》江西人民出版社刊，1991年。津田左右吉著，潘世憲譯〈白鳥博士小傳〉《東洋學報》第二十九卷3、4號，《白鳥博士紀念論文集》。劉萍《津田左右吉研究》中華書局，2004年。

卻未能在日本國產生何種作用,甚至可以說,朱子學所影響的層面僅僅只留在知識層面上。[20]津田左右吉認為中國朱子學不對於日本產生作用,倘若有所影響也僅只有知識層面。換言之,沒有實際作用,只有理想知識層面上的參考。除此之外,日本學者上山春平在〈朱子的人性論與禮學〉一文裡談道:「雖然相傳在江戶時代朱子學曾被當做『正學』,可是對《儀禮經傳通解》,卻幾乎無人去研究……朱子《家禮》……事實上在日本人民生活中也沒有札下根子。」[21]依此可知,中國一直認為《家禮》、或中華傳統文化、禮儀等內容影響日本文化極深,這類論點卻被上山春平提出反對言論。換言之,無論是津田氏或上山氏對於中華文化、朱子學、禮學等內容的進行批判與否認,有其個人情感與學思歷程,即如注解十九中所說明的,津田氏因政治立場及特殊時代環境需求,因此必須對中華文化進行嚴厲批判及論述。(此非本論文論述重點,故不再申論)

綜合上述,無論是津田左右吉、上山春平,或是陳世昌、李嘉、李甦平等人在論述中華文化與他國文化相互容受時的決斷、主觀式評論,無不提醒後來從事於「文化交流」的研究者們,應以更客觀之思維理路來看待儒學、中華文化在日本及其他國家的發展與影響。釐清「文化交流」研究的諸多困難和可能因學養、情感等情狀

而造成研究結果失誤後，便能小心分析朱舜水其人與日本或他國進行文化和學術等方面交流時，如何融通、對話並排除交流的困境，且以客觀、全面的視角來理解中華文化對他國之作用。最後，期待那交流意義對於今日國際環境流通頻仍下能有其助益。

第二節　研究方向

本文將從幾個問題與方向來討論朱舜水學術思想面貌：

一，個人學術思想的變化、架構以至完成，凡此皆與其學術啟蒙環境、經歷等因素密切相關。而近來學者將朱舜水的學術思想視為一門獨特學問，異於當時的黃宗羲、王船山等人，稱之為「舜水學」。主要由於，朱舜水與那些長期居留中國土地上的明末遺民們有著不同的親身經歷。朱舜水接受了中華文化薰陶，之後在安南、日本等國也觸及了文化衝突之問題，他的思想因時間、空間的轉換不斷地產生轉變，並且還加上了異國文化的影響，於是，他經歷了明末政治混亂腐敗的情狀，也歷經五十多天安南供役被拘禁一事，還有面對日本儒者和官員的禮遇，凡此種種情況，讓人好奇朱舜水有著什麼樣的學術思維——後人雖言「舜水學」即是實用、實行之實學，而這種「舜水式的實學」形態究竟有何特殊之處——能在不同文化背景與他國人進行交流。

承上所述，後世學者討論朱舜水實學為「舜水式實學」，而其內容又往往與明末學者所論「實學」無異，無法凸顯、明白其不同處。吾人以為，欲理解朱舜水實學內容，除了可從他在書信形制、孔廟建築等等實際詮解的內容中加以探究外，其實，應回歸其思想

的內在理論系統。而思想的內在理論系統的成立，如同上述，「皆與其學術啟蒙環境、經歷等因素密切相關」，故本書欲從朱舜水在中國、安南、日本等地，每一階段所重視的問題和受到的影響，加以一一探究，分辨其思維上的逐步變化情況，換言之，經由文化交流後朱舜水思想中必有著接受他國或強化自身想法之情狀，接著才漸漸自成體系，而唯有藉著層層剖析後才能顯示出「舜水式實學」的內涵和異於他者之處。

　　二，承上，朱舜水在接觸不同文化之後，其「國家認同意識」即「政治認同」、「文化認同」、「民族認同」之間，是否同時受到影響？或產生變化呢？朱舜水之所以被古今中外人們所尊崇，其重點在於具「忠義精神」，但是，歷來被一些學者質疑最深的也是「忠義精神」。初始朱舜水明亡後逃至舟山，情願遠離家鄉也不願接受清朝異族統治；到安南國時，寧願一死也不可拜安南國王，以維護國家尊嚴；明亡後漂流海外，盡心奔走乞師，以「反清復明」為志業，以上種種，均可見其忠義於國家（明朝）的精神。然而，在這亡命幾近一、二十年後，選擇定居日本。在展現忠義於明朝之時，卻暗中屢次請求日本弟子安東省菴或日本友人協助留居一事。甚至，至死從未再踏回中國土地。極其矛盾的情感與行為結果，頗為當時舜水友人與後世學者批駁。究竟朱舜水「忠義」與否，是否與期間學術思想、認同意識之轉變相關呢？又這類轉變呈現何種意義？原因為何？等疑慮皆值得再探討。

　　三，有關朱舜水思想內在理論思維系統，應以日本時期為其思想發展的成熟階段，理論及思考內容可見他與日本儒者、官員論談之書信中。然而，中日兩國文化原本就存在著差異性與隔閡，換言

之，朱舜水欲傳遞自己思想時必定得先融通、理解日本文化才能再進一步為日本儒者、官員解說與其進行對話。這有幾個問題必須討論：第一，日本人傳統神道（精神）信仰系統，支持著天皇政治傳承，即政治地位正統性的象徵。但是，審視江戶時期政治形態，幕府將軍終結了之前紛亂的國家政治運作體系，重新建立起一套自己的領導方式，以幕府作為軍事、實權的領導者，天皇作為精神、象徵性的領導者。但是，人們還是唯尊天皇，即使是幕府也得依靠天皇賜給「征夷大將軍」來正名。換言之，江戶時期幕府將軍如何在這套雙政權理路之下獲取到武士們、百姓們的尊崇呢？朱舜水給了為政者哪些建議呢？第二，日本幕府初始以朱子學為政治權威性背書，然而，朱子學系統裡從天理、天道到人道形成一整套政治、社會秩序系統，至於，宋明學者所談論的「天理」、「天道」，實際上又與日本「神道」系統不同，各自支持著相異的政治正統。依此，不喜歡討論「天道」、「天理」的朱舜水，遇上喜歡探究「天理」、「天道」、「鬼神」等思維的日本人，又以這類理論作為政治系統核心，甚至還加入日本原有的「神道」信仰時，那麼，朱舜水又將如何調適、融通使其並存且不相違背呢？

四，著重實學、實用、實行的朱舜水，關注所有與人世間相關的討論，例如：社會秩序、運行等問題，因此，他不僅提供日本官員、儒者中國科舉制度、官制、禮制等內容，其實，最主要的還是在於建構出一套道德秩序理想。當然，朱舜水協助日本官員進行秩序時，不能忽略日本經濟、社會發展中已形成的情、人欲等思考方式，同時，也不能遺忘日本自古以來「忠孝一體」的價值觀、風俗等等。再加上，日本特有的社會架構，即階級分明的封建體系。於

是，朱舜水如何將這些與中國相似又極其不同的思維方式和社會結構，以「中國經驗」來協助日本建構起其人道價值體系呢？

五，朱舜水究竟對於日本政治、思想或其他方面起了什麼樣的作用？梁啟超〈兩畸儒〉一文中談道：

> 舜水以極光明俊偉的人格，極平實淹貫的學問，極肫摯和藹的感情，給日本全國人以莫大的感化。德川二百年，日本整個變成儒教的國民，最大的動力實在舜水。後來德川光圀著一部《大日本史》，專標「尊王一統」之義。五十年前，德川慶喜歸政，廢藩置縣，成明治維新之大業，光圀這部書功勞最多。而光圀之學全受自舜水，所以舜水不特是德川朝的恩人，也是日本維新致強最有力的導師。[22]

這裡揭示著朱舜水對於日本德川時代，尤其是之後「明治維新」有大功勞。然而，德川光圀所帶領的《大日本史》編纂在這期間養成的儒者、與朱舜水相關的編史者，均屬於「水戶學派」發展的前期學者，至於，此脈絡發展之下的水戶學派學者，到「明治維新」時期，早已產生轉變，換言之，後期的水戶學學者因經歷過時間、政治環境（例如：美國黑船來日，強行逼迫門戶開放等）等變化，思維上與前期略有不同，那麼，朱舜水影響後期水戶學派的深遠程度究竟有多少？「明治維新」亦真受其影響嗎？凡此均值得再思考。

六，朱舜水不僅對德川光圀的史學成就上產生影響，同時，也

與日本諸多儒學團體互有往來，例如：朱子學派的安東省菴，古學派的山鹿素行、安積覺等等，其間的交往與論談究竟意義為何。

以上皆為本書研究討論之核心與方向。

第三節　研究方法

本書主要以朱舜水學術思想，及其與日本德川初期政治、學術等方面的關係、發展為論述主軸，故在論述過程雖跨及異國文化和當時中外國際政治等內容，卻僅能以「朱舜水」作為脈絡核心，以其曾討論的相關事件、思維內涵、接觸的中外環境和人物等內容之相互對應後來加以討論。將採取以下幾項方法：

一，對照法：論及朱舜水學術思想發展時，往往必須涉及有關的「基本背景」問題。例如：中日二國政治或經濟等方面的議題，因此，本書在材料選擇上則主要以《朱舜水集》中所曾提及的政治思想和其他關注過的經濟議題等來進行研究分析，然後，再依此進一步的釐清政經議題所旁及出來的其他討論。採用對照法，因此，例如政治思想方面的談論，會以日本幕府、天皇制度對照明朝皇帝獨權攬政、變更禮制等內容來探討；另外，經濟、文化層面等思維說明，則將以明朝江浙地區人文發展、程朱陸王理學發展與佛學對抗、商業發展下人欲思維興起等內容，來對照日本德川時期儒學發展的情勢、佛學從日本傳統信仰中被排除、以及原初便日本文化所接受的人情和人欲思維，兩兩對照後將有助於釐清、彰顯朱舜水在文化、學術思想等方面之思考。除此之外，藉由對照理解在相對應的事件中不同國家遭受到相同政治、文化議題時又是如何面對與解

決的。

二，歸納法：《朱舜水集》多收錄其筆談、對話、書信往返之資料，內容主要記載朱舜水二十多年在日本與人應酬、及面對病痛等瑣碎短語，在眾多隨事點撥說明的內容中，找尋朱舜水所關注的議題，並理解其深刻意涵與思維理路，除了採取去蕪存菁，將無相干的內容摒去外，還得採取多方歸納的方法，將保存在《朱舜水集》或其他日本官員、弟子集子裡的書信和對話資料紀錄加以整理，方能使其思維體系系統性的呈現。例如：《朱舜水集》裡屢屢出現他引用《論語》、《禮記》、《易》及《詩經》等典籍之內容，卻往往在書信論述事件時輕描帶過，突然飛來一筆，讀者卻丈二金剛摸不著頭緒，不明白事件與引用之間的相關性為何，因此，得藉由一一歸納、整理、對照後，方能條理出朱舜水諸多在敘述中羅列某句話或故事的意涵。

三，繫連法：以朱舜水為核心，旁涉連繫起與他相關的人物，再藉由人物勾勒出基本交友脈絡，依此，再連結起人與人建立的網絡、士人社群。這將有助於吾人理解、觀察朱舜水思想在形成過程裡，轉折流動、相互融通、承襲之概念有哪些。例如：朱舜水在中國師長吳鍾巒、朱永佑，以及友人黃斌卿等人均和「東林黨」相涉有關，換言之，依朱舜水人際互動網絡的繫連，略可得知其思想啟蒙至形成的過程中究竟接受了多少東林學派學說之內涵。另外，到了日本，當時日本漢學興起，朱舜水與日本朱子學派學者安東省菴、木下順庵、林春信等人互動，又與古學派、水戶學派學者彼此往來，期間不僅只於情感交流，更有思想的對話，連繫起日本漢學者及日本官員間交往網路，則可見朱舜水在這之中的作用。

　　四，分析法：倘若只是將一段段文字並列，那麼，只能粗淺的閱讀出朱舜水其人其思想之表象。朱舜水喜歡藉由層層遞進的解說、或是不斷丟出問題、反問等等諸如此類方式，來回應日本弟子所提出有關於學術、人生等方面的問題，倘若斷章取義則無法窺見其思想全貌；如果只順著文句內容說明則未能窺其堂奧，換言之，理解朱舜水的學思內容，不僅得依循論述內容，還要能夠分析、演繹、觸類旁通，才能夠將其思維脈絡及意涵全盤貫通。

　　如前所述，朱舜水學術思想曾經歷過與他國文化進行交流互動，尤其是在日本期間諸多活動紀錄，亦可參見於同時期日本儒者作品之中，兩兩對照實是有助於全面理解：朱舜水與日本人在當時共同關注的議題，並藉此通曉朱舜水書信內容中偶有討論議題卻沒有前因之短語可能之所由。或則從二者討論議題相異處，來理解當時中日文化思想交流實際情狀。凡此類諸多材料內容均為本書所注重，此外，今研究者有關日本漢學研究的成果，也都有助於理解朱舜水學術思想產生的影響，均列為本書研究之參考資料，最後，輔以相關圖片、表格使陳述之內容一目了然。總之，欲藉由對照、歸納、繫連、分析及演繹等方法及充足的材料內容，使朱舜水學術思想及其對日本江戶時代文化之影響能以清晰條理的脈絡和論述呈現。

第四節　章節概述

基本上本書寫作的目的，想要解決以下幾項課題：

1. 朱舜水的學思歷程與環境影響，與安南、日本之關聯。

2. 朱舜水學術思想與（日本）政治、學術間的關係。

3. 朱舜水在中日文化交流史上之價值與意義。

　　首先，本書第二章〈朱舜水相關研究之文獻回顧及其未來發展趨向〉解決了第二項問題裡其一面相之內容，以各時代和研究朱舜水的人物作為脈絡，並藉由文獻的歸納整理，分析朱舜水學術思想在歷來政治、學術發展歷程裡所呈現的面貌，進一步釐清他與日本漢學研究之整體發展或日本政治環境等密切聯繫之情況。

　　其次，本書第三、四、五章欲說明朱舜水學思歷程之轉變。第三章〈朱舜水與晚明江浙文人集團關係之探究〉主要探究朱舜水生命成長史的第一階段——1600~1645 年中國江浙地區——也是後世學者處理朱舜水生平困難最多的一個階段。翔實看來，朱舜水所處的時代及江浙地區，不僅經濟發展活絡，士商身分混合情況也屢見不鮮，換言之，階層流動、社會秩序改變等等應該影響身處於那環境下的人們；再加上江浙文人集會活動熱絡，促使訊息流通、知識學問普及，凡此諸多條件應該皆可做為探索朱舜水思想養成的基本背景根據，藉以分析他在接受時代思潮、環境氛圍影響之下可能產生那些傳統與新觀念夾雜、融合的思維。但是，非常可惜，現今留存的朱舜水集子裡，內容均屬 1645 年他流亡異國後之紀錄，對於其早期中國生活著墨亦不多[23]，因此，企圖想從現有資料一窺他思

23　錢明《勝國賓師：朱舜水傳》指出：「從舜水學的……特點可以看出，研究這門學問絕非輕而易舉之事。……概而言之，其難有三：一國內史料缺失。舜水的現有著作大多是六十歲以後寫的……至於舜水在國內時的著述，有張廷枚《姚江詩存》附載的《泊舟稿》一篇，收錄舜水詩十二首……研究舜水的晚年思想與事跡固然很有益，但卻給研究舜水在國內時的思想

想的形成、對亡明的情感、以及身為士（讀書人）的社會責任等想法，亦屬困難，故，僅能從現有的幾條證據再輔以其他相關資料，例如：黃宗羲「兩異人傳」、昌古社諸士奇是否為朱舜水、朱舜水與江浙文人交往等等內容之釐清後，才能再進一步探求。質言之，在明瞭他對自己身為讀書人的期許，及思維中是否浸染了當時思潮等內容，之後，便可就這基礎概念來比較、對照他離開中國，流亡於安南、日本二階段時，因身分的轉換是否同時也使得他的思維產生變化等等相關議題。

　　第四章〈朱舜水在安南之異國生涯探討〉：1645~1659 年漂流海外，往返舟山、安南、長崎等地，共十多年。明朝滅亡，朱舜水不欲與姦相馬士英共事，遂連夜逃遁他鄉，這期間表面上他隨著友人從事商業貿易活動、保存生命，暗地裡卻行乞師救明的活動。往返期間，過渡安南，對安南充滿特殊情懷的明朝文人，卻在此發生幾則重要事件，令朱舜水不得不憤而一一條列，匯編撰寫〈安南供役紀事〉紀錄越南人對明人蠻橫無禮的事實，並在中越交流歷史上留下這筆文獻，提醒世人亡國後倘若被他國污辱應保持何種氣節及應引以為鑑的諸多警示。〈安南供役紀事〉起因在於當時諸多明人流亡至安南，安南國王巧欲尋求一亡明讀書人協助政事、問學等事宜，然而，欲見國王必須行下對上的拜禮，因此如此，朱舜水身為明徵士，不可拜安南國王、不欲為其服務，最後竟演變為激烈反抗、

與生活帶來了極大不便。比如他在松江時期的思想，他在舟山沿海的活動⋯⋯有許多至今還是個謎，也許還是些永遠解不開的謎。」頁 18，浙江人民出版社，2008 年。

以死明志。由這一事件讓人不得不重新看待「遺民們在面臨亡國後那種微妙的心理變化」。換言之，明朝亡後朱舜水情願逃離家鄉拋棄家人也不肯以死了結生命，但是，卻義無反顧、慷慨激烈以死節赴安南國王的無禮要求。這不僅是「仕不仕」的問題，「死不死」之間同時透顯著朱舜水對於讀書人的自我期許與認知。另外，看似簡單的「拜不拜」禮節背後隱含著儀式與中華文化內涵的認識，亦可見朱舜水禮學思想在這階段的展現，及之後在日本從事禮學的實際，故應加以深入探討。

第五章〈朱舜水東赴日本與幕府交往情形〉：1659~1682 年，留居日本二十多年後生命最終安頓於此，也因為朱舜水居處日本時，與日本學者、官員互動友好，政治、學術等頗有建樹，遂在中日文化交流史上留下美名。二十多年居日期間，最為後世研究學者推崇的——他將中國實學、禮學與史學等內容推行於日本國內。經由「亡明」經驗，他與明末諸多學者們有著相同的認識，以為日用倫常是才是富國強民的一切根源，玄虛之談僅會誤國，換言之，一個國家日常生活擁有秩序、規範那麼自然而然就能得到治理，除此之外，學問的建立與養成也應該以日常所用為方向。依此，建議德川光圀從教育入手，興建學校，他不僅建構人們內在思維秩序，同時也注意從外在入手——畫製學宮圖，將實際學校建築型制呈現出來提供參考、或是改奠儀注明其行為、禮節等——諸如此類，為傳聖道不遺餘力。但是，朱舜水的表現竟遭受到中日學者對其「忠義精神」產生質疑，理由在於：朱舜水留居日本期間協助德川光圀治理一事，雖無實際出仕為官之名，卻有輔佐之實，且德川視之如「賓師」。如此一來，他的行為雖有義於日本人，卻並不符合「忠君愛

國（明）思想」。換言之，他既傳聖道，一個言禮之人，自身倘若不合乎禮，那麼其學說是無法說服他人的。如此，朱舜水居處日本的這一階段延伸了一些爭議，例如有關於身分認同的問題：朱舜水歸化與否？中國觀、國家意識為何？等等。另外，與日本官員們交往的密切，其思想是否影響日本政治、政策？例如：德川時期施行闢佛活動、農政稅收事宜等，朱舜水是否涉入其中？凡此種種，在不同時空場域裡，朱舜水這具有流亡者身分的讀書人，他的心中早已產生不同體認及理解，也可能對自身期許有著另一番價值認定與責任歸屬，眾多疑惑還有待釐清。

朱舜水雖未如徐福、鑑真等人早已廣為後世人們熟知，但是，仍無法忽略他在中日交流史上也曾扮演要職。從《朱舜水集》書信歸納後得知，與他互動的日本人裡不僅只有官員德川光圀、前田剛紀等，學者安東省庵、安積覺、林春常等，另外，還有許多名不見經傳的市井百姓。換言之，他在日本二十多年的日子裡，如第五章談論到與日本政治史的關係之外，與其往來眾多人物裡，皆可窺見雙方在學術、文化和日常風俗等方面的交流，例如受朱舜水影響的東京後樂園裡江南式園林、日本拉麵等等。諸多文化交流活動，依常理推測，彼此間產生影響的情況在所難免，尤其是學術思想影響較為隱微卻又深刻，故得適當釐清。換言之，第三個課題如欲客觀呈現朱舜水於中日文化交流史上的定位，那麼得先釐清「影響什麼」，才能進一步言其意義與價值。

第六章〈朱舜水學術思想及其與日本漢學者之學術論談〉：江戶之前，日本僅能藉由遣唐使、韓國讀書人等途徑獲取儒學、佛學等知識。隨著交通網絡發達，十六世紀之後的日本，不僅更容易獲

取中國書籍，此外，中國許多讀書人由於政治或貿易等因素前往日本，同時期，外國的基督教士也為他們帶來西方文明，在種種文化衝擊下，江戶時代的學術思潮與發展早已有一定規模，再加上，政治上，德川幕府推行文治、廣納人才，遂也促成當時學術圈百家爭鳴的情狀。於是，朱舜水來到日本所交往的友人中不乏日本朱子學、古學學者或之後的水戶學學者。也因為如此，歷來研究朱舜水思想者往往喜好言「朱舜水影響日本學術發展」。平心而論，與朱舜水接觸的人物中，他們在某種程度上仍有原始固著之思維存在，例如：以日本為中心之思維、傳統神道思維等，倘若真欲言朱舜水思想對其所產生影響，則得從多方面用心衡量。除此之外，江戶時代的日本，雖然許多制度乃處於模糊或正在重整的狀態之中，但是，那些早已深入百姓生活中的傳統思想、文化，卻不容易更替，例如：葬禮儀式等。換言之，朱舜水和德川光圀等政府官員的友好關係，對於中國文化、思維推行到日本的實際制度層面上，長期看來應有其實質助益、影響，但是，在當時短時間裡是否能立即地被日本人所接受、實際施行，進一步以達成效呢？則值得商榷。無論如何，文化交流程序裡無論是接受者或給予者，容受中必定經歷過給予（或接受）⇆重整⇆接受（或拒絕），並在重整期間不斷保留原來規則，更動次要因素，循序漸進的改變。至於，朱舜水傳遞了哪些基本、原則性的思維、或變更了哪些次要因素使日本儒者、官員得以接受呢？均為本章節著墨之內容，並欲依此理解朱舜水學術思維樣貌與轉化，藉以分辨他在日本文化、歷史之中較佳的定位。

　　以上的章節安排以及分析的內容，主要偏向於以朱舜水學術思想的形成及影響為脈絡，或許會讓人以為本書忽略其他與日本學

者，或日本學者、官員所注重的論題，如此一來，是否真能窺知朱
舜水之全貌嗎？本書內容取材已盡可能全面，然而，書信內容往往
僅有一方——朱舜水的言論，即便有日本學者相關之對話內容，目
前能取得的也十分有限，如安東省菴、人見竹洞等人與朱舜水書信
往返之內容。倘若能取得朱舜水與德川氏等人較完整的書信，那麼
就不會有顧此失彼之遺憾。其次，朱舜水書信收錄也非十分完善，
倘若依現有已共同認知的朱舜水思想內容，來反推某一曾與他交涉
過的日本學者，在其著作內容中呈現某些觀念和朱舜水相似，便依
此就認定其受到朱舜水的影響，這又將陷於過度詮釋的窘境，故筆
者僅能疑者存疑，忠於現有資料訊息以為論述。至於，全書撰寫不
免有挂一漏萬之遺，還期待學者多方指正，或待筆者日後學思及蒐
羅資料等方面更加充足之時，再逐一補齊。

第二章　朱舜水研究之文獻回顧及其未來發展趨向

　　德川初期由於政治、經濟、闢佛運動等社會環境以及需求之改變，因此，這時期流亡到日本的明末遺民朱舜水，和其所推動的「實學」思想，順勢得到幕府官員們的接受，這場一如往常般的中日文化交流活動，竟也在日本持續影響與發展至朱舜水逝世後幾百年，更成為中日漢學與文化交流研究中難以忽略的環節。綜觀歷來從事與朱舜水相關的研究內容，總是隨著國際情勢而產生變化，尤其中、日、台三地漢學研究者身上，更可窺見其中微妙轉變之內涵。故，本章節討論方向將以幾個在中、日等地，國際關係產生變化的時間點作為劃分，觀察那期間從事朱舜水研究之研究者身分，及其著重研究、討論的方向與內涵，由此拼湊出歷來在朱舜水相關研究內容之整體面貌。

　　首先，筆者將歷來朱舜水研究略區分為：二階段五個部分，以便清楚瞭解朱舜水研究之整體趨勢變化。這區分與大陸學者錢明的「朱舜水研究之三階段」略有不同，主要差異處在於：錢氏認為「第二階段是朱舜水研究的弱化期，即從中華人民共和國成立到中日邦交正常化時期。這一時期中國大陸與日本都不需要朱舜水，於是朱

舜水研究被擱置甚至遺忘。」[1]但是，筆者以為，倘若客觀地查閱
朱舜水相關研究文獻，可以知道 1949~1972 年期間，有關朱舜水的
研究仍舊續持進行，只不過，進行研究地區與研究者身分主要以「當
時具有官員身分的台灣漢學家」為主，而其多半以宣導朱舜水忠義
精神及其對日本國家之貢獻，企圖連繫起台、日二國情感等論述，
內容未必有太多突破性觀點，至少對於朱舜水的專注卻未曾停止。
換言之，如錢氏所言中日國際政治影響中國在朱舜水研究上之持
續，但是，也因當時中、台、日國際政治關係變化，遂使得朱舜水
研究轉而在台灣得以延續、發展，亦有其歷史意義。隨著時代變化、
需求更易等理由，國際政治及漢學研究之趨向二者間常有著密不可
分的關係，故身為研究者應更宏觀看待漢學研究和發展。

　　至於，本書二階段以先以 1970 年做一分界點。在 1683 年朱舜
水辭世之後，至 1970 年間朱舜水的相關研究，不僅在中國，連同

---

[1]　錢明《勝國賓師──朱舜水》第四章「回顧反思」一節中將現代中日兩國
　　對朱舜水研究分為三階段：「第一階段是朱舜水研究的強化期，即從晚清
　　到民國時期。這一時期朱舜水是中日兩國共同需要。中國想借用朱舜水來
　　為維新變法、反滿革命服務，而日本則想利用朱舜水來為日中親善、文化
　　滲透服務。第二階段是朱舜水研究的弱化期，即從中華人民共和國成立到
　　中日邦交正常化時期。這一時期中國大陸與日本都不需要朱舜水，於是朱舜
　　水研究被擱置甚至遺忘。第三階段是朱舜水研究的興盛期，即從中日恢
　　復邦交到二十世紀末中日政治關係轉冷時期。這一時期中國基於中日友好
　　加文化輸出者的心理，對朱舜水的研究無論在熱情度上還是在理想化成分
　　上都比日本強，所以研究論著也大量問世；而日本則基於日中友好加文化
　　輸入者的心理，對朱舜水研究要比中國冷靜、客觀得多，所以就事論事的
　　實證研究成果發表較多。」頁 314，浙江人民出版社，2008 年 11 月。

日本國內，都有相同的情況——先有一批知識權力的掌控者領導著研究的發言權，漢學研究或朱舜水研究皆帶著某些政治意圖和目的。之後，人們均展開對掌有權威的研究者、學者的學術成果等思維產生質疑，認為那些掌有發言權的研究者具強烈政治傾向且以偏頗的目的從事研究，其結果之可信度究竟有多少呢？中、日文革活動，的確讓漢學研究展現了不同轉折、面貌。1970 年之後，國際情勢再度改變，海外留學生、教育知識的取得、將政治與學術逐漸區分之觀念等等情狀，無不使漢學研究、朱舜水研究有著新的契機。依此，以 1970 年為界，之前視為朱舜水研究前期，之後則為朱舜水研究近期，前後二階段中又可略分五個部分（時間點），依據幾個中、日歷史上重要的時間點做為分界，如下：

第一，朱舜水逝世至日本幕末（1683~1868 年）：日本德川時代中、後期，即朱舜水 1683 年過逝後日本與中國學者對於其學術思想之研究。

第二，明治維新至二戰結束（1868~1945 年）：以 1850 年後旅日中國學者、以及日本學者的研究為論述重心。這期間中國發生了鴉片戰爭、太平天國等事件，嚴重影響內部體整情勢；日本方面則有帶來新社會氣象的明治維新、和漢學研究熱絡、思維多元等等情況。於是，二個均接受中國傳統思潮教化的民族，在這階段有著截然不同的國家發展趨向。除此之外，跨越幾近一百餘年間，中國與日本，與進入現代化的十九世紀西方世界連接起來，這國際世界情勢趨使下：工業革命、社會主義思潮發酵後，同時帶來馬克斯主義等思維風潮，這類新興的思維無不影響著居處其間的中、日漢學研究學者。這一群中日漢學研究學者，是漢學家，又是政治家，皆

抱持著以新思維，以帶領著自己的國家進步繁榮、國力強大為其使命感。於是，1868~1945年間中日的朱舜水研究學者便在此環境逐步變化的氛圍下從事論述，因此，其詮釋及研究趨向有其特殊意義。

第三，日本戰敗後（1945~1970年）：在此之前不僅發生二次世界大戰、接續其後的冷戰時期、知識爆炸等等國際情勢發展。在當時，中國國內則經歷南京大屠殺、日本軍國主義的侵略，以及1966~1976年文化大革命等狀況。換言之，當時國際環境則正在經歷大破壞，而各國境內在進行各自的重整，例如：中國境內就此萌生仇日情節、厭棄舊中華文化，故中國境內對於朱舜水的研究戛然而止，如前所述，這時期的種種國際社會情勢發展，例如：當時國民黨政權與美日關係互動微妙，一些台灣駐日代表們從事政治活動時，為銜接台日友好，接觸了朱舜水相關事蹟，凡此，遂間接地促成台灣學者承接起朱舜水研究之任務。

第四，中日關係恢復友好（1970~2000年）：中日關係恢復，藉由中國與日本漢學學者進行研究交流之互動，先以學術領域為二國友好建立起溝通橋樑，當然，在此時期具象徵中日友好意義的歷史代表人物「朱舜水」，便理所當然成為學者們研究對象之一。另外，這期間國際整體情勢轉換，「漢學研究」不再局限為東亞地區研究者的活動，二十世紀初西方學者馬克斯·韋伯、費正清等人皆從他們的視角參與了漢學、東洋史、東亞地區研究，並給予新的漢學詮釋。姑且不論他們研究與討論之結果是否貼近於東方文化內涵，但是，其研究方法為東方漢學研究者帶來新的刺激及視野。這類西方學者研究東方漢學，同時也有學者注意到「朱舜水」在日本國內之貢獻，例如：1965年 Dore, R.P《Education in Tokugawa

Japan》[2]內容中簡要談及朱舜水在日本德川時期教育上的作用與價值。甚至，之後，1972 年出現以「朱舜水」為題名的學位論文——Ku, Helena Pui-king《Chu Shun-shui: His Life and Influence》[3]，還有，1975 年 Julia Ching 期刊論文〈Chu Shun-shui, 1600-82. A Chinese Confuician Scholar in Tokugawa Japan〉[4]等。

　　第五，二十一世紀全球化（2001 年後至今 2011 年）：隨著各地留學風氣較以往更為盛行，以及全球資訊交流型態的轉變，政治影響或干預學術研究的清況弱化，換言之，整體國際環境情勢促使著學術研究、東亞學研究再次受到重視。其實，不只是中、日學術文化研究，東亞系統的韓國、越南、泰國等國之文化學術研究也同時興起，凡此無不助於理解中國學術發展、傳播之情況。雖然，自從 1912 年由德川氏家族在日本舉辦朱舜水紀念會後，得一直等到 1995 年才出現以「朱舜水」為名的會議討論，但是，接續其後 2000、2008、2010 年每隔二年，以「朱舜水」為研究主軸的國際漢學會議，無不顯示著：現階段漢學學者關注中華文化，以及在期間扮演著國際文化交流史上的諸多人物。這是漢學研究發展的新開始，也是使其價值意義具有不斷延續的可能，故應加以說明、探討。

---

[2]　Dore, R.P, "Education in Tokugawa Japan" Los Angeles University of California Press, 1965.

[3]　Ku, Helena Pui-king "Chu Shun-shui: His Life and Influence" Doctoral dissertation, St. John's University, 1972.

[4]　Julia Ching "A Chinese Confuician Scholar in Tokugawa Japan", pp.177-191, "Monumenta Nipponica" Vol.30, No.2, Published by: Sophia University, 1975.

第一節　朱舜水研究的前期階段

　　如上所述，本章節將依據上述內容——陳述各階段、時期朱舜水研究情況。首先論述為：朱舜水研究前期。筆者區分這階段為三個時間點：第一、朱舜水逝世至日本幕末（1683~1868 年）；第二、明治維新至二戰結束（1868~1945 年）；第三、日本戰敗（1945~1970 年），將藉由例舉這時間點裡幾個重要的朱舜水研究之相關學者，並分析其研究發展趨向，以釐清「舜水學」研究之轉變與意義。略述如下：

一、朱舜水逝世至日本幕末（1683~1868 年）

(一)日本

　　1683 年朱舜水過世後，許多日本弟子、友人不捨地寫下悼念文章，他們感懷的不僅僅只是朱舜水在學術上與其交流、或是朱舜水遠從中國帶去贈予他們的那幾尊具象徵意義的孔子像、或是協助官員建設江南園林式的後樂園，最重要的是——那一、二十年來交往互動中所培養出的深厚情誼。於是，有關他的書信、墨蹟、遺物、學生問學札錄、筆記等資料在學者五十川剛伯、茨城多左衛門、雨谷毅等人用心的匯編，以及及德川氏重視之下，均被逐一保存於日本境內，彰考館等處。1683 年至 1868 年間日本保存「朱舜水相關資料」約略有以下幾項：

1. 日本天理大學圖書館藏朱舜水〈上監國魯王謝恩奏，前疏〉，1657 年。

2. 日本天理大學圖書館藏朱舜水〈安積覺，逐日功課自習簿〉，1668 年。

3. 五十川剛伯《明朱徵君集》十卷（未刊），1684 年。

4. 茨城多左衛門《舜水朱氏談綺》，神京書舖，1708 年。[5]

5. 德川光圀《朱舜水先生文集》28 卷，1715 年。

6. 茨城多左衛門《舜水先生文集》28 卷 1720 年。

7. 《舜水先生外集附遺文》東洋文庫藏，1809 年。

8. 青山拙齋〈朱之瑜〉《文苑遺談》卷一，1856 年。[6]

　　這些集佚、匯編的資料對於欲研究朱舜水者而言極為重要，歸屬為第一手文獻資料。雖然，有些本子至今尚未刊行，但是，其中些許相關文獻資料還是能從日本弟子、友人的集子，或是各文庫收藏中找尋得到。例如：《朱舜水集》中朱舜水和儒者人見竹洞交談內容雖蒐羅不全，卻可從「中川文庫」、「人見文庫」裡找尋到被

5　案，之後華東師範大學據此，於 1988 年影印出版《舜水朱氏談綺》。

6　青山延于あおやま-のぶゆき（1776~1843），江戶時代後期儒者。號拙齋、雲竜。著作有「明徵錄」「文苑遺談」。（資料來源：Japan Knowledge 電子資料庫（日語））另外，徐興慶指出：「名越時正認為青山延于於此時紀念朱舜水，並非單純同情其東渡日本時中國遭逢明清戰亂之問題；而是時值日本北方有俄羅斯勢力入侵，南方有英國船隻出沒，德川幕府正面臨外國勢力之威脅，因此藉由緬懷亡國遺民朱舜水之忠義正氣，喚起水戶學者之危機意識，進而將焦點轉移至另一位彰考館總裁藤田幽谷倡導的「尊王攘夷」之大義警世說，這才是其撰文植樹的真正目的。」頁 12，〈從東亞視域看朱舜水研究〉《朱舜水與東亞文化傳播的世界》，台大出版中心，2008 年 11 月。

留存的〈舜水墨談〉及二人往返書信，同時《人見竹洞詩文集》[7]個人的集子裡也有收錄二人互動資料。另外，朱舜水和小宅生順對談的內容則完整的收錄在《西遊手錄》中。至於，朱舜水與安東省菴諸多書信、筆談等真蹟資料，則可在近期出版的《安東省菴集》[8]裡略窺一二。日本方面，除了對於朱舜水第一手文獻進行保存外，弟子安積覺、今井弘濟等也撰寫〈舜水先生行實〉、朱舜水簡略年譜和事蹟等文章，除此之外，還有安東省菴等日本人悼念舜水的作品，直至，1913 年時由彰考館編刊《朱舜水記事纂錄》一書收錄其中。至於，《朱舜水記事纂錄》也載錄了自 1683 年朱舜水去逝後，日本弟子依據古禮祭拜的整個祭祀儀節、程序之相關紀錄。

　　經由上述，可知 1683 年後對於朱舜水相關文獻的用心編纂、蒐羅，還有撰寫紀念文章等，均能理解日本國人對於朱舜水及其學術的重視。

(二) 中國

　　中國方面則有黃宗羲（1610~1695 年，字太沖，號梨洲，世稱南雷先生）撰〈兩異人傳〉紀錄流亡海外的志士朱舜水，他說道：「自髡髮令下，士之不忍受辱者，之死而不悔，乃有謝絕世事……

7　　人見竹洞《人見竹洞詩文集》，汲古書院，1991 年（平成三年），5 月。

8　　安東省菴《安東省菴集》（柳川文化資集成），柳川市史編集委員會，2001年 3 月。案：1986 年柳川古文書館將「安東家史料目錄」公諸學界，某些內容例如朱舜水向安東省庵乞師的資料才被發現，同時也確立了朱舜水至日本非只從事於貿易之事。

求其世之最善者，以四海之廣，僅得二人焉。」[9]傳記內容雖仍舊存有諸多疑義（第三章將有討論），但是，無疑地，可將〈兩異人傳〉視為第一筆中國方面對朱舜水其人其事的敘述，具參考價值。另外，之後《餘姚縣誌》在〈朱之瑜〉[10]條列裡針對朱舜水生平事蹟作簡略說明，內容則多半承襲黃宗羲之說法。還有，清黃遵憲（1848~1905，字公度，號境廬主人）1877年隨何東渡出使日本，其創作作品《日本雜事詩》裡曾撰寫〈明室遺氏〉一詩，言：「海外遺民竟不歸，老來東望淚頻揮；終身恥食興朝粟，更勝西山賦采薇。」[11]以此歌頌海外遺民朱舜水的民族情懷，認為朱舜水的「不歸」乃情非得已，他逃離清朝異族統治中國的行為，就類似於伯夷、叔齊的義行，至於，他協助日本國內政治等方面的作為，則更勝於古人。無論是黃宗羲，亦或是黃遵憲，他們這類撰作雖僅針對朱

9　黃宗羲著，陳乃乾編《黃梨洲文集》〈兩異人傳〉頁79~80，中華書局，2009年。

10　（清）邵友濂修；（清）孫德祖等纂，《餘姚縣誌》，1899年。

11　黃遵憲《日本雜事詩》〈明室遺氏〉頁668，岳麓書社，1985年5月。另外，依據霍有明〈黃遵憲《日本雜事詩》在中日文化交流史上的意義〉一文指出：「自黃遵憲《日本雜事詩》出，並刊刻印行，長期以來深得海內外各界人士的贊譽。據有關統計，《日本雜事詩》的版本迄今已近二十種，可視見其風行狀況。1879年，該詩稿呈報國內總理各國事務衙門，譯署用同文館聚珍版印行，稱官印本。同期王韜在香港循環日報館又印第二版……。」《安康學院學報》，第21卷第5期，2009年10月。案：黃遵憲於1877年隨何如璋東渡出使日本，在此期間不僅只撰寫詩作，《日本國志》撰寫後讓當時封閉自守的中國對他國事務有更進一步了解，在中日文化交流史上具有一定貢獻。

舜水做人物簡介、或只以詠懷詩之創作說明其德行，但是，對於朱舜水其人其事能在中國受到注意實其價值與意義。

　　整體看來，朱舜水過世後，中日學者對他的關懷和探討成果呈現總括如下：1、日本為朱舜水最終留居之處，再加上德川光圀（為政者）對其言論相當重視，此外，朱舜水與日本學者、官員往來時多採取書信或筆談，故居日期間大多資料均得以保存。故，簡要言之，這階段的日本學者在朱舜水研究上最大貢獻即為：原始資料的匯集與保留，以及對其生平的詳盡紀錄。2、相較於日本人對朱舜水的重視及瞭解情況，中國地區學者不僅顯得陌生，甚至和朱舜水處於同時期、曾遊居同地方（江浙、舟山）的黃宗羲對他竟也無一所知，即便勉強由鄉里傳說中得知一二訊息，但是，似乎也有張冠李戴之嫌，故而引發後世學者爭論，換言之，朱舜水的相關資料與訊息相當匱乏，更遑論中國地區的學者能順利地針對朱舜水學術思想做進一步討論。但是，從積極層面看來，至少朱舜水在日本的成就、事蹟等早已隨著各種管道回傳中國，對於中國境內而言，不僅是朱舜水個人價值的展現，更是中華文化被肯定的喜悅。

二、明治維新至二戰時期（1868~1945 年）

　　如前所述，這期間中國與日本二國在政治等方面互動相當微妙。於十九世紀末，二十世紀初，不僅清政府鼓勵學生留學，日本政府亦提供中國學生留日管道，或派遣日本教師前往中國教學等情狀，給予中國學生友好的學習資源，於是，在中國國境之內、或留

學國外時，與日本接觸的學生逐日增多。[12]

　　因此，中國境內陷入政治混亂時，許多學者、革命志士則選擇流亡、或躲避到日本，然後，在當時革命志士遂成了留日學生。同時，亦有許多留日學生因受新思潮影響，也成了革命之士。[13][14]

---

[12]　王曉秋指出：「二十世紀初的中國留日學生學習的專業非常廣泛，從政治、文史、外語、師範、軍事到理工、農醫、商業以至音樂、美術、體育，應有盡有。而且以學文科的占多數，其中又以學政法和陸軍最為熱門。」頁112，《中日文化交流史話》，台灣商務印書館，1994 年 9 月。王曉秋〈中國留學日本 110 年歷史的回顧與啟示〉《徐州師範大學學報》第 32 卷第 4 期，2006 年 7 月。

[13]　王曉秋〈中國留學日本 110 年歷史的回顧與啟示〉「中國留日學生在日本接觸到的各種新知識、新思想，促使他們滋長愛國主義和民主革命思想。使他們受到刺激更深的是，由於祖國的貧弱而遭受到日本人的歧視和侮辱……這一切都強烈刺激著他們的民族感情……隨著國內民族危機和革命形勢的發展，加上他們在日本接觸到的民主革命思想……很多留日學生逐漸從愛國、改良走向革命」頁112~113，「中國留日學生在日本還進行了大量文化交流活動，他們通過創辦報刊、編譯出版書籍等方式，把來自西方和日本的資產階級新思想、新文化、新知識，經過自己的消化改造，再向留學生界和國內知識青年廣泛傳播。」頁 113。

[14]　李喜所〈甲午戰後五十年間留日學生的日本觀及其影響〉中指出：「晚清的留日學生幾乎都是政治留學。孫中山發動的反清政治革命基本以留日學生為骨幹。……實藤惠秀教授據一九三二年在日本出版的《現代中華民國、滿洲國人名鑒》統計，當時政府的四十五名成員中，有三十一名是留學生，其中十八名留學日本，可見留日學生參政的熱情和能力居中國留學生之首。一九一〇年朱庭祺在《留美學生年報》發表文章認為，每當中華民族遇到危險之時，每當國人似醒未醒之際，就有「日本留學生之書報，有日本留學生之詈罵，有日本留學生之通電，以致通國之人為之大醒。」頁 108，《社會科學研究》1997 年 1 月。

　　諸如此類中日友好印象，隨著日本刻意侵犯中國，中國的這群知識分子、與流亡日本的志士們，才清楚地意識到「大中國」早已不復存在。而經歷明治維新短時間就崛起的日本，其國家勢力已不容小覷。那一群亟待創新的革命志士，一邊藉由日本輸入的新知識，學習新思維，同時也警覺到中日二國間隱微顯露的特殊交往關係與情感。以下略加整理這期間從事於朱舜水研究中，值得注意的幾位學者：

(一)中國

1. 梁啟超，1873~1929，字卓如，號任公，別署飲冰室主人。1898 年 9 月 21 日，戊戌政變，得到日本公使林權助相救，逃亡日本。

2. 魯迅，1881~1936，原名周樟壽，1898 年改為周樹人，字豫山，後改為豫才。1902 年赴日本，先入東京弘文學院學習日語，二年後進入仙台醫學專門學校，學習現代醫學。

3. 李大釗，1889~1927，字守常，中國共產黨主要創立人之一，中國國民黨第一屆中央執委。1913 年天津北洋法政專校畢業，因參與的中國社會黨被查封，他便展開逃亡，之後得到孫洪伊的資助，赴日本留學，入早稻田大學政治科。

4. 馬一浮，1883~1967 年，近代新儒家學派的代表人物之一，與梁漱溟、熊十力齊名，有「一代儒宗」之稱。岳父湯壽潛命其收集朱舜水詩文等資料匯為一編，名為《舜水遺書》並作序，即「馬浮本」。至於這期間，湯壽潛曾更改書名、並撰寫序文，特意強調遺民的堅毅性格等內容，凡此類舉動均

有其時代環境之下的特殊意義。

　　無論是梁啟超、魯迅還是李大釗，均因政治事件先後赴日。對於這群有志之士而言，與其具有相似經驗的朱舜水，無疑地對他們起著鼓舞作用，因此，開啟了探討、研究朱舜水其人其事。這一個階段魯迅於 1929 年 6 月 20 日得「天彭君見贈《日本流寓之明末名士》一本」[15]；李大釗撰作之〈朱舜水之海天鴻爪〉、〈東瀛人士關於舜水事蹟之爭訟〉、〈覆景學鈴君〉[16]等文章，內容則多以讚頌、紀錄式的形態來說明朱舜水，除此之外，未有更為深入的探討，或許是在他們心中以朱舜水為精神理想指標，而當時日本有著更吸引他們注意的、足以救國於存亡的——當時日本大量翻譯與傳入的西方學問，如：馬克斯主義等，如何藉由這些學問使得中國再度強勝起來，才是實際實行的目標。王海娜〈中國大陸地區朱舜水研究述評〉曾如此描述李大釗，說道：

> 李大釗曾在 1913 年發表過兩篇關於朱舜水的文章。一是《築聲劍影樓紀叢——朱舜水之海天鴻爪》，一是《東瀛人士關於舜水事蹟之爭訟》。然而這兩篇文章並非是專為學術研究所做，而是為配合杭州同仁建立「舜水學社」以及在北京舉辦相應紀念活動之需要。[17]

15　唐政〈魯迅與日本學者三題〉頁 70，《魯迅研究月刊》1999 年 3 月。

16　李大釗，此三篇文章收錄於《言治月刊》第 1 期，1913 年。（1988 年並收在《舜水朱氏談綺》附錄中）

17　王海娜〈中國大陸地區朱舜水研究述評〉頁 207，錢明、葉樹望主編《舜水學探微——中日舜水學研討會文集》，人民出版社 2009 年。

　　亦如錢明所言：李大釗之後學術思想轉向，在日本接觸社會主義和馬克斯主義學說，因此，對於朱舜水的興趣就大為減弱，或則無暇顧及了。[18]另外，還有從未出國卻因接受到梁啟超影響，進而撰寫〈朱舜水思想的研究〉的許嘯天[19]。其書寫內容不乏宣導式口吻，例如，他說道：「日本人受了我們大陸國的教化，又受著舜水強毅人格的感化，而有今日發揚蹈厲的一天，這是日本應該感激先生的」[20]、「日本人的能夠得到這個好教育，也未始不是在三百年前我們這位中國的朱舜水先生指導。」[21]雖然如此，朱嘯天在文章裡，談及朱舜水對日本人造成影響外，仍舊不忘反思當時中國人自

---

[18]　錢明〈朱舜水事跡回傳故國考——清末民初的朱舜水熱〉「可見，李大釗也是基於反滿光復、培養氣節的目的，來宣傳和介紹朱舜水事跡的。當這一目的達到之後，而他又在日本開始接觸社會主義和馬克斯主義學說後，他對朱舜水的興趣就大為減弱，或者說是無暇顧及了。這或許就是為什麼他日本三年多，沒有再論及朱舜水，也沒有在其他文章中提及是否參觀過朱舜水在日本的遺跡的一個重要原因。」頁 225，張立文、町田三郎主編《中日文化交流的偉大使者——朱舜水研究》，人民出版社，1998 年 12 月。

[19]　許嘯天（1886~1948），出生在紹興府上虞縣。自幼在故鄉耳聞目睹清吏、清兵的腐敗無能和對平民百生的兒暴，少年時代就萌發了覆清的種子。光緒三十二年前後，他不顧社會的巨大壓力和家人的竭力反對，毅然剪掉辮子。慕秋瑾之名，到紹興大通學堂工作。1907 年七月紹興「秋案」發生，他被迫逃亡上海，積極從事新劇活動。參與辛亥革命。1948 年 12 月 13 日因車禍在上海過逝。裘士雄〈關於近代作家許嘯天〉《紹興文理學院學報》第 25 卷第 2 期，2005 年 4 月。

[20]　許嘯天〈朱舜水思想的研究〉頁 266，《國故學討論集》，群學社，1927 年 1 月。

[21]　許嘯天〈朱舜水思想的研究〉頁 269。

身所處的困境，例如，他說道：「和日本人共過幾年事；暗地留心他們從工程師到苦力頭，都有一種堅苦卓絕勤慎耐勞的氣概……比到中國人的寬懈浮逸的惡根性，實在叫我慚愧！」[22]凡此種種，具有時代性意義的宣導和檢討形式的內容，都可視為朱舜水事蹟與其「愛國（明）精神」回傳至中國，對於二十世紀初期的知識分子，他們反腐敗、追求社會革新等志向，有著勵志性作用。

綜觀此時期在朱舜水研究中較有成果展現的應以──梁啟超為主。他撰寫《朱舜水先生年譜》[23]、〈黃黎洲、朱舜水乞師日本辯〉[24]、〈朱舜水之學術思想〉[25]等作品，內容不僅只於說明紀錄，還加入了些許的考查、釐清及研究。例如：《朱舜水先生年譜》，這類年譜式的相關撰作，日本學者安積覺和雨谷毅早已有所擬寫。但是，二人的〈朱氏略譜〉、〈舜水先生略年譜〉[26]均止於簡略陳述朱舜水之生平事蹟；至於，梁啟超《朱舜水先生年譜》則採取不同的編寫方式，他依據朱舜水出生到死亡時間逐年條列，凡是期間涉及到明朝國內重要事件也一併附上，另外，還不忘加上朱舜水〈行

22　許嘯天〈朱舜水思想的研究〉頁 269。

23　梁啟超，本文收錄於《飲冰室全集》97，1936 年。（1937 年中華書局以單行本出版）

24　梁啟超，本文收在《東方雜誌》第 20 卷第 6 號，1923 年。

25　梁啟超，本文收在《史地學報》第 3 卷第 2 期，1924 年。收入於《中國近三百年學術史》第七章。

26　安積覺撰〈朱氏略譜〉內容記朱舜水家族族譜，頁 35~39。以及雨谷毅錄〈舜水先生略年譜──始自先生至水府前年〉編年條列略記從 1665~1683 年朱舜水在日本的活動情況，均收錄於《朱舜水記事纂錄》彰考館編刊，1913 年。

實〉、與日本人書信往返之內容。同時,梁啟超也會針對某些事件進行考證並附於年譜之中,例如:朱氏母喪於何年[27]等等,可謂開啟朱舜水研究重要的轉折。自此之後,從事朱舜水研究的中國學者,不再留停於撰寫朱舜水偉大人格之類的宣導式文章,而是紛紛地深入進行分析朱舜水其人其事、思想脈絡發展等等內容。

(二)日本

日本在明治維新之後,經歷 1894 年甲午戰爭、1904 年的日俄戰爭等事件,國際地位改變。直至二戰前,日本政治變化、西方思維傳入等等因素均帶領著日本學者從事「中國學研究」時有了新的思維及研究方法。誠如錢婉約《從漢學到中國學》中所言:

> 明治以前的傳統漢學,取一種模仿、追隨的心態,以中國儒佛、文史經典為範本,借助中國文化進行自身文化的繁衍和創造;明治以後的中國學,更多是在西方近代學術觀念、實證方法的指導下,把中國古代文化作為一種文本,進行客觀的研究和理性的批判。[28]

---

27 梁啟超《明末朱舜水先生之瑜年譜》:「先生四十四歲,是年先生喪母續聘胡氏為繼室,因喪亂,卒未娶。」「按先生舉孝廉在庚寅三月『立刻疏辭』則上魯王辭孝廉疏自亦在庚寅無疑所云『聘七年而不娶』續聘自應在甲申年,以母喪而未娶,則當是甫定聘而母死故不及於是年娶也故姑斷定聘妻喪母同在甲申年。」頁 10,台灣商務印書館,1980 年 1 月(原收錄於 1923 年《飲冰室合集》中)。

28 錢婉約《從漢學到中國學》頁 1,中華書局,2007 年 3 月。

十九世紀中葉西方世界提出「中國文明停滯於靜止狀態」一說，深刻地影響此時亟欲在國際間佔有一席之地的日本。因此，政治上具指導作用的學者們有人依循著福澤諭吉[29]「脫亞入歐」之說，認為：日本找尋自身主體性，必須脫離依附中國，即所謂「脫亞論」。[30]也有部分學者是跟隨著牽制日本歐化思潮的大久保利和（大久保利通之子）與曾根俊處等人之主張，以「興亞論」[31]為主要論調，他們認為：日中兩國應相互輔助，才能挽救東洋弱勢之情況。然而，無論是「脫亞論」或是「興亞論」哪一種說法，日本學者都是欲成就、提升日本國際地位為其主要目標，換言之，這股日本學者因政治傾向的選擇，遂對中國文化產生脫離或拉攏的主張，同時影響著學術

29　福澤（沢）諭吉（ふくざわ‐ゆきち，1835~1901）啓蒙思想家、教育家。大坂出生。在大坂跟隨蘭學大師緒方洪庵學習，之後在江戶開設蘭学塾（慶応義塾）以學習英文為主。三度隨行於幕府所派遣的海外使節到歐美視察。維新後為新政府徵召。設立明六社、「時事新報」。著作有：「西洋事情」、「學問のすゝめ」、「文明論之概略」、「福翁自傳」等。

30　案：針對於福澤諭吉的脫亞說有學者認為這學說在寫成之時並未對日本產生任何影響，且隨著政治形態的改變，福澤諭吉對於中國的概念也有所轉變，前後並不一致，例如：何為民〈《脫亞論》解讀過程中的誤區〉《日本學刊》第 4 期，2009 年。佐藤貢悅〈重評福澤諭吉的儒學觀與「脫亞論」〉《中山大學學報》（社會科學版）第 46 卷第 3 期，2006 年。丸山真男著區建英譯《福澤諭吉與日本近代化》出林出版社，1992 年 10 月。

31　李圭之〈在傳統中發現近代：京都學派學者內藤湖南的東洋意識〉《國家發展研究》第 7 卷第 1 期，2007 年 12 月。谷川道雄〈戰後日本中國史研究的動態與特點〉《歷史學》2009 年 8 月。黃俊傑〈「東亞儒學」如何可能？〉〈在傳統中發現近代：京都學派學者內藤湖南的東洋意識〉《國家發展研究》第 7 卷第 1 期，2007 年 12 月。

研究的方向。

　　再者，二十世紀初，德國實證主義史學方法傳入日本，「東洋史學派」的代表白鳥庫吉[32]依據實證研究方法，推動日本學者以實地考察、田野調查方式開始他們的中國學研究。當時滿鐵東京支社「滿鮮歷史調查部」具政治目的性所設立的團隊，同時促成學者們實地勘查的契機，內藤湖南[33]、稻葉君山[34]等學者都是參與此活動

---

[32] 白鳥庫吉（しらとり‧くらきち，1865~1942）本名倉吉。昭和前期的東洋史學者。東京帝大教授。研究範圍包括了亞系亞全域的歷史、民俗、言語、宗教等。推動「東洋學報」的刊行，以及東洋文庫的設立。師事那珂通世、弟子有津田左右吉等。著作有「西域史研究」、「卑弥呼（ひみこ）問題の解決」等。何培齊〈內藤湖南的歷史發展觀及期時代〉指出：「『東京學派』對中國文化文明所採取的立場，一如歐洲史學家的觀點。……認為『中國文明停滯說』或即『環線循環說』」《史學集刊》第四期，2008年7月。至於，提出與其相反意見的則為內藤湖南。另外白鳥庫吉相關研究可參考：解學詩〈從史學博士白鳥庫吉到右翼狂人大川周明——滿鐵的「滿鮮」歷史地理調查和「滿蒙狂」煽動〉《社會科學戰線》（東北歷史與文化）第三期，2003年。嚴紹璗《日本中國學史 第一卷 世紀年代——世紀年代中期》〈白鳥庫吉史學與堯舜禹抹急論——中國史學的奠基性成果〉頁323~334，江西人民出版社刊，1991年。劉萍《津田左右吉研究》〈第一節 白鳥庫吉的《中國古代史批判研究》〉頁72~87，中華書局，2004年。錢婉約《從漢學到中國學》〈四日本中國學家例話〉頁161~166，中華書局，2007年3月。

[33] 內藤湖南（ないとう‧こなん，1866~1934），名虎次郎。「大阪朝日新聞」、「万朝報」記者。明治42年京都帝大教授。著作有「燕山楚水（えんざんそすい）」、「日本文化史研究」等。締造「支那學派」的中國史研究觀點，此學派特點為一，重考證。二，與中國學者互動密切（內藤與中國社會名流、文人交往例如：嚴復、羅振玉、王國維、鄭孝胥等人）。相關

的重要人員。從歷史結果看來，滿鮮歷史考察團的成立，不僅使日本在中國歷史研究上擁有新的突破，亦是日本國際政治權力上以列強形勢的自我展現。[35]於是，學術風潮興盛的這階段，日本國內在朱舜水相關研究有幾則重要成果：

　1. 1912 年間由德川家族主持、舉辦的「朱舜水記念會」，內容討論朱舜水與水戶光圀、安東省庵之間的關係，及其教育

　　論述的資料可參考：李圭之〈在傳統中發現近代：京都學派學者內藤湖南的東洋意識〉《國家發展研究》第 7 卷第 1 期，2007 年 12 月。錢婉約《從漢學到中國學》頁 166~172，中華書局，2007 年 3 月。何培齊〈內藤湖南的歷史發展觀及期時代〉《史學集刊》第四期，2008 年 7 月。李慶〈關於內藤湖南的「唐宋變革論」〉《學術月刊》第三十八卷，2006 年 10 月。

34　稻葉岩吉（いなばいわきち，1876-1940）朝鮮・滿州史學者。號君山，新潟縣出身。內藤湖南的學生。明治三十三年到北京留學，1909~1915 年（明治 42~大正 4）參與編修「滿州歷史地理」。1925~1937 年（大正 14~昭和 12）編修『朝鮮史』全 37 卷。1937 年任滿州建國大學教授。著書有：『滿州發達史』、『清代全史』等。（資料來源：Japan Knowledge 資料庫）

35　如同李圭之所言：「京都學派的學者也多半具有深厚的漢學修養，並與中國的山川人文保持密切聯繫，以求以中國人的價值觀展開研究。日本傳統漢學家幾乎是閉門造車，內藤卻時常往返於中日之間，親臨中國的人文氣氛，映證古籍所描述的文化中國，成就了他的史學特色——文化語境實證。這也體現了當時其他日本中國學家致力於把傳統的「文獻實證」推向「文化語境實證」的努力，進而也體現了日本中國學的近代性價值。」〈在傳統中發現近代：京都學派學者內藤湖南的東洋意識〉《國家發展研究》第 7 卷第 1 期，2007 年 12 月。解學詩〈從史學博士白鳥庫吉到右翼狂人大川周明——滿鐵的「滿鮮」歷史地理調查和「漢蒙狂」煽動〉《社會科學戰線》（東北歷史與文化）第 3 期，2003 年。

方等方面的貢獻，例如：〈湊川碑と朱舜水〉[36]、〈朱舜水と第一高等學校〉[37]、〈水戶義公の賓師朱舜水〉[38]、〈朱舜水の學風と精神〉[39]、〈朱舜水と安東省庵〉[40]等文章，會後匯集成冊出刊，書名為《朱舜水》。

2. 日本京都學派史學家內藤湖南的學生稻葉君山，1910 年開始在《日本と日本人》發表：〈朱舜水建聖廟の意見〉[41]、〈長崎における朱舜水〉[42]、〈朱舜水考〉[43]等多篇考查朱舜水其人其事的研究文章，並且在 1912 年「朱舜水記念會」會議直指「朱舜水早已歸化日本」，以歷來中國人成為日本歸化人的通則條件等說法為論述內容，輔助其對朱舜水身分的論點，爾後遂與菊池仙湖[44]在會中展開一連串爭辯，李大

---

[36] 德川賴倫（とくがわ-よりみち，1872~1925），德川慶頼（よしより）之子，德川家達（いえさと）之弟。設立南葵（なんき）文庫，並且為日本圖書館協會總裁。（資料來源：Japan Knowledge 資料庫）

[37] 德川達孝（とくがわ-さとたか，1865~1941），幼名群之助，德川家達（いえさと）之弟。日本弘道會（こうどうかい）會長。（資料來源：Japan Knowledge 資料庫）

[38] 國府犀東（こくぶ-さいとう，1873~1950），名種德（たねのり）。詩文集「花柘榴（はなざくろ）」，著作「佐渡と新潟」。（資料來源：Japan Knowledge 資料庫）

[39] 案：稻葉岩吉（君山）撰寫。

[40] 案：國府犀東撰寫。

[41] 稻葉君山〈朱舜水建聖廟の意見〉，《日本と日本人》531，1910 年。

[42] 稻葉君山〈長崎における朱舜水〉，《日本と日本人》583，1912 年。

[43] 稻葉君山〈朱舜水考〉，《日本と日本人》475~485，1912 年。

[44] 菊池謙二郎（きくち-けんじろう，1867~1945），明治-昭和時代前期的

釦已將此事其紀錄在〈東瀛人士關於舜水事蹟之爭訟〉一文
之中。

3. 1913 年，雨谷毅《朱舜水記事纂錄》[45]，將朱舜水行實、弟
子悼念文及奠祭禮儀流程等一一紀錄、1928 年又撰作《義
公と朱舜水との關係資料》[46]。

4. 石原道博（いしはら　みちひろ、1910~2010）[47]發表至少二
十多篇討論朱舜水其人其事及與相關議題的文章最為可觀。
[48]文章內容除了針對朱舜水乞師日本及其人事蹟、思想的說
明外，亦展開與朱舜水相關人物的探討，例如：鄭成功、心

教育者。明治 41 年任水戶中學的校長。大正 10 年舌禍（ぜっか）事件辭
職。晚年投入水戶學研究，著作有：『藤田東湖伝』（1899 年）、『東
湖全集』（1909 年）、『訳註弘道館記述義』（1918 年）、『義公全集』
（1927 年編纂着手）、『幽谷全集』（1935 年）、『水戶學論叢』（1943
年）。

[45]　雨谷毅《朱舜水記事纂錄》，彰考館編刊，日本國會圖書館藏，1913 年。

[46]　雨谷毅《義公と朱舜水との關係資料》，彰考館，1928 年。

[47]　石原道博，（いしはら　みちひろ、1910~2010），東京文理科大學畢業。
日本東洋史學者，為茨城大學名譽教授。曾出版書籍：《鄭成功》，三省
堂，1942 年。（東洋文化叢刊）、《明末清初日本乞師の研究》，富山
房，1945 年。《國姓爺》，吉川弘文館，1959 年。（人物叢書）《朱舜
水》，吉川弘文館，1961 年。（人物叢書）《倭寇》，吉川弘文館，1964
年。（日本歷史叢書）等。

[48]　石原道博：1、〈朱舜水〉《東洋歷史大辭典》4 卷，1937 年。2、〈朱舜
水と向陵〉《一高同窗會會報》35，1937 年。3、〈向陵朱舜水碑の筆者
について〉《一高同窗會會報》37，1937 年。4、〈朱舜水の思想と生涯〉
《教育と社會》第 4 卷第 7 期，1949 年。5、〈朱舜水の經世濟民〉《い
ばらき》學藝欄，1952 年。等等。

越禪師、康有為、日本弟子及日本古學之間的關聯研究。

首先，值得觀察的即是：德川氏家族在面對倒幕之後三、四十年，日本國內正在尋找自我主體之際，興起脫亞或興亞之論說——日本對於中國應當採取何種關係與態度，國內正莫衷一是——他們在會議中第一次發佈了《朱舜水集》裡從未曾出現的〈湊川碑文〉[49]，此外，亦由德川賴倫撰寫〈湊川碑と朱舜水〉一文，內容陳述朱舜水與德川光圀間的情誼，同時表彰楠木正成尊王忠臣之事。[50]由德川家族發表與中國朱舜水之間的情感，在這特殊時間裡又有何意義呢？菊池仙湖如此談道：

---

[49] 錢明〈朱舜水事蹟回傳故國考——清末民初的朱舜水熱〉指出：「湊川碑在日本素以『三絕』著稱，即楠正成之忠，源光圀之義，朱舜水之文。楠正成的忠勇節烈，經過舜水的宣揚，無疑更加強了源光圀的忠君尊王思想，而且這種思想還逐步深入到一般的日本士人中間。1912 年，日本紀念朱舜水渡日 250 周年，首次刊載了湊川碑文，並撰文認為湊川碑與明治維新很有關係，足見其影響之深遠。」頁 217，《中日文化交流的偉大使者——朱舜水研究》，人民出版社，1998 年 12 月。

[50] 徐興慶〈朱舜水與東亞儒學發展〉談道：「室町時代的南朝武將楠木正成（1294~1336）置全家族之存亡於度外，為後醍糊天皇（1288~1339）舉兵，與室町幕府初代將軍足利尊氏（1305~1358）的軍隊交戰，最後敗於兵庫而殉死湊川（神戶市中部的河川），卻被北朝的足利幕府定位為叛徒，這種顛倒尊皇志士的歪曲史事，直到德川光圀編輯《大日本史》時，才將南朝列為正統王朝……朱舜水贊成光圀的『南朝正統論』，將楠木正成從叛徒正名為忠臣，是因為足利尊氏曾接受後醍醐天皇之拔擢並賜字，卻另行擁立光明天皇（1321~1380）而成為征夷大將軍，背叛天皇的人是足利尊氏而非楠木正成。」頁 90，《朱舜水與東亞文化傳播的世界》，台灣大學出版中心，2008 年 11 月。

　　朱舜水記念會趣意書有曰：「先生沒後，光圀之建碑於湊川
也，鑴以先生所撰之《楠公論贊》，於是尊王大義，炳乎明
於天下。」是語也，余甚疑之。余以為德川時代，義公為其
幕府三家之一，大書特書，題足利幕府時代，稱為逆臣之楠
公墓石曰：「嗚呼！忠臣楠子之墓。」尊王大義，始賴以深
播於人心，非盡舜水撰碑陰記之力也。[51]

　　此外，之後亦有稻葉君山說道：「義公本意，不僅斷斷於憫舜水之
孤忠已也。」[52]碑文是否只是單純地表達朱舜水、德川光圀之情誼，
彰顯楠木正成之忠義，或則是那尊皇、政治正統等意義。無論如何，
時勢趨使下交出政權的德川家族而言，碑文內容及其引伸意義、以
及發表者的特殊身分的確透露出些許耐人尋味之情狀。[53]

　　其次，這階段重要的研究者稻葉君山，不僅發表多篇文章討論
朱舜水。他最重要的價值在於——1912 年「朱舜水記念會」中提出
「朱舜水為日本歸化人」，這問題的提出又使得朱舜水研究重新有
了新的活力。今日學者大多不同意「朱舜水為日本歸化人」，至於，

51　李大釗〈東瀛人士關於舜水事蹟之爭訟〉頁 14，《舜水朱氏談綺》附錄，
　　1988 年。

52　李大釗〈東瀛人士關於舜水事蹟之爭訟〉頁 16。

53　久信田喜一在〈水戶的朱舜水研究現狀〉文中指出：「木下英明在〈關於
　　朱舜水的楠正成像贊〉中，在介紹了朱舜水的三首楠正成像贊，探討了各
　　自的創作經過之後，認為湊川的楠公碑陰上的碑文，是以「舜水先生文集」
　　卷一七的草稿為基礎，光圀進行了若干文字的探討，這樣完成的東西被送
　　到佐佐十竹處，而被刻在碑陰上。」頁 59，町田三郎、潘富恩主編《朱
　　舜水與日本文化》，2003 年 7 月。

稻葉氏會有如此詮解，應與其政治、學術背景有著密切聯繫。他曾
發表〈日支關係〉、[54]〈對支國論を警む〉[55]、〈現代支那的內面
觀察〉[56]等文章，從政策、經濟等角度來剖析中國內部的種種缺失，
曾於〈論中國社會結構——家族制度〉一文中如此說道：

> 有人說，中國家族制度的權威已成為歷史的陳跡。……此語
> 只可用來說明我國的家族制度，以之論中國家族，則未免過
> 早。英國的濮藍德（筆者案：J.O.P. Bland，1863~1945，英
> 國駐上海記者）曾經評論中國青年維新黨云：他們穿西服，
> 戴洋帽，站在講演台上，慷慨激昂，乍一看倒像是外國人，
> 決不像是中國人。然而試往市場上、官廳裡，甚至往家庭裡
> 看一看他們，則與其他中國人並無任何區別。……由另一方
> 面看來，此乃表明中國從來的習慣是如何強而有力。因此，
> 要除去家族制度，來了解中國，並不是妥當的研究方法。[57]

換言之，以內藤湖南為師的稻葉氏，在中國學研究上不僅繼承內藤
氏所行的實證式方法，另外，對於「中國文化與日本文化具相關性」

---

[54] 稻葉君山，《太陽》第二十五卷十一號，1919 年（大正八）年 9 月 1 日。
[55] 稻葉君山，《太陽》第二十六卷十一號，1920 年（大正九）年 10 月 1 日。
[56] 稻葉君山，《太陽》第二十八卷五號，1922 年（大正十一）年 5 月 1 日。
[57] 稻葉君山著，傅仲濤譯，頁 92~91（原刊於《支那近世史講話》）《外國
資產階級是怎樣看待中國歷史的——資本主義國家反動學者研究中國近
代歷史的論著選譯》第 1 卷，中國科學院近代史研究所資料編譯組編譯，
商務印書館，1961 年。

的論點更是有志一同，甚至，與內藤湖南、日本帝國主義思維之下
產生對中國的「特殊情感」亦不相左。黃俊傑〈「東亞儒學」如何
可能？〉曾如此談道：

> 內藤湖南雖然主張「所謂東洋史就是中國文化發展的歷
> 史」，強調中國文化的先進性，但是內藤湖南在中國旅游時
> 「平常與中國人擦肩而過，衣袖相亦覺不快」，對中國與中
> 國人仍難掩其鄙夷之情。內藤湖南所把持的這種日本優越
> 感，在他對待新殖民地台灣時，完全流露無遺。[58]

明治維新後日本成為東亞新勢力，亦使日本人民族優越感勃然興
起。於是，從日人稻葉氏眼光來看，他認為：中日皆重視家庭制度，
只不過，日本早已能接受西方新思潮，突破權威腐化。但是，中國
人「從來的習慣是如何強而有力」，因此，即便學習西方也僅止流
於表面。由此可知，葉氏那股中國學的研究熱忱，再加上日本人民
族優越感，逐漸地蘊釀出對中華文化矛盾情緒。倘若，同情地理解
稻葉氏對中華文化的矛盾情緒，那麼他直接「朱舜水為日本歸化人」
之說便能了解。平實看來，稻葉氏很難抹去歷史記載中朱舜水和德
川光圀、德川學者們交往的事實，也無法忽視日本文化確實受中國
文化薰染之情狀。這種拉攏中國文化，又企圖矮化中國人的說法，
從日本人的歷史、民族與思維脈絡整體分辨後便能較同情的理解。

---

[58]　黃俊傑〈「東亞儒學」如何可能？〉頁457，《清華學報》新三十三卷第
　　二期，2003 年 12 月。

（朱舜水是否歸化日本在本論文第五章將有論述）羅以民〈歸化、儒化與文化堅守——朱舜水亡命日本的文化心態剖析〉曾如此指出：

> 德川光國所言的「未嘗變夷」，不但說明了朱舜水作為儒士的「夷夏觀」，而且說明至少德川光國本人已經接受了老師的「夷夏觀」。但德川這四句悼文後來被人從他的《常山文集》中刪掉了，這應該是在日本崛起以後的事。1980 年，中國中華書局出版的《朱舜水集》是根據稻葉君山編的《朱舜水全集》編排的。稻葉是日本國家主義者，我們今天從《朱舜水集》中找不到這四句話的原因可想而知。[59]

在略知稻葉氏的學術背景後，則可知他從事朱舜水研究時所作的評論，往往政治性目的高於深入探討朱舜水思想內涵，是有跡可尋。[60]

---

[59] 羅以民〈歸化、儒化與文化堅守——朱舜水亡命日本的文化心態剖析〉：頁 85，錢明、葉樹望主編《舜水學探微——中日舜水學研討會文集》，人民出版社，2009 年。

[60] 徐興慶說道：「一九〇八年起稻葉君山於《日本及日本人》連載〈朱舜水考〉十一次，主要闡述近世初期渡日明人之背景，同時推崇朱舜水為明朝一流遺臣。……一九一二年稻葉又於《日本及日本人》刊載〈長崎における朱舜水〉一文，並未具體分析朱舜水居留長崎之生活狀況及交友情形，僅依據有限的史料概述明末清初戰亂期之中日政治情勢。」頁 17，〈從東亞視域看朱舜水研究〉《朱舜水與東亞文化傳播的世界》，台灣大學出版社，2008 年 11 月。

　　最後，此階段另一值得注意的日本漢學者——石原道博。1935
年畢業於東京文理科大學，接受東京學派的研究理念[61]，又在二戰
時參與軍事活動被俘，被押至西伯利亞，1948 年回到日本，1949
年任茨城大學教授[62]，曾任朱舜水遺德顯彰會名譽會長。[63]他承襲
戰前有關於《鄭成功》的研究，展開對「明末清初中國乞師日本」
議題的探討，尤以 1961 年完成的《朱舜水》一書奠定他在朱舜水
研究中的重要地位。徐興慶曾言：

---

[61]　錢婉約指出東京學派與京都學派的差別在於：「當時在京都研究中國的學
　　　術圈內，存在著不同於東京「東洋史學」的傾向：以狩野直喜、內藤湖南
　　　等人為代表，主張中國史、中國文學、中國哲學不應分開來研究，而應該
　　　三位一體地構成支那學，中國史是支那學的一部分，稱為『支那史』。」
　　　頁 34，「那珂通世在中等學校教科課程調查委員會上，正式提出應把日
　　　本史以外的外國史，分為西洋史和東洋史兩部分。這樣，中等學校的歷史
　　　教學就形成國史、西洋史、東洋史三足鼎立的局面。」頁 23，《從漢學
　　　到中國學》，中華書局，2007 年 3 月。案：京都學派注重文、史、哲合
　　　觀的中國（支那）學研究，至於，東京學派不僅是在漢學名稱上改為東洋
　　　學，史學上也區別為日本史、西洋史和東洋史。於是，錢婉約認為：「東
　　　洋史學及東洋學的確立，決不僅僅是對於『漢學』名目的改變，而是對於
　　　傳統漢學的揚棄。」頁 26，《從漢學到中國學》。

[62]　嚴紹璗《日本的中國學家》頁 399~400，中國社會科學出版社，1980 年。

[63]　朱力行記：「民國六十五年四月十七日，日本國民間團體朱舜水遺德顯彰
　　　會，由會長戶倉久喜，事務局長小松崎市郎，名譽會長名譽教授文學博士
　　　石原道博以及太田市工商會名士策劃之下，為顯彰先祖舜水對日本之功
　　　德，在該市境內（茨城縣立西山公園的不老池畔）建「朱舜水碑」，筆者
　　　以舜水十二世裔孫，被邀以主賓參加揭幕典禮。」頁 77，《朱舜水的一
　　　生》，世界書局，1982 年 6 月。

> 日本學界中，首推石原道博對朱舜水研究著力最深。他以淵
> 博的學識解讀中日相關文獻，分析朱舜水與「日本乞師」問
> 題，提出深具啟發性的見解。……此外，石原道博主張朱舜
> 水隸屬朱子學派，而非陽明學派……針對思想比較等複雜問
> 題雖未深入闡釋，但已提示該研究領域的可行性。[64]

由此看來，石原道博較之以往朱舜水研究的諸多作品裡，他的確提
供了初略研究的方向，例如：《朱舜水》一書裡他注意到朱氏與鄭
成功之間等等問題，也略將朱舜水思想的形態、實學內容述說，至
於，書末所附的《朱舜水年表》標明了明朝與日本相應時間的統治
在位者，以及其中國內重要事蹟，凡此種種均有助於研究者從事於
朱舜水研究，同時的確揭示著此領域研究之可行性。至於，錢明提
出這樣的說法：

> 進入二十世紀三十年代後，隨著日本對華侵略的野心日趨暴
> 露，中日關係面臨崩潰，對朱舜水的宣傳與研究也隨之由
> 「熱」轉「冷」，僅有的一些文章，其主題亦大都圍繞著中
> 日對抗而展開。[65]

覈實看來，二十世紀初一直沿續到三十年代，日本政府從未放棄「建

---

64   徐興慶〈從東亞視域看朱舜水研究〉頁 32，《朱舜水與東亞文化傳播的
      世界》，台灣大學出版社，2008 年 11 月。
65   錢明《勝國賓師：朱舜水傳》頁 316，浙江人民出版社，2008 年 11 月。

立東亞新秩序」[66]，逐年增設的人文科學綜合性研究機構不僅用以瞭解中國，無論「脫亞」或「興亞」想法上均極力欲建立起自身的特色，換言之，如此作法無不促使著日本漢學研究勃興。因此，姑且不論朱舜水研究是否如錢氏所言：「由『熱』轉『冷』」。至少，朱舜水研究裡除了重要的日本漢學者石原道博之外，還有中山久四郎[67]、高須芳次郎等人進行研究。這些研究者所呈現的內容也較之以往有所不同，不再只對朱舜水其人其事蹟上作一歌頌、或是只進行蒐羅集佚的工作，他們同時也注意到——朱舜水在中日交流史上所居之地位。[68]吾人或許可以說：在日本漢學、東洋學、支那學研究逐漸熱絡之際，朱舜水研究不再有所局限。

三、日本戰敗之後（1945~1970 年）

戰後的中國，在經歷外來的侵略與國內自我的消耗、仇日情結和破四舊等等情況，遂暫時居處休養生息之中，故其漢學研究事宜

66　子安宣邦〈彪大的他者——近代日本的中國觀〉中指出：「如果以一八六八年的明治維新當作近代國家日本著手改組的東亞秩序之起點的話，則一九三一年就是帝國日本著手以東亞這個廣域圈為基礎，重編世界秩序的開始。」頁 172，《東亞儒學：批判與方法》，喜瑪拉雅基金會發行，2003年 7 月。

67　中山久四郎（なかやま-きゅうしろう，1874~1961），明治—昭和時代的東洋史學者。曾留學德國，於昭和 4 年任東京文理大教授。著作有「讀史廣記」、「支那史籍上的日本史」等。（資料來源：Japan Knowledge 資料庫）

68　中山久四郎：〈朱舜水と文化交流溝通〉《支那》第三十五卷第五號，1944年；〈朱舜水と日本文化〉《東京支那學報》第三號，1957 年。

也略為停止。1945 年戰爭結束後，日本交還統治多年——在 1894 年〈馬關條約〉裡被割讓出來——的台灣，而中國國民黨政府也順理成章地接管。

國民黨政府初至台灣，其對外面臨著仍處於曖昧不明的東亞政治環境，因此，國民黨政府為鞏固政權勢力，外交上採取與美、日友好政策，並且在戰後七年多和二國分別簽定合作、維護國家安全之協定。例如：1952 年〈日華條約〉、1954 年〈中美共同防禦條約〉。

戰後總算能脫離日本軍國主義統治的台灣人，這新政權對他們而言有著某種希望，「對『光復』心存幻想，希望將來台灣人民可以當家作主，可以享受充分的自由，不再受剝削，不再畏懼統治，可是國民黨來台接收人員，卻採用了『行政長官公署』的制度……看到台灣人民的生活習俗以為台灣人民已『皇民化』，故不少接收人員對台灣人民心存猜忌，台人一心向祖國也為之困惑不已。」[69]台灣人的樂觀想法與國民黨政權的對內處理態度，二者間竟蘊藏著些許矛盾，最終，還是釀成了政治性運動，台灣人又陷入另一威權統治的環境裡。1949 年國民政府為維護台灣治安，於是國內進入「戒嚴時期」，在這期間禁止一切集會、言論等活動。

承上所述，戰後這些特殊的國際政治環境造就之下，台灣與美日建立友好，前往日本的台灣官員和日本人間，無意的竟藉由「朱

<hr/>

[69] 賴澤涵〈總論〉頁 14~15，吳文星、許雪姬編著《戒嚴時期台灣政治事件口述歷史——台灣地區戒嚴時期政治案件——五〇～七〇年代文獻專輯》，台灣省文獻委員會，2001 年 12 月。

舜水」、中華文化得以聯繫、拉攏起「特殊」情感。另外，再加上台灣島內實施政治戒嚴，百姓的言論、思想等無不受限制，推動台日友好，報紙上連載朱舜水事蹟，推揚其忠義精神等，無不添加幾分時代意義，也造就了「朱舜水研究」得以在台灣學者的努力下延續探索。

　　從理想層面來看，學術應與政治無涉。然而，歷來無論是中國、日本、或西方國家，在學術活動與新思維的產生，又似乎往往無法脫離政治思考、反省之關係。亦或許是人類的思想、知識學問、文學創作等均是以解決人類困境而起之故。以下略述這階段在台灣、日本有那些從事朱舜水研究的相關研究者：

(一)台灣

1. 1953 年宋越倫[70]作《朱舜水傳》一書，約二十多頁。內容涵蓋：朱舜水家世及其流亡日本經過、安東守約之俠義、德川光圀禮聘朱舜水、光圀對朱舜水之優禮尊崇、朱舜水對日本當時文物制度之影響、朱舜水平日生活之一斑、朱舜水的晚年、水戶謁朱舜水先生墓，等內容。[71]

2. 梁若容（1904~1997）[72]有〈讀梁任公著《朱舜水年譜》〉[73]、

70　宋越倫（1915~）浙江省出身，日大畢業後歷任 GHQ 顧問，中華民國駐日大使館公使，1973 中國文化大學日本研究所所長兼外國語文學院院長。（資料來源：《宋越倫所長古稀紀念文集》文化大學日本研究所，2008?年。）

71　宋越倫《朱舜水傳》中央文物供應社，1953 年 12 月。

72　梁若容，河北省行唐縣人。1922 年入讀北平師範大學，1927~1930 年曾

〈朱舜水與日本文化〉。[74]

3. 1964 年 10 月初崔萬秋（1903~1990?）[75]則在《聯合報》〈東

在國民黨北伐軍工作，1931 年在山東省主編〈民眾週刊〉，1936 年 4 月受公費資助與推薦之下，考入日本東京帝國大學文學部大學院，研究中日文學史期間並翻譯《日本漢文學史》與《中國文學對日本文學的影響》兩書。1938 年替回國後在北平數所大學任教，並從事語言文學研究，1945 年曾短暫在綏遠省協助共產黨抗日工作。1948 年 10 月中旬到台北籌辦台灣「國語日報」，歷任常務委員、副編輯至 1958 年。歷任台灣大學、台灣師範大學、東海大學（1958~1970 年）中文系教授。1974 年退休後移居到美國印第安那州。1981 年回大陸，任北京師範大學客座教授。1983 年患上眼疾後赴美，1997 年在美國逝世。

73　梁若容《大陸雜誌》第 7 卷第 9 期，1953 年。

74　梁若容《大陸雜誌》第 8 卷第 4 期，1954 年。

75　崔萬秋，1904 年出生。之後以優異成績入濟南第一中學學習，這時期便開始向《民治日報》等報刊投稿，自稱「文學青年」。後與田漢交往奠定赴日留學之契機。1924 年，渡日就讀於廣島文理科大學，從此開始長達十年的留學生涯。主攻歷史與文學。文學上師事日本白樺派領導者武者小路實篤，並翻譯其作品《母與子》等。留學期間崔萬秋創作了多篇文學作品《錢》、《憶舊居》等。1933 年結束日本留學生活，歸國在上海《大晚報》任編輯一職，擔任副刊主任，主編文藝性《火炬》和娛樂性的《剪影》兩版副刊，從此活躍於上海文化界。1948 年，崔萬秋由新聞界轉入外交界，擔任國民政府駐日本代表團文職人員，任職十六年。時值日本戰敗後經濟凋敝，中國對日貿易，日方缺付匯能力，商貿進出口多采易貨方式，華商經營困難。萬秋是日本通，多方奔走協調排難，在日公私華商極大幫助；日方也表示滿意。1964 年由日本返回台灣，擔任「國民政府外交部」亞東太平洋司副司長。1976 擔任「國民政府駐巴西大使館」公使，直至退休。之後隱居美國，1992 年過逝（或另說有一說：1990 年 7 月病逝於舊金山）。參考資料：韓志平〈崔萬秋其人其事〉《春秋》，2009 年 6 月。毛德傳〈愛國抗日文化人崔萬秋──並非領導藍苹張春橋的大特

京見聞記〉介紹了一系列在日本與朱舜水相關的人事物。

4. 1968 年李嘉也在《聯合報》等刊物發表與朱舜水其人其事相關事蹟，例如：〈朱舜水與明治維新〉[76]、〈朱舜水的孤忠與孤獨〉[77]、〈明末日本乞師記〉[78]、〈三百年前中日間的師弟愛〉[79]、〈老死日本的朱舜水〉[80]、〈梅都水戶祭明儒〉[81]、〈朱舜水先生的學問思想〉[82]、〈朱舜水與鄭成功〉[83]等。

上述人物的作品，可以發現，此時期的朱舜水研究中仍帶有濃厚的中華文化情懷在其中，或許是因為這些人和朱舜水有著共通的政治背景——為國家離開家鄉遠赴異地；也可能與當時遭受中國國內情勢壓迫而被迫流亡的中華民國國民黨政府，他們「反共復國」的心情還未消減，這種狀態就如同朱舜水「忠貞愛明」、「反清復明」同出一轍，種種情緒與狀況成就了如此研究結果。換言之，政治因素驅使之下，朱舜水其人其事無不讓台灣學者們尊崇，同時，間接地使「朱舜水」成為官員們在政治思想傳達、宣導時的利器。

務〉http://www.chinalzs.com/web/?action-viewnews-itemid-18100，2009 年 2 月。

[76] 李嘉《聯合報》，1968 年 3 月 22 日。

[77] 李嘉《中華日報》、《台灣新生報》、《聯合報》，1968 年 3 月 29 日。

[78] 李嘉《聯合報》，1968 年 4 月 5 日。

[79] 李嘉《聯合報》，1968 年 4 月 10 日。

[80] 李嘉《聯合報》，1968 年 4 月 12 日。

[81] 李嘉《聯合報》，1968 年 4 月 19 日。

[82] 李嘉《聯合報》，1969 年 4 月 18、19 日。

[83] 李嘉《聯合報》，1968 年 5 月 9 日。

84倘若以實際層面來加以探討，官員們將「朱舜水」作為「政令宣導」，這種「忠義精神」、「中日友好」的傳播內容，在當時台灣社會是否起著作用？它是否與「楠木正成」的故事同列入台灣早期教科書中？凡此種種亦是一值得探討的議題，日後將再擬文探討。

　　另外，台灣旅日官員、學者讓「朱舜水」在台灣延續其重要性，除了人們對於中華文化特殊的情結外，如前所述，日本漢學家與台灣學者交流對話亦是促成的關鍵，例如：郭敏行在《聯合報》〈迎

84　依據《聯合報》載中央社報導〈陳和銑赴日　將謁朱舜水墓〉說道：「陳和銑對記者說，他敬佩朱舜水的愛國精神與民族精神，以及他在學術上的造詣。『我這次去日本是專誠拜謁朱舜水先生之墓。』……陳和銑和記者談到他這次回國的觀感時說，他在台灣看到的軍民，每個人都精神振作，活力充沛，政府和人民對反共復國，有信心，有決心。他說：『我們大家無條件一致地支持政府反攻大陸。』」1961 年 9 月 2 日。另外，〈蔣部長離大阪　歡送場面盛大——行前接見華僑領袖指出　光復大陸使命終必完成〉一文中提及：「蔣部長（經國）在這次簡短的談話中，曾特別提到明朝末年在日本逝世的偉大中國學者朱舜水。蔣部長告訴這些僑領說，朱舜水於明朝末年將孔子的學說介紹到日本，從而在日本學術界發生了深厚的影響，終而導致了若干年後的明治維新運動。蔣部長說，時代可能有變遷，整個世界也可能有變遷，但是中國以忠孝仁愛信義和平為最高行為法則的人生哲理，永遠不會變。」1967 年 12 月 3 日。另外，曾健民〈台灣「日本情結」的歷史諸相：一個政治經濟學的視角〉一文中說道：「蔣政權的親日性格更為顯著，它不但嚴重影響中國現代史，也深刻決定著戰後的台灣歷史和社會意識。」頁 42，《思想 14：台灣的日本症候群》，聯經出版，2010 年 1 月。案：換言之，戰後台灣無論是為政者那一股親日的風潮，或是重視中日文化流歷史的學界而言，無論是否因為從政治的角度來推動朱舜水研究活動，想朱舜水其人其事在當時必定對學者或為政者產生一定程度的情感投射作用。

日本漢學家〉言：「願假文字緣，重結弟兄美」[85]、梁若容撰寫〈迎日本漢學家吉川幸次郎博士〉：「吉川的〈尚書定本序〉，放在中國經書文章裡，也要算雅潔可誦。外國漢學者，真能理解中國古典俗語，既博且精，吉川君要算『最上游中最上游』了」[86]文中也附上吉川幸次郎給予梁若容的評價，內容說道：

> 筆者不知道梁若容氏的生平，僅知其為台北師範大學文學院教授。此一著述在中國可說是破天荒的作品。其敘述極為精密，不但能充分利用日本人的文獻研究，並且常能補充我國人的缺點遺漏。現今中國分為兩個政權，此不僅對于中國，即對于日本亦是一件不幸的事。然而不管那個地域的中國，逐漸提高對于日本文化的關心，總是提高作為正面鄰人的意識。此可認為遠東和平最可喜的事。[87]

由此看來，當時台日二國的熱絡可想而知。不僅如此，另外一具官員與學者雙重身分的宋越倫，他不僅在台對日本漢學研究推動不遺餘力，在日漢學研究推動時，更有參與之功。東京大學名譽教授宇野精一曾如此談及宋氏，他說道：宋越倫教授於國士館大學漢學科（約為 1966 年）預備成立時傾力協助。[88]此外，宋越倫對於「朱舜

---

[85]　郭敏行〈迎日本漢學家〉《聯合報》1953 年 10 月 21 日。

[86]　梁若容《聯合報》1960 年 11 月 2 日。

[87]　梁若容《聯合報》1960 年 11 月 2 日。

[88]　宇野精一〈宋越倫先生與我〉頁 19~20，《宋越倫所長古稀紀念文集》，文化大學日本研究所，2008 年。

水其人其事」充滿興趣，讓日本明治大學總長島田正郎印象深刻，他提及：宋越倫任駐日中國大使館文化參事時喜好與人談論朱舜水、漢學，以及在中日文化議題上擁有熱忱。[89]

綜觀上述，這場台日國際政治友好，同時促成朱舜水研究的繼續。還有，當時台灣的報紙、政令宣導之言論雖都詭譎指向於：能在朱舜水身上找到反共復國的精神力量。凡此種種，台灣學者對於朱舜水個人在日本國家各方面的貢獻上，是否有過度詮釋呢？後世學者應以更寬容的態度來看待，但是，至少朱舜水的精神與研究，總因其人特殊的生命力，得以受到不同時代、環境之下的志士們無比重視與討論。

(二)日本

錢明曾提出：1930 年代之後日本侵華的野心暴露，中日關係面臨崩潰，對朱舜水的宣傳和研究也隨之減少。然而，憑心而論，這時期日本不乏有學者開始注意與研究朱舜水。例如：石原道博，二十多篇論文均寫於 1930 年代之後；中山久四郎也在 1944 年加入朱舜水研究行列，二位來自日本漢學研究重心之一東京地區的大學教授，隨著日本全國東洋學研究轉向之時，從事朱舜水的研究，均有其特殊價值與意義。

還有，名越時正（為研究朱舜水的重要專家之一）、松本純次郎、菊池謙二郎、今關壽麿等人都在 1930 年代後先後參與朱舜水

89　島田正郎〈恭頌宋越倫先生古稀華誕〉《宋越倫所長古稀紀念文集》，文化大學日本研究所，2008 年。

研究、討論。於是，必須理解的是，1683 年朱舜水過世之後，日本對於漢學、中國地區的熱情有所消長——從漢學、東洋學、支那學、東亞學、東亞系亞學等名稱變化則可窺見[90]。此外，再加上日本從事漢學研究時往往帶有「目的性」，因此，理想期待日本學者只關注「朱舜水」則又太過苛求。

　　簡略地從日本當時整體漢學研究、政治發展角度來看，朱舜水研究可能發生的原因：首先，能夠理解的是——日本國內因為政治、西學傳入等因素的推波助瀾，不僅是民間團體，政府單位對於漢學研究均竭盡心力地協助。日本當時研究環境，除了進行大量蒐羅漢籍、歸納整理漢籍的基礎功夫，例如：1917 年（大正六年）由岩崎久彌（いわさき‐ひさや，1865~1955）購得文物，1924 年創立「東洋文庫」為民間研究團體，他們不僅大量蒐羅漢籍，也把中國及中國文化做為一專門性研究對象。此外，1929 年（昭和四年）四月在東京大學和京都大學皆設立東洋文化研究機關。1937 年這二個研究機關分別各自獨立，但是，仍舊是針對中國歷史文化進行研究，後者（京都大學）還加入有關「當代中國」的研究方向。

　　值得注意的，除了東京大學和京都大學之外，在戰後日本大量出現「中國研究」的機構與出版物，賴振南〈日本漢學研究的歷史背景概述〉一文列舉 1946 年後有：

　　鹿地亙、三島一、野原四郎等創建的「中日文化研究所」；

---

[90]　陳瑋芬〈日本關於「東亞」的思考〉《思想：天下、東亞、台灣》第三期，2006 年 12 月。

安藤彥太郎、平野義太郎、伊藤武雄等創建的「中國研究所」；1947 年「東方學會」創立；1949 年「日中友好協會」成立，出版《日本與中國》雜誌，岩材三千夫為主編；同年「日本中國學會」成立，出版《日本中國學會報》；1950 年「大陸問題研究所」成立，出版《大陸雜誌》；1951 年「甲骨學會」在東京成立，出版《甲骨學》雜誌；同年「中國文藝研究所」成立，出版《中國文藝》；1953 年「魯迅研究會」成立，出版《魯迅研究》；1955 年日本「全國大學漢文教育研究會」成立；1956 年「日本中國文化交流會」成立……1977 年日本全國 430 餘所國立公立和私立大學中，從事中國文史哲等方面教學的講師以上研究家共 1322 人，分別開設將近 2500 門中國問題研究課程。[91]

這些大量刊物與研究機構的設立，在中國學研究上有其助益。換言之，日本從未放棄過對漢學（中國學）的討論，只是研究方法、目的改變了，經歷過戰前到戰後的研究者，也因戰爭的實際體驗和對生命的重新感受，故不免在行事中國研究上帶有些許個人感情。邵軒磊〈戰後初期中國研究的延續與斷裂〉裡如此說道：

> 戰爭結束後，日本社會面臨物質困難與精神失落問題，也面臨對中國論述（包括其背後的亞洲論述與進步史觀等）產生

---

[91] 賴振南〈日本漢學研究的歷史背景概述〉頁 22，《漢學研究通訊》總 97 期，1996 年 2 月。

了失敗，被稱為價值上的「虛脫狀態」，輿論界和學界也開始因應這個處境而找尋對於自身的一套論述解釋。具體而言，在一九四九年之前，幾乎全體學界主要都致力在近代發展路徑的研究，其中也帶有批判天皇史觀與「大東亞共榮圈」價值觀的理念，從而帶來了戰後知識社群廣泛討論的各種和平主義、民主主義、社會主義思潮。[92]

依邵氏所言 1949 年有批判天皇史觀者，那麼，相對而言，1949 年也有另一批支持天皇史觀的學者，高須芳次郎[93]即是支持天皇史觀的學者。他是日本精神、皇道精神的推崇者，也是「水戶學」重要研究者。他在《水戶學派的尊皇及其經綸》中提出此類概念：水戶學在樹立國民道德、日本國體上之政教更新裡能給現代人有力的啟示。[94]水戶學的研究專家高須芳次郎曾在編撰《水戶義公烈公集》〈解題〉裡指出：討論水戶學的源頭時，念頭浮現的即是水戶義公和他的賓師朱舜水。（原日文）[95]因為如此，我們似乎就能觀察到，由於日本高須芳次郎等學者對於「水戶學」的重視，同時帶領起「朱

---

[92]　邵軒磊《戰後日本之中國研究系譜》政治大學東亞研究所博士論文，2008年。

[93]　高須芳次郎（たかす-よしじろう，1880~1948）大阪出生。號梅溪。明治時期的文學史專家，亦有水戶學相關研究。（資料來源：Japan Knowledge 資料庫）

[94]　高須芳次郎《水戶學派の尊皇及び經綸》雄山閣，1936年（昭和 11 年）。

[95]　高須芳次郎《水戶義公・烈公集：附朱舜水篇》〈題解〉頁 1，日東書院，1933 年（昭和 8 年）。

舜水」相關的研究。

1940 年代後，「朱舜水研究」裡另一不可忽略的學者——名越時正[96]。他不僅是水戶學學者，還曾在 1974 年水戶史學會成立後五年（1979 年，昭和 54 年）擔任過會長職務。久信田喜一〈水戶的朱舜水研究現狀〉談道：

> 名越時正著的《水戶光圀》在「向朱舜水所學之事」一節中敘述了朱舜水教給人們許多東西，如防備饑荒的備荒貯藏法、教民眾破除迷信、移風易俗等等，水戶光圀名聲之大仰賴於朱舜水的地方很多。而且還指出光圀等水戶的學者從邀請朱舜水一事中得到的最大收穫，遠超乎學問和教育之上，是一種不屈服不變節的志士的忠烈精神。名越氏的觀點，在他所著的《水戶學的研究》第二編第四章……也有詳盡的敘述。[97]

由此看來，戰後日本學界重新反思自身的價值與定位，學者們又注意到「水戶學」，它在日本學術史、政治史等方面之成就，以及對於當代日本的價值與意義。無可諱言的，「水戶學」這類的日本國

---

[96] 名越時正（なごや ときまさ，1915~2005），日本近世思想的研究家。專門於水戶學研究（德川光圀主張）。彰考館總裁名越克敏（南溪，江戶中期儒者，1699~1777）的子孫，名越時孝（漢然）的孫子，父親是名越時中（陸軍中將）。

[97] 久信田喜一〈水戶的朱舜水研究現狀〉頁 57~58，《朱舜水與日本文化》人民出版社，2003 年 7 月。

學研究、討論在這階段較之朱舜水研究更吸引日本學者們。[98]無論如何，也因為日本學者對日本國學「水戶學」之研究，使得「朱舜水」同時受到注意。

第二節　朱舜水研究的近期階段

近期的朱舜水研究依時間區分為二，(一)中日關係恢復友好（1970~1999 年）；(二)二十一世紀全球化（2000 年~）。

一、中日關係恢復友好之後（1970~1999 年）

自從 1972 年中日關係恢復友好關係，尤其隨著 1980 年後漸入佳境之際，二國在國內、外環境和政治等等方面之間雖略有變化，但是，無可諱言，國際政治上的變動，帶來朱舜水研究進入另一個視角。針對此階段中日關係，約略可由以下內容窺知一二：

> 承繼著 1980 年代「中」日關係的密切化，中共認為雙邊關係已逐漸走向常軌……1991 年 8 月，日本首相海部俊樹訪問中國大陸，恢復了「中」日間的首腦交流，從而全面恢復

---

[98] 邵軒磊〈世代交替下的主體性〉：「相較於 40 年代的戰時社會（農村）調查中心，50 年代的政策經濟制度中心，60 年代的區域研究漸漸朝向比較社會論和民族學的發展，逐漸有去軍事化的立場。雖然在當時不斷有質疑戰爭的批判，但就現在的眼光來說，是逐漸由高度政治議題走向低度政治議題。」頁 167《戰後日本之中國研究系譜》政治大學東亞研究所博士論文，2008 年。

了雙邊關係。1992 年 10 月，日本明仁天皇開歷代天皇先例
訪問中國大陸，中共國家主席楊尚昆便稱許這次訪問「將進
一步增進兩國人民的相互瞭解和傳統友誼，推動兩國的友好
合作關係向著新的廣度和深度邁進」……然而在 1995 年第
二次世界大戰結束五十週年之後，雙方圍繞歷史認識問題摩
擦不斷，大陸民眾對日本的觀感也開始惡化。……不過，2004
年討厭與喜歡（日本）的比例大幅拉近，劉志明則表示這是
因為大陸媒體開始出現了部分理性分析「中」日關係的文
章，以及「中」日間的非政治領域交流大大增加所致。[99]

憑心而論，1972 年後，中日情勢改變，台日關係也產生了變化，
而且這類國與國之間的外交關係，同時影響日本漢學（中國學）研
究。從日本方面來看，1970 年代日本受到中國文革的影響，在其
境內開始興起一股不同於戰後日本那種東亞地位的自我反思風
潮，那是較近似於保安運動性質的反思。當時日本民眾認為：一般
人（百姓）皆具有批判的能力與空間，並關注社會公共議題。換言
之，民眾意識到自身在社會國家之中具有一定意義。還有學生族
群，他們由東京大學、日本大學、明治大學等學校學生為主，帶領
起學運活動。這波人們與學生的反動聲浪，主要訴求在於：他們認
為，一直以來日本的中國學研究學者受到財團等利益驅使，因此，
研究結果竟然讓日本人長期敵視中國。他們疑質起中國學研究群的

99　林冠宏《冷戰後「中」日安全戰略關係：認知、政策與影響》頁 42~51，
　　政治大學東亞研究所碩士論，2006 年 6 月。

研究，也反思日本人民所理解「中國」是否正確？或是，這些研究成果是否真正有助於日本人理解「中國」。總之，這波社會運動造成 1970 年後日本學術研究暫時停滯。[100]

日本經歷 1970 年間的文革後，日本學者在文化、學術研究上又進入到另一層次，陳瑋芬說道：

> 邁入 1980 年代以後，「藉由思考亞洲來重新捕捉日本的日本人」逐漸增加，也出現了「以亞洲為借鏡而改變自我」的情況，「日本與亞洲也因此不斷產生變化」。[101]

另外，邵軒磊也指出：

> 戰後才出生的世代，在 1980 年代剛剛結束學業而進入學術社群中執業，他們完全沒有親身的中國經驗，因此對於這批學者而言，「實證主義就是很自然的研究的前提」。從對研究者年齡的比較可以看出，文革之後正是「有／無中國經驗」

---

[100] 加加美光行〈日中關係的曲折演進：一種宏觀歷史的角度〉「1967~1970 年發生了所謂『1970 年安保鬥爭』，其規模與『1960 年保安鬥爭』不相上下，但其性質不僅僅是關於保安條約問題，而且還是與日本國內各方面的社會鬥爭（例如以水俁漁民鬥爭為典型的反公害、反環境污染運動，以千葉縣三里家農民鬥爭為主的反對國家強制徵用農地鬥爭和以東京大學、日本大學、明治大學的學生運動為開端的全國規模的學潮等）聯繫在一起展開的。」《世界經濟與政治》第二期，2006 年。

[101] 陳瑋芬〈日本關於「東亞」的思考〉《思想：天下、東亞、台灣》第三期，2006 年 12 月。

的研究者世代交替的過程，也對當時的學術研究產生了重大
影響。也就是說研究對象、國際環境甚至學術社群本身都發
生了巨大的轉折，造成改變的契機。[102]

換言之，1980 年國際政治變化、日本學界世代交替、同時日本在
中國學研究與方法上亦產生重要的轉變，等等諸多條件造成研究新
契機，至於，中國、台灣也受到一定程度上的影響。總結上述，1970、
80 年之後中日國際關係在友好後，中國學者不僅被允許到日本從
事講學、文化交流等活動，日本對中國釋出的善意互動，帶來朱舜
水學術研究得以延續。

　　這些階段朱舜水研究裡重要的日本學者──木下英明，他針對
朱舜水和日本史編纂者之間[103]，以及加賀藩主前田綱紀受到朱舜水
的影響[104]等等內容從事研究，並以較客觀態度來說明朱舜水在日本
史上意義。另外，日本民間團體成立「朱舜水遺德顯彰會」，1976
年為朱舜水立碑等事蹟[105]，即如上述所言，凡此種種作為無不是對

---

[102]　邵軒磊〈戰後第二典範轉型期〉頁 192，《戰後日本之中國研究系譜》政
　　　治大學東亞研究所博士論文，2008 年。

[103]　木下英明〈朱舜水と大日本史編纂について〉，茨城縣立歷史館《茨城縣
　　　立歷史館報》第 22 號，1995 年 3 月。〈朱舜水と彰考館の史臣達〉，水
　　　戶史學會《水戶史學 38 卷》，1993 年 5 月。

[104]　木下英明〈加賀と朱舜水〉，《茨城縣立歷史館報》，1999 年 3 月。

[105]　朱力行記載著：「民國六十五年（1976 年）四月十七日，日本國民間團
　　　體朱舜水遺德顯彰會，由會長戶倉久喜，事務局長小松崎市郎，名譽會長
　　　名譽教授文學博士石原道博以及太田市工商社會名士策劃之下，為顯彰先
　　　祖舜水對日本之功德，在該市境內（茨城縣立西山公園的不老池畔），建

於中國釋出善意。因此，中國方面同時回應日本友好，行動上則有：
在 1978 年設立「朱舜水記念館」。[106]學者李甦平[107]也在 1989 年後，
陸續以《轉機與革新——論中國畸儒朱之瑜》[108]、《朱舜水》[109]等
著作，除了闡釋朱舜水與日本德川光圀、水戶學者等人之間互動與
影響，用以延續中日學術交流友好的態度，其中還指出：朱舜水是
「奠定日本明治維新的先驅」。

　　中日兩國極力的拉攏彼此關係，中國藉由朱舜水抬高中國人在
日本歷史上的價值，此類作法大致上為此時期中國研究者共同步
調。因此，這期間中國學者主要朱舜水研究上的議題，仍不脫離中
日友好關係，故多以德川光圀、安東省庵和朱舜水交往密切的日本
人做為論述主軸。同時也欲凸顯「中國對朱舜水的影響，以致於影

『朱舜水碑』，筆者以舜水十二世裔孫，被邀以主賓參加揭幕典禮」頁
77，《朱舜水的一生》，世界書局，1982 年 6 月。

[106]　〈朱舜水記念館修復のために写真を贈呈〉一文中指出「朱舜水記念館設
　　　立的經過」是在 1978 年日中友好簽定好條約，重新締結交流事業於是日本
　　　茨城大學和上海的復旦大學便以日中友好交流的先驅者朱舜水的研究做
　　　為開端。1989 年復旦大學的教授和茨城大學進行學術訪問，將日本保存
　　　與朱舜水相關的文獻、照片等帶回中國，並設立記念館。在上海市文化局
　　　的籌劃之下「朱舜水記念館」於 1990 年開館。資料來源：http://www.pre
　　　f.ibaraki.jp/bukyoku/seikan/kokuko/shanghai/topics/98/tp9812.htm　日本茨城
　　　縣上海事務所網頁。

[107]　李甦平，1946 年出生，研究員，畢業于中國人民大學哲學系，其研究方
　　　向為「東亞比較哲學」。

[108]　李甦平《轉機與革新——論中國畸儒朱之瑜》中國人民大學出版社，1989
　　　年。

[109]　李甦平《朱舜水》東大圖書公司，1993 年。

響日本」，因此學者們開始也注意到：朱舜水生長之地松江人文、
園林等發展；朱舜水後裔問題等，朱舜水與中國間的緊密關係之討
論，藉由朱舜水之影響，將日本文化與中華文化作一銜接。最活躍
於朱舜水研究的中國學者有：錢明[110]、王鳳賢[111]等人。

　　整體看來，中日二國雖然彼此在歷史理解、詮釋上偶有差異，
而且常引起雙方人民「護國」情緒，但是，隨著人們視野、政治等
情勢的轉換與開展，漸漸能較為理性地分析、研究，彼此間也逐年
增加非政治性的交流活動。例如：1995 年 11 月 12 日至 15 日，於
中國上海松江縣和浙江餘姚市召開「朱舜水 395 周年誕辰紀念暨中
日舜水學國際學術研討會」主要邀請學者為中國、日本，論文內容
談及：中日友好，朱舜水後裔及家鄉等議題，收錄於《中日文化交
流的偉大使者——朱舜水研究》，凡此在學術研究上是有其助益。

　　至於，台灣方面，自從離開聯合國、中日關係轉為友好後，也
陷入國際外交上的危機，但是，屬於中日民間與學術的交流卻沒有

---

[110] 錢明，1956 年生，浙江杭州人，日本九州大學文學博士，浙江國際陽明
學研究中心主任，浙江省社會科學院哲學所研究員，貴州大學中國文化書
院兼職研究員，中國計量學院人文學院特聘教授、碩士生導師，國際儒聯
理事、浙江省儒學研究會常務理事兼副秘書長、全國中日文化交流協會理
事。1987 年至 2010 年曾先後 20 餘次赴日本、韓國、台灣、香港、馬來
西亞作訪問研究和出席國際學術會議。主要從事陽明學、浙學、明清學術
史、東亞關係史的研究。

[111] 王鳳賢，浙江省社會科學院國際陽明學研究中心主任、研究員。1929 年
生，浙江蕭山人。1951 年華東人民革命大學浙江分校理論部結業。曾在
浙江行政學院、省委黨校、杭州大學從事哲學教育，後調任浙江省社會科
學院院長。

因此停止過。例如：1975 年「中日文教基金會」、1979 年「日本研究學會」等皆針對學術、經濟、文化來促進兩國文化交流及親善合作為目的。另外，自 1960 後培養的一些日本研究學者，或留日學者紛紛回國就職等，[112]種種情況仍是有助於台日研究交流的繼續。只是，台灣對於日本漢學研究的興趣，卻得等到 1990 年後才有了新的契機——根據台灣政府在東亞、東南亞地區施行的政策，以及當代全球化概念的興起，和台灣各大學教育裡開始重視和獎勵多元研究視野等，諸多理念政策實際趨使之下，日本漢學、東亞研究才再度受到注意。至於，台灣方面，朱舜水研究裡較為活躍者為徐興慶[113]，其 1992 年博士論文《近世中日文化交流史の研究》[114]內容提及朱舜水與中日文化之間的關係，之後，又廣為蒐羅與朱舜水相關的未刊書信、筆札等內容，集為《朱舜水集補遺》[115]一書，此外，2008 年《朱舜水與東亞文化傳播的世界》[116]一書、〈近代的

112　徐興慶〈台灣的日本研究之發展及其問題點〉《亞太研究論壇》第二十六期，2004 年 12 月。

113　徐興慶，1956 年生，東吳大學東方語文學系助教；中國文化大學日語文學系教授、系所主任；台灣大學日本語文學系日本語文學系教授、系所主任；台灣日本語文學會副會長；日本天理大學國際文化學部教授；台灣大學東亞文明研究中心研究員；日本關西大學アジア文化交流研究センター海外研究員。

114　徐興慶，九州大學博士論文，其中一章研究內容以朱舜水為論述主軸。

115　徐興慶，1992 年學生書局出版，之後於 2004 年重新整編《朱舜水集補遺》增補了：黃俊傑〈序〉、徐氏撰寫的〈朱舜水對東亞儒學發展定位的再詮釋〉等內容，定名為《新訂朱舜水集補遺》由台大出版中心出版。

116　徐興慶《朱舜水與東亞文化傳播的世界》台大出版中心，2008 年 11 月。

中日「經世致用」觀──以朱舜水與貝原益軒之比較為中心〉[117]、
〈朱舜水對加賀藩的儒教思想普及〉[118]等期刊論文，同時也積極推
動朱舜水研究。

二、二十一世紀全球化之後（2000 年~）

新的世紀思維及學術研究方法、電子數位資料庫的建立（例
如：CiNii[119]，Japan Knowledge[120]，中國期刊網等）皆有利於研究
者多方蒐羅資訊，隨時掌握各國研究狀況。此外，學者的交流活動
也較已往更為便利，政治干涉的情況減少，總之，環境改善無不協
助研究成效。

2000 年後有關朱舜水的研究活動如下：

(一) 2000 年在中國上海復旦大學和浙江餘姚市舉辦「朱舜水
誕辰 400 周年學術研討會」主要邀請學者為中國、日本，
會議內容承接 1995 年內容，論文收錄於《朱舜水與日本
文化》。

---

[117] 徐興慶〈近代的中日「經世致用」觀──以朱舜水與貝原益軒之比較為中
心〉《台大日本語文研究》第 15 期，2008 年 6 月。

[118] 徐興慶〈朱舜水對加賀藩的儒教思想普及〉《台大日本語文研究》第 18
期，2009 年 12 月。

[119] 日本國立情報學研究中心（National Institute of Informatics）製作，收錄主
題包括人文科學、法律、經濟學、理學、工學、農學、醫學等日文期刊
（Journal）或大學學刊（Bulletin），現已收錄超過 1250 萬筆資料，其中
約 320 萬筆直接附有全文。http://ci.nii.ac.jp/

[120] 提供約 30 種日本重要出版社之百科事典、辭書、多媒體、叢書等資料類
型。http://www.jkn21.com/top/corpdisplay

(二) 2008 年 11 月 20 日至 22 日在中國浙江餘姚市舉行「中日舜水學研討會」，邀請中國、日本、台灣學者參與，會議內容主要就：「舜水學」的定位及其現代意義、朱舜水思想中與民生日用等相關之實學內容，以及朱舜水人格特質等問題展開。論文收錄於《舜水學探微——中日舜水學研討會文集》。

(三) 2010 年 11 月 5 日在台灣大學舉行「朱舜水與東亞文明發展國際學術研討會」邀請與會學者有中國、日本、台灣及美國[121]，著重日本彰考館所藏朱舜水資料以及其他新材料的發現、朱舜水與德川時期日本思想、語言等交流情況。

最後，針對於朱舜水研究整體上來談，徐興慶曾經指出：

> 回顧中日學界之朱舜水研究史，戰後有急速進展的趨勢，至八十年代已累積諸多研究成果。特別是一九八六年十二月，日本九州歷史資料分館柳川古文書館將「安東史料目錄」公諸學界後，朱舜水在日本的書簡、筆語等新史料陸續被發掘，隨之引發另一波研究熱潮，在量與質方面的成果更是豐

---

[121] 呂玉新 Yuxin Lu，美國聖約翰大學歷史系近現代世界史博士，目前（2010）客座於聖約翰大學歷史系，教授世界史相關課程。重要著作："Confucius, Zhu Shun Shui, and the Original of Japanese Statebuilding in The Tokugawa Era: 1650-1700," Doctoral dissertation, St. John's University, 1998.《古代東亞政治環境中天皇與日本國的產生》香港中文大學，2006 年。

碩斐然。[122]

以徐氏收錄朱舜水研究文獻自 1684 年到 2004 年 6 月，接續其後，筆者自行蒐集朱舜水研究相關資料，由 2004 年 6 月後至 2010 年 11 月止（見附錄一：2004~2010 年朱舜水研究書籍與期刊論文）台灣、中國以及日本三地，以「朱舜水」為題的相關研究，書籍與期刊、論文，約略統計如下：

---

[122] 徐興慶 1992 年出版《朱舜水集補遺》〈朱舜水研究參考文獻〉編收 1684~1991 年在日本、中國、台灣刊行的文獻、研究資料，共計：1，傳記資料、全集、詩文計 21 項；2，專書 16 項；3，期刊論文 128 項。1995 年錢明因應「朱舜水誕辰三百九十五年紀念會」再編整〈朱舜水著作及研究資料索引〉集 1995 年前與朱舜水相關研究文獻及研究資料，有：1、文獻版本 18 項；2、中文資料 109 項；3、日文研究資料 54 項；4、續補 18 項。《中日文化交流的偉大使者——朱舜水研究》北京人民出版社，1998 年 12 月。2004 年呂玉新則在徐興慶蒐集的資料基礎上再進一步收編〈有關朱舜水研究文獻目錄〉[122]例舉：1、日語資料：(1)書籍 236 項(2)論文 66 項。2、漢語資料：(1)書籍 38 項(2)論文 46 項。3、英文文獻：(1)書籍 12 項(2)論文 10 項。《漢學研究通訊》，1994 年 11 月。同年，徐興慶《新訂朱舜水集補遺》一書附錄又重新編整相關研究資料，〈從東亞視域看朱舜水研究〉一文中所指出：《新訂朱舜水集補遺》，收集至 2004 年 6 月止，日本、中國大陸及台灣相關研究成果，續編了〈朱舜水研究參考文獻〉內容包括 A：傳記資料、全集、詩文計 87 項；B：專書 135 項；C：期刊論文 284 項；D：中日相關新聞記事 22 項。《朱舜水與東亞文化傳播的世界》，台大出版中心，2008 年 11 月。

項目	1992 (徐興慶本收錄統計)	2004 (徐興慶本收錄統計)	增補 2004 年 6 月之後	項目	1995 (錢本收錄)	項目	2004 (呂)
傳記全集詩文	21	87		文獻	18	日文書籍	236
專書	16	135	+6	中文資料	108	日文論文	66
期刊論文	128	284	+41 (中文期刊)	日文研究資料	54	漢文書籍	38
			+15 (日文期刊)				
			+2 (學位論文台灣)				
			+3 (學位論文中國)				
中日相關新聞記事		22		續補	18	漢文論文	46
						英文書籍	12
						英文論文	10

第三節　朱舜水研究總論及其開展

一、朱舜水研究總論

綜觀歷來研究資料裡，有關文本（書信、對話等）內容、專書（以朱舜水為名的全集）等方面的文獻資料中，值得注意的——徐興慶編纂之《朱舜水集補遺》，之後又有《新訂朱舜水集補遺》。此書不僅蒐羅、補足歷來朱舜水全集從未收入的筆談、書信往返等

資料，例如：柳川古文書館所藏「安東家史料」、佐賀縣鹿島市祐
德稻荷神社所藏「中川文庫」之〈舜水墨談〉、〈舜水問答〉、日
本國會圖書館「人見文庫」所藏《竹洞朱舜水詩文集》、東京大學
史料編纂所藏《耆舊得聞》[123]等資料，並且比照、校對朱謙之整理
的《朱舜水集》加以增補闕漏或修訂訛誤之處。另外，徐氏書中針
對某些書信往返內容附注說明：1、考訂撰寫時間。2、略記同時間
日本發生之相關史事。3、與日本弟子、友人的往來互動交流情況。
4、有關德川時期日本官職內涵略說等。[124]最後，書末整理朱舜水

---

[123]　徐興慶《新訂朱舜水集補遺》〈凡例與說明〉，台灣大學出版中心，2004
　　　年 11 月。

[124]　案：徐興慶《新訂朱舜水集補遺》自序中整理朱舜水全集版本多達九種，
　　　依出版時間先後順序為：(一)《明朱徵君集》十卷，日本加賀藩儒源（五
　　　十川）剛伯於 1684 年編纂，通稱「加賀本」。(二)《朱舜水先生文集》
　　　二十八卷，由水戶藩主德川光圀編輯，其子德川綱條於 1715 年校刻完成，
　　　現藏於東京早稻田大學圖書館，稱通「水戶本」。(三)《舜水先生文集》
　　　二十八卷，茨城多左衛門於 1720 年編纂，通稱「享保本」。(四)《朱舜
　　　水全集》二十八卷，稻葉君山博士編纂，於 1912 年由東京文會堂出版。
　　　此版乃「水戶本」與「加賀本」合刊，通稱「稻葉本」。(五)《舜水遺書》
　　　二十五卷，馬浮於 1913 年依「稻葉本」刪定而成，另有附錄三卷，以及
　　　湯壽潛之序文，通稱「馬浮本」。(六)《朱舜水全集》台北世界書局據「馬
　　　浮本」於 1962 年出版。(七)《舜水遺書》，文集二十五卷，釋奠儀注一
　　　卷，陽九述略一卷，安南供役紀事一卷，附錄一卷，台北古亭書屋依「馬
　　　浮本」排印，1969 年出版。(八)《朱舜水集》朱謙之整理，據「稻葉本」
　　　校勘，並參各本增補改訂，由北京中華書局於 1981 年出版，此為目前最
　　　易閱讀及參考之版本。(九)《朱舜水全集》北京中國書店依「馬浮本」排
　　　印，1991 年出版，頁 4~7。

中日友人、弟子傳記資料共十九人[125]，凡此皆能使從事朱舜水研究者進一步精確掌握其人其事的全貌。然而，其中仍有少數闕漏或錯字[126]，倘若能附上館藏原始文獻或真跡圖，那麼將更有利於文句解讀。

　　除此之外，其他專書出版作品中幾本值得關注的，例如：林俊宏《朱舜水在日本的活動及其貢獻研究》[127]主要以朱舜水在日本活動情況為論述主軸，首先，條列各日本人物之生卒年、事蹟，以及曾與朱舜水互動的狀況，最末，亦說明朱舜水和日本各學派之間的關係，以及其對日本學術文化之貢獻。

　　覃啟勛《朱舜水東瀛授業研究》[128]，討論朱舜水與日本弟子互

---

[125]　十九人區別為二類，A、在日中國人部分有：(1)陳入德(2)心越禪師(3)逸然性融(4)澄一道亮(5)化林性侅(6)陳元贇(7)張斐(8)何可遠（何仁右衛門）(9)劉東閣(10)林道榮(11)獨立（戴曼公）；B、日本人部分：(1)粟山潛鋒(2)佐佐十竹(3)田止邱(4)林春信(5)酒泉竹軒(6)藤咲僊潭(7)服部其衷(8)人見竹洞。頁318~351。案：其中鼇清梁啟超在朱舜水年譜中將陳入德（潁川入德）視為陳元贇之錯誤，頁319。《新訂朱舜水集補遺》，台灣大學出版中心，2004年11月。

[126]　案：例如徐興慶《新訂朱舜水集補遺》〈人見竹洞寄朱舜水書〉於第五行「一生之工夫盡此矣。」之後錯落了約五十多字。頁112。於此，依據《竹洞先生詩文集》補其內容如下：「未暇麟脯鳳炙之談詳論之，則五穀若欠一二，然不至飢，如五倫欠其一，則近禽獸，此斯道則五穀猶如此況麟脯鳳炙堪嚼此乎！」汲古書院，1991年（平成三年）5月。凡這類闕漏則待重新校對後補足，此處不再一一羅列。

[127]　林俊宏《朱舜水在日本的活動及其貢獻研究》秀威資訊科技股份有限公司，2006年7月。

[128]　覃啟勛《朱舜水東瀛授業研究》，人民出版社，2005年10月。

動，並說明朱舜水經由教育手法進行中日文化交流的情況，另外，也將書信、墓葬等民間日用之實學內容條列說明。

韓育東《從「脫儒」到「脫亞」：日本近世以來「去中心化」之思想過程研究》[129]第五章重新審視朱舜水至日本之後的活動，除了乞師之外，也討論朱舜水歸化與否的問題、朱舜水為何拒絕見伊藤仁齋、為何從原本會日本語的朱舜水生病後竟遺忘殆盡等等懸案再提出說明。

徐興慶《朱舜水與東亞文化傳播的世界》[130]從日本學者貝原益軒、隱元禪師、獨立禪師等人的思想內容對照朱舜水學術內容，藉由二者比較後凸顯思想中有關政治和文化認同上之差異等等。[131]

---

[129] 韓東育《從「脫儒」到「脫亞」：日本近世以來「去中心化」之思想過程研究》，台灣大學出版中心，2009 年。

[130] 徐興慶《朱舜水與東亞文化傳播的世界》，台大出版中心，2008 年 11 月。

[131] 楊際開〈朱舜水研究的雙峰──評 1、徐興慶著《朱舜水與東亞文化傳播的世界》2、錢明著《勝國賓師──朱舜水傳》〉一文指出：「徐著仍然沿用黃俊傑關於舜水『政治認同』與『文化認同』的『合一說』。這關係到理解明末抗清志士紛紛東渡的目的究竟何在的問題。」頁 146。又指出：「徐教授指出，明末清初抗清志士『在明清易主，政治環境激烈變遷之後選擇走避他國。其中不是消極逃避外來政權的，即是積極抱持反清復明意識的國家認同者』。問題是這裡的『國家』所指是明朝政權，還是明朝文化？抑或兩者兼有？朱舜水連南明政權也未必認同，他所認同的是王者的法原功能，當明朝政權消失以後，他相信日本可以延續明朝的道統。這裡發生了政治認同與文化認同『創造性轉換』的課題。」頁 147，《二十一世紀》，2009 年 6 月。案：楊先生這裡提出了一個有趣的問題，這種政治認同與文化認同「創造性轉換」的情況不僅發生在朱舜水面臨的中國與日本，同時明末遺民面對明朝與清朝也有類似的認同轉換情形，例如：極

　　錢明《勝國賓師：朱舜水傳》[132]屬於「傳記作品」[133]內容為考察朱舜水生平、其事蹟回傳中國之情況，以及現今後裔等問題，由於作者居處朱舜水生長之江浙、餘姚地區，實際地理環境認知及對朱氏後世的訪查，在分析及舉證上可信度較高，使參考本書的讀者更貼近朱舜水其人其事。另外，錢明指出：本書中最用力撰寫處為第三章朱舜水與安東省庵、德川光圀以及前田綱紀三人之關係。[134]不僅揭示了朱舜水與安東省庵之間因文化認知差異所產生的矛盾情結，並聯繫德川光圀與前田綱紀受到朱舜水史學思想的等相關事蹟。

　　綜觀這些新的研究成果無不顯示——當今研究者仍舊對於當時世界、社會環境之下，中國儒學在日本地區如何地被傳播、接受，或是中國儒學對日本產生何種新社會議題和影響，以及倘若將朱舜水此人放在當時大環境、時間脈絡裡其呈現價值又為何等等問題的

欲反清復明的黃宗羲、顧炎武等人雖不任清朝官，但是，他們學生弟子、後世子孫卻為清朝服務，於是，某種程度上他們便與清政府有所聯繫。換言之，在遺民的心中不只有政治和文化認同，長時間的復明歷程中，他們幾經生命現實波折、情感煎熬，那種最後結果的呈現也未必能真正傳達出心理層面的矛盾與困頓。因此，研究這群遺民不是能簡單地區分政治認同、文化認同、政治與文化合一的認同等情況，也許必須回溯他們打從心底對於自我價值認同與定位。

[132] 錢明《勝國賓師：朱舜水傳》，浙江人民出版社，2008 年 11 月。

[133] 楊際開〈朱舜水研究的雙峰〉頁 145，《二十一世紀》，2009 年 6 月。

[134] 案：於 2010 年 11 月 5 日台灣大學《朱舜水與東亞文明發展國際學術研討會》會後請教錢先生有關他個人在朱舜水研究成果時，他指出本章節為其最新著力研究的方向與重心。

思考和關懷。雖然，朱舜水研究已有上述之成果，但是在研究內容上仍有其不足處：

(一)朱舜水研究篇章增加，內容卻有待突破之困境

有關朱舜水赴日乞師問題、或是朱舜水與水戶學派的相關討論、以及朱舜水在日本教育史上的貢獻、朱舜水和日本史學發展、《大日本史》編纂等等議題早已在 1900 年後如火如荼被討論，且被研究朱舜水貢獻的學者們視為老生常談。針對「逐年數量增加的研究篇章，內容卻仍有待突破」上，呂玉新曾嚴厲指責：

> 1992 年以後，新出版有關朱舜水的研究著述仍不斷湧現，雖然以相同的資料，根據不同的視野、觀點、研究論證方法，可得出不同的研究結果，但還是有部分非常重要的資料，包括一些原始資料，都不見此研究者的參考文獻中。雖然間或也有嘔心瀝血之作，但卻都在相同的資料中做文章，甚至間有抄襲之嫌。

1992 年後的研究從不同視野、觀點、研究方法來入手，確實掌握了研究創新的概念，如此，帶來了更深入了解朱舜水的契機。但是，諸多研究作品中卻往往出現相同的引文，以不同角度分析，呈現相同結果，這類研究的確讓人非議，尤其隨著不斷被發現的朱舜水與日本友人互動書信、真跡等等豐富資料，依常理應是可以使朱舜水研究之內容更為充實，同時也會有更多元的面相呈現才是，但是卻反不見被引用，這是呂氏提醒研究者應當注意之處。

　　雖然，《朱舜水集》內容多為書信，大部分撰寫時間不明，及對方來信內容不明等情況皆造成閱讀、研究上的困難，然而，1992年《朱舜水集補遺》一書中增加蒐羅日本友人安東省庵、木下順庵、人見竹洞等人寫給朱舜水信件的內容，皆有助於對照二方來信了解朱舜水為何那樣談論某事之原由。凡此，從事朱舜水研究者皆應銘記在心，藉由原典閱讀、比對將能得到更有價值的研究內涵，例如：錢明 2008 年《勝國賓師──朱舜水傳》討論朱舜水和安東省庵間的關係時，藉由《朱舜水集補遺》所集新資料內容發現：朱舜水與安東省庵二人之間師生、友好情誼僅限於朱舜水剛到長崎那一階段，之後隨著朱舜水受到德川光圀的重視、地位提升，以及陳（穎川）入德居中破壞，二人晚期情感上已產生些許變化，由此，便能理解為何《朱舜水集》裡偶爾出現朱舜水抱怨安東省庵不肯見面、不寫書信給他的緣故。德田武〈人見竹洞·朱舜水往復書牘年時考證〉[135]經由《補遺》新增資料將朱舜水與江戶侍講人見竹洞二人書信做一時間與內容上的統整，有助於釐清二人交往之始末。

(二)朱舜水研究議題開創之困境

　　有關朱舜水相關研究議題開創的部分，呂玉新曾說道：

　　迄今為止，中外所有對朱舜水的研究都不出下列幾個主題：1、忠君愛國與尊王……；2、反對攙雜了佛學的宋明儒學，

---

[135]　德田武〈人見竹洞·朱舜水往復書牘年時考證〉《明治大學教養論集》通卷 259 號，1993 年。

　　提倡實學；3、中日友好往來的見證。[136]

職是言之，幾近一百年的朱舜水研究裡，研究內容與討論一直無法
脫離政治、民族讚揚等帶情感因素的研究窠臼，如同趙建民〈朱舜
水研究的回顧與前瞻〉談及中國研究學者一般，他說：

> 中國的研究不僅論文數量少，而且綜合性研究據多，一般還
> 局限於對他在日本的「貢獻」方面。因此，不少論文在研究
> 範圍和所敘述的，或是題目相同，即使題目不同而內容上顯
> 得類同的也屢有所見。[137]

　　朱舜水研究上雖數量逐年增多，內容、議題卻顯得貧乏且諸多
抄襲。經由上述，可知中日二國從事朱舜水研究者往往帶有政治性
意圖，於是，與二國在外交上有現實困境的台灣，除了戰後短暫研
究成果外，之後便沒有任何研究著作，徐興慶說道：「台灣學界研
究朱舜水不如中國大陸來得熱衷，也遠遠不及日本學界。」[138]這是
事實，也是值得思考之處。

---

[136] 呂玉新〈有關朱舜水研究文獻目錄〉《漢學研究通訊》，1994 年 11 月。

[137] 趙建民〈朱舜水研究的回顧與前瞻〉《浙江學刊》，第 2 期，2001 年。
　　（亦刊於：町田三郎、潘富恩主編《朱舜水與日本文化》北京人民出版社，
　　2003 年 7 月。）

[138] 徐興慶〈從東亞視域看朱舜水研究〉頁 53，《朱舜水與東亞文化傳播的
　　世界》，台大出版中心，2008 年 11 月。

二、朱舜水研究之開展

　　整體看來，在朱舜水研究裡無論是內容、資料使用、議題創新等方面，台灣、中國、日本等國學者們均有其各自學術現實的限制，但是，隨著 2000 年之後東亞學研究熱潮再起，以及朱舜水新資料的出現、國際學術交流的趨勢等等條件逐漸具足下，有助於朱舜水研究這領域的發展。

　　另外，從蒐羅的資料、專書、論文裡，仔細觀察那些投入「與朱舜水相關議題」討論的學者們——因為個人學術思想養成的歷程、社會環境等背景上的差異、以及關注著不同議題、甚至採取相異的研究方法等等——有位處台灣、中國、日本以及美國等區域的人們，換言之，愈來愈多關注日本文化、中國文化的國際學者在文化養成、思維培養、研究視角等不同差異下反能使得「朱舜水研究」，異於以往。例如：近期日本學者吾妻重二〈水戶德川家と儒教儀礼——祭礼を中心に〉、〈日本における『家禮』の受容——林鵞峰『注血余滴』、『祭奠私儀』を中心に〉等文章，他指出江戶時代禮學發展的情況，尤其是〈水戶德川家と儒教儀礼——祭礼を中心に〉將朱舜水的禮制內容對應說明，由此看來，日本漢學者正用心於找出中國禮學對日本禮制的直接影響；之後，長谷川正江近期發表的〈水戶藩相關紀錄中關於朱舜水之記載——以儒教儀禮為中心〉一文即針對朱舜水如何影響水戶藩等種種討論；徐興慶〈試論朱舜水對科舉制的評價〉[139]等。均可知學者為理解朱舜水與日本

---

[139]　徐興慶〈試論朱舜水對科舉制的評價〉科舉学国際シンポジウム——第5

文化之實際關係，已展開朱舜水曾在日本最為用心的禮學方面之研究。

　　凡此，學者不斷努力開創、突破研究困境，這精神不容抹殺同時提醒著後來研究者——與朱舜水相關研究尚有許多議題、內容等待開創。呂玉新曾提醒欲研究朱舜水議題的學者們，說道：

> 重要的是，我們須將對朱舜水其人其事的研究放在整個世界社會形勢與發展的框架中，站在對當時中國、日本，以及東亞社會情況充份瞭解的基礎上進行，才能免於落入或浮於社會表象、或僅滿足於歷史考證個案、或見粟而不見滄海的狹隘研究視野中。[140]

簡言之，從事「朱舜水其人其事的研究」不僅止要將他置於現今的角度來看，還須再拉回他個人的心路歷程變化、學術轉折，甚至是當時環境、東亞地區整體的情況來看，那麼才能更全面地理解朱舜水學術的價值及其意義。

回 "科舉制と科舉学" シンポジウム 2009 年 8 月 27~28 日。

[140]　呂玉新〈有關朱舜水研究文獻目錄〉《漢學研究通訊》，1994 年 11 月。

第三章　朱舜水與晚明江浙文人集團關係之探究

　　人物思想的成熟以至完成，必須經驗過萌芽、初具雛型、建構調整等歷程。因此，由研究角度來進行分析人物思維，則應從理解其啟蒙教育、文化、環境等基礎條件之影響著手，這些條件中又以外在的環境變化最容易刺激思維進行轉化、調整，進而自成一系統。

　　朱舜水相關傳記資料裡說明：他不僅承襲家學（即實學），受業於吳鍾巒、張肯堂、朱永佑等人，亦本與王陽明為「然燈相炤，鳴雞相聞」[1]的同里人（紹興府餘姚縣），之後雖寄籍松江（嘉興府），但也和陽明學講學重鎮紹興府相去不遠。此外，最重要的——明末清初之際大量的讀書社、詩社在其成長之江浙地區裡勃興發展。換言之，家學、東林學派之啟蒙教師、居處陽明講學及人文鼎盛、社團活動頻仍的江浙地區等，無不影響著他的性格、思維、及處世應事之態度。

　　只是，現存資料裡似乎極少他與這股學術風潮間的互動往來，甚至還有反對集會講學活動的言論，他曾言：陽明「多此講學一

1　　（明）朱之瑜《朱舜水集》頁 85。

事」，雖是如此，朱舜水師友往來中亦不乏有詩社、學派集團的成員。另外，朱舜水也非一般平凡的書生，吳鍾巒曾如此讚美他：「開國來第一」、「文武全才第一」，換言之，其一舉一動應當受到相當注意，可是，卻沒有在友人集子、歷史記載或鄉土紀錄等留下太多資料，原因究竟為何？還有，出自黃宗羲筆下之記載，人物、事蹟又疑是張冠李戴。依據常理判斷，當時小有名氣的黃宗羲、以及受到吳鍾巒和明朝廷重視的朱舜水、再加上與兩人互動的人物中頗多重疊，例如：陳函輝、黃斌卿等擁魯王派復明人士，此外，二人都曾經參加反清復明的活動，那麼多訊息均指向黃宗羲、朱舜水之間不應該如此陌生，但是，從實際結果看來，黃宗羲不識朱舜水，朱舜水也從未曾提及黃宗羲。難道是因為學術觀念上的差異？《認識朱舜水》一書裡指出：

> 在此期間，黃宗羲亦追隨魯王於舟山，朱舜水因痛恨晚明講學家門戶主奴之習，他與黃宗羲雖是同邑，又同在舟山軍中，由於學術觀念之差異，因而始終不相聞問。[2]

還是有著更為簡單的因素——當時文人集會活動多、人數多，彼此間僅以點頭之交者亦？倘若有聽聞彼此事蹟，或欲彼此間有更進一步交往為友則得待機緣吧。然而，這些天馬行空的想像、猜測是無助於我們更瞭解朱舜水及其在江浙地區的情況，也無法釐清他的學術思想和江浙學風之間的聯結，但是，重新整理、分析歷來對其身

---

[2] 《認識朱舜水》頁 14，中國檔案出版社，2010 年 12 月。

分疑慮的相關議題，是有助於進一步探索朱舜水其人在江浙地區時活動的情況，以及與中國學術思相的繼承關係。

第一節　朱舜水生平及其身分疑義

一、朱舜水生平略述

常言道：「性格決定命運。」一個人的成敗不僅只受到外在社會、環境等因素之作用，而自我內在性格也影響著生命趨向。居處在動盪時局裡，最容易產生英雄式人物，如同那些在亡國後紛紛殉國的遺民們。朱舜水與明末遺民們相同，也有著堅毅性格，但是，並不以激烈方式傷己，而是等待時機殺敵復仇。

此外，與大多數學者一樣，朱舜水的思想啟蒙、生活禮儀等等無不接受中華文化薰陶，但是，他對於所學、所接受的中華文化卻有著某種堅持，倘若將他放置在中國學術史上，那麼未必能像同一時期黃宗羲、顧炎武等人具有影響力與光采，然而，正是那一股堅毅獨立性格，明亡後不顧一切奔走海外，堅持與傳遞中華文化，最終，遂讓他的學術成就在中日文化交流史上佔有一席之地。

朱舜水（1600.11.12~1682.4.17，明萬曆二十八年~清康熙二十一年），諱之瑜，字魯璵，浙江餘姚人，寄籍南直之松江，以常州、松江、臨海等沿海地區為活動範圍[3]，明末遺民。少年朱舜水承襲

---

[3]　筆者案：朱舜水〈與諸孫男書〉提及希望家中子弟能有空前往代為拜訪人物裡有：陳函輝，台州臨海人；吳鍾巒，常州武進人；朱永佑，松江華亭人；張肯堂，松江華亭人；及住在松江的胡鍾有、張至大等人。頁 43。

家學（實學），受業於朱永佑、張肯堂、吳鍾巒等人。其人格、性格養成階段，影響他最為深刻──父親朱正及兄長朱之琦。由於二人擔任漕運軍門時，均廉潔自守、不貪污瀆職，換言之，無論是否為政治人物，清廉與負責任都是必須遵守及自我期許的條件。〈與諸孫男書〉中曾言：「汝曾祖清風兩袖，所遺者四海空囊。我自幼食貧……宗戚過我門者，必指以示人曰：『此清官家』，以為嗤笑……。」[4]清廉為官並不為恥，朱舜水認為最可恥、可惡的──那些養寇賣國的逆虜、廉恥道喪以錢得官、賄賂狡詐之人。這些人不僅不顧天下百姓，最終還迫使國家因其自私而滅亡，故〈中原陽九述略·致虜之由〉一文中朱舜水曾悲憤嘆說道：「書曰：『天作孽，猶可違；自作孽，不可逭。』此之謂也」[5]。

天啟五年（1625 年）朱舜水兄長因不與閹官同流合污故而遭劾，如上所述，朱舜水早已在此耳濡目染下培養出那種不依附權貴、清廉自守的性格，更是可見一般。他曾回應德川光圀問其家世時言：「僕族人謂寒宗為晦菴先生之系……中間惟有一世不明，舉宗盡欲從之。惟僕一人不許，謂一世不明，其不足據便在此。且子孫若能自立，何必文公？」[6]換言之，出自名門之後雖能為己增色不少，但是，倘若自身沒有俱備應有的條件，那麼污損前人美名，

這些人物均生處於江浙沿海地區。另外，朱舜水也曾說過：「僕生於越而貫於吳。」〈答加藤明友書〉頁 73。凡此類說明皆可略知當時朱舜水活動於中國時情況。（明）朱之瑜《朱舜水集》。

4　（明）朱之瑜《朱舜水集》頁 45。

5　（明）朱之瑜《朱舜水集》頁 4。

6　（明）朱之瑜《朱舜水集》頁 348。

亦損害了自己。即如當時眾人均入黨結社，黨同伐異；依附權貴求利，盡失人格。這些情況小則己身受到傷害，大則危及國家存亡，凡此種種皆非朱舜水所欲為。

因為兄長事件，削減了朱舜水傳統知識分子「學而優則仕」的想法，於是，他絕舉業進仕。曾對妻子說道：「我若第一進士，作一縣令，初年必逮係；次年三年，百姓誦德，上官稱譽，必得科道。由此建言，必獲大罪，身家不保。自揣淺衷激烈，不能隱忍含弘，故絕志於上進耳。」[7]這不僅揭示著朱舜水不仕的心情，間接地透顯出對當時政治環境已陷於惡劣的細心觀察。於是，才語重心長地說道：個人清廉自守，出仕將有助於百姓，獲得人們的稱讚，但是仍舊難逃政治混亂下人與人鬥爭等紛擾，甚至，還有可能莫名招罪於己身。朱舜水這類悲憤反思中國政治敗壞的種種說明，除了散見各書信中外，〈中原陽九述略〉也曾逐條羅列國內招致虜害的內、外因素，更仔細附上自己「滅虜之策」的政策建議。依此可見朱舜水和大多中國讀書人一樣，對於國家政治與己身之間常有著微妙的情感，是那由修身、齊家、治國、平天下連貫下來的內聖外王思維，視國亡如同自我完成的破敗。於是，《朱舜水集》不僅揭示他對明朝、中國土地的情感與政治分析，更能見到他對自己身為知識分子無限期待，以及無法自我完成的矛盾與失落。

綜合上述，可見朱舜水對自身的要求極為嚴格，曾說道：「陳太丘云：『文為世範，行為士則。』君子一言不智，喪其終身。」

7　今井弘濟、安積覺撰〈朱舜水行實〉頁 613，收錄於《朱舜水集》，漢京文化事業，2003 年 1 月。

[8]身為讀書人、知識分子,言行應高標準來看待。依此,對自我也有著極高的期許,說道:「器則藉人而成,人不因器而限,為貴為賤,皆人之所以自取也。」[9]人不應受到環境而有所局限,今日是否能有成就全因自己取捨。當然,嚴以律己的朱舜水對後世子孫也有著相同的要求,在〈與諸孫男書〉中說道:「汝輩既貧窘,能閉戶讀書為上,農圃漁樵,孝養二親亦上……惟有虜官不可為耳!……為貧而仕,抱關擊柝、亦不足羞。惟有治民管兵之官,必不可為。……既為虜官,雖眉宇英發、氣度嫻雅,我亦不以為孫。」[10]總之,無論做什麼、能讀書、懂得讀書真意,言行合乎禮義,是對自身唯一的道德要求。但是,如果做了虜官,那麼即使外表等看似合禮,其實早已背棄國家(明朝)就不合理了。因此,無論在哪一環境之下,都應謹慎己身。這是朱舜水對自己與後世弟子、子孫共同的期許。

　　毫無疑問的,堅毅性格養成朱舜水對於傳統士、知識分子的認知,對於出仕與否抱持的態度——「無道則隱」。於是,四十四歲前的朱舜水雖屢為明朝庭徵召,或見其兄長因漕運軍門被陷彈劾一事,或早已知朝政敗壞無力挽救,或是不欲與姦臣馬士英等人共事,凡此種種可能因素讓他堅持屢召不仕,一生不為官。只是,身為知識分子的他仍存留著「以天下興亡為己任」之心,固然未選擇激烈殉命以報君王,卻在 1644 年清軍入主中原,明崇禎皇帝登煤

8　　(明)朱之瑜《朱舜水集》頁 177。

9　　(明)朱之瑜《朱舜水集》頁 252。

10　　(明)朱之瑜《朱舜水集》頁 46。

山自縊，正式宣佈明朝政權瓦解[11]之後就展開他漂流海外三、四十載生涯。

　　流亡並非苟且偷生，朱舜水初始先至舟山，接著再前往安南、長崎等地，十多年間往返各國皆為討取軍隊援救明朝的乞師活動（第四章、第五章將有論述），亦曾與鄭成功共籌反清復明事業，這一切歷程並不如預期中順遂，因此，朱舜水在與日本友人書信往返中，常將自身不得回歸故國的落寞、孤單直接陳述，同時也說明乞師不利和被其他中國人誤解等等多重難言之苦，他說：

> 無限心中事，欲一為傾瀉，及至相逢，輒復吞嚥。總之語一不便，而書文不同，又不可託之傳說耳。故相見時多耿耿不可言者。既不與言，可與言者又不得與之言。四海漂零，形影相弔，一至於斯，如何可言！[12]

　　朱舜水終究伴著未能回歸故國的遺憾，在 1682 年，八十三歲長眠於日本（葬於常陸久慈郡太田鄉瑞龍山麓）。德川光圀特在墓碑上冠「明徵君子朱子墓」字之樣用以傳世，並藉此紀錄朱舜水至死仍不忘對明的忠義之心。

11　案：針對「明亡於何時」歷來諸多爭議，然而，此議題並非本文論述核心，故不深入探究僅以普遍認知中明朝皇帝崇禎自縊之 1644 年為明亡時間點，至於相關討論將擬寫於第五章。

12　（明）朱之瑜《朱舜水集》頁 257。

二、黃宗羲認知中的朱舜水疑義

(一)黃宗羲與朱舜水之關係

　　朱舜水的生平被提出且加以記載始於黃宗羲，而讓朱舜水身分陷入迷團之中也是黃宗羲。首先，將黃宗羲〈兩異人傳〉中文句逐一抄錄，之後再提出此記載中的問題。

　　　自髡髮令下，士之不忍受辱者，之死而不悔，乃有謝絕世事，託跡深山窮谷者，又有活埋土室，不使聞於此屋者，然往往為人告變，終不得免，即不然，苟延蝣晷，亦與死者無異，鴻飛冥冥，弋者何慕，求其世之最善者，以四海之廣，僅得二人焉。……諸士奇字平人，姚之諸生也，崇禎間與里人為昌古社，效雲間幾社之文，兩京既覆，遂棄諸生，載十三經、二十一史，入海為賈，其時日本承平，懸金購中國之書，士奇至日本，試之以文，善之，曰：「自大唐之來吾土者，莫不自言為相公，此乃真相公也。」三十年不返，族人皆疑其已死，余近遇普陀僧道弘，言日本有國師諸楚宇，餘姚人也，教其國中之子弟，稱諸夫子而不敢字，嘗一至普陀，年可六十矣。余因詳訊其狀貌，則楚宇為士奇之別號也。余嘗友士奇，不知其有異也。使後世而有知士奇，當有願為之執鞭者，然則毋謂今人不如古人，交臂而失之，似余之陋也。[13]

---

[13]　黃宗羲著，陳乃乾編《黃梨洲文集》〈兩異人傳〉，頁 79~80，中華書局，2009 年。

上述指出：明亡後，讀書人不欲受辱，遂採取了不同面對滿清新政權的對應之策，或隱居山林、以死明志、漂流海外遠離國土家鄉等等，無論如何，他們對於亡明特殊且濃烈的國家情感是一致的，朱舜水便是選擇流亡，等待時機「復明」的一分子。由此看來，當時流亡海外的明末遺民不乏其數。

　　某日，黃宗羲從一般鄉里間聽聞明朝滅亡後，有一漂流海外志士的傳說，那志士即是昌古社諸士奇。他漂流海外以貿易為生，因日本欲購買中國書籍，諸士奇因緣際會之下前往，爾後受到日本人的賞識，就此隱遁他鄉幾近三十年，族人無不懷疑他早已死亡。相似的流亡者故事，黃宗羲在遊歷各地時，偶遇普陀僧人道弘竟又再度得知。道弘向他敘述明遺民朱舜水事蹟，說道：朱氏流亡海外多年，最終留至日本，且在當地教授日本人儒學、成為日本國師。於是，黃宗羲對照諸士奇與朱舜水二則傳說，「詳訊其狀貌」——從居住地相似、明亡後皆流亡海外為商人身分、都曾到日本並受到重視、而且最終都未返回故鄉——得到以下結論：流亡海外的諸士奇就是朱舜水，就是那曾經與他「交臂而失」的友人諸士奇。也因此，黃宗羲感嘆自身疏陋之餘，深覺必定得將這事蹟紀錄「使後世知有士奇」。於是，傳說中「流亡海外」的諸士奇與朱舜水，便在黃宗羲的理解裡被連結起來，〈兩異人傳〉的傳記內容、資料為最早記載朱舜水身分的相關訊息。

　　依此，黃宗羲史學家身分確實讓這紀錄平添幾分可信度，〈兩異人傳〉內容訊息也使得「朱舜水在中國時期相關事蹟」極少的窘境有了初步頭緒。然而，在〈兩異人傳〉中朱舜水其人其事受到注意的同時，人們也關注起紀錄者與被紀錄者之間的關係，還有被紀

錄的「諸士奇」果真就是「朱舜水」嗎？等思考。

　　最先注意並將「朱舜水與黃宗羲之間的關係」提出討論的白砥民，〈黃宗羲與朱之瑜〉一文談道：

> 就各種史料和跡象而論，黃宗羲與朱之瑜同志節、同宗旨、同鄉里、同師友，南明浙東抗清中又同時、同地進行過共同的奮鬥，但使人難以置信的是現存黃宗羲著作中竟只字未提朱之瑜，《朱舜水集》中也不見一語道及黃梨洲！民國初，近人馬浮刪定的《舜水遺書》，卷首有湯壽潛序，引黃太冲《記兩異人》，說黃氏為避明王朝諱，改朱之瑜為諸之瑜。朱、「諸」之更改，朱舜水本人在《答源光圀雜問》中已有說明，湯序中本不必贅述。問題是所引《記兩異人》一文又不見於《南雷文定》及《行朝錄》諸卷。梁啟超在《朱舜水先生年譜》「庚子」年下也作了按語：「啟超未得見太冲之記」。……湯壽潛當時所見之「黃太冲《記兩異人》」，而梁啟超卻「未得見」，則所謂《記兩異人》是否為黃宗羲所著，很令人懷疑。且迄今除「湯序」外，亦未見其他人談及此文，更無從以此作為研究黃宗羲與朱之瑜相互關係的依據。[14]

換言之，黃宗羲與朱舜水二人之間有著太多聯繫，但卻又彼此未言

14　白砥民〈黃宗羲與朱之瑜〉頁 1，《寧波大學學報（教育科學版）》第 2 期，1984 年。

對方，再加上梁啟超言「未得見黃太冲《記兩異人》」，故白砥民
更進一步懷疑起《兩異人傳》非黃宗羲所作。然而，疑者存疑的態
度之下，白氏針對黃、朱二人交友、思想等方面進行比對，最後得
出以下結論，他說：

> 黃、朱同鄉、同時，浙東海上風濤中又同命運，而始終未見
> 互相道及者，其根本原因恐怕還是在於學術思想和政治主張
> 上的分歧吧。[15]

錢明〈黃梨洲朱舜水關係辨──兼與白砥民先生商榷〉[16]內容更仔
細列舉黃宗羲、朱舜水間的相關證據，認為二人在某些人事物上原
有交集的「可能機會」，但是，最終，黃宗羲並非因為這些人事物
而認識朱舜水。理由有：一，二人皆曾前往日本乞師、短暫停留舟
山的行程，但是，二人前往的時間點上是有所不相同。二，擁有共
同的師、友對象，例如：王翊、吳鍾巒等人，但是，交往、互動的
時間點不盡相同，且從常理來判斷，朋友之間的情感也有著親疏遠
近的差別，換言之，親近於黃宗羲者，未必就和朱舜水親近。所以，
後人如果欲從二人擁有的共同師友人名單中，想像、猜測他們可能
藉由師友而聽聞彼此事蹟，無疑是緣木求魚。

　　仔細閱讀錢明辨析內容後，可以得知，眾人疑惑的──黃宗羲

15　白砥民〈黃宗羲與朱之瑜〉頁7。

16　錢明〈黃梨洲朱舜水關係辨──兼與白砥民先生商榷〉，頁28~34，《杭
　　州大學學報》，1986年第4期。

起初為何不識朱舜水？朱舜水為何從未論及黃宗羲？或則依據「傳聞」記載的傳記可信度有多少？等等問題，顯然地得到一共識：相同居處過江浙地區的黃宗羲及朱舜水，無疑地二人接觸到許多相近的人、事、物，然而，二人全因為接觸、參與的「時間點不同」遂造成錯過彼此。

於是，近人諸煥燦〈黃宗羲與朱之瑜關係考察〉除了贊同「時間點不同遂形成兩人的不相識」這一論點外，他更進一步提出：一，朱舜水交友對象皆為武人，和黃宗羲均喜好與文人交友不同；二，而且，朱舜水視劉宗周學問為伎不過如此[17]，但是，劉宗周卻是黃宗羲的老師；三，二人對東林看法也不同等等因素，諸煥燦認為：最終朱舜水不言及黃宗羲。[18]諸氏的推論內容與白砥民大略相同，白氏得出：學術思想與政治思想有異故不論及彼此。但諸氏以黃、朱二人交友因趨文向武之不同故不言彼此，這是否過度詮釋了呢？

簡要言之，黃宗羲與朱舜水之間的關係，經由粗略分析後得知二人在政治態度、活動地域、學術認知、交友互動等方面皆有所重疊或相同之處，唯一針對「講學」、集社事情上朱舜水持反對態度，

17　（明）朱之瑜《朱舜水集》「劉念台盛談道學，專言正心誠意。其為大京兆也，非坐鎮雅俗之任矣，而其伎止於如此。」頁389。

18　諸煥燦〈黃宗羲與朱之瑜關係考察〉與錢明的看法相同，均認為黃宗羲乞師日本及居留舟山的時間點上與朱舜水不同，因此造成彼此並不相識。並且指出「在弘光元年四月朱之瑜潛遁海濱之前，基本未離開松江。而黃宗羲卻是到處周游訪友，足跡遍布南北。」頁244，則可見黃宗羲活躍性格與朱舜水低調性格迥然不同，也因如此性格也造就二人在歷史發展的脈絡裡扮演著不同功能、角色。

不只批評王陽明、連同黃宗羲的老師劉宗周也被批判。但是，學術思想上的差異能否造成彼此間互不談論，則筆者持保留態度。從目前資料中，以「二人全因為接觸、參與的時間點不同遂造成錯過彼此。不談對方」之說較近情理。總之，在釐清二者關係後，至少可以明瞭：黃宗羲起初不識朱舜水，後來雖是依據「傳聞」記下有關朱舜水事蹟，如今對照日本人撰寫的朱舜水實錄，二者間並無不相同。依據此傳記紀錄，吾人將明白中國文化確確實實在明末清初之際，經由朱舜水的傳播海外，並某一程度影響日本國家，這絕非黃宗羲或中國人對中華文化的溢美想像。還有，得知朱舜水在明末文人活動中許多情況是與黃宗羲相似，除了對「講學」一事的認知，於此，應可進一步觀察朱舜水對於明末清初集團結社的態度。

(二)「諸士奇就是朱舜水」一說釐析

　　再談及「諸士奇與朱舜水二者之間的關係」。其實，通篇〈兩異人傳〉最引起歷來學者討論的第二則議題——「諸士奇與朱舜水二者之間的關係」。平心而論，也屬本議題最容易讓學者探尋時如霧裡尋物，不著邊際。因此，直至今日參與研究的學者們仍舊莫衷一是，持認同「諸士奇即朱舜水」說者，如：錢明等人；不認同「諸士奇即朱舜水」此論調者，有：張如安、諸煥灿、王汎森[19]等人，

19　王汎森〈清初講經會〉注十八「我個人認為諸士奇不是朱舜水，因為黃宗羲沒有必要諱其名。」頁509，《中央研究院歷史語言研究所集刊》，第六十八本，第三分，1987 年 9 月。筆者案：由於王汎森的說明並未有證明與推論內容，故僅列其名。

以下將略述二說支持者的論點大要。

錢明曾於 1986 年〈黃梨洲朱舜水關係辨——兼與白砥民先生商榷〉一文，企圖含混著某些模擬兩可的推論說明諸士奇及朱舜水的關係，他列舉五則「諸士奇即朱舜水」的相關說明，例如：1、昌古社諸士奇和朱舜水皆對古學推動不遺餘力，2、諸士奇入海為賈和朱舜水漂流海外以貿易往返日本等地時的商人身分相同，3、諸士奇和朱舜水二人在姓氏、字號等相類似，4、以及朱舜水因曾與鄭成功共謀反清復明，於是，可能中途經由普陀且暫留此處，所以，便能將他在日本的種種事蹟藉由普陀僧人流傳開來，等等。總之，錢明在諸多「並非不可能」之類的想當然爾「推測語氣」後直指「諸士奇就是朱舜水」。

雖然他曾針對「諸士奇『效雲間幾社之文』和朱舜水『文社甄拔之親，東林西北之黨』頗多責難的態度是矛盾」[20]提出疑惑，然而，錢明仍認為瑕不掩瑜，因為朱舜水也讚美過幾社徐孚遠[21]為「海內大名公」[22]，換言之，朱舜水「責難」社團活動和「參予」社團活動，二者之間並不相互妨礙。因此，朱舜水就是諸士奇，二人都擁有參加社團活動經驗。此外，錢明也疑惑——「諸士奇在明亡後入海為賈是與朱舜水的志向不符」，但是，又指出：若從實際層面

---

20 錢明〈黃梨洲朱舜水關係辨——兼與白砥民先生商榷〉，頁 33。

21 徐孚遠（1599~1665）字闇公，晚號復齋，江蘇華亭（今屬上海松江）人，明末詩人。崇禎二年（1629）陳子龍、夏允彝、徐孚遠、彭賓、杜麟徵、周立勛六人成文社「幾社」，以道義文章名於時。明亡後曾起兵抗清，後追隨鄭成功到台灣。著有《釣璜堂集》、《幾社會義集》等。

22 （明）朱之瑜《朱舜水集》頁 226。

來看，朱舜水流亡海外的確是商人身分。綜觀上述，錢明總是在提出幾項「諸士奇非朱舜水」的疑慮處後，再做了圓融詮解用以支持他原先認為：「諸士奇即是朱舜水」的論斷。換言之，錢氏將「諸士奇」、「朱舜水」各項「可能」的經歷及想法對比後，二個身分順理成章被拉攏在一起，並以二人實是同一人。在相距幾近十年後，1995 年錢氏〈朱舜水事蹟在故國的早期傳播〉一文更直接說明他同意「諸士奇就是朱舜水」的論斷：

> 梨洲在《兩異人傳》中記述的諸士奇，據筆者考證，就是朱舜水。又據該傳「兩京既覆」，「三十年不返」等文字推測，梨洲這篇傳記是在明亡後三十年寫成的，即 1676 年，舜水逝世前六年。這是目前所知的國內最早有關朱舜水的傳記。……但梨洲所記之材料來源於普陀僧道弘之所聞。……憑藉傳聞作傳的……足見當時在舜水家鄉流傳的有關舜水的傳聞，有不少是以訛傳訛錯上加錯。[23]

錢氏認為黃宗羲《兩異人傳》中的「諸士奇就是朱舜水」依其考證無疑，只不過黃宗羲因傳聞作傳難免以訛傳訛，造成朱舜水身分上的疑慮。然而，倘若依據黃宗羲史學背景，他是否會犯如此訛傳毛病，實在令人質疑。另外，能否有更多證據支持「朱舜水就是昌古社成員諸士奇」的說明呢？

---

[23] 錢明〈朱舜水事蹟在故國的早期傳播〉，頁 109，《浙江學刊》，1995年第 5 期。

　　吾人以為，倘若從《朱舜水集》記錄中可以發現，朱舜水對於集會講學之事雖頗有批評，但是，朱舜水在日本期間並不排斥人們一同集會、讀書與論學之事，可見他與諸士奇相同均參與社團活動。至於，黃宗羲所記諸士奇為昌古社成員一事，可見諸士奇有著昌古社推動古學的學術思維，這與朱舜水在日本提倡古學又不謀而合。依上述二點推論「諸士奇即為朱舜水」似乎言之成理，但是，這又將引起許多爭議，因為，朱舜水從未有參與江浙地區社團活動的紀錄。勉強能夠證明朱舜水曾經與江浙社團活動相關的內容，來自於「徐孚遠（闇公）談論朱舜水」的資料。張廷枚《姚江詩存》說道：

> 予近與柴樓諸子結詩社，始知浙東風尚各以，孤峭之質，傳幽渺之音，自闢町畦，不隨時好。比見楚嶼詩，神清詞奧，獨抱古心，信浙東多奇士也。[24]

倘若上述無疑，那麼諸士奇和朱舜水二人不僅只流亡至日本、推動古學等背景相關，於此將再添加一筆「參與社團活動」的相似之處。也因此，錢明曾依據上述：張廷枚記徐孚遠稱美朱舜水的詩作，認為朱舜水的詩：「神清詞奧，獨抱古心，信浙東多奇士」，以及朱舜水曾讚美徐孚遠為：「海內大名公」二者對應之下，錢氏認為：

---

[24] 原記載於張廷枚《姚江詩存》，今收錄於《朱舜水集》頁428。張廷枚載朱舜水在明所作詩十五首，並注解：楚嶼先生詩，已無從求，邵二雲太史自甬上搜集，登之足窺半貌矣。

朱舜水與徐孚遠二人彼此讚美，「關係非同一般」。[25]總之，曾與幾社徐孚遠互動，以及及昌古社諸士奇參與的社團提倡閉門讀書、重視古學等內容，無不和遠在日本的朱舜水思想及身分。故，推動古學的朱舜水，就是提倡古學的昌古社諸士奇。[26]錢氏推測的朱舜水身分內容的確將背景相似的諸士奇與朱舜水二人聯結在一起。

　　但是，吾人以為「朱舜水是否為諸士奇」絕對無法單從「曾徐孚遠互動」一事來證實朱舜水曾參與詩社活動等等，並將諸士奇與朱舜水二人等同。憑心而論，當時江浙地區集團結社盛行，讀書人尤以參加文學詩歌創作社團為普遍活動，也常有一人參加多社，參加後不常出席等等均有可能，所以，朱、徐二人的互動僅僅只能說明──朱舜水與徐孚遠二人的確曾有交集。至於，朱舜水對於社團活動的批評、以及是否參與詩社、還有與昌古社諸士奇一樣提倡古學，針對這些疑問應分別說明：

　　首先，明末清初勃興的社團，約略區別為文社及詩社，二類社團功能性不同，郭紹虞說道：「詩社多不問政治，而文社多干預政治」[27]。只不過二類社團成員又偶有重疊，在這些人數眾多、活動頻繁之下，難以免除有濫竽充數、或其心可議之輩，於是，原先社團活動以文會友、論點交流的美意被曲解，甚至還演變為朋黨之

<hr>

25　錢明〈黃梨洲朱舜水關係辨──兼與白砥民先生商榷〉頁 33，《杭州大學學報》，1986 年第 4 期。

26　錢明〈黃梨洲朱舜水關係辨──兼與白砥民先生商榷〉頁 33，《杭州大學學報》，1986 年第 4 期。

27　郭紹虞〈明代文人集團〉《照隅室古典文學論集》頁 409，丹青圖書，1985年 10 月。

流、黨同代異之狀，遂使國家體系腐敗，最終滅亡。朱舜水對於社
團活動非議、批評即在於此。下節將針對明代社團活動有深入論
述，此外，朱舜水對於黨和社的理解也有不同，這些都可納入分析
朱舜水其人。其次，因徐孚遠曾讚美朱舜水詩作風格一事，而可直
接得知朱舜水和明代同時期文人之間有著作詩交流，雖然，這與他
在日本時面對日本人詢問詩詞創作時，所持態度不盡相同。和古市
務本說道：

> 今之詩益無用矣，高者宣淫導豫，下者學步傚顰。[28]

他認為現今人作詩，能力高者只不過是公然淫亂、遊樂之事，低下
者則淪為盲目模倣，凡此均無助於人倫世用。但是，他也曾談及：

> 為詩豈盡無益哉？能如《三百篇》，風者足以勸，刺者足以
> 懲，善心發而逸志創，於世道人心，未嘗無補也。[29]

倘若詩作有用、且益於世道人心，那麼就能從事。換言之，居處在
詩社文風盛行的時代環境氛圍裡，朱舜水難以完全隔絕在外，依張
廷枚《姚江詩存》所錄朱氏尚留有《泊舟稿》之〈遊仙詩十二首〉、
〈吳霞舟先生惠詩三首〉。然而，論及至此，朱氏雖有參與詩社文
人之事實，但是未必就歸屬某一社團，相同的，也不能因為有參與

28　（明）朱之瑜《朱舜水集》頁335。
29　（明）朱之瑜《朱舜水集》頁334。

社團活動便等同他與諸士奇之間的聯繫。

　　分析至此，總不免讓人想再回頭檢視引起討論的——黃宗羲〈兩異人傳〉言「昌古社友人諸士奇」是依據何理？或則昌古社真有一名為諸士奇的人物？還是，諸士奇並非諸士奇，而是黃宗羲因為不熟悉、記憶模糊之下的訛記？錢明〈黃梨洲朱舜水關係辨——兼與白砥民先生商榷〉辨析裡曾簡略探討，其中他曾猜想：是否黃宗羲錯將兄長朱之琦視為朱舜水（之瑜）呢？但是，錢氏文章裡經大略辨證後，認為可能性不大。諸煥灿在〈黃宗羲與朱之瑜關係考察〉一文裡中直指，朱舜水和諸士奇是二個不同身分的人[30]，他說道：

> 《餘姚縣志》中竟有「諸奇士」之名，與《兩異人傳》中的「諸士奇」僅名字顛倒而已。筆者認為諸奇士即是諸士奇，其中必然是《東山志》記名有誤。[31]

《餘姚縣志》裡有「諸奇士」一名，依此，諸煥灿認為「諸奇士」為「諸士奇」名字顛倒之誤記。換言之，確實有一名為「諸士奇」之人，卻在縣志中被誤記為「諸奇士」。諸煥灿沒有直接證據，卻以想當然爾做為推論的內容，實在應加以商榷。參看《餘姚縣志》卷二十三列傳十五中如此記載：

30　諸煥灿〈黃宗羲與朱之瑜關係考察〉頁245，《黃梨洲三百年祭》吳光等編，當代中國出版社，1997年12月。

31　諸煥灿〈黃宗羲與朱之瑜關係考察〉頁246。

> 諸來聘。字九徵，初名學聖，明諸生。博覽群籍，陳子龍官
> 越極賞愛之。尤嗜古，重氣節，居邑之第十堡搆昌古齋藏書
> 萬卷，與符如龍，諸如錦，周肇修，諸奇士結社互相砥礪，
> 名動四方。崇禎十六年特徵，以父死不赴，著有《精思樓詩
> 集》。（東山志參姚江詩存傳）[32]

《餘姚縣志》「諸來聘」一條中記載，昌古社創始者諸來聘與符如龍等人結社相互砥礪。其中排列參與名單中最末有「諸奇士」三字。另外，對照來自清阮元《兩浙輶軒錄補遺》卷一，在說明有關昌古社開創者「諸來聘」時指出：

> 諸來聘，字九徵，餘姚人。有《精思樓詩集》。黃宗羲曰：
> 「九徵立昌古社，出而交遊四方，倪鴻寶、陳臥子皆以國士
> 待之。」張廷枚曰：「九徵先生意度闊畧，居邑之第十堡搆
> 昌古齋，與符如龍、朱如錦、周肇修、諸名士結社互相砥礪。」

《餘姚縣志》「諸來聘」紀錄與阮元記載「諸來聘」二者間內容大同小異，唯有「諸士奇」三字，《餘姚縣志》作「諸奇士」，阮元本則作「諸名士」。換言之，二項紀錄昌古社創社成員中沒有「諸士奇」只有「諸奇士」和「諸名士」。倘若先不將「諸名士」、「諸奇士」視為人名，而單純解釋為「諸位名士、諸位奇士」來理解《姚

32　（清）邵友濂修，（清）孫德祖等纂《餘姚縣志》頁 656，成文出版社，
　　1983 年。

江縣志》及阮元的紀錄，那麼「諸來聘」條下的說明應指昌古社成員有：符如龍、朱如錦、周肇修諸位奇士（名士）共組。於是，從文意上看來理解，無論書寫為「諸奇士」或為「諸名士」皆不會妨礙文句的解讀。此外，其他有關朱舜水的記載，例如：清胡蘊玉《髮史》「諸士奇」內容全由黃宗羲〈兩異人傳〉抄錄，故不列入論述。[33]

　　總之，在筆者幾番找尋有關「昌古社」成員名單，目前並未能得到完整訊息。筆者曾於 2010 年台灣大學舉辦的「朱舜水與東亞文明發展國際學術研討會」中以「疑諸士奇與朱舜水分別為二人」的議題請教錢明，會後錢氏寄來諸納新、謝建龍所撰寫的〈黃宗羲與泗門昌古社〉一文，然而，文中資訊仍未對「諸士奇是否為朱舜水」的議題有所論斷。唯一值得注意的——文中記載黃宗羲與諸多昌古社友好密切往來、也曾經寄住諸氏家族的種種內容。倘若從黃宗羲和諸氏家族關係如此密切的情狀看來，那麼又怎麼會不知諸士奇即為朱舜水一事呢？於是，筆者更可確信「諸士奇與朱舜水分別為二人」。理由如下：

　　1，李鳳金〈補正二則——據方行先生提供資料〉根據方行抄錄《南雷余集》手稿摘取有關「諸士奇」的文句資料中，是如此記載著：「諸士奇，字平人，姚之諸生也，崇禎間，與里人昌言古社，效雲間『幾社』之文」[34]，其中指出諸士奇是和鄉里人「昌『言』

33　胡蘊玉《髮史》《滿清野史　第十種》頁 453，文橋出版社，1972 年。

34　李鳳金整理〈補正二則——據方行先生提供資料〉頁 246~248，《中日文化交流的偉大使者——朱舜水研究》張立文、町田三郎主編，人民出版社，1998 年 12 月。

古社」，而非黃宗羲《兩異人傳》中所寫的「與里人『為』昌古社」。雖然，在李鳳金紀錄方行先生對於《兩異人傳》的理解上，方氏認為：諸士奇即為朱舜水。並指出：傳中講舜水於崇禎間……以及後來攜十三經、二十一史等書赴日本進行兩國文化交流諸事，這是研究早年朱舜水的寶貴史料，為學者所重視。可是梁啟超在撰寫《朱舜水先生年譜》時，竟未得見太冲之記，因而不知這兩位大學者彼此是朋友，而有諸多推測之誤。[35]上文已討論，黃宗羲與朱舜水二人為何在許多相關訊息上皆顯示應當有機會相識，卻又無直接證據證明相識，今人已不再和方氏抱持如此絕斷的論點，至於，方氏抄錄的《兩異人傳》中之文字和中華書局《黃宗羲文集》裡的內容大同小異，缺少的部分則有助於理解黃宗羲之思想。中華書局本缺少的《兩異人傳》之文句抄錄如下：

> 蜀中任永、馮信，不肯仕公孫述，皆托青盲，至妻淫于於，子入于井而不顧。余讀史而甚之，以為何至于是，及身履其厄，而後知其言之可悲也。[36]

2，諸煥灿指出：「《兩異人傳》中說：『三十年不返，族人皆疑其已死。』這亦不合。」[37]換言之，諸士奇三十年與家鄉友人不相往來，故族人皆懷疑他已死，這樣的情形與朱舜水不同。朱舜

35　李鳳金整理〈補正二則——據方行先生提供資料〉頁 247。

36　李鳳金整理〈補正二則——據方行先生提供資料〉頁 247。

37　諸煥灿〈黃宗羲與朱之瑜關係考察〉頁 245。

水曾寫家書給長子及妻舅、友人等，也曾經有鄉里人拜訪他，且欲從中聯絡起他和家人之間，依此看來，實不符合「族人皆疑其已死」一說。說明如下：

(1) 〈致張定西侯書〉「王完老五年起義，無限艱難，昨秋被難，臨刑慷慨激烈。有志之士，聞之無不痛心揮涕。已遣小兒訪其家眷著落，尚無回報。」[38]王翊於 1651 年殉難後，朱舜水曾派遣兒子前往尋訪好友王翊家眷。

(2) 〈與陳遵之〉信中內容「己亥春，咸兒至，纔聞動定。知兄悅豫安好，門闌亨泰，尊嫂亦康健無恙。」[39]己亥年即 1659 年。朱舜水初獲得居留日本之時，從次子大咸那裡得知陳遵之夫婦的情況。

(3) 〈與男大成書〉言：「辛丑年，曾寄一書於二郎，汝或聞之。……己亥年，有楊姓、趙姓鄉親索家書。我恐為汝累，故不允，並不以汝行止告之。……汝諸伯及諸兄可為我一致問。……近多病不能詳盡，多在十七叔書中。」[40]這裡說明了朱舜水曾在 1661 年時寄信回家，也指出：約在 1659 年時曾有楊姓和趙姓鄉親向他索取家書一事，至於其他詳盡生活情況則撰寫於〈與陳遵之〉一書信之中。[41]由此看

38　（明）朱之瑜《朱舜水集》頁 42。

39　（明）朱之瑜《朱舜水集》頁 40。

40　（明）朱之瑜《朱舜水集》頁 44~45。

41　案：錢明認為朱舜水所言的「十七叔公」系指朱舜水繼室陳氏之兄長——陳遵之。錢明〈朱舜水事跡回傳故國考之二——家鄉親友的朱舜水情節〉註八，頁 137，收錄在町田三郎、潘富恩主編《朱舜水與日本文化》2003

來，朱舜水在 1659 年以來一直與家鄉人保持聯絡。雖然，〈與男大成書〉內容約略和〈與陳遵之書〉相仿，但從書信內容約略可知先後在 1659 年前至 1661 年後均無和家人斷絕往來。

(4) 1666 年〈答王師吉書〉又記：「六月間行，欲與諸親友一晤而不可得」。[42]依此可知，朱舜水也曾安排與家人相見，無奈「不可得」。

除此之外，朱舜水和家鄉人不只有書信往來，亦有實際互動，例如：

(1) 今井弘濟，安積覺撰寫〈舜水先生行實〉記：「先生所寄書達姚家，家人相與驚嘆，始知其尚在天壤間，且悲且喜。然未審海外險夷禁諱，是以切欲訪求而不敢輕動，乃託外家親姚江赴日本，候察邦憲及先生安否。泰謂先生離家年久，不識姚江，故授之以先生所嘗有金扇及命紙等為證，而附以家書。」[43]依據〈與陳遵之書〉及梁啟超《朱舜水年譜》推測是在 1666 年。錢明說道：1666 年朱舜水曾寄書信回家鄉並為姚泰接獲，得知朱舜水尚存人世，故又喜又悲，並且進一步指出，雖然：「舜水家人自 1659 年舜水遁跡東瀛後，曾『遍求海內，終年不獲，且暮卜之，音耗茫然』；直到 1677 年姚江歸國，『始得去向』；然因姚江中途遇事，故對舜水詳情仍知之甚少，於是才有 1678

年 7 月。

42　（明）朱之瑜《朱舜水集》頁 50。

43　（明）朱之瑜《朱舜水集》頁 621。

年再遣舜水長孫毓仁赴日省親之舉。」[44]換言之，1666 年安排與家人相見，無奈「不可得」，為一重要轉折關鍵，也是在此之後，延宕許久朱舜水才又與家人聯絡上。

(2) 〈至長崎祭舜水朱先生文〉「迨至丁巳年，海內傳聞，母氏委命表兄姚虞山，訪求消息，始得去向。」孫子朱毓仁談到朱舜水漂流海外時他尚在襁褓之中，直到 1677 年才得知朱舜水消息。[45]

(3) 於是，之後〈朱毓仁寄安東省庵書〉談及：「己未歲，大父有命，手札尚存，藏之秘笥，故時時在念，不敢忘老世之厚德」[46]己未年即 1679 年。朱舜水八十歲時孫子毓仁前往長崎欲拜訪，但是因為日本國禁森嚴遂未能見著彼此。

由此可見，自朱舜水 1645 年流亡海外，直到 1651 年還一直與家人有所聯絡，1659 年後朱舜水曾撰寫家信未知那信件是否傳遞至家人手中，漸漸地家人似乎才因此失去他的消息。雖然，於 1666 年朱舜水的親家陳遵之等人應當已知其訊息，但是，還是直至 1677 年才又彼此聯絡上。這期間雖有十七、八年之久，無疑地與「諸士奇三十年不與家人聯繫」的情況完全不同。《朱舜水集》及其他資料內容中均清楚呈現──朱舜水與家鄉親人、里人有著一定的聯繫。或許如同朱舜水曾和家人談及的「害怕家人受到連累」故不欲

---

44 錢明於 2000 年「朱舜水誕辰四百年學術研討會」發表〈朱舜水事跡回傳故國考之二──家鄉親友的朱舜水情節〉頁 131，收錄在町田三郎、潘富恩主編《朱舜水與日本文化》2003 年 7 月。

45 （明）朱之瑜《朱舜水集》頁 741。

46 徐興慶《朱舜水集補遺》頁 172、173。

將自己的行蹤明確傳達，〈與男大成書〉言：「己亥年（1659 年），有楊姓、趙姓鄉親索家書。我恐為汝累，故不允，並不以汝行止告之。後其人復來，言汝家中事甚詳。」[47]也或是因為，朱舜水小心謹慎的性格——從他安排家族親人來到日本都十分謹慎、不馬虎，皆可以得知，〈與諸孫男書〉裡寫道：「凡事但稟命十七叔公同汝外祖而行，亦須各討一親書以為驗，忽謂我無書遂不答也。」[48]總之，不論是朱舜水謹慎性格使然、或是怕拖罪家人、或是當時特殊的政治環境之故，凡此因素遂造成朱舜水與家人「暫時」失去聯絡。至於「諸士奇不和家人聯繫如同朱舜水一樣，故二人為同一人」的說法則又過度詮釋、理解了。

筆者認為，朱舜水所處的時代，讀書人所做的選擇，以及可能遇到的情況等皆有可能相似，但是，絕對不能因此將二個不同身分的人等同。在中國地區有關朱舜水生平事蹟缺乏，僅存〈兩異人傳〉中所論諸士奇是否真為朱舜水，仍舊存留許多疑問，也期待更多資料的出現才能做精準、確實的論斷。

第二節　朱舜水與晚明江浙文人集團

江浙地區人文鼎盛，黃宗羲與朱舜水在明末清初之際佔有重要地位的兩個人，雖曾居處其間，同為反清復明請命，也擁有共同友人——吳鐘巒、王翊、陳函輝，但是終究因時間等不知所以然的因

47　（明）朱之瑜《朱舜水集》頁 44。

48　（明）朱之瑜《朱舜水集》頁 46。

素，讓朱舜水不知黃宗羲，黃宗羲在明亡後三十多年才知有朱舜水。至於，朱舜水所處明清江浙地區，不僅在時間、區域上皆擁有最佳資源，最能感受文人社團活動極盛之情狀，於是，與詩社文人交流、詩歌創作在所難免。雖然，後來留居日本，對於日本弟子詢問作詩要點時，常警示應作「有用」之文，並絕口不提作詩一事，但不因此視此為朱舜水自我矛盾的論調。實是，明末社團活動最終雜有其他政治性目的，朱舜水對於結社最後演變為不論是非，只為黨同伐異甚至造成國體腐敗，竟讓國家滅絕，遂而念茲在茲，故不為也，非不能也。接下來論述則以檢視明代文人集團結社之情狀，以及朱舜水對此風潮之評介。

一、明代文人集團結社概述

集團結社，此類群居性活動一直是人之所以能生存的方式之一。在中國無論是因利益、思想理念、政治等目的而組織在一起的集團活動，由來已久——有以吟唱創作為主的文人集團，還有干涉政治活動的宦官集團，或是促進貿易交流的商人集團等。對於這類團體形成後，其活動所帶來的利弊、評價常是錯雜的，例如明代文人集團眾多，聚集活動不只引領了文藝創作呈現多樣貌，出版印刷、商業交流，也隨之蓬勃展開。然而，其團體活動必然產生群聚勢力，不免也會逐漸醞釀排除異己「黨同伐異」等情緒，直接地影響、破害社會秩序。

朱舜水正好處於集團活動最盛行的時代、環境裡——朝廷裡有魏忠賢等閹黨；亦有東林黨人等把持政權、干涉國事；民間熱衷於延續前朝的白蓮教、弘陽教等等秘密宗教的集會活動；文人之間擁

有詩社、文社等從事藝文創作、附庸風雅、為科舉擬作文章等活動集會，依據郭紹虞〈明代文人集團〉[49]及何宗美《明末清初文人結社研究》[50]二書記載裡，存有名目的社團約略統計——到晚明時，最少一百個以上甚至多達三百餘個屬於文學性社團存在。總之，集團活動在明代以種種形式，為不同族群之需要而存在。換言之，無論何種性質的社團，朱舜水或多或少曾聽聞、或遊歷其中，遂而提出反思和批判，如前所述，雖然至今未有直接證據足以說明朱舜水在中國生活期間曾參與某一社團，但是，在那環境氛圍裡，他難免與某社團人員進行創作等交流活動。

　　回頭審視，幾近幾百個明代文人社團，它們並非一夕間迸起設立，無疑地，是隨著文人的需求、以及社會環境、經濟發展、政治變化、學術思潮等演進情狀而產生，因此文人們藉由吟詩創作、文章撰寫、科舉時文擬作、人物品鑑等作為交流的內容與手法，形成有明一代多元化社團組織活動情狀。至於，再進一步談及，明代文人從一開始單純詩文交流集社，到聚集批判政治、干涉時政，甚至晉升成為引領國家整體發展之必要組織，層層遞進的變化是有其脈絡可以依循。如同郭紹虞〈明代文人集團〉裡所言，「明代文人集團結社風氣之盛之緣由」說道：首先，明代「標榜風氣之盛」遂造成這一股風潮。緊接著是，明代的文人生活態度、治學態度、實用性與政治性等均為成因。[51]若以學術性質為主的文人集社，其成形

[49]　郭紹虞〈明代文人集團〉頁 342~434。
[50]　何宗美《明末清初文人結社研究》頁 17，南開大學出版，2003 年 1 月。
[51]　郭紹虞〈明代文人集團〉頁 342~354。

約略可區分為三個時期（階段）：

> 文人集團可能具有這幾種性能。第一種是學術性。……所有
> 萬曆以前的文人集團，都不外這一個目標。不過，中間再有
> 個分別；洪武以後，景泰以前，只是興趣的結合，不管是窗
> 下切磋用以攻文也好，或是林下逍遙用以娛老也好，總之既
> 無黨同代異之見，更不論及國事。……天順以後，萬曆以前，
> 派別漸滋，門戶亦立，於是始成為主張的結合。固然，因個
> 性的關係，大同之中不能無小異，但是各人總有共同的信
> 條，也有共同的作風，不能算是無目的的組合了，所不同於
> 以後一期的，只是不帶政治性而已。……明代到了天啟、崇
> 禎之間，受到閹黨的刺激，始於上述兩種風氣之外，諷議朝
> 政，裁量人物，也就與當時實際政治不能脫離關係了。這是
> 第三期——同時也是明代文人集團行動最值得注意的一
> 期。[52]

換言之，第一期：洪武至景泰之前，文人單純以詩文創作的興趣作
為結合。集會活動是隨性的、自在的，甚至沒有特定社名，參與的
文人身分多半為隱、退官員，群聚吟詩唱和，也因此，形成以老人
為集會主導的社團並起；第二期：指天順到萬曆時期，社團活動特
點在「派別漸滋，門戶亦立」，簡言之，文人集團結社「成為主張
的結合」，當然，這階段社團活動情況是與講學的活絡、及書院林

52　郭紹虞〈明代文人集團〉頁 355~356。

立等因素相輔且關係密切；第三期：天啟、崇禎之間，因為遭受到
閹黨的刺激，文人遂以「諷議朝政，裁量人物」做為集會的主要目
的，逐漸也成為以「政治性」為導向的組織。總之，三個階段裡的
文人社團組織是隨著國家政治及外患等問題逐漸形成並且因應時
代需求呈現不同面貌。

　　承前所述，朱舜水（1600 年到 1682 年）至少經歷第二到三期
之間的集團活動，萬曆執政後期（明神宗萬曆年間，1563~1620 年），
稱病疏於朝政，大權落入臣子手中，不理會國事的這個政治缺口，
由喜好集聚論政的文人插手，於是，國家政治便在這股集團、朋黨
干政的趨勢裡逐漸走向敗亡。當時年僅二十多歲的朱舜水，身處內
憂外患之際，早已明瞭世事，再加上，二十五歲那年兄長遭閹黨彈
劾一事，使得他徹底對朝廷感到失望。

　　換言之，面臨明朝政權開創以來最低迷時期，同時期的社團活
動，門派建立、各師其說，種種情況無不讓朱舜水感觸深切。甚至，
後來隨之而起的復社、東林書院等政治性社團，文人們如何地藉由
諷刺時事、或人物量裁等手段進行彼此鬥爭，總之，這一連串士紳、
閹官、官僚對國家所進行的破壞性政治運作，相信朱舜水有著直接
的刺激與感受。因此，對於這股新興的政治與文人集團活動，及其
造成的國家問題，朱舜水在接觸後無不有著個人想法與解讀。故，
本小節就由「朱舜水與晚明江浙文人集團」之間的種種糾葛來釐
清，並試圖理解朱舜水是否與其他學者一樣將文人集團活動與明亡
之間劃上等號。爾後，再進一步觀察，明末文人集團活動對於其學
思歷程上是否有影響？

二、朱舜水與文人集團結社之關係

(一)朱舜水的師友及文人集團結社之間

首先，凡論及朱舜水與明代文人社團活動關係時，必然地聯想到他的師承及與其互動密切的友人們。首先，將《朱舜水集》中所載，朱舜水曾視為知己或自認為較密切的師友羅列如下：

表 1：朱舜水的師長、友人生平及相關事蹟表

人名	與朱舜水之關係	簡介	參與社團活動及相關事蹟
陳木叔	本房座師	（1590 年~1646 年）諱函輝。台州臨海人。崇禎七年甲戌科進士。黃宗羲 31 歲時經臨海曾前往拜訪他。	與朱舜水最相契（〈與諸孫男書〉）
朱聞遠	師	1. 諱永佑，字爰啟，別號聞玄。松江華亭人。崇禎七年（1634）進士，授刑部主事，改吏部。 2. 朱永佑與華亭縣的名士張肯堂、徐孚遠十分友好，他們三人都是松江學派的代表人物。 3. 公素未講學，至是與吳公鍾巒講顧氏東林之學。（〈明工部尚書仍兼吏部侍郎上海朱公（永佑）事狀〉《鮚琦高文集》）	及長，受業於吏部左侍郎朱永佑。（〈舜水先生行實〉）
吳巒稺	恩貢座師	1. 諱鍾巒，字峻伯，別字稚山，學者稱為霞舟先生。常州武進人。 2. 本習王陽明之學，且遊於釋氏等。至顧憲成講學東林書院時，他便盡	言朱舜水為「開國來第一」。（〈與諸孫男書〉）

		棄所學，一意濂洛之旨。並問學於高攀龍。（〈明禮部尚書仍兼通政使武進吳公（鍾巒）事狀〉《鮚埼高文集》）	
李契玄	師		
張肯堂	師	松江華亭人。字載寧，松江華亭人。天啟五年進士。	欲與朱舜水相親，三次遭拒，是以與朱氏極不好。（〈與諸孫男書〉）
王翊	友人	1616 年~1651 年，字完勳，號篤庵。餘姚人。為明末浙東抗清人物。	惟於王完老，私諡之曰忠烈，稱曰知友，不佞自稱亦曰知友。（〈與釋獨立書〉）
黃斌卿	友人	1. 1597 年~1649 年，字明輔，號虎痴，福建莆田人。出身在衛所軍人世家。 2. 與幾社的陳子龍交往甚密。	知之而未盡。（〈答安東守約書〉）
張國維	友人	1. （1595 年~1646 年），字玉笥。東陽人。天啟二年進士。授廣東番禺知縣。（《明史·列傳一百六十四》） 2. 與馬士英不和，乞省親歸。 3. 南都陷，國維在家聞變，召集義勇，至台州，與陳函輝、宋之普、柯夏卿及陳遵謙、熊汝霖、孫嘉績等擁戴魯王監國，移紹興，以國維為武英殿大學士，督師錢塘江。	之瑜篤於友誼，初以詩受知於張國維。（《東海逸史》〈朱之瑜別傳〉）
陳遵之	姻親 朱舜水妻		有無相共，患難相恤，胤息相子，未

	陳氏之兄長，十七叔。		嘗有形骸爾我之隔。（〈答安東守約書〉）
施邦曜	表兄	1. 1585 年~1644 年。字爾韜。浙江餘姚人。 2. 早年好王守仁之學，分王氏之書為理學、文章、經濟三類研習，「慕義無窮」。	施四老為僕表兄，在圍城之外，入城就死。其促家兄曰：「汝領敕已久，何故不出城！此城旦夕必破，吾特來就死耳。」觀此，知其烈，烈過於諸公矣。（〈答野節問〉）

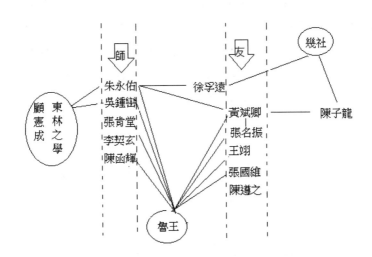

圖 1：朱舜水師友及其他相關人物之關係圖

　　經由表 1 及圖 1，綜合判斷，並無朱舜水與東林社員、幾社社員直接接觸的證據。倘若勉強言之，則可以其老師朱永佑、吳鍾巒、還有，友人黃斌卿等「間接」證據來說明他和東林、幾社之間應有所聯繫。倘若再將朱舜水與友人間的關係再拉遠一點，那與朱舜水最為相契的老師陳函輝，陳氏他又和徐霞客友好，徐霞客與東林黨魁錢謙益相往來，且互為好友。於是，勉強地從朱舜水的老師輩拉牽出那人際網絡，間接地，或許可以理解他和東林黨、幾社等之關係。

　　倘若，將這一層層人際脈絡交結在一起，忽略親疏遠近之關係，才會有學者質疑：朱舜水批評王陽明聚會講學一事，卻從未針對復社、幾社等社團活動給予負面評價。換言之，集會、講學、聚眾均非朱舜水所喜好，但是，由於朱舜水在某些事物的見解觀點，恰巧與復社、東林黨人如出一轍，例如：視馬士英等人為「姦黨」之類，遂而不對於復社等集團批判，換言之，朱舜水必定與當時熱門社團復社、幾社、東林黨等文人社團有直接關係。例如：姚建平〈松江的人文環境與朱舜水的學問人格〉說道：

　　　　作為松江的學子，朱舜水對松江高水準高層次的「幾社」是
　　　　相當敬佩的，受其影響和感染也很深刻，以至於在日本多次
　　　　向他的學生提到「幾社」。[53]

---

[53]　姚建平〈松江的人文環境與朱舜水的學問人格〉頁 234，收錄於《中日文化交流的偉大使者——朱舜水研究》，人民出版社，1998 年 12 月。

除此之外，李甦平也在《朱舜水評傳》一書中也提及：

> 朱舜水繼承了「東林」和「復社」疾惡如仇、剛直不屈的傳
> 統，對馬士英的徵召，屢辭不就。這充分體現了朱舜水的處
> 世原則和品格。[54]

當然，朱舜水對於幾社成員徐孚遠給予「海內大名公」的讚譽，還
有朱舜水剛直不屈的性格，這些是否都與他參與或歸屬於某一社團
直接相關呢？針對這些觀點，筆者認為還是得暫時持保留態度。其
實，另外也有學者提出不同的思維：諸煥灿〈黃宗羲與朱之瑜關係
考察〉認為——朱舜水批判劉宗周和黃宗羲擁護劉宗周及東林黨，
黃、朱二人態度截然不同。[55]因此，朱舜水會是東林學派、東林黨
之成員嗎？頗值得再商榷。山谷〈乘桴浮於海——關於朱舜水〉一
文中曾如此說道：

> 於崇禎三年率幾社、應社等一批文人小團體，在蘇州虎丘張
> 東陽祠堂集合成立復社，以倡導氣節為號召，抨擊時弊，江
> 南知識精英如文震孟……紛紛入社加盟，幾近千人，人謂「復
> 社聲氣遍天下」，同是松江籍的陳子龍、夏允彝也在其內，
> 但中間沒有朱舜水。[56]

54　李甦平《朱舜水評傳》頁 9，南京大學出版社，2002 年 3 月。

55　諸煥灿〈黃宗羲與朱之瑜關係考察〉頁 250。

56　山谷〈乘桴浮於海——關於朱舜水〉頁 18，《書屋》，2003 年第十二期。

換言之，朱舜水根本沒有和他的老師們、朋友們一同加入社團或者
參與東林黨員的活動，還有，他對於當時東林黨中具影響力的領導
人物亦有所批評，例如：劉宗周（1578~1645，字起東，號念台）、
高攀龍（1562~1626，字雲從，號景逸先生）等人，朱舜水皆曾批
判，說道：

> 明朝中葉，以時文取士。時文者，制舉義也。此物既為塵飯
> 土羹，而講道學者，又迂腐不近人情。如鄒元標、高攀龍、
> 劉念台等，講正心誠意，大資非笑。於是分門標榜，遂成水
> 火，而國家被其禍，未聞所謂巨儒鴻士也。巨儒鴻士者，經
> 邦弘化，康濟艱難者也。[57]

朱舜水針對於東林道學之士「講學內容」進行批判，並非指「講學」
這個行為。簡要言之，他最為在意的是「講學內容」，集會講學原
本應該是一場學術交流活動，但是，這群與會的士子最終各守其
師、各持師說，依此，集團結社活動最原初的目的沒有完成，反倒
使得文人更孤守一隅，畫地自限了。因為如此，讓朱舜水對於這群
講學的道學者頗不以為然。簡言之，不能以朱舜水某些觀點相似於
某個社團，就將他歸入那社團之中。朱舜水批判道學家講學的問題
還有如下，他說：

> 嘉、隆、萬曆年間，聚徒講學，各創書院，名為道學，分門

57　（明）朱之瑜《朱舜水集》頁 383。

別戶，各是其師。聖精一之旨未闡，而玄黃水火之戰日煩。
高者求勝於德性良知，下者徒襲夫峨冠廣袖，優孟抵掌，世
以為笑。是以中國問學真種子幾乎絕息。[58]

洛、閩之徒，失其先王本意，以至紛然聚訟，痛憤明室道學
之禍，喪敗國家，委銅駝於荊棘，淪神器於犬羊，無限低徊
感慨故耳，未自叛於周、程、張、朱也。[59]

由上述二條資料中得知，朱舜水針對道學家們講述空虛之學、「迂
腐不近人情」——高者只求自身德性良知的完善，卑劣者則反之，
凡此二極端化的追求終將使得人們無所適從，社會風氣急走偏峰
——中國讀書人問學討論的傳統則就此消弭。

　　由朱舜水的師承系統脈絡來看，其受業於吳鍾巒、朱永佑應當
某些程度上承襲著東林學派思維，但是，從實際行為活動分析，他
既然未留下參與東林、復社等活動的實際紀錄，雖然最後和東林派
之人物一同逃亡海外進行反清復明、乞師之事。總體觀之，朱舜水
對於「明末以來文人結黨爭利」一事批判甚多，自從二十五歲堅決
不仕之後卻仍舊關心國家政治，只是他關心國家政治的方式並非積
極的參與社團集會結黨之事，反倒是默默支持理念和他相同的士人
與其友好，例如他對張國維等人。張國維其人其事在郭佐唐〈張國
維年譜〉如此記載著：

58　（明）朱之瑜《朱舜水集》頁173~174。

59　（明）朱之瑜《朱舜水集》頁111。

> 張國維崇禎元年（1628 年），以考績「卓異」第一升刑科
> 給事中。劾罷副都御史楊所修、御史田景新。二人皆魏忠賢
> 黨。四月，上〈進賢退不肖〉疏、〈慎名器惜人才〉疏。五
> 月，上〈條陳禦寇十策〉疏。……崇禎七年（1634 年），
> 擢升右僉都御史，巡撫應天（南京）、安慶等十府。……浚
> 松江塘河等。[60]

張國維在實踐政治理想時的剛毅、正直不畏懼威權，批駁閹黨小
人、進諫言不遺餘力。此外，他也有整治江浙水利之貢獻，倘若依
據年譜所記來推論，張國維應是在崇禎七年（1634 年）至江浙地
區興修水利，可能在此時與居處松江的朱舜水相識。當然，二人在
政治上充滿理想，且擁有傳統讀書人氣節、態度，兩人的相識相交
並不讓人感到意外。如上所論，早已堅決不仕的朱舜水還是未放棄
對政治的關心，如同對於中國學術文化傳統的熱情，即便無法在中
國見到大同世界的理想實踐，日本若能完成他也盡力協助。總之，
「低調支持」最足以形容居處江浙地區時他的政治實踐方法。

　　承如一開始筆者所言，欲探討朱舜水在中國江浙地區的活動情
況及學思歷程，只從師承、交友之中找尋蛛絲馬跡，便以為能明明
白白了解朱舜水這個人，無疑將會讓自己陷入更為迷惘之中。他與
政治、學術活動、文人交往等若即若離的狀態，再加上中國留存資
料甚少，實難以一窺全貌。故，下文轉從其與日人交談論述的幾項

60　　郭佐唐〈張國維年譜〉《浙江師大學報（社會科學版）》第二期，1995
　　　年。

中國情況來進一步理解。

(二)朱舜水對於明代文人集團的分析與認知

　　居處江浙地區的朱舜水無論是師承或從事人際互動之下，自然的與明代文人集團產生些許程度上的聯結。然而，這樣的政治、學術聯結又將帶給他學思理路何種影響與變化呢？第一，從傳統中國集團結社活動來談：中國政治制度發展之下必然形成集團，或則可以說凡有人類便有聚集共生的本能，於是，此類活動歷史已久。從中國歷史脈絡來看，學術與政治，文人與官員，掌有知識詮釋權者往往又與政治系統相涉，只是，政治並非單純地以實踐讀書人理想為目標，它涉及了許多利益（人類私欲的、帝王和百姓的種種）考量。身在其中的人為爭取權益必然地相互結合，故，古人言「朋，假借，古文鳳。」原指「鳳飛群鳥從以萬數」換言之，朋黨聚集應當是一股正面往上的力量，然而，隨著漢黨錮之禍、唐宦官專權等全都是朋黨聚集亂政的事實，故集團活動、朋黨等概念逐與具政治破壞性等負面評價相結合。歷來帝王十分注意文人集會的情況，直至明清此風潮才又再度興盛，是否與以往不盡相同呢？朱舜水對此又有何評價？

　　第二，朱舜水以為「學而優則仕」，見朝政敗壞時以「無道而隱」，清廉自守、不依附權貴為規範。精英分子嚴己律人的態度，即朱舜水對自己與所有讀書人均有深切的企盼，這思維即使到了日本仍舊保持、遵守，其內容為何？待一一說明。

1.明末清初文人對於文人集團結社的評介

　　讀書人、知識分子的集會活動、議論朝政，常形成一股與為政者抗衡的勢力，——良善時協助指導國家制度使趨於完善，不良善時則師心自用敗壞國家制度——這聚集、議論常在自然而然之下成形，特別是中國的科舉制度下衍生出文人們因某種情感式的理由聚集，尤其考試取得功名之後，與同座師、同年之間情感的連結更為緊密。他們平時吟酒唱和，也不忘相互奧援，那股同門、同學情誼還能演變成「黨同伐異」的情緒，甚至干涉國家朝政。[61]不只宋元明，之前之後的中國文人這種集會活動從沒有停止過，但是，聚會內容無論是以論詩、論文為主者，往往最終還是會轉而議論政治。而這種追求「言論自由」、「家事國事天下事事事關心」在中國社會裡長年發展下來竟以有趣的形式存在：編成歌謠傳唱、寫成小說閱讀、或是來一場官員集體哭諫等等。

　　朱舜水所處的明代文人集會即是以如此豐富的形態存在。只是，明初皇帝朱元璋以廷杖等手法戲謔、嘲諷讀盡聖賢書的文臣，文人們不堪如此無禮對待，凡聚集進行活動上無不十分謹慎。[62]趙

61　亦可參閱：何冠環《宋初朋黨與太平興國三年進士》，中華書局，1994年10月。

62　朱元璋對於文人是否友善，這議題在明史研究中已有許多辨析，或從將孟子由文廟祭祀中移出，或是對明初文人、或江南文人諸多嚴酷限制等，凡此皆指向明初文人面對改朝易代的困難及新政權對其不友善的情況。然而，朱鴻林〈明太祖的孔子崇拜〉一文卻由朱元璋親臨祭孔、禮遇孔家後代、尊重宋濂等元末儒者建議祭董仲舒等人於文廟，認為明初對於孔子的崇拜與對文人的友善從此可以看出。《中央研究院歷史語言研究所集刊》，頁 483~530，第七十本，第二分，1989 年 6 月。本文仍依歷來明史研究所言論點為主，雖然朱鴻林認為趙翼《二十二史札記》內容有些是依據傳

翼《二十二史札記》〈明初文人多不仕〉章記載：元末文人懷念舊國不肯仕明。再加上，明初嚴刑峻罰、大興文字獄，即使有文人學士接受官職者亦「罕有善終」。[63]讀聖賢書之文人其氣節剛正，遇上為政者只想以高壓統治，讀書人出仕或不出仕動輒得咎、生命隨時陷於危險之中，於是，紛紛轉向自保，以文學創作作為情緒出口，郭紹虞在〈明代文人集團〉裡介紹明代初期的文人集團時如此說道：「明代文人，大都風流自賞，重在文藝切磋而不重在學術研究。……因此，借了以文會友的題目，而集團生活卻只是文酒之宴，聲伎之好；品書評畫，此唱彼酬，成為一時風氣。」[64]

中國歷史顯示，政治環境往往影響文人學術思想上的成就，尤其是各朝的遺民文人們。他們不僅得面對亡國家破的情緒以及外朝統治的矛盾、民族情懷，新舊之間的糾葛拉扯，現實、理想國家社會的問題長使他們陷入愁緒。一開始明初不欲入仕的元朝遺民們，他們或身居深山野林之中，或遊歷唱和以避世。於是，他們初始聚會活動，均是單純的文藝切磋、應酬吟詩，最後才演變為高談政治、干涉朝事，似乎這一切都該那自然地發生。

明代張居正之時，因輔佐年幼皇帝、牽制皇權、左右朝政之後略有轉變，文人集團活動形態隨之變化為政治上的朋黨──當然，在張居正之前的朝廷裡亦有官員、文人結合起來像是集團形式的團

閒撰寫不足為證，但是，翔實看來，諸多明律或實錄中所載亦可窺見明初朱元璋對於文人並不友善。因此議題與本論文並無太多關聯，故暫且不論。

63　趙翼《二十二史札記》頁 677，商務印書，1937 年 12 月。

64　郭紹虞〈明代文人集團〉頁 350。

體，也有與強勢干涉政權的異黨相互抗衡，但是，形式還未有如同黨派形式且具系統化的組織形態，所以那些官員實際上介入政治活動的力量有限——有系統性組織、共同思想支持，例如：「東林黨」是為最佳代表。「東林黨」迅速在明朝政治體系中壯大起來，成為不可忽視的強大政權[65]，也為明朝興亡埋設下伏筆。原先是志同道合的文人，最後轉為朋黨，黨同伐異，他們「總是標榜自己的品德，而指斥和他們不合的為小人。其後，這一派中的若干人被任命為吏部和都察院的官員，職司百官的考察和彈劾。在定期的考核中，他們大刀闊斧地斥退他們心目中認為萎靡不振的官員。」[66]於是，東林黨人以自身作為價值判斷的標準，不合於己者便斥退，逐漸地陷入不客觀的批判。

清代官員和明末文人論明朝滅亡之由時，皆以「朋黨」「集團結社」為原因之一。王汎森在〈清初士人的悔罪心態與消極行為——不入城、不赴講會、不結社〉一文中指出：明末時早已有文人陸符、萬應隆等意識到這股結社、講會活動會造成亡國之狀。[67]學者何宗美針對「清人給予明代文人集團結社活動負面批判」時，說道：「明代文人結社現象，自清代以來並未得到公允的評價，甚至被嚴重『誤讀』亦不罕見。」、「《總目》把明代文人結社看作是一種極具危害的消極現象，頻繁地使用『明代詩社餘習』、『明人

65　何宗美〈張居正改革對晚明黨爭及文人結社的影響〉，《社會科學輯刊》，
　　2003 年第 4 期。

66　黃仁宇〈第三章世間已無張居正〉，《萬曆十五年》。

67　王汎森〈清初士人的悔罪心態與消極行為——不入城、不赴講會、不結社〉
　　頁 188~247，《晚明清初思想十論》，復旦大學出版，2004 年 12 月。

詩社錮習』……『詩社浮華之習』等貶義性表述,這充分顯示四庫館臣對明代文人結社現象的基本態度是否定的、批判的。」[68]換言之,何宗美認為集會產生亡國是清朝刻意安排的錯誤訊息,清初官方考量當時政治上需要,故而批判明代文人集社活動和明朝亡國其有必然性,藉以警示清朝文人參與集會活動。

然而,多元的明朝文人集會活動「不守舊、不遵從條條本本」故「流派林立,異彩紛呈」[69]在熱絡的集會活動之下,商業經濟、娛樂活動、文化出版等隨之蓬勃發展。從另一個角度來看,文人積極參與社會活動也帶了新契機。究竟文人集團結社活動在朱舜水的眼裡又是如何面貌呢?

2.朱舜水對於「黨」與「社」的認知

朱舜水認知中的文人集會與一般傳統概念相同,約略區別有:一,社團集會活動,單純的以詩文會友。二,朋黨聚集,歷來干涉政治的團體皆是。然而,從實際層面看來,如前所述,讀書人那股「家事、國事、天下事,事事關心」的內在動力實難以只讓自身陷於風花雪月的吟詩唱詠之中。於是,究竟是社還是黨的活動常是難以分別。謝國楨在《明清之際黨社運動考》一書中先揭示著:「在明代末年,政治和社會裡有一種現象:一般士大夫階級活躍的運動,就是黨;一般讀書青年人活躍的運動,就是社。」[70]以為官與

68　何宗美〈明代文人結社現象批判之辨析〉頁 70~71,《文藝研究》2010 年第 5 期。

69　何宗美〈明代文人結社現象批判之辨析〉頁 77。

70　謝國楨《明清之際黨社運動考》,頁 1,遼寧教育出版社,1998 年 3 月。

否來居別集會活動的形態。然而，朱舜水又是秉持何種概念來理解
「黨」與「社」。〈答野節問〉中指出：

> 大明之黨有二：一為道學諸先生，而文章之士之黠者附之，
> 其實蹈兩船，占望風色，而為進身之地耳。一為科目諸公，
> 本無實學，一旦登弟，厭忌群公，高談性命。一居當路，遂
> 多方排斥道學，而文章之士亦附之。僕平日曰：明朝之失，
> 非韃虜能取之也，諸進士驅之也。進士之能舉天下而傾之
> 者，八股之害也。[71]

朱舜水曾於〈中原陽九述略〉裡反省明亡原因中提及：科舉取士之
弊，遂造成文人不知讀書之真義，於是，有一群人依附權貴、爭權
奪利，搞不清楚身為文人、讀書人為仕之真正意義。也因為如此，
某種程度上對社會具影響力、具示範作用的讀書人，倘若入仕或參
與社團活動都是為了己利，流於無端爭鬥，喪失氣節，那麼對於國
家、社會無疑都將潛藏危機。大致看來，朱舜水對於讀書及為仕的
文人確實極為失望，無論是初以論學為主的「道學者」，或是科舉
取得功名的「科目諸公」，最終均會成為明朝庭裡的「黨派」一員。
甚至那些趨炎附勢的「文章之士」，更是促使黨派逐漸壯大的成員
之一。簡言之，朱舜水對於「黨」的理解與上述謝國楨之說不盡相
同，較為複雜。

朱舜水的理想中：這二種類型的「黨」人──即道學諸先生和

71　（明）朱之瑜《朱舜水集》頁390。

科目諸公——不僅在一般百姓、文人之間具有影響力，同時也在政治官場中擁有權力，換句話說，這些人在國家、社會、群體中無不扮演著重要的角色，從理想層面來期待，他們彼此若能以正向力量合作、發揮實質上的助益，那麼必定能造就國家富強康樂。然而，現實層面看來，那些想法僅只能停留在朱舜水個人的理想之中。因為，明末文人們雖盡心盡力想在國家、社會裡有那麼一點影響力、幫助，實際上卻從未符合人們（或朱舜水）的期待，他們（明代文人）仍舊以滿足自身利益為主要目標，雖曾經發動諸多政治公義的論戰，暗地裡卻是各方門派的爭利，凡此，反讓國家社會陷入更大的隱憂。

　　其實，人與人的聚集如何發揮最大效用有益於國家社會作用，一直以來都是個難題。所謂人才培育和人格教養原本就存在著難題，而公義、眾利的價值觀念的形成、標準的建立等等，還得需要更多的用心。總之，即便同一環境、教授內容，也會因個人天才、性格特質、以及自我完成的差異，使得人各有其面貌。換言之，文人集團裡固然有優秀且具氣節文士，但也可能充斥著性格、價值觀等方面有所缺陷者。例如：明末文人之中阮大鋮（1587~1646，字集之，號圓海）之類就是一個顯著的例子。阮大鋮在寫作文章、戲曲創作表現上無不令人咋舌，而他攀權附富的性格亦令人驚歎，只見著利益便往哪兒去。不只那卑劣性格無法讓人苟同，此外，他又與姦臣馬正英友好，凡此均使人產生諸多疑慮。當然，這類型的人格對於清廉自守的朱舜水而言極其不可思議，如同他對明代文人團體聚集的必然趨勢，曾無奈說道：「其間豈遂無仁賢廉潔之士？總之，一壺之醪，不能味一河之水；一杯之水，不能熄車薪之火。」

[72]集團之中雖然可能隱藏廉潔之士，但是，那畢竟是少數。故，欲以極少數人的清廉力量想來改變大部分人趨利的思維，是困難的。換言之，社團中的人物如果均與阮大鋮一樣視趨炎附勢為必然，那麼，社團敗壞、影響國家政治也將是必然的結果。整體看來，朱舜水詮釋中的「黨」是指：在社會上具有影響力的群體聚集，卻又對社會不具有正向力量的團體而言。

另外，談及「社」概念時，朱舜水認為：就是文人在社團中從事文藝、學術交流，單單純純的不涉入政治性的文人活動，但是，並不表示這些文人皆與政治系統無涉。朱舜水對於這類文人之士的集團活動，極少給予嚴厲批判。例如：回應日本友人野節（人間竹洞）問幾社問題時，他說道：

> 幾社主盟六人。首周勤卣；次徐孚遠闇公，海內大名公，官都察院左都御史；又次陳臥子公祖，起義殉難，別後憶之，不及奉聞。[73]

簡略幾句帶過的說明，其中間似乎也隱含著朱舜水對這些文人們具有濃厚情感——朱舜水直接讚揚徐孚遠為「海內大名公」，他同時也懷念陳子龍起義殉節之事，言談之中似乎對這些人有著道不盡的情誼。當然，會讓人產生疑惑。

「幾社」原屬於文學性社團。由於社團中的些許成員仍舊對於

72　（明）朱之瑜《朱舜水集》頁 2~3。

73　（明）朱之瑜《朱舜水集》頁 226。

國家政治抱持關懷之心，最後，還是與張溥、張采等人領導的「復社」在 1629 年大會師，二社合併。張溥等人創始的「復社」，幾近二千多文人的加入，其聚集活動儼然形成文壇新興勢力，再加上社團中一些文人又與官場裡的東林黨人相互往來、關係密切，故「復社」又被稱之為「小東林」。「幾社」、「復社」與「東林黨」遂成為彼此相繫的團體，主要以政治性目的結合。換言之，層層連繫後可知——徐孚遠、陳子龍應算是所謂「黨員之一」。依據上述，朱舜水不認同「黨派」活動，又何以能認同徐、陳等人呢？即，為何他於周勤卣、徐孚遠、陳子龍等「幾社」成員從未多做批判。也就是這種不批判的態度，讓日後許多學者直接聯想——朱舜水和「復社」、「東林黨」之間是具相關性，更何況，朱舜水的恩師吳鍾巒、朱永佑也都受業於東林的顧憲成。由此看來，朱舜水和東林黨、復社之間關係是無法割除。但是，如此結論朱舜水何嘗能夠認同呢？

其實，朱舜水在〈答林春信問〉裡曾批評恩師吳鍾巒的老師輩，即東林開創者高攀龍。他說道：「如鄒元標、高攀龍、劉念台等講正心誠意，大資非笑。於是分門標榜，遂成水火，而國家被其禍」[74]。另外，對東林黨人劉宗周亦頗有微詞。只不過，為何朱舜水對於「幾社」成員還是不加以批判呢？或許可從郭紹虞所言裡找尋些許脈絡，他說：

　　幾社雖參加復社，而作風與復社不同，又常保持其獨特的性

---

[74]　（明）朱之瑜《朱舜水集》頁 383。

質。假使說復社是政治性的，則幾社是文藝性的；假使說復
社是文藝性的，則幾社又可說是學術性的。[75]

依此，「幾社」成員雖加入「復社」，那只從政治理念部分相契之
結合。但是，「幾社」在學術、文藝部分的表現是與「復社」不盡
相同。郭氏又說道：

> 幾社會義，則只限於夏允彝、杜麟徵、周立勳、彭賓、徐孚
> 遠、陳子龍六人。他們切實治學，不預聞朝政，而又無虛矯
> 習氣，不欲樹立門戶。……這是幾社初起時的態度。[76]

換言之，「幾社」成員即便參與「復社」，但是夏允彝、杜麟徵、
周立勳、彭賓、徐孚遠、陳子龍等六人仍然保持不欲干涉政治、純
粹進行文藝交流為原則。至於，「幾社」後來產生變化，涉入政治
活動也得等待到崇禎十多年後，社團分門別派時才有此情況出現。
總之，朱舜水讚美「幾社」徐孚遠，以及之後「幾社」參與政治性
活動，皆不影響他對於「社」概念的認知。在他認知裡，「社」的
活動便是指文藝性、學術性交流而言。此外，他與友人交往有著一
套君子之交的思維，曾說道：「僕與朋友交，不自生嫌隙，亦不至
久而倦怠，亦不能於形跡周旋。淡淡如水，始終不變。」[77]或許正

75　郭紹虞〈明代文人集團〉頁417。
76　郭紹虞〈明代文人集團〉頁418。
77　（明）朱之瑜《朱舜水集》頁229。

因為如此「淡淡如水，始終不變」的態度，後人遂僅只能見得他與社團人員交流、參與社團活動等行為，卻又苦無直接證據論斷之故。

3.朱舜水對於道學家集團結社的評議

　　朱舜水對於集團活動中「結黨」的部分諸多批評，第一，來自於他所處的實際政治環境。1625 年兄長朱之琦因忤閹官，遭受彈劾的政治事件影響頗深；第二，他也看到當時文人、官員集團結黨，不務正事並干涉政治的種種弊病，例如：〈中原陽九述略〉中提及「吳三桂愚騃豎子，失於較計，欲報家仇，勾引入寇……士英借台衡密勿之重，開西邸以賣官。國安總四十八萬之師，擁中軍而作奸。」[78]諸如此類人們私己結黨而害國在當時屢見不鮮；第三，明朝科舉取士弊病繁多，許多文人努力學習八股作文僅為謀求功名，形成當時文人不懂「讀書」要旨，〈致虜之由〉一文中指出：「父之訓子，師之教弟，獵採詞華，埋頭呫嗶，其名亦曰文章，其功亦窮年皓首，惟以竊為工，掇取青紫為志，誰復知讀書之義哉！既而不知讀書，則奔競門開，廉恥道喪，官以錢得，政以賄成，豈復職忠君愛國，出治臨民！」[79]除此之外，登科及第之後竟又結成門戶黨派。以及，第四，取得功名的文人竟為全為己利行事，集黨結社，剷除異己，

78　（明）朱之瑜《朱舜水集》頁 4。

79　（明）朱之瑜《朱舜水集》頁 1，於此可知，科舉作文取才的弊端，讀書人文章創作只知道模擬、依樣畫葫蘆，卻未讀出文章的深意，更沒能將聖賢教育之旨體會，並且隨著當時社會經濟勃興後，以私利價值為導向的風潮，讀書人失其氣節，換言之，在朱舜水精英理念之中，認為：國家社會裡具有領導能力的人，竟行為、道德敗壞，那麼百姓之間，上行下效，國家必然地走向敗亡。

和朱舜水理想中「學而優則仕」的文人形象相距甚遠。

雖然，朱舜水了解文人彼此相互在政治上協助的做法由來以久：

> 凡屬一榜科甲，命曰同年同門；由其抉擇取中，是曰門生座
> 師：輾轉親臨轄屬，是曰通家故吏。又有文社甄拔之親，東
> 林西北之黨；插足其中，絲紛膠結。……圓通者塗附，古執
> 者群離。必使一氣呵成，牢不可破，則小民安得不被其害。
> 80

從理想層面來看，人與人之間政治理念相同，故彼此相助援助本為
人之常情。但是，人際互動群體中難免會有小人，行小人之事，他
們僅只想藉由同年同門同社等關係，輾轉拉攏彼此，只為從事不法
之事，甚至，還有些人迫害百姓極深。總之，這類在政治權力上有
能力、有機會造就事功、予民福祉，卻「不為也」而只注重一己之
私的文人，均是身為知識分子的朱舜水無法認同的。

其實，明代科舉制度，除了以八股文選才之弊病外，以人為手
法操控功名亦有所聞，這也是許多文人喜好加入社團活動的原因。
他們藉由社團中已取得政治地位者來拔擢自己等等，凡此都是集團
裡人員之心與品格難測，而終將使社團出現問題之狀況。憑心而
論，倘若文人們均以參加社團受到重用的投機方式來鑽科舉制度的
漏洞，輕易地竊取功名，無疑將使人們對國家體制運作感到憂心。

80　（明）朱之瑜《朱舜水集》頁 2~3。

無論是科舉考試後進入結黨活動，或是因參與社團活動而能踏入政壇，這二類具己私之目的性而參與活動，不懷好意的文人，最終將使國家政治陷入危難之中。明末講學風氣極為盛行，對國家社會政治進行議論，文人以己說集結眾人力量，來涉入實際政治運作，更是其特色之一。

　　而朱舜水對於道學家的講學活動卻是極具批判性的。朱舜水認為：道學家不近情理、迂腐的空虛之談造成了人們道德追求的極端化，遂使得社會風氣大變，動蕩的環境、沒有中庸的依循法則那麼人們終將無所適從。當然，朱舜水從明亡之事實，反推道學家講學誤國一說，有其特殊時代背景下的需求意義。其實，歷史記載中的道學家們，他們具有高度的國家、社會、個人意識及使命感，因此，往往也在社會之中扮演著重要角色，如同明末劉宗周。劉宗周他深感明末社會風氣敗壞，急需藉由講學以匡正時弊。[81]故與石梁等人在 1631 年成立「證人社」[82]，講授心學，良知之學，期待人們由原初價值外溯，回歸到反思自身，並期待良知說能達到端正社會的效用。從這看來，具社會國家存亡使命感的劉宗周，理應被朱舜水讚揚為何終究只得到批評呢？荒木龍太郎曾在〈朱舜水與明末思想〉一文談道：

81　劉子年譜：「世道之禍，釀於人心，而人心之惡以不學而進。今理會此事，正欲明人心本然之善，他日不至凶於爾國，害於爾家。」

82　黃宗羲〈董吳仲墓誌銘·壬子〉「先師立證人書院，講學於越中，至甲申（1644 年）而罷講。」頁 453，《黃宗羲全集》碑誌類，浙江古籍出版社，1985~1994 年。

朱舜水的學問與王陽明思想以及「三教一致」的明末思潮，
亦即擺脫教學之桎梏，人人追求「真實自我」的動向，有著
明顯的不同。舜水的志向，是將陽明思想視為佛教，將東林
學派統括為「道學」，而批判其思想給現實社會帶來的空洞
影響。[83]

「空洞玄虛之談誤國」的確是明末清初學者反思且關注的焦點，也
因此，趨使著明末遺民學者們往實學、考據學等經世致用之學發展
的原因之一。但是，朱舜水對陽明思想視之為佛教、東林學派統括
為「道學」是否客觀？「三教合流」的明末思潮與劉宗周思想之間
是否有直接聯繫？或則，朱舜水對劉宗周的批判不全然在講學內
容、思想裡？針對上述諸多疑點，約略說明如下：

第一，從講學內容而言，將佛、禪思想引入社團之中非劉宗周
本人。而是其合作對象——石梁等人。石梁在證人社講學時內容趨

83　荒木龍太郎〈朱舜水與明末思想〉頁 13，《杭州師範大學學報（社會科
學版）》第四期，2009 年 7 月。案：筆者以為荒木龍太郎的論述應該再
多加考量，雖然朱舜水言：「王文成固染於佛氏，其欲排朱子而無可排
也……」又，「王文成為僕里人，然燈相炤，鳴雞相聞……後厄於張璁、
桂萼、方獻夫，牢騷不平之氣，故託之於講學。若不立異，不足以表見於
世。故專主良知，不得不與朱子相水火，孰知其反以偽學為累耶？愚故曰：
『文成多此講學一事耳。』」頁 85，《朱舜水集》。但是，朱舜水對於
陽明、道學家談論空疏之學的批評並不強烈，反倒是從始至終他都認為：
「儒教不明，佛不可攻；儒教既明，佛不必攻。何為徒爾紛紛哉！」頁
63，《朱舜水集》。換言之，他認為較能影響人們和大環境的往往是集會
「講學」這個行為。

向禪學，甚至他曾用以詮釋心性之「無善無惡」的理念，還被閹黨
截取採用，成為掩飾己過脫罪的理由。吳震〈「證人社」與明季江
南士紳的思想動向〉中指出：

> 蕺山此說雖未指明「無善無惡」說與閹黨有何關聯，但不難
> 發現，蕺山的思路與上述王夫之的思路非常相近，在他們看
> 來，以無善無惡為宗旨，必將導致一種嚴重後果：以「善」
> 為「障」，應當一概掃除……故以此推之，那麼將王學禪學
> 化的那些人（自周海門以降，包括陶石梁、沈求如、管霞標、
> 史子虛等人）的言論主張很有可能被逆黨所利用。理由已經
> 很明顯：那些根本不把「綱常名教、忠教節義」放在眼裡的
> 閹黨之人可以坦然宣稱他們遵循的卻是「無善無惡」之理
> 論。儘管王學末流不會在主觀上與閹黨之人同流合污，但是
> 經過一番思想義理的重新詮釋，劉蕺山王夫之等人竟然發現
> 「無善無惡」論能夠成為惡人的口實。[84]

雖然，劉宗周已發現「無善無惡」之說將可能成為閹黨所用，但是，

---

[84] 吳震〈「證人社」與明季江南士紳的思想動向〉《中華文史論叢》，2008
年1月。李永剛〈劉宗周與證人社〉「劉宗周邀詩陶奭齡赴會，希望通過
辯論清理以禪詮儒的學風，使學者明『天理』以致良知，並與其展開了一
場本體與工夫之辨。」黃宗羲等人對於石梁的以禪詮儒非常不以為然，故
和其他四十多位成員形成辟佛組織，然「此四人餘人者，皆喜辟佛，然而
無有根柢，於學問之事，亦浮慕而已，反資學佛者之口實。」《溫州大學
學報·社會科學版》，第21卷第4期2008年7月。

面對與其共創證人社的石梁等人廣傳此說卻從未加以制止。劉宗周等人言「無善無惡」之說，純粹只為傳遞一思想概念，從未想過它真會成為閹黨脫罪的助力。講學或知識傳播的普遍，的確為人們開啟了更為寬廣眼界，同時也讓有心人藉由所知去從事不法之事，這些皆非思想家所能夠掌控的變因。再加上，明代的文人與僧佛交往已是社會風氣之下自然而然下的產物，思想間產生交流亦為不可免除的現狀[85]，朱舜水面對闢佛問題其實也曾指出如此觀念，他認為：聖道自明時，何必闢佛。[86]綜合上述，論談內容、思想可能對國家社會造成影響，但是從實際影響來看，絕非此單項因素便能使之國破家亡。

簡言之，檢視證人社的講學活動，劉宗周雖早已窺見陶石梁等人講學可能產生弊病，仍舊放任其行。最後，竟演化為證人社中二人弟子惡劣分派，講學分裂。還有，在這期間，劉宗周不只不批判石梁近禪的講學內容，還為消弭社團中二派支持者彼此芥蒂，進而

85　卜正民著，張華譯《為權力祈禱——佛教與晚明中國士紳社會的形成》，江蘇人民出版社，2005 年 11 月。筆者案：此書論及明代文人與僧佛的交往，原因為：明代文人好旅遊，這些人都到寺院中尋幽探勝；也提及宗教信仰的吸引，報酬的觀念讓文人雖沒有信仰，但是欲減輕自身可能功過報應等，遂不乏有捐錢、捐土地之舉。總之，也因為與僧佛密切的交往，遂使得明亡之後許多遺民選擇隱遁佛寺。另外，明代文人對於自身善惡報酬觀念，在當時亦為重要議題，諸多文人著力於個人功過的探討，袁了凡、劉宗周等人撰寫提供人們自評功過的書籍在當時蔚為風尚，這股文人自省善惡風氣，很自然地和佛教講因果報應結合在一起。

86　朱舜水〈答釋斷崖元初書〉「不知儒教不明，佛不可攻；儒教即明，佛不必攻。」頁 63，漢京文化事業，2003 年 1 月。

規勸自己的弟子。換句話說，社團之間合作活動情況不佳，劉宗周及其許多弟子都看到石梁講學缺失，但是，當時在證人社身具領導地位的劉宗周，卻對此講學內容無任何制止作為，同時竟還荐舉石梁於朝廷。[87]諸凡此類行為，不僅是朱舜水，連其弟子黃宗羲亦頗有疑義。朱舜水〈答佐野回翁書〉曾言：

> 古今人惟無私而後可以觀天下之理，無所為而為而後可以為天下之法。[88]

這句話正可以理解朱舜水對於劉宗周有所批駁之緣由。

　　第二，由講學活動與政治權力結合來看：朱舜水認為文人、讀書人、知識分子最基本的要求，即是：「明古今，知興廢，直躬謙論」能知古今所由興廢，以及具有正直的言論。換言之，士人無論在個人品格或為政、氣節上均應要自身節制、小心謹慎。反觀以劉宗周為首的「證人社」，他們竟與社會亂源之一的「鄉紳」集團合作，並且在地方政治體系裡擁有霸權勢力，再加上不潔身自愛，社團中些許成員還彼此以「利」相互「袒護」。如同周志文〈進仕與講學〉一文中所言，說道：

> 講學活動在晚明時代，已不再只是傳承知識、切磋學問的那

---

[87]　參考：吳震〈「證人社」與明季江南士紳的思想動向〉。王汎森〈清初的講經會〉。

[88]　（明）朱之瑜《朱舜水集》頁85。

種單純教育過程，而成了一種牽涉面極為廣泛的社會活動，
民眾借著參與這種活動，一方面擴大資訊得到知識，另一方
面得以和社會各階層的人文交流，而形成了一種在傳統時代
未曾出現過的社會聚合。[89]

原本講學集會在明代是讀書人彼此交流訊息的途徑，但是，隨著人
員素質參差、社會價值逐漸變化，講學活動便不再單純只擔任教育
的角色。它成為一股潮流、社會活動，人們在其中交換所需，換言
之，當人們對於權力、錢財等欲望、貪念在內心渲染開來，開始展
開地位、聲名的追尋，於是，社團活動也在這股習染之下漸失初衷。

　　文人社團與鄉紳勢力結合是為明末社會現象，鄉紳藉著朝廷中
掌有權力的官員勢力協助下，在鄉里間他們儼然就是一新霸權。《中
國歷代鄉紳史話》中指出：

中國的鄉紳是明清時期遍布於廣大鄉村的一個特殊的社會
群體，其構成人員是由科舉制、學校制和捐納制中產生出來
的。封建政府賦予他們各種政治、經濟、司法方面的特權，
使他們在地方上成為一個高踞於平民之上的特權階層。他們
依仗著這種特權和獨有的文化知識，對廣大鄉民實行著有效
的控制，在中國的鄉村社會中建立起了紳權的統治。[90]

---

[89]　周志文《晚明學術與知識分子論叢》頁 62，大安出版社，1999 年 3 月。
[90]　岑大利《中國歷代鄉紳史話》頁 1，瀋陽出版社，2007 年 2 月。

此外，《中國歷代鄉紳史話》中指出：明代的縉紳形態異於其他朝
代，人員的組成有[91]，一，「做官經驗的士人（包括丁憂、請假、
致仕官、候補官等），他們大多居住在城市裡。而鄉紳大多居住在
鄉村，是居鄉的縉，故而有『鄉官』、『鄉宦』之稱。」除此之外，
二，還有「生員」政權給予他們身分地位，卻沒能在經濟和職位上
保證，於是處於「過渡」成為官員的時期（並非所有生員都能渡過
此階段成為官員），必須與各階層進行交流，是社會環境中的新活
力。[92]三，各地大地主等。總之，無論是退休等原因反回故里的鄉
紳，或是在過渡期的士子，他們習慣與政治權力交涉，遂在百姓生
活中也形成了另一種權力形勢。他們不只收取賄賂，還會干涉法

91　岑大利《中國歷代鄉紳史話》頁 5~22。

92　王鴻泰〈明末清初的士人生活與文人文化〉「明代後期的生員至少有五十
　　萬人。這些生員分佈於全國各地，政權給予他們一定的社會身分，卻沒有
　　授予他們職務或經濟上的保證……生員只是科舉制度下，得官職前的一種
　　過渡性的身分或人生階段，但是由於進士名額與生員人數懸殊比例，道致
　　這些生員上升管道相對狹窄，絕大多數的生員，長期篤至終身停滯於此『過
　　渡性』階段……這不穩定性使他們流動於社會各階層與各個社會活動領
　　域，成為其中極具活力的群體，因而觸發各種社會運動，以致成為社會文
　　化創造過程中極重要的動力。」「明代士人除了扮演官—民之間的中介角
　　色外，他們有著更廣闊、繁複的社會活動。他們也在此豐富的社會活動中
　　逐漸建構出一個獨特的生活世界，以致形成特有的『文人文化』」頁3，
　　2007 年 1 月，「傳統中國文會生活與文化研討會」會議論文。筆者案：
　　明代科舉考試之弊，造成當時許多文人問題，或以投機方式考取，或取得
　　生員身分之後不知所從，此類對於文人們的間接影響即是他們必須為自己
　　生命找出口，遂而形成特有的文人文化，故對明代文人進行批判時，則應
　　考量更全面的因素才不致於偏頗。

律、國家秩序。

經由上述可知，明清時期「鄉紳」階層的特殊性。朱舜水在「鄉紳」的認知、理解中，從沒給過他們正面評價。與兒子大成等人的書信裡寫道，他認為：明朝之所以亡國，鄉紳們以利己而干涉政治，使社會秩序失衡，難辭其咎。例如，〈致虜之由〉、〈與男大成書〉中說道：

> 崇禎末年，搢紳罪惡貫盈，百姓痛入骨髓，莫不有「時日曷喪，及汝偕亡」之心。[93]（〈致虜之由〉）

> 鄉紳受賂，操有司獄訟之權，役隸為奸，廣暮夜苞苴之路。[94]（〈致虜之由〉）

> 汝館穀餬口，而食指甚繁，其貧可知。然不能為汝助也。歠粥咬菜根，亦是好事，猶勝諸縉紳之家耳。[95]（〈與男大成書〉）

> 大明未亂之時，合天下之縉紳，惟僕家獨貧；國變之後，合

93　（明）朱之瑜《朱舜水集》頁 1。
94　（明）朱之瑜《朱舜水集》頁 1。
95　（明）朱之瑜《朱舜水集》頁 44。

天下縉紳，惟僕家獨安。[96]（〈與某書〉）

鄉紳收受賄賂，干涉司法，混亂社會秩序，其惡行均讓百姓苦不堪言。換言之，在朱舜水眼裡，沒有品格的文人、或自以為高潔的道學家、和濫用權力的鄉紳，他們以利己為目的，最讓人無法接受，倘若他們之間再彼此拉攏在一起，所形成的勢力將對國家社會有極其大的影響，故朱舜水曾斥之「國家被其害」。

　　根據上述，或許朱舜水批評劉宗周最根本原因是在於：劉氏帶領的「講學活動」不僅藉由文人在社會國家中產生效應，倘若這股學術思想影響力甚大，講學者又不謹慎過濾講學內容，則對國家社會不負責任。此外，劉氏與鄉里縉紳合作，卻忽略縉紳可能為己利益、不擇手段殘害鄉里、禍及國家的行為，這又是身為知識分子顧此失彼行事不周全之錯。總之，朱舜水對於道學家、知識分子寄予厚望，理解劉氏講學活動初始用意甚美，卻不能掌握傳遞學術、思想的目標，反使內部學員裡產生分門別派，另外，還與鄉紳惡勢力結合，凡此種種皆非有利於國家社會發展，故批判之。

　　整體看來，從朱舜水的師友交往以及他對於黨、社的理解來看，其實對於文人集會、講學的活動，他並未有很深的排斥感，不認同之處只在於講會、活動背後所潛藏的種種問題。也因此，朱舜水初至日本時常言：「非倡明儒教而來」，但是，當時仍有不少日本學者前往問學於他，這種文人問學、討論的交流模式何嘗也不是文人集會呢？還有，朱舜水鼓勵日本友人奧村庸禮讀史時，曾提

96　（明）朱之瑜《朱舜水集》頁 109。

及：「儻得同志之友十人五人，共相講磨，則事理自然明白，識見自然增長。」[97]由此看來，朱舜水是贊成多人共同論學，肯定學問交流的好處。這無不呼應著他對於文人集會活動中擁有的益處是包持肯定態度，而此類對於文人從事文藝、學術交流樂觀看待，與他早年在江浙地區受到的薰陶、教養無不相關。

總之，朱舜水指責道學家、文人集會，或許是他對於文人、知識分子，進行集團結社的活動行為，抱持著理想及期待，但是，現實看來卻又弊病重生，故而產生極大失落感所致。

第三節　朱舜水學術與晚明學風

一、朱舜水對文人評介與期許

經由上述種種批評釐析之後，可以發現，朱舜水對於明代文人集團的評介中實隱含了某種期待。明代文人在特殊的社會環境，及科舉選才影響之下，雖發展出如同戰國時期蓬勃多元的思潮與生命形態，其中難免隱含弊端，但是，熱絡的文詩創作及思想交流的確是此時期文人不可被抹殺的價值。他們經由詩文交流作為一種普遍的社交手法，而身處此時期的朱舜水亦是如此。此外，他對於文藝創作背後應具有實用的價值意義上更為重視，曾說道：

　　所貴乎儒者，修身之謂也。身既修矣，必博學以實之；學既

97　（明）朱之瑜《朱舜水集》頁273。

> 博矣，必作文以明之。不讀書，則必不能作文；不能作文，
> 雖學富五車，忠如比干，教如伯奇、曾參，亦冥冥沒沒而已！
> 故作文為第二義。[98]

既然文藝創作熱潮是明朝當代無法被忽略的文人文化。雖然，它潛藏文學創作發展歷程，必然存在的從內往外追求華美形式、辭藻等弊病，如同郭紹虞在《中國文學批評史》一書談到的：「明代學風偏於文藝，於是『空疏不學』四字，又成為一般人加於明代文人的評語。」、「一部明代文學史殆全是文人分門立戶標榜攻擊的歷史。」[99]但是，因為「空疏不學」其文章內容將走向華而不實，由於，相互「標榜攻擊」文章內容又將如何可觀呢？凡以儒者自詡者，勢必得將這場熱絡盛行的活動付予意義。

也因此，朱舜水才說道：「不讀書，則必不能作文；不能作文，雖學富五車，忠如比干，孝如伯奇、曾參，亦冥冥沒沒而已！故作文為第二義」[100]雖然，作文不是讀書最終的目的，但是，學者不能作文則又無法讓人明瞭己意。總而言之，修身、齊家、治國、平天下，一直是中國文人的自我期待，於是，文章必得合時、合事而作，亦為其理想。

除此之外，中國文人還注重文章與文人人格之間應當要相符相成的。故，讀書、作文應與人格高潔、有益國家百姓連著看的，以

98　（明）朱之瑜《朱舜水集》頁 394。

99　郭紹虞《中國文學批評史》頁 8，百花文藝出版社，1999 年 5 月。

100　（明）朱之瑜《朱舜水集》頁 394。

文章觀察人物亦是重要的課題，凡此種種對文人的期待在《朱舜水集》無不頻頻出現，以下先整理《朱舜水集》集子中，曾出現的明代文士，以及朱舜水對其人其文的評介，依此，再進一步來探究朱氏理想中文人形象，以及對他們的期許為何。

表 2：朱舜水對於中國文士的評介略表[101]

人名	生卒年	字號	朱舜水評論重點	朱舜水的評價一	朱舜水的評價二	功名
李三才	?~1623	字道甫，號修吾。陝西臨潼人，寄籍順天通州。	文章	躁進（《朱舜水集》p.389）		神宗萬曆二年（1574年）進士。
邵輔忠		字廣益，號上葵，浙江鎮海人	文章	輕薄卑微（《朱舜水集》p.389）		萬曆二十三年（1595年）乙未科三甲進士。
周延儒	1593年~1644年	字玉繩，號挹齋，明代宜興人（今宜興宜城鎮人）。	文章	（《朱舜水集》p.389）		萬曆進士。崇禎十六年

101　案：本表依據《朱舜水集》所載，以及《明史》列傳等內容匯整。

許譽卿		字公實，華亭人。	文章	（《朱舜水集》p.389）		萬曆四十四年進士
錢龍錫	1579 年～1645年	字稚文，松江華亭（今上海）人，明末大臣。	文章	（《朱舜水集》p.389）		萬曆三十五年（1607年）進士
鄒漪		字流綺，又字西村，明季常州無錫人。吳偉業的學生。	黨	南直之常鎮人，朋黨之俗不能除，故其毀譽不足盡信。且其筆亦非史才，但取其時事以備采擇耳。（《朱舜水集》p.390）		
王陽明	1472 年～1529年	字伯安，號陽明，諡文成，浙江餘姚人。	道學及政治	先事之謀，使國家危而復安，至其先時擊劉瑾，堪為直臣；惜其後多坐講學一節，使天下多無限饒舌。（《朱舜水集》p.405~406）	亦有病處，然好處極多。講良知，創書院，天下翕然有道學之名；高視闊步，優孟衣冠，是其病也。出撫江西，早知寧王必反。更時宸濠勢燄薰天，滿朝皆其黨羽，文成獨胠與兵部尚書王瓊，先事綢繆，一發即擒之。其勦橫水、桶岡、浰頭之方略，與安岑之書，折衝樽俎，亦英雄也。（《朱舜水集》p.396~397）	28 歲考中進士

王龍溪	1498 年~1583 年	名畿，字汝中，號龍溪，浙江山陰（今浙江紹興）人。	道學	雖其高門人，何足復道？（《朱舜水集》p.405~406）	有《語錄》，與今和尚一般。其書時雜佛書語，所以當時斥為異端。（《朱舜水集》p.396~397）	嘉靖十一年（1532 年），赴殿試，與錢德洪同登進士。
袁了凡	1533 年~1606 年	原名袁黃，字坤儀，明朝江蘇吳江縣人。	佛儒	恬靜清和，亦其好處；全然是一老僧，何足稱為人物！（《朱舜水集》p.405~406）		隆慶四年（1570 年）中舉人，萬曆十四年（1586 年）考上進士
鄒元標	1551 年~1624 年	字爾瞻，號南皋。江西吉水縣縣城小東門鄒家人，明代東林黨首領之一，與趙南星、顧憲成號為「三君」。	道學	講正心誠意，大資非笑。迂腐不近人情。分門標榜，遂成水火，而國家被其禍。（《朱舜水集》p.383）		萬曆五年（1577 年）中進士
高攀龍	1562 年~1626 年	字存之，又字雲從，號景逸先生。南直隸無錫（今屬江蘇）人，明朝大臣，東林黨領袖之一。	道學	講正心誠意，大資非笑。迂腐不近人情。分門標榜，遂成水火，而國家被其禍。（《朱舜水集》p.383）		萬曆十七年（1589 年）中進士

劉宗周	1578年~1645年	初名憲章，字起東（一作啟東），號念台，後人稱其為蕺山先生。浙江山陰（今浙江紹興）人	道學	講正心誠意，大資非笑。迂腐不近人情。分門標榜，遂成水火，而國家被其禍。（《朱舜水集》p.383）	盛談道學，專言正心誠意。其為大京兆也，非坐鎮雅俗之任矣，而其伎止於如此。性頗端方廉潔，而不能閑其妻子。（《朱舜水集》p.389）	萬曆二十九年（1601年）辛丑科進士，不久因母喪，守孝七年。
楊升庵	1488年~1559年	字用修，號升庵，別號博南山人、博南戍史，諡文憲，四川新都（今成都市新都區）人	文學	或負奇才如子雲，或顯忠節於勝國，亦自有人。（《朱舜水集》p.405）	明朝文集極多，好者亦寥寥。一家之言，不必勞神，如楊升庵、李空峒集，極佳。（《朱舜水集》p.402）	明武宗時（1511年）辛未科狀元。
陳子壯	1596年~1647年	字集生，號秋濤。南海沙貝村（今廣州白雲區金沙街沙貝社區）人。	文學	或負奇才如子雲，或顯忠節於勝國，亦自有人。（《朱舜水集》p.405）		萬曆四十七年己未（1619年）成一甲第三名進士。
薛瑄	1389年~1464年	字德溫，號敬軒，諡文清。山西河津縣平原村（今屬萬榮縣）人	文學及政治	氣骨錚錚，足為國家砥柱，所謂烈風勁草，板蕩忠臣也，無媿儒者。（《朱舜水集》p.405~406）	做官極好，直節不附權璫。人品好，文不在多。（《朱舜水集》p.397）	永樂十九年（1421年）進士

鄭三俊	生卒年不詳	鄭天官字用章、號元岳，系今安徽省東至縣葛公鎮洪方村人氏。	政治	先任大司農，頗著政績，後為大冢宰，亦有清操，方正不遜於劉（宗周）而無其僻。（《朱舜水集》p.389）		萬曆二十六年（1598年）進士
吳甡	1589年~1670年	字鹿友，晚號柴庵。揚州人。明末政治人物。	政治	有用之才，其制行則與二公（劉念台、鄭三俊）不同；惜乎時不足以展其才，初叨枚卜，事已不可為矣。（《朱舜水集》p.389）		萬曆四十一年（1613年）成進士。
李夢陽	1472年~1529年	又名獻吉，字天賜，號空同子，明慶陽人。	政治	氣骨錚錚，足為國家砥柱，所謂烈風勁草，板蕩忠臣也，無媿儒者。（《朱舜水集》p.405~406）		弘治六年（1493年）癸丑科進士

日本弟子最常向朱舜水詢問有關——程朱、陸王之異，明代科舉制度，地理常識，以及明代文人事蹟。朱舜水對文人們評價、說明未必完全能符合明末清初學者們的見解，但是，從中則可略窺其對於文人形象、期許之思想脈絡。以下略將朱氏所列文士區分為幾類：

(一)具備作文能力的文士

以上表格，歸納整理後得知，所列十八位明朝文人，大多具有

以下幾項特質：一，取得進士、功名；二，為國家重要官員。這些
特殊身分對於人們具有示範性作用，依此，朱舜水再由這些人物的
人格、事功、學識等方面分別加以說明。

他認為：李三成、邵輔忠、周延儒等人僅可視為「文章之士」，
同意他們在寫作文章一事上頗有成就，也依此取得功名。但是，對
於這些人的品格操守朱舜水卻有著感嘆，故以「輕薄卑微」等作為
評價，例如：李三才。

從歷史記載上來看，李三才是一個面對國朝政治有所缺失時，
能夠勇敢進諫的臣子，而且懂得籠絡天下世子，與東林顧憲成及地
方士紳友好。換言之，李三才在政治道德感與人際交往上都應值得
讚揚。但是，也就是因為他太過於八面玲瓏的性格，讓當時一些憨
直沒有心機的讀書人，成為他帶領下無知的政治破壞者，明代黨爭
活動肇始於此。《明史》載〈李三才〉事蹟，談道：

> 三才才大而好用機權，善籠絡朝士。撫淮十三年，結交遍
> 天下。性不能持廉，以故為眾所毀。其後擊三才者，若邵
> 輔忠、徐兆魁輩，咸以附魏忠賢名麗逆案。而推轂三才，
> 若顧憲成、鄒元標、趙南星、劉宗周，皆表為時名臣。故
> 世以三才為賢。[102]

李三才曾為減輕百姓賦稅，曾與朝廷敵對。但是，終究因其「性不
能廉」，朝中有人便質疑他所擁有的財富是貪取得來。他表面看來，

102　（清）張廷玉等撰《明史》頁 6067，中華書局，1974 年 4 月。

似乎為百姓爭取權益，實質上卻從事中飽私囊的惡事。雖然如此，顧憲成並不以為病，甚至推薦他任官。[103]至於，邵忠輔被列入《明史》〈閹黨〉傳中。文中記載，邵氏彈劾李三才「貪、險、假、橫」四大罪，自身反卻在天啟五年時依附閹黨魏忠賢，而且「諸奸黨攻擊正人，多其所主使。」[104]依此，相互攻訐似乎只為己利，即便看來公義，而其心可議。

另外，周延儒雖在創作文章上頗具盛名，卻有著諸多為人詬病的行為，《明史》列入〈奸臣〉傳中。〈奸臣〉傳序言裡指出：「周延儒、溫體仁懷私植黨，惧國覆邦。」[105]綜觀史料記載，得知——李三才、邵忠輔、周延儒等人皆因時文、科舉進而獲取功名，是讀書人、文人，也是國家體系中重要的官員。從政後的他們，皆顯示出行為、品格的卑劣，表面上似乎努力諫言，最終那些言論其實都純粹停留在「黨同伐異」的情緒裡，隱藏為己之私的情感，大過於為百姓謀取福利。

整體看來，在朱舜水眼裡，這些文人即使文章寫得再好，卻不懂得讀書真義，那麼還是不能算真讀了書的人。也因此，評介這些人物為「躁進」、「輕薄卑微」，並直指為「文章之士」，凡此種種原因即是在此。故，文章之士、道學家們皆非朱舜水理想中讀書人典型，那麼，究竟什麼樣特質的人物才能算是真能讀書、懂書中

103　古清美〈顧涇陽、高景逸思想之比較研究〉頁29，《慧菴存稿（二）》，大安出版社，2004年7月。

104　（清）張廷玉等撰《明史》頁7856。

105　（清）張廷玉等撰《明史》頁7905。

真義的文人、讀書人呢？即朱舜水理想中的文人典型，應具備哪些
特質呢？

(二)「學」、「德」兼備的理想文士

經由上述，朱舜水認知中：文士除了基本上具備作文能力之
外，人格亦為重要評介的因素。因此，提及薛瑄、李夢陽等人時，
朱舜水談論如下：

> 國朝人物如薛文清、李夢陽，氣骨錚錚，足為國家砥柱，所
> 謂烈風勁草，板蕩忠臣也，無媿儒者。[106]

> 薛公諡文清，做官極好，直節不附權璫。人品好，文不在多。
> 諸葛忠武止數篇，足垂萬古。張睢陽忠節震世，其才一覽成
> 誦，終身不忘。人有問之者，某事在某卷第幾板，展卷即是；
> 然其文亦不多見，一臠足矣。[107]

因此，可以知得，倘若人品高潔，且能夠在政治上盡一己之力，那
麼即使文章創作不多，但也足以為後人景仰，才是真正的文人、讀
書人，故言「人品好，文不在多。諸葛忠武止數篇，足垂萬古。」
朱舜水認為，作文功夫之中最為困難的——就在於「心」、中心主
旨，即作文的目的。還有，人格等於文格，唯有人心念茲於善的、

106　（明）朱之瑜《朱舜水集》頁405。
107　（明）朱之瑜《朱舜水集》頁397。

有益人倫世用，那麼其文雖不多見，但也足已。因此，學習、作文等事對於讀書人而言，「學須內求，不在貌取也」。[108]也因此，朱舜水對於薛文清讚譽不已，在日本弟子安東守約也受到影響，曾激動地問道：「薛文清公《讀書錄》之外，別有作乎？其文只見貓說等數篇耳，恨未見全集。」[109]則可見一斑。

　　仔細探究薛瑄（文清）此人，黃宗羲《明儒學案》〈河東學案〉如此記載著他，文中說道：「先力行而後文藝，人稱為『薛夫子』。」[110]又〈師說〉言：「閣先生《讀書錄》，多兢兢檢點言行間，所謂『學貴踐履』，意蓋如此。」[111]。換言之，薛文清不僅是人格「直節不附權璫」，同時，在《讀書錄》所撰寫的均以力行、即日用倫常的實踐，此概念是與朱舜水的理想相符，故朱舜水除了推崇其人格外，也對於其文有所讚賞，則理之當然。或許，因為上述理由，故薛文清雖然也屬於道學家，卻不被朱舜水批判的緣故吧。楊自平〈曹端與薛瑄理學思想之比較研究〉指出：

> 薛瑄所謂傳承道學者，必須在思想、言行、事功、文詞皆須依於正道，有所雜或有所偏者皆不入列。故自孔孟以降，傳承道統者，漢有董仲舒，唐有韓愈，宋有濂洛關閩諸子，元

108　（明）朱之瑜《朱舜水集》頁 87。

109　（明）朱之瑜《朱舜水集》頁 397。

110　（清）黃宗羲《黃宗羲全集》頁 119，浙江古籍出版社，1985~1994 年。

111　（清）黃宗羲《黃宗羲全集》頁 10。

有許衡。[112]

> 薛瑄一生事蹟，雖無赫赫事功，然其不懼權宦王振，據理力
> 爭，臨冤獄致死，仍能從容讀《易》，此大丈夫氣度，實源
> 於堅定的儒學信仰及踏實地修養功夫。[113]

綜合上述，則可見薛瑄不只作文得到讚賞，人格也受到尊重，更重
要的在於他著重理念能在日用倫常裡實行的精神，東林學者高攀龍
也曾佩服地說道：「學問不貴空談，而貴實行也」。另外，從朱舜
水舉例且讚揚的文人名單裡，約略歸納後發現，朱舜水理想的讀書
人典型──「學」、「德」兼備者，即如他讚美漢儒董仲舒所言：
「漢世學業近古，稱大儒者惟董仲舒一人。……豈非以大儒者學與
德兼焉者。」[114]換言之，學識與人格二者兼備才是理想中的文人形
象。

　　如上所述，朱舜水認為後人在閱讀、選材上同時應當注重撰寫
者的品格，因為，人格即文格。此外，從事纂編書籍者也當注意其
人格，選材與人的思想、價值有著密不可分的關係，讀者閱讀即接
受訊息時必然會潛移默化，故不得不小心。凡此種種，皆可窺見朱
舜水在作者、讀者、作品之間，有著人、文相符的概念，以及明瞭

112　楊自平〈曹端與薛瑄理學思想之比較研究〉頁 12，《明代學術論集》，
　　　萬卷樓，2008 年 2 月。
113　楊自平〈曹端與薛瑄理學思想之比較研究〉頁 35。
114　（明）朱之瑜《朱舜水集》頁 87。

文章對於人們的影響力，而顯示出他在學文、思想傳遞上無不小心謹慎之心。朱舜水曾言：

> 但列《孝經》或乖訓詁；迫夫《忠經》合刻，益是書賈所為。語不雅馴，義多牴駁；緣是馬融纂輯，原非先聖遺經。然欲立言，必須考行。馬融為南郡太守，尚且狼藉贓私。其書竄東閣奎章，豈能感發誠敬？固宜斥絕，勿穢文林。[115]

上述為朱舜水建議安南國王能以教育，即充實民眾知識，用以輔助政治治理，認為：安南國將東漢經學家馬融纂輯的《孝經》列入書單之中不並妥當。理由在於，馬融為人、品格上有所缺陷，因此，他所注解的《孝經》內容必定和人格一樣沒有誠敬之心。因此，朱舜水希望安南國王能多多考量用書問題。

總而言之，朱舜水對文人在「學」、「德」上的要求極高，也十分重視。

(三)具備「事功」成就的文士

除了擁有學識，人格高潔，以及文采遒麗的文人之外，朱舜水理想中的文士還應具備何種條件呢？在日本學者中村玄貞詢問朱舜水的條目中，或許可以探知一二，中村玄貞問道：

> 問：高才能文章，伊川先生謂之「學者不幸」。蓋有高才而

---

[115] （明）朱之瑜《朱舜水集》頁29。

> 能文章者，志功名，趨利祿，不過以文字取名，終不可入乎
> 聖賢之大道也。若退之、永叔以文章振於當世，然不免於詞
> 章之學耳。[116]

中村氏認為高才能文章者，就如同伊川先生曾言——「學者不幸」。
因為，這類文人汲汲於功名和利祿，寫作文章只為其入仕、獲利之
工具，故，他們終究難理解聖人之道。依此，中村氏更進一步指出，
像韓愈和歐陽脩都是以文章顯著於當世，其學只是詞章之學，只能
視其為「文章之士」。針對中村氏的論點，朱舜水回應說道：

> 韓文公變六朝委靡之格，故曰「文起八代之衰」，且其氣骨
> 勳業，人不可及，頗有功於聖門，何為止以文章名世？若歐
> 陽文忠，其立朝行己亦有可觀，不抗不撓，亦非無所得者，
> 何為止以文章名世？尚論古人，俱要其終始，不可妄言。有
> 高才能文章者，不止於志功名、趨利祿而已。如作詩作賦，
> 無益於世道人心，而但逢迎時俗之所好，即其用心已自不
> 肖，豈非不幸耶？[117]

韓愈帶領、改變起中國當時文壇風氣，其功勞甚大，使得人們不再
陷溺於委靡之文，因此，朱舜水言：「頗有功於聖門，何為止以文
章名世」？其提倡古文，文章以排斥佛老、和闡述儒家之道為內容、

116　（明）朱之瑜《朱舜水集》頁 403。

117　（明）朱之瑜《朱舜水集》頁 403。

以「文以載道」為目標，凡此皆可知其寫作文章皆益於人倫世道，與朱舜水尊崇的撰文、學術等態度均是一致。

至於，歐陽修，朱舜水曾如此評介他〈答太串次郎左衛門書〉說道：「歐陽文忠文章為一代宗工，然未嘗深得於聖學。」[118]換言之，朱舜水認為歐陽修在文章上是有所成就的，但是，還未能明白聖學之真義。雖然如此，朱舜水並不將他僅劃分在文章之士之中，理由是：歐陽脩在任官時的表現，無論在人格作風上、或是在當世事功裡，他無不有所貢獻。依此，可知朱舜水理想評價文人、讀書人的標準是：具有學識、德行，進一步則是事功（學術上、或是政治上的）成就。其次，文人是否能真得聖學之義又屬於另一個層次上的問題。

由於文人、讀書人在政治等事功上是否有機會成就，實得考量種種因素，故，朱舜水僅將「學」、「德」列為文人主要必備條件，「事功」成就則列入評價文人的次要條件。

至於，中村玄貞會對中國文人有此類批評，或許是明代科學考試等等弊病傳說早已深入日本人對中國文人的理解中，故而造成誤解。周志文〈明代笑話書中的士子〉裡談道：明代文人以詼諧諷刺的筆法戲謔明代文人多無學識、貪婪且迂腐，「明人喜歡諷刺自己，也喜歡諷別人」。[119]在在無不凸顯了明代科舉考試之下，有一群文人只為因應考試而真無學識的實際窘境。其實，明代的學術風氣與

---

[118] （明）朱之瑜《朱舜水集》頁 66。

[119] 周志文〈明代笑話書中的士子〉頁 199~220，《晚明學術與知識分子論叢》，大安出版社，1999 年 3 月。

唐、宋本就不同，並非所有中國的學子因以科舉目的才作文，也並
非所有文人皆能因才高作文而得到功名。

　　最後，綜合上述，吾人可歸納朱舜水理想中的文士、儒者類型
與條件，應有下列二類。〈安南共役紀事〉一文中提及：

> 中國之儒，大要有二：其一曰學士，多識前言往行，而行誼
> 或有未至，漢詔所謂「淹通墳典，博學宏辭」是也。其一曰
> 賢士，專務修身行己，而文采或有不足，漢詔所謂「賢良方
> 正、孝弟力田」是也。二者罕能兼之。有能兼之者，仁義禮
> 智積於中，恭敬溫文發乎外，斯誠國家之至寶，而聖帝明王
> 之上珍。[120]

依此上述得知，朱舜水認為中國的文人、讀書人大略二種類型：第
一，「學士」：這類文人具有為學、作文能力，但是，在人格、作
為上或有「些許」瑕疵，和「文章之士」略有小異。所謂的「文章
之士」——這一類讀書人徒有作文能力，至於人格、行誼則「完全」
卑微，他們依附道學家，亦可能附之科目諸公。第二，「賢士」：
他們主要在修養自身人格，作文能力則未必足夠，但是，亦足以應
付科舉考試取得功名，與「道學之士」修養自身之外，略為不同。
「道學之士」在政治上最大的弊病則是藉由講學，進而黨同伐異，
造成國家政治體系及百姓社會極大的混亂與影響。

　　總言之，無論是學士或賢士均非朱舜水心中最完美的文人形

120　（明）朱之瑜《朱舜水集》頁 26。

象，更別說是文章家和道學家之類了。朱舜水認為唯有具備：「仁義禮智積於中，恭敬溫文發乎外」，意指結合了學士、賢士優點的文人才是真正「國家之至寶」、最佳的文人類型典範。

二、朱舜水學術思想與晚明學風

經由以上分析，得知朱舜水對於明代文人集團的認知，也理解他對文人形象、內涵的批判與期待。然而，朱舜水在這股文人及其學術風潮下所引領的國家社會發展裡，除了反思文人帶來之得失外，是否也對其有所承襲呢？

首先，分析朱舜水在中日交流史上的貢獻，除了常被注意的，日用倫常之「實學」推動外，還有，非常重要的——他在史學學術思想的引領。他不僅只有協助德川光圀及日本諸位學者從事編纂《大日本史》一事，同時，他也鼓勵日本人閱讀史書，例如：朱舜水曾對少年喜好禪學，後來轉向崇尚宋儒性理之學的中年奧村庸禮[121]給予以下建議：「詳讀史之有益於治理」[122]、「中年尚學，經義

---

[121] 加賀藩家老奧村蒙窩（1626~1687）名庸禮，一名充，字師儉、顯思、通稱岐，加賀（今石川縣）人。歷事前田利常、前田光高、前田綱紀三世。天資聰穎，十一歲，即任加賀藩主前田光高的侍臣。於 1652 年（承應元年）升為家老，輔佐藩主統率藩中武士，總管藩中事務。壯時好禪學，後以為妄，後有意於宋儒性理之學，曾與林羅山、木下貞幹為師友，之後又拜學於朱舜水，二人情誼則如同朱舜水所自言「昔子房與他人語，如水投石，無有入也；與沛公語，如石投水，無弗入也。今不佞之言，賢契深相契悅，他年表表於世，謂是不佞領袖之，庶可無媿一番相與也。」《朱舜水集》〈答奧村庸禮書〉頁 274，之後其子奧村德輝亦師學於朱氏門下。參考：《朱舜水集》附錄，頁 389。林俊宏《朱舜水在日本的活動及其貢

簡奧難明，讀之必生厭倦，不若讀史之為愈也」[123]、「得之史而求
之經，亦下學而上達」[124]還有，回應弟子安東省庵[125]讀書作文法時

獻研究》頁 109~111，秀威資訊科技出版社，2004 年。王瑞生《朱舜水
學記》頁 143~145，漢京文化公司，1987 年。王進祥《朱舜水評傳》頁
98，台灣商務印書館，1976 年。

122　（明）朱之瑜，《朱舜水集》頁 273。

123　（明）朱之瑜，《朱舜水集》頁 256。

124　（明）朱之瑜，《朱舜水集》頁 274。

125　柳川藩儒臣安東守約（1622~1701）原名親善，後改名為守正、守約。字
魯默、子牧。號省庵、恥齋，通稱助四郎、市之進，筑後人（今福岡縣柳
川市）。1649 年前往京都就學於朱子學者松永尺五，同門有木下順庵（貞
幹）、貝原益軒等人。後經陳明德引介認識學識高的朱舜水，並執弟子禮
師事於舜水門下。觀察二人互動交往情誼不僅只於師生，朱氏初至長崎時
生活十分困苦，安東省庵毅然地將一半俸祿給他，凡此類事蹟無不讓流亡
海外的朱舜水難以忘懷，亦屢次提及那禮遇對待並要子孫不能忘記。然
而，二人交往多以書信往返，至朱舜水逝世時安東省庵仍因身分限制無法
親自見上一面。參考：《朱舜水集》附錄，頁 817~819。林俊宏《朱舜水
在日本的活動及其貢獻研究》頁 90~99。王瑞生《朱舜水學記》頁 105~112。
王進祥《朱舜水評傳》頁 64~69。徐興慶《朱舜水與東亞文化傳播的世界》
第五章〈朱舜水與安東省庵之思想異同〉頁 207~245。疋田啟佑〈朱舜水
と安東省庵その思想上の影響の一端〉頁 25~36，《文藝と思想》福岡女
子大學文學部紀要，第 60 號，1996 年 2 月。金子正道〈朱舜水與安東省
庵的相識──陳明德（穎川入德）其人〉頁 158~176，《朱舜水與日本文
化》人民出版社，2003 年 7 月。案：在上述參考文獻中發現個安東省庵
與朱舜水見面的四個可能年份，(一)1655 年，《朱舜水集》〈附錄〉中記
「明曆乙未朱舜水來長崎。時人未及知其學，唯省菴往師焉。」(二)1658
年，王瑞生指出：「省菴三十七歲，因陳明德之介得以書向朱舜水問學，
後奉以為師。……書信長達千百言，此為朱舜水與安東省庵相通問之始，
亦即安東省庵受業之伊始也。」(三)1659 年，徐興慶依安東省庵〈丁酉歲

也指出：

> 先賢謂《戰國策》不可讀，讀之壞人心術。不佞謂此為初學
> 及下愚言之耳。若真能學者，如明鏡在懸，凡物之來，妍媸
> 立辨，豈為彼物所移，何能壞我心術？[126]

他認為：讀史能鑑往知來，通透於事物之理，不僅有助於國家政治
治理，此外，因為史書文句較經書易懂，能讓人觸類旁通，不容易
產生厭倦感，以達到讀書真義，對作文也頗具助益。讀史、注重史
學的思維，在朱舜水進行儒學推動上，亦是重要功課之一。其與日
本人文化交流裡，均可知其推動讀史一事不遺餘力。

　　因為如此，後世學者喜歡將明末東林史學派、與清代常州學
派，這二學派學風形成等情況和朱舜水學術發展拉攏在一起。例
如，李甦平《朱舜水》一書內容指出：

> 與黃宗羲同里的朱舜水亦主張「重史」、「尚史」、「評史」

旦〉「予遊學京師多年，省親歸鄉居月餘，遊長崎經旬又歸鄉」認為在安
東省庵 1657 年之後才與朱舜水相識，直到 1659 年時才正式見面。疋田啟
佑則指出：安東省庵是 1654 在年和陳明德、戴笠見面後得知朱舜水這學
識高的人，並書寫信件表示對朱舜水的敬慕之情。直到 1659 年時才得以
見面。(四)1660 年，金子正道認為：安東省庵 1654 年養病來到長崎，由
陳明德和戴笠那聽到舜水名字，1660 年時得到藩主的許可，首次見到了
舜水。

126　（明）朱之瑜《朱舜水集》頁 369。

的「尊史」論，有與浙東學派相似的歷史觀。如果稱黃宗羲為清代「浙東史學」的「開創者」，那麼，冠朱舜水為這一學派的「鼻祖」亦不為過。百年來，朱舜水被埋沒的這一歷史榮譽應當恢復。[127]

他認為，倘若視黃宗羲為「浙東史學」的「開創者」那麼朱舜水就應被視為此學派的「鼻祖」。於是，由「重史」、「尚史」、「尊史」以及同為餘姚人，將黃宗羲與朱舜水二人全拉到浙東史學派之中，此說不得不令人感到疑惑。如前章節所述，東林史學開創者黃宗羲雖然與朱舜水屬於同一時代，也活動於江浙沿海地區，同樣均有到舟山、進行反清復明事蹟，但是，二人卻無實際互動交流的資料流傳下來，甚至黃宗羲所作《兩異人傳》誤以「諸士奇」為朱舜水，凡此種種，皆可見黃宗羲與朱舜水二人並無直接交集，倘若依此言朱舜水與浙東史學有極密切關聯，似乎則又有過度詮釋、強行連結二者之嫌疑。

　　但是，如前所述，或許因朱舜水曾受業於吳鐘巒[128]，且思想脈絡裡偶有與東林史學派相似之處，故後人有此類想像──「朱舜水

---

[127]　李甦平《朱舜水》頁 105。

[128]　吳鐘巒（1577～1651），字巒穉，號霞舟，進武人。受業顧憲成、高攀龍為心性之學。崇禎七年進士，授長興知縣，遷桂林推官。福王立，擢禮部主事。魯王兵起，以為禮部尚書，往來普陀山中。清兵至寧波，鐘巒渡海入昌國衛之孔廟，抱孔子木主自焚死，年七十五歲。有《周易卦說》、《霞舟語錄》、《梁園佳語》、《十願齋文集》。（明史 276/12）（鮚埼亭集外編 9/1）

與東林學者相互影響」之說，則實是難以避免。然而，參看歷來學者說法以及朱舜水自述學術思想內容，吾人以為，藤澤誠〈朱舜水的古學思想和我國古學派的關係〉[129]、與林俊宏〈朱舜水與日本江戶時代儒學各學派的關係〉[130]二人文中論述內容應較為合理、中肯的說明朱舜水史學思想及東林學派等之間的關係，藤澤氏與林氏他們均指出以下想法：吳鍾巒與東林學派的人物來往密切，且為身高攀龍門下，凡思想所及皆與東林相關，因此受業於他的朱舜水必然受其影響。簡言之，吳鍾巒《霞舟隨筆》暢言實學思想，故「上承東林學風，下啟門生朱舜水等人。」但是，絕不能因此將朱舜水強加拉攏，視其為浙東史學的鼻祖。

　　另外，李甦平進一步說道：

在至近代的學術思想史上，莊存與、劉逢祿……梁啟超這一譜系，都以發揮《公羊傳》的大義微言為手段，干預時政……繪「大同」社會之藍圖……而這一切，又都與明末

---

[129] 藤澤誠〈朱舜水の古學思想と我が古學派との關係〉「木下順庵は「與朱舜水啟」に舜水の學殖を贊「千古道脈、竟極考亭之淵源」といつた。この考亭之淵源の語は顧涇陽學源を連想させる。……方山について黃宗義は「東林之學、顧導源於此、豈可沒哉」と彼の傳尾に記している。吳鍾巒の交友薛玄台は方山の孫當る。それはともかく、順庵はその贊辭をこの東林學を念頭においていつたのか、程朱についていつたのか明らかでないが、恐らく後者であろう。」頁 29，《東京友那學報》第十二號，1966 年。

[130] 林俊宏《朱舜水在日本的活動及其貢獻研究》頁 165，秀威資訊科技股份有限公司，2006 年 7 月。

清初朱舜水的經學思想同出一轍。為此，筆者以為朱舜水
的經學思想實為常州學派的濫觴。常州派的思想淵源應導
源於朱舜水。[131]

上述談及「常州學派的思想導源於朱舜水」，這無疑是更大的附會。
平心而論，自從 1659 年朱舜水留居日本之後，不僅家人聯絡不易，
甚至，連孫子朱毓仁抵日欲到水戶拜訪，也因日本國禁森嚴未能如
願。James L. McClain 在《Japan: A modern History》書中指出：「在
領地內，每個大名都擁有單方面的權力，可以禁止人們外出旅行、
離故鄉，甚至不准舉辦他出於任何理由認為無法接受的節日或宗教
慶典。」[132]依此可見，江戶時期不僅日本對外國交流上有諸多困難，
連同日本人在國內，人們的活動狀況也受到重重限制，反思，此時
留居日本的朱舜水，其思想又如何能在當時突破重圍，影響相隔
三、四十年後，且相距千里之的常州地區學子？諸凡此類大膽推論
實令人驚疑。

　　總之，後世些許學者談論朱舜水時，喜好將明末當代盛行的實
學、史學等風潮，以及浙江地區學術發展等情況，高調的將二者拉
攏在一起，甚至，認為朱舜水「影響」或「促成」某學派的發展。
然而，如同何佑森在〈黃梨洲與浙東學派〉一文談及黃宗羲、顧炎
武的學術時曾警示學者們，所說的：

131　李甦平《朱舜水》頁 252。

132　James L. McClain, "Japan: A modern History", p.23, W.W. Orton &
　　　Company, Inc, 2002.

一般人受了章實齋的言論影響，認為清初有兩大學派：所謂
顧亭林的浙西經學派與梨洲的浙東史學派。固然我們不能否
認梨洲學術與浙東的淵源，但以地域的觀點，將學術史上的
人物分門別派或劃分界限，以現代知識分科的觀點，將古代
學者冠以經學家或史學家的頭銜，這是錯誤的。我們試讀
顧、黃兩氏的詩文專集，就會發現亭林、梨洲並未自立門戶，
其治學亦未嘗先定範圍，說得明白一點，所謂浙西與浙東之
學亦絕無嚴格的分野。亭林、梨洲同是史學家，亦同是經學
家，他們講現代史學，共同的目的都重在經世致用。講清初
學術，如果不從此點著眼，終久將導致我們不能認清亭林、
梨洲之學的真正面貌。[133]

何佑森指出，如果僅以分門別派的方式來談論黃宗羲、顧炎武，那
麼終將無法窺得二人學術全貌。其實，二人學術內涵均依據明末國
家、政治、環境等問題所提出的反思，以挽救、檢討國家弊病為目
標，且都重視經世致用的議題。同理可證，居處同時代和環境之下
的朱舜水，也和黃宗羲等人一樣。總之，倘若要了解朱舜水學的面
貌，那麼，就得先要拋擲掉李甦平之類學者的言論與說法，直接回
歸到朱舜水與明代文人接觸的實際情況、以及明末學風之影響等方
面來探究，方能釐清他究竟承襲哪些明代的學術思想內涵。故，本
節擬定從幾個角度來說明：

---

[133] 何佑森〈黃梨洲與浙東學派〉《書目季刊》頁 7~4，1974 年 3 月。

(一)政治思潮

　　晚明政治變化不僅帶來國家整體運作的問題、最終甚至敗亡，身在其中的知識分子面對此情狀無不重新思考自身在政治上的定位、價值，並找尋理想的政策實施方法，企圖助益國家社會回歸常軌。只是，這種長期以來以人格、人事評價其人是否適合於政治行事的傳統，就是指非配合政策找人才，只論人的德性問題，是否真能對國家發展有所助益呢？姑且不論上述疑惑，至少，在明末遺民身上，可以看到他們更為積極的反思明（嘉靖）以來君權專制政治系統上的問題，除了保留道德價值的強調之外，同時加入專業、職份等概念來說明君臣關係。例如：黃宗羲論「為君之道」時指出以下概念：

> 故明乎為君之職分，則唐虞之世，人人能讓，許由、務光非絕塵也；不明乎為君之職分，則市井之間，人人可欲，許由務光所以曠後世而不聞也。然君之職分難明，以俄頃淫樂不易無窮之悲，雖愚者亦明之矣。[134]

黃宗羲認為君主為一「管理眾人的職業」，故言：「天下為主，君為客。」[135]早於孟子時，〈盡心〉篇中已提及：「民為貴，社稷次之，君為輕。」然而，隨著體制、權力結構改變，後世竟反客為主，

---

[134]　黃宗羲《明夷待訪錄》頁3。
[135]　黃宗羲《明夷待訪錄》頁3。

君主以天下為自己私有產業，在黃氏眼裡凡此種種全都是因為君主職分不明、難明的緣故，倘若君主陷於淫樂之中，那麼天下則將面臨危亡困境。總之，黃宗羲這論點在當時頗具開創性，企圖擺跳脫長期以來君主威權的概念。

此外，同時期學者顧炎武，《日知錄》〈正始〉中重點式提醒百姓應當有所自覺：

> 是故知保天下，然後知保其國。保國者，其君其臣，肉食者謀之；保天下者，匹夫之賤均與有責焉耳已。[136]

君、臣都是維持國家機器運行的重要政府成員，而天下則應由百姓來共治，百姓應提昇自我認知懂得監督政府。凡此，較之歷來以君為尊的政治體系更為進步。至於，顧炎武在國家治理上又提及了「重鄉評」、「重鄉治」的概念，針對這點，謝國楨《明末清初的學風》一書裡卻認為：「亭林這是站在統治階級的立場上言，含有深厚的門閥之見，為了地主紳士得以掌握政權而設想的，如果批判了這一點，他的主張還是有理由的。」[137]無論是否是站在鄉紳、地主的角度來談論，至少，明末遺民文人政治思想反省中，對於明朝君主專權、甚至導致最後國家傾覆的政治錯誤決策，均認同了：君為管理眾人的職業，及百姓應有政治、國家為己任的自覺。吾人可知，這些論點實具備了進步的政治思維。

136　（清）顧炎武《日知錄》頁42，上海商務印書館，1929 年 10 月。
137　謝國楨《明末清初的學風》頁28。

　　明末文人在將百姓、臣子自我政治責任提昇的同時，君臣之間的關係也做了詮解，因此，黃宗羲談「君臣之關係」時說道：

> 君為己死而為己亡，吾從而死之亡之，此其私暱者之事也。是乃臣不臣之辨也。[138]

> 君與臣，共曳木之人也。[139]

換言之，有了上述進步的君、臣、百姓身分的理解，那麼不再有著傳統君尊臣卑的概念，君臣的關係轉向了合作、共治，合理的為臣之道則非以君的意識做為判斷。明末遺民呂留良《四書講義》也談到：「君臣以義合，但志不同，道不行便可去。」[140]凡此類言論則如同梁啟超所評議的：「的確含有民主主義的精神——雖然很幼稚——對於三千年專制政治思想為極大的反抗。」[141]換言之，某種程度上是反映了明末社會中百姓需求，以及文人理想之政治形態。從原初中國文人意識中以聖人、統治者為社會秩序建立者，為人格道德標準等等絕對化思維，明末文人們做了些微變化，總之，這些居處在清朝初期、高壓統治下的中國學者們，在極困難政治環境中還有如此進步的政治思維，實為國家往上提昇之動力。當然，也有如

138　（清）黃宗羲《明夷待訪錄》頁4。

139　（清）黃宗羲《明夷待訪錄》頁5。

140　（明）呂留良《四書講義》。

141　梁啟超《中國近三百年學術史》頁70，里仁書局，1995年2月。

日本學者溝口雄三那樣認為：像顧、黃提及的《郡縣論》、《田制論》、《學校論》等構想，只是在皇權獨大的情況之下，建立新的專制分權政治觀，他們的立場仍舊是為地主和商人發聲。[142]即指顧、黃等人的君臣百姓思維仍舊是為地主階層爭權之論述，此論調與前述謝國楨之說意義相近。吾人以為，倘若將顧、黃等明末清初學者置於歷來中國政治脈絡上來看，其思維無不具有進步意義。

倘若，談及朱舜水處德川初期，幕府政權剛剛掌權，正想建立一套政治秩序，即封建統治的環境之中，因此，朱舜水為因應執政者需求，再加上本身對明亡國的反思，他似乎與明亡後留居在中國的遺民們有著不同君臣思維，以今人眼光看來，朱舜水較之顧、黃等人，較沒有進步的君、臣、百姓關係之思維。

朱舜水政治思想與傳統的君臣觀相似，首先，強調君德培養，例如〈勉水戶世子書〉、〈與源綱條書〉、〈座右箴——為大村因幡守純長作〉等文章、書信皆可窺見。其中指出：君德的養成，第一，應重視「孝」。其次，該注重君主在生長、教養過程中，其學習和教育的內容，以及師法對象的德性等等問題，因為他認為：「君相者，造命者也，主張道理者也。」[143]上位者不只是擁有權位的象徵意義，亦是人民百姓的學習表率，更是社會秩序的建立者，也是人格道德標準的依據。於是，上位者、執政者不只政治地位高，自我國家、社會的責任感也應當同時注重。朱舜水曾提醒日本諸多官

---

[142]　溝口雄三著，索介然、龔穎譯《中國前近代思想的演變》頁 7~21，中華書局，2005 年 5 月。

[143]　（明）朱之瑜《朱舜水集》頁 577。

員──身為執政（君）者，應重視百姓的聲音。例如，寫給德川光圀信件裡說道：

> 今乃家人失火，比屋延燒，聞之公府、士大夫家，幸而無恙，而黎庶市廛，焚灼繁多。雖人火曰火，比之天災，大為有間，而君相之心不得不憂民之憂。[144]

德川時期江戶大火頻仍，朱舜水警示上位者：在百姓遭逢災害時，應理解、關懷以百姓心為己心，憂民所苦及其需求。此外，勉勵上位繼承者（水戶藩主的世子德川綱條）[145]時談及：

> 臣民胥慶，童叟歡謳，此可以徵人心之愛戴，為異日造無疆之福者也。[146]

唯有先得到民心的君主，才能為日後政治治理上帶來無窮福祉。故，依據上述可知朱舜水理解君主與百姓之關係中，雖然沒有濃厚的「君主尊貴，百姓卑微」概念，但是仍舊依循傳統儒學中對君主及上位者的看法、要求，給予上位者較高的社會期待，即如其所言：「社稷為重，君身自不得輕」[147]。還有，朱舜水認為掌有「道」、

---

[144] （明）朱之瑜《朱舜水集》頁 112。

[145] 德川綱條（とくがわつなえだ，1656~1718）松平賴重（德川賴房長子）之子。德川光圀讓出水戶藩藩主位給養子德川綱條。

[146] （明）朱之瑜《朱舜水集》頁 146。

[147] （明）朱之瑜《朱舜水集》頁 126。

為社會秩序建立者——人君（上位執政者）——得要懂得培養人材
及發掘人才。肥前藩主鍋島直能命下川三省向朱舜水學習，針對此
行為，朱舜水說道：

> 夫賢才固君國之重寶，而世之諸侯守相，金錢溢於府庫，幣
> 帛腐於封椿，或者耽悅玩好，或者馳意聲色狗馬，至於培植
> 人材，則不肯落其一毛，台下如此舉動，固一世之豪也。……
> 特世人無此遠見耳。[148]

培育人材往往得耗費不少資源（金），在中國人材的養成亦是。貴
族或經過考試取得功名的生員才得以獲取國家培育，但是其間又有
種種限制，讀書人也有可能散盡家產還未能得取功名，這情況在中
國讀書人之中比比皆是。換言之，倘若明主能懂得培養人材，不只
是耗費金錢在聲色犬馬之中，那麼何嘗不是國家的一大助益。此
外，君主如能懂得知人、用人，不只是臣子，亦是國家社會的福氣。
——此為朱舜水政治理想上的第二個重點。於是，他曾在〈答野傳
書〉談道：

> 自古以來，世不乏才能俊乂，不遇賢君聖主，故使瓌奇抱德
> 之士，齎志而歿，良可深痛。今上公種種明德，直可邁越古

148　（明）朱之瑜《朱舜水集》頁 69。

來哲王。[149]

懷才之士若遇賢君聖主，得其重視，何嘗不是國家政治、君臣之間的美事。由此可見，執政者知人善任何其重要。因此，〈勉水戶世子書〉之二，指出：

> 選者賢，與者能，則萬事皆理；選者不賢，與者不能，則萬
> 事皆亂。……然而知人其難矣，非有學以廣其誠，非由誠而
> 至於明，固未易言也。[150]

至於君主如何懂得知人、用人？朱舜水認為：「非有學以廣其誠，非由誠而至於明」不能。無論如何，上位者能用人、懂得用人，百姓才能受益，也是身為上位者的職責之所在。

最後，「君臣關係」裡有關「臣子應對君主（上位者）」時應以何種態度自許？朱舜水在告戒日本弟子安東省庵，指出：

> 君臣相得，人生大願，然處之有道，而得之有命，盡其在我
> 之誠敬而已，不須急急也。前以賢契之素行觀之，必無不得
> 君之理，今果然矣。但君臣相悅之深，益宜事事敬慎。若有
> 心不盡，一味逢迎所喜，不足為後日長久之計。惟小人容悅
> 之故智為然而。非賢契之所為學也；非不佞之所望於賢契

---

[149]　（明）朱之瑜《朱舜水集》頁 246。
[150]　（明）朱之瑜《朱舜水集》頁 150。

· 177 ·

也。[151]

「君臣之道以合義、誠敬相投，無需強求」，這概念應是當時明末
文人普遍共通想法，因此，朱舜水勸戒安東省庵與君主互動時，所
提及的：「君臣相得，人生大願，然處之有道，而得之有命，盡其
在我之誠敬而已，不須急急也。」均為相近之概念。甚至，警示安
東省庵面對君臣關係不論是言談內容、或行事作為等方面都得小心
謹慎，以免成為小人之流。或許正如朱謙之所言：「朱舜水畢竟是
我國傳統士紳階層的知識分子，他不能不受到歷史和出身的局
限。……對封建倫理道德，拚命維護。」[152]

　　綜觀上述，可知朱舜水政治理想中的君、臣、百姓之間關係，
與明末文人略有雷同，但是，大致上仍舊承襲傳統價值觀念。換言
之，明末國家政治敗壞，遺民重新審視威權體制裡的君主、政治關
係，遂逐漸產生（近似今人所言）「民主主義」的思維，只是，朱
舜水居處德川幕府初欲建立封建威權，以及日本儒者藉由中國朱子
學來協助制度建構之時，朱舜水的君臣關係實無法與明遺民黃宗羲
等人進步思維相比擬。至於，朱舜水將此類中國傳統君德等理想政
治思維帶來日本，是否能真被禮賢下士的水戶藩主德川光圀等日本
人接受呢？則留待後文探究。

151　（明）朱之瑜《朱舜水集》頁 156。
152　朱謙之《朱舜水集》〈前言〉頁 5。

(二)學術風氣

　　梁啟超《近三百年來學術史》〈反動與先驅〉文中指出，明末清初學術思想主流思潮是以：「厭倦主觀的冥想，而傾向於客觀的考察」；「排斥理論，提倡實踐主義。」[153]此類思維走向，或許是針對明末空虛之學興盛的反動，抑或是面對明末政治腐敗等刺激，故而強調經世致用之學。無論如何，文人們在此環境趨使下，遂反而讓學術呈現更多元的面貌，例如在此時期出現了：對王學自身的反動、自然界探索的反動、歐洲曆算學之輸入、藏書及刻書的風氣、反禪的精神等等。[154]

　　王學末流束書不觀，明代文人所謂的讀書也多半只為因應科舉考試，似乎未能達到朱舜水所謂的「讀書真義」。但是，無論如何，明末文壇士子因某些目的作用，興起讀書風潮，不僅在集會活動裡出現像讀書社之類以討論學問為主的社團，同時，書院講學盛行、刻書風氣等無不相互影響、推動著。平實看來，朱舜水也頗能接受這股讀書熱潮，曾對日本友人提及：「讀書脩德，內以顯父母之榮，上以酬君相之志」[155]、「一則日親古人，一則日遠損友」[156]讀書讓人內在得到修養，於外則遠離是非，在處事上更能理智觀照。明末文人對於讀什麼書？怎麼讀書（方法）？逐漸地開創出治學理念、

153　梁啟超《中國近三百年學術史》頁1。

154　梁啟超《中國近三百年學術史》頁2。

155　（明）朱之瑜《朱舜水集》頁178。

156　（明）朱之瑜《朱舜水集》頁224。

方法[157]，例如清初考據學就在這風氣中逐漸醞釀成形。至於朱舜水和明代文人們認為什麼書該讀，讀了之後該談什麼內容呢？以下略述。

1.讀史

明末文人檢討國家敗亡後，在學術上均強調「經世致用」之學、實學，黃宗羲、顧炎武、王夫之、朱舜水皆是。於是，著重讀史，但不僅僅停留在人物品評，因為，史書內容旁涉博引，例如：天文、輿地、政治、經濟、農田、水利、兵法等議題，這才是他們所關注。對於這些內容的討論皆可視為為「經世致用」做準備，「博古鑑今」是最終目的。換言之，讀史並非只是東林史學派學者的事，其實，也非從明末才開始，早在嘉靖、萬曆年間（甚至更早）學者便好讀史，或為考試策論之需、或因明代評點、品鑑人物風氣漸興所致，總之，明代文人讀史不亞於宋朝。

明代除了官修的史書之外，私人纂修史書的風氣在這階段亦蔚為風尚，《資治通鑑》、《史通》等史書是他們喜好倣效擬寫、評論的參考書籍，其中著名的文人例如：幾社陳子龍等人有《明經世文編》508卷、李贄《焚書》、王世貞《弇山堂別集》等人皆有作品，他們無論是以自己的眼光擬寫明朝當代史、或是對歷史書中內容加以評介，無不看出十分用心，亦可作為後人瞭解明代歷史之依據，雖然，後世清朝《四庫全書總目》的考據專家對這些明人作品

157　王雲五《明清教學思想》台灣商務印書館，1971年5月。

頗有批評[158]，無論如何，讀史、寫史、修史儼然成為明代文人重要的功課。[159]至於，談到明人讀史熱情，朱舜水亦是有過之而無不及，在〈安南供役紀事〉中記：

> 四月初六日，不知是何官，來問古文中義理。……黎云：「此公極好學，家有多書。」余問云：「尊府古書多否？」答曰：「少少足備觀覽。」余問《通鑑綱目》、《前後漢》、《二十一史》、《史記》、《文獻通考》、《紀事本末》、《潛確類書》、《焚書》、《藏書》及《古文奇賞》、《鴻藻》等書。…余言：「安南無書，遠人離家十三年，不見書史，生疏極矣。如此甚好，改日斗膽借二部來看，以消岑寂。」[160]

　　由此看來，離家十三年的朱舜水一得知安南官員家有藏書便急欲借來看，而心中思念的全都是古代、或當代史書。明末遺民認為讀史書有助益匡覆傾危的局勢，在朱舜水〈辭別國王書〉中也出現相同概念，他說道：「杜元凱左氏癖耽，終平吳國。……萊公駿烈

158　張維屏〈從《四戲全書總目》〈史部　史評類〉對於所錄明代著作的評述分析明人的史評論著〉《政大史粹》第四期，2002 年 7 月。

159　瞿林東《中國史學史綱》〈史學走向社會深層——明代史學〉北京出版社，1999 年 12 月。喬治忠《中國官方史學與私家史學》北京圖書館出版社，2008 年 5 月。

160　（明）朱之瑜《朱舜水集》頁 27。

撐天,讀傳取益州之訛。」[161]無論是消滅東吳統一中國的杜預,還是北宋大臣寇準均在《左傳》一書中取得政治統領上的智慧。

覈實來看,除了上述編修史書造成這股風潮外,其實在明代文人讀書治學的歷程中閱讀《資治通鑑》、《皇明祖訓》等[162]書籍和《四書》、《五經》一樣重要。然而,隨著胡廣奉命修纂的《四書大全》、《五經大全》、《春秋大全》成書,接著,這些本子成了科舉考試標準本後,許多明代文人、讀書人在方便行事之下,遂變得只肯閱讀《大全》給予的內容,文人逐漸喪失典籍閱讀的熱情。直至明末,遺民們非常清楚史書能為國家社會帶來何種助益,遂推動讀史,尤其重視《左傳》一書的內容。張德建〈春秋學與明代學術的歷史變遷〉說道:

> 明代士人應《春秋》試皆以胡傳為主,而在《春秋》試中,唯以經文命題,實以傳文立義。若以傳立義,則不能不詳於史事。三傳之中,惟「《左氏》是史學,《公》、《穀》是經學。史事者記得事卻詳,於道理上便差;經學者於義理上有功,然記事多誤。」《左傳》成為明代唯《大全》是依背景下士人必讀書,由《左傳》而入史學,再由史入文,便是很自然的事情。……《左傳》開始引導學術風尚的變化。……明代諸家研治《春秋》的學者大多強調《左

161　(明)朱之瑜《朱舜水集》頁 28。
162　瞿林東《中國史學史綱》〈史學走向社會深層──明代史學〉頁 638~640。

·182·

傳》的重要性。[163]

　　換言之，《左傳》詳於史事因此不僅有助於理解《春秋》事件孔子寓褒貶的始末，亦可進一步做為時人分析、評論之依據。朱舜水談論《左傳》一書，內容有：

　　(1)《左傳》者，漢時以為大經……用以啟迪後生，最為近而有益。[164]

　　(2)講《周易》、《左傳》、《綱鑑》，煩勞極矣，咬菜之軀，堪之乎……《左傳》合經者宜於解經，不便於讀，別有善本否？[165]

　　(3)《左傳》用《杜林合註》（筆者案：晉杜預，宋林堯叟）解極得，合《胡傳》更妙。杜襄陽一生精力，獨在《左傳》，或者遠勝孔氏疏耳。[166]

　　這三條內容皆是朱舜水給日本弟子安東省庵書信內容，除了說明閱讀《左傳》不僅能啟迪智慧，而且，讀史最貼合他目前身為儒

163　張德建〈春秋學與明代學術的歷史變遷〉頁307，《武漢大學學報（人文科學版）》第六十一卷第三期，2008年5月。
164　（明）朱之瑜《朱舜水集》頁154。
165　（明）朱之瑜《朱舜水集》頁192。
166　（明）朱之瑜《朱舜水集》頁188。

官的需求、有助於政治等方面的思考。另外，也指出《左傳》等書內容豐富、繁多之可觀，最後，給予經、注合觀時些許建議。

憑心而論，明末文人讀史，他們對於胡安國《春秋傳》中談論「華夷之辨」之推崇，無疑有著時代政治上的需求。例如：王夫之《宋論》〈高宗〉言：「嘗讀《胡氏春秋傳》而有憾焉。是書也著攘夷尊周之大義，入告高宗，出傳天下，以正人心而雪靖康之恥，起建炎之衰，誠當時之龜鑑矣。」[167]明末文人對於清人外族入主、掌管朝政，心中許多抗拒，藉由華夷等思辨，提醒自身亡國之苦。至於，朱舜水無論是讀史、讀《左傳》、讀胡安國注似乎都與同時代文人相同，也隱含他內在民族、國家思維之認同。到了日本，面對中年脫離禪學轉向宋儒心性之學的友人加賀藩武士奧村庸禮，朱舜水同樣建議他讀史書，說明讀史的好處，並且提醒他閱讀次序，說道：

> 《資治通鑑》文義膚淺，讀之易曉，而於事情又近。日讀一卷半卷，他日於事理脗合，世情通透，必喜而好之。愈好愈有味，由此而《國語》而《左傳》，皆史也，則義理漸通矣。[168]

覃啟勛《朱舜水東瀛授業研究》：「像他從《通鑑》說到《左傳》，實際上是在講由淺入深的讀書道理。……所以，舜水關於如何讀書

167　（明）王夫之《宋論》頁 184，中華書局，2003 年 11 月。

168　（明）朱之瑜《朱舜水集》頁 256~257。

的論述，是不可多得的讀書經驗。」[169]換言之，接受明代文人學術影響的朱舜水在讀書體驗上多所領會，來到日本之後鼓勵不同階層的日本人讀書，依不同的年紀、學識背景給予相應的讀書方法，不僅提供、促進學習熱忱，同時也對中國學術在他的傳播具有一定效益。另外，由於這些與朱舜水接觸的人物中位居各藩裡政治地位，他們的決策、行為無不影響著所屬藩國，遂造成朱舜水極力推薦他們讀史之故。

2.讀四書與五經

如同上述明代《四書》、《五經》閱讀上，多以科舉考試用書：胡廣纂輯的《四書大全》、《五經大全》為主，內容則類屬百衲本形式、裁剪各家註說匯集成冊，後來學者對於此作法無不批評，例如：顧炎武言「若有明一代之人，其所著書，無非竊盜而已」、「明弘治以後經解之書，皆隱沒古人名字，將為己說而已」[170]但是，不可否認的，在這一股抄書、編書、刻書、藏書的環境之下，造就了明代文人閱讀風氣，當然，國家一遭變化時文人們也直覺地藉由曾閱讀過的書籍中，找尋有助於世事的方法。總之，經由明末文人反省學術內容後，回顧四書、五經之類經典書籍，認為其助益於經世致用，因而無不重拾閱讀，遂而使得在明代早失去生命力的經學再度受到重視。

在《五經》學方面尤以《春秋》學的華夷之辨、夷夏之防最引

169　韋啟勛《朱舜水東瀛授業研究》頁 215~216，人民出版社，2005 年 10 月。
170　（清）顧炎武《日知錄》卷十八〈竊書〉頁 123，上海商務印書館，1929
　　　年 10 月。

起明末文人的注意，與前述史學可以合觀，例如：朱彝尊、傅遜、王夫之等人皆有相關作品，此外，還有張爾岐、姚際恆等人在禮學、尚書學方面講學、考察；另外，《四書》學方面，亦有文人從事考證、質疑、以及自我詮釋，故著作也逐漸增多，例如：呂留良《四書講義》、《四書語錄》；李二曲《四書反身錄》；毛奇齡《四書改錯》等。凡此種種，均能理解朱舜水在此風氣薰染下無不受到影響，因此，勸導日本人「讀書」之要時曾言：「讀書作文，以四書、六經為根本，佐之左、國、子，而潤色之以故文。」[171] 換言之，在朱舜水的思維中，史書該唸，經書也要讀，原因是：「經簡而史明，經深而史實，經遠而史近……得之史而求之經，亦下學而上達耳。」[172]

「讀什麼書」朱舜水重視，「該怎麼讀書」朱舜水也未曾忽略。石原道博《朱舜水關係史料補說》一文中指出：天理圖書館中收藏朱舜水親筆撰寫給弟子安積覺的「逐日功課自實簿」詳載每日具體的學習內容。[173] 不只視每日讀書為學子必備的功課，書該怎麼讀朱舜水也有經驗傳授，如前述說史學的閱讀法。另外，談及禮學部分，由於明末清初禮學研究再度受到重視，諸多與禮學相關作品流傳海外，其中又以宋朱熹《文公家禮》[174] 頗受日本人重視，德川光圀或

---

171 （明）朱之瑜《朱舜水集》頁 368。

172 （明）朱之瑜《朱舜水集》頁 274。

173 石原道博〈朱舜水関係史料補說〉《茨城縣史研究》，1965 年(昭和年)3月 25 日。

174 王燕均、王光照校點《朱子全集・家禮》一書時指出：一、《家禮》一書的出現，正順應了當時的儒者意在振興古禮以求自強的時代潮流。同時，

日本儒學者，問禮於朱舜水時皆好舉《文公家禮》所言之禮儀規範為例。但是，宋元以降禮學特色「緣俗則禮行」，禮學內容喜好參雜佛道或俗禮[175]，《文公家禮》所載禮儀條例即是如此，再加上問禮者多為諸侯、士人階層，故朱氏言：「《文公家禮》若諸侯之禮未可盡以此為憑也。」[176]雖然，在教導弟子安東省庵時曾說道：「《文公家禮》，覓得速速寄來，以便起手。更得《儀禮》、《周禮》為

又由於其書所定禮儀皆於古有徵且簡約易行，故很快便在社會上廣泛傳布，以至宋元以降，成為一般家庭和宗族公認的治家禮範和行為準則。尤其值得一提的是，此書在問世後不久，很快便傳到了東亞儒教文化圈的朝鮮半島和日本，並產生了很大的影響。二、《家禮》不是那種傳統意義上專用的「貴族之禮」，而是通用於整個之社會的、更多地方地考慮到社會普通家庭的「庶民之禮」。三、《家禮》一書不但是朱熹的一部頗有影響的禮學著作，同時也是他最具爭議的著作之一。……清代，疑古之風漸盛，王懋宏在撰《朱子年譜》的同時，明確否定《家禮》為朱子之書。此說後來又受到《四庫》館臣的贊同，稱之為「考證最明」，「精覈有據」，「是書之不出朱子，可灼然無疑」。由於《四庫提要》在當時的權威性，故經此裁斷，《家禮》之偽遂幾成鐵案。頁 857~865 案：由上述其幾項說明，可知《家禮》一書因與朱熹《儀禮通經傳解》中所擬寫的「家禮」有所差異，遂衍生後來學者一些疑義。平心而論，《家禮》某些化繁為簡的作法實與宋元時期百姓生活相結合。或許，它內容上未必合於諸侯層級之禮，卻是十分符合當時社會上普世之需求，另外，此書也不會因為作者是否為朱熹本人而減損其存在價值。此書影響極大，就如同朱舜水築居日本時，它早已流傳甚廣，也因為如此，凡問禮於朱氏者無不舉《家禮》為例。

[175]　張壽安《十八世紀禮學考證的思想活力》頁 123，中央研究院近代史研究所，2001 年 12 月。

[176]　（明）朱之瑜《朱舜水集》頁 295。

妙。不考定諸書，不見定裁，恐不尊不信，不信不從也。」[177]對照二種說法，可以略知朱舜水在日本傳遞禮學上，針對一般百姓談禮以《文公家禮》做為底本，但是，《文公家禮》並非適用於所有階層的人物，也因為如此，他企圖要日本執政者理解且能回歸禮儀最原初狀態，故多引經文史書的事件和禮儀內容對應，依此讓日本儒者更清楚了解中國禮儀內涵、解除種種疑惑並找尋到合於己身之禮。

至於有關四書閱讀方法，朱舜水〈答太串次郎左衛門書〉一文指出：

> 學者亟誦大學，非論孟後於大學，亦非謂論孟之義不如大學也。至於中庸，雖聖人傳授極致之言，大本大經，參天地，知化育，然亦子思子為下學而作也，非曰言性言天，下學必當後之也。[178]

從內容來看，朱舜水認為各類書籍皆有其義旨，不因閱讀先後而顯示其價值高低，同時也指出《中庸》內容是子思子為下學而作，所以，應於《論孟》、《大學》之後閱讀。約略看來，朱舜水理想中四書閱讀次第為：《大學》、《論孟》、《中庸》，這與朱熹訓戒弟子：「每日看一經外，《大學》《論語》《孟子》《中庸》四書，

177　（明）朱之瑜《朱舜水集》頁 368。

178　（明）朱之瑜《朱舜水集》頁 67。

自依次序循環看。」[179]的認知相同，郭齊〈朱熹《四書》次序考論〉
指出：

> 朱熹晚年對《四書》次序作了兩種性質的規定，一是從便於
> 治學出發，排列為《大》、《論》、《孟》、《中》，或《論》、
> 《孟》、《中》、《大》；一是從反映作者先後和體現「道
> 統」出發，排列為《大》、《論》、《中》、《孟》。[180]

或從治學的角度說明、或從體現「道統」上來談閱讀四書次第均有
其個人思想脈絡。依此進一步探究，明代文人在科舉規定之下閱讀
四書，是否重視這為學次第呢？郭齊又從《四庫全書總目提要》的
說法裡指出：

> 「原本首大學，次論語，次孟子，次中庸，書肆刊本，以大
> 學中庸篇頁無多，併為一冊，遂移中庸於論語前，明代科舉
> 命題，又以作者先後，移中庸於孟子前，然非宏旨所關，不
> 必定復其舊也。」這種看法顯然是錯誤的。…朱熹對《四書》
> 次序的規定是客觀存在的。[181]

---

[179]　（宋）黎靖德編《朱子語類》頁 2813，中華書局，1999 年 6 月。

[180]　郭齊〈朱熹《四書》次序考論〉《四川大學學報（哲學社會科學版）》第
六期，2000 年。

[181]　郭齊〈朱熹《四書》次序考論〉。《四庫全書總目提要》經部四書類一，
第七冊，頁 103，台灣商務印書館 1931 年 4 月。

郭齊嚴肅看待朱熹在《四書》次第之間所傳達出的治學、道統想法，這無疑客觀陳述了朱熹提示弟子閱讀次第的內涵，隨後談及《四庫全書總目提要》說法並指出「這種看法顯然是錯誤的」，無論郭齊是指：《四庫提要》編撰者那句「然非宏旨所關，不必定復其舊也」錯了，還是，明代刊本「大學、中庸併為一冊」錯了，抑或是「科舉命題以作者先後移動四書次序」錯了，在這論述之中可以窺見明人撰寫《四書》相關內容書籍時並不嚴格規定排列次第，但是，這並不表示他們不重視《四書》閱讀原則。例如：明末王夫之閱讀《四書》後所做的集子排列次序也就是依據《四書大全說》將《大學》、《中庸》併為一冊，之後羅列《讀論語說》、《讀孟子說》。另外，在書中曾指出：

> 《大學》一書，自始至終，其次第節目，統以理一分殊為之經緯。故程子以此書與西銘並為入德之門。[182]

> 《中庸》一書，下自合妻子、翕兄弟、上至格鬼神、受天命，可謂盡矣。[183]

> 讀《論語》須別一法在，與《學》、《庸》、《孟子》不同。《論語》是聖人徹上徹下語，須于此看得下學、上達同中之

---

[182]　（明）王夫之《讀四書大全說》頁 441，嶽麓書社出版，1991 年 12 月。

[183]　（明）王夫之《讀四書大全說》頁 487

別，別中之同。[184]

《孟子》七篇屢言與王業之事。[185]

綜觀上述，無疑的明人在《四書》閱讀上重視的——內容理解以及是否能修養心性和實際對國家、政治等「致用」之效，同時也適時提醒各書特質及閱讀目的，至於，讀者則依其自身治學、教學原則各有條理，就像朱舜水給的閱讀次第恰巧是朱熹教育弟子的方法，亦是與《四庫全書總目提要》明代科舉命題次序相同，總之，單從明人撰書的排列次第就認為他們忽略治學之旨或道統的論點實得再多加商榷。

3.談水利、輿地與農兵

趙園《明清之際的思想與言說》指出：明人將軍事的失敗歸因於文、武分。[186]謝國楨說：「明末學者尤喜歡談兵，而旁及天文、輿地、政治、經濟、農田、水利之學。他們讀書，不是單停留在書本上，而是從實踐中體驗出來，其目的是在致用。」[187]無論是歸因，還是目的，皆可知這股言談風氣，和史學、經學、地理學、水利學等學術的發展，以及明亡的反思，一起興盛起來。朱舜水也談水利、農田、及經濟。石原道博《朱舜水》說道：

---

[184]　（明）王夫之《讀四書大全說》頁 584

[185]　（明）王夫之《讀四書大全說》頁 989

[186]　趙園《明清之際的思想與言說》頁 134，三聯書店，2008 年。

[187]　謝國楨《明末清初的學風》頁 34。

　　　　明末徐光啟《農政全書》六十卷及崇禎丁丑十年（1637 年）
　　　　宋應星《天工開物》十八卷，當時朱舜水三十八歲。[188]

暗指著三十八歲尚未離開中國的朱舜水應受這類書籍的影響，蘇嘉
〈徐光啟和《農政全書》〉一文指出：

　　　　《農政全書》在徐光啟去世時尚未完稿，由其門生陳子龍整
　　　　理成書。崇禎十二年由應天巡撫張國維刊行，稱平露黨刻
　　　　本，清刻本很多，舉不勝舉。[189]

換言之，與這些人物有所接觸的朱舜水接受農田、水利思維，進而
談論更無不可能。在日本，朱舜水曾和平賀舟翁談農田阡陌、溝渠
的規劃與井田制度內容[190]，亦與岡崎昌純等人言農民與執政者相互
之關聯[191]，凡此皆為明人實學政策思維，為朱舜水在日本實際推
動、傳說的依據。

　　另外，明代文人集團活動的興盛彼此往來，山川林野皆是文人
好遊之處，再加上明成祖好大喜功為展示國力，初始派遣鄭和下西
洋帶領起航海探險，以及明人海外貿易風潮興起，等等情狀明代遂
也出現了不少地理學方面的作品，例如：晚明徐霞客《霞客遊記》；

188　石原道博《朱舜水》頁 202，吉川弘文館，1989 年（平成元年）12 月。
189　蘇嘉〈徐光啟和《農政全書》〉《出版史料》第四期，2009 年。
190　（明）朱之瑜《朱舜水集》頁 89~90。
191　（明）朱之瑜《朱舜水集》頁 100。

費信《星槎勝覽》等。朱舜水到了日本，由於實際海外遊歷經驗，均能回應日本人好奇詢問的中國以及東南亞等地理常識。其實，在中國讀書人眼裡：文、哲、史、地從不分門別類單獨閱讀，於是，朱舜水在日本推動讀史，當遇到日本人讀中國史書，卻不知其事件發生的位置時，他多會一一說明，甚至，在日本人參看中國地理志後，若有疑惑，朱舜水也能適時地修正地理書的訛誤，並補充說明。[192]換言之，明末文人企圖摒除空虛之學帶來的國家滅亡經歷，從此進行實學、致用之學的推動，恰巧明末多元的內、外（基督教、西方科學等）文化刺激在此時期出現，帶來了明亡之後新的學術風貌。

　　藉由朱舜水對於文人的期待，窺知其對自身的期許，間接地，學術思維也受到一定程度的影響。在晚明學術風潮多元興盛時期，朱舜水接受了史學協助釐清國家危亡、以及如何治理的思維。《四書》、《五經》的閱讀也帶來經世致用的理論建構，同時，農田、水利書籍的刊行也協助了實學的實踐，地理學帶來視野更廣、更全盤的理解，凡此種種，有助於致用之學的推動。

　　其實，晚明還有另一股禮學風潮，它直到清初才較為顯著，這也是朱舜水在日本推動實學中重要的課題，他曾作〈太廟典禮議〉、〈改定釋奠儀注〉等內容，認為從政治系統到民間團體，唯有這一切合乎禮儀，有次序和規範，那麼國家社會自然能得到治理。平心而論，在朱舜水推行實學過程中——由《朱舜水集》整體看來——應是以禮學推行做為「經世致用」的主軸。四十五歲之前生活於中國的朱舜水，受到明代文人學術風氣的影響甚多，但是，明末禮學

192　（明）朱之瑜〈答五十川剛伯〉《朱舜水集》頁 363~364。

還未興盛，只有少數學者注意它在國家、社會秩序的作用，朱舜水
隨著流亡海外，面對的諸多課題早已與中國國內學者不同，因此，
他的學術不只承襲國內文人，同時也選擇談禮學，必有其一定目的
與意義。

第四章　朱舜水在安南之異國生涯探討

　　虜人（滿清）勢力進入中原，崇禎自縊象徵著明朝政權正式瓦解、結束，繼之而起的則是民間一股「復明」的社會運動聲浪，各方人士擁護自己理想中明朝之朱氏遺裔——福王（朱由崧）、唐王（朱聿鍵）、魯王（朱以海）、桂王（朱由榔）——並以他們血緣系統脈絡作為繼承國家政權的合理性依據，企圖成立反清復明之新政府。然而，在這期間各被擁立的流亡政權，竟彼此互爭正統，或與姦相、賊官合作，對於真正復明功業並無實質上助益。換言之，明亡後此類爭權奪利的鬥爭、內部消耗及腐壞國家的政治性活動，只會讓具有高道德使命感的讀書人陷入矛盾兩難中，例如：朱舜水。他心中急欲復明，但是，現實惡劣政治環境又逼迫他必須作一抉擇，究竟要以死報君恩？抑或是隱逸山林？還是依附新政權？總之，他抵不住自己對明朝政治的矛盾，於是寧可選擇連夜遁逃他鄉，就此展開長達十多年往返舟山、安南、日本等地的流亡生活，甚至到八十多歲老死時都還漂流海外無法回歸故里。

　　常理而論，面對國家有難，身為知識分子應仕卻不能仕、不肯仕，甚至情願選擇流亡國外，朱舜水這項行為讓周圍的人對他產生

疑慮。因此，同朝漂流海外共謀復明大業的志士們，以及異國人士（日本儒學者佐藤直方）也曾對他的人格產生質疑。日本弟子安東省菴問道：「老師徵辟不就，其義如何？」朱舜水文章中屢次提及明朝徵召一事，即便是流亡政權也曾對他釋出招幕之意，既然朱舜水滿腔熱忱於復明大業，為何在新興政權魯王最急需用人時，卻不予以援助呢？安東省菴因此深感疑惑，朱舜水卻如此回應他，說道：「吳徵君時，當國者李相公賢，賢相也，英宗復辟之後，賢主也，尚有可就之理。徵不佞時，當國者為馬士英，姦相也。」[1]這裡朱氏明白指出：一個國家倘若擁有賢相、賢主，那麼雖然一時間被殲滅，還不足以恐懼，國家仍舊有重振和興復的希望，反之則否。如前所述，南明流亡政權的不穩定性，即 Lynn A. Struve "The Southern ming, 1644~1662" 所提及：這一群明朝的貴族，長期以來僅接受國家給予資源，但是，對於國家事務並不熟悉、無親身經驗，另外，與其合作、在身邊的遺民們則見識狹隘。[2]針對此種情狀，令人不得不深思「復明」究竟是否真對國人有益？混亂的南明政權的確讓朱舜水等明末遺民們產生顧慮。

總而言之，明末遺民、知識分子均以逃禪、殉國、流亡他國等方式做為積極面對這青黃不接的時期。朱舜水則是選擇與恩師、友人共赴海外求援救國，自 1645 年後，展開他流亡海外的生涯。筆者以為，朱舜水生命中長達二十多年的流亡日子裡，他先是逃離清朝（逃離明亡），之後則是為了逃離南明政權。換言之，初始的「逃」

---

[1]　（明）朱之瑜《朱舜水集》頁 371。

[2]　Lynn A. Struve "The southern ming, 1644-1662".

是與大部分遺民選擇面對亡明態度一樣，如趙園所道：「『遺民』
不止是一種身分，而且是一種狀態、心態，如上述待變，待亂，為
此甚至不惜自欺。」[3]遺民必定有特殊自我價值認定的趨向，朱舜
水和那群殉節、以死明志的摯友、老師們不同；還有，也與黃宗羲
之類，留在中國拒絕出仕，最終卻和清朝擁有微妙互動的遺民相
異；另外，更不同於明亡立即投入清朝懷抱的貳臣們，朱舜水自身
擁有著一種很微妙道德、心靈狀態支持著，因此，從乞師、流亡海
外、在日本仍叨念家中弟子不可為虜臣、甚至警示家中弟子若欲來
日本必得著明衣冠，面對死亡時更叮嚀日人在墓碑上寫下「明徵君」
的字樣。或許這樣今人看來久居異國，至死未歸，卻在墓碑上頂個
「虛名」無疑是自欺行為。無論如何，我們後人已無法猜測，這種
外在形象上的儀式是否具有實質上的意義，至少，為朱舜水自身帶
來更深刻價值和意義是無庸置疑。

　　朱舜水曾說道：「古者君滅國亡，其卿大夫以及公子、卿大夫
之子，義可無死者，皆出奔他國。」[4]「義可無死者」這五個字便

3　趙園《明清之際的思想與言說》頁 48。另外，趙園《明清之際士大夫研
　　究》一書也指出遺民生存方式：逃禪，衣冠，交接，生計，葬制。頁244~298。
　　案：逃禪是許多明遺民除了殉節之外的選擇，這即如前章節所言，明文人
　　與佛僧之間交往密切，好遊寺院，再加上儒者本就存在著隱或仕的態度，
　　故這一風潮便自然而生，例如：方以智等人。此外，衣、冠、髮等看來平
　　凡的事物在此時期也形成極具意義的象徵，例如：朱舜水的著明服留髮，
　　王船山出門時亦是撐傘穿屐，目的在於頭不頂清天，腳不踩清地。總言之，
　　即如同趙園所述：明遺民藉由諸多方式讓其存在具有意義，縱使面對新朝
　　人們存有許多內在矛盾，但至少仍珍愛生命、延續自身對國家社會的價值。
4　（明）朱之瑜《朱舜水集》頁 38。

點出他對自身生命價值的認定，不欲以死明志是他身為知識分子合宜的自我意志選擇，不肯與姦人共事，故逃離亦是知識分子理當如此的自我處世原則，二十多年留居日本後不僅發揮其自身價值並流傳於後世。

在理解朱舜水大略流亡海外的原因及價值後，再回到 1645 年~1659 年幾近十五年往返舟山、廈門、安南與長崎，四處漂泊的日子裡，其實，人居處在環境巨變的狀態之下心靈的矛盾和亟待安頓均非旁觀者所能理解，朱舜水出生中國、過渡安南、死於日本，期間經歷中國境內的人文豐饒與貪腐、安南藩屬政權與明代文士之間的矛盾、中國政權的封閉及日本多好學、有禮者的官員、文士，凡此種種人、文化、政治等場域裡存在著與異國人的矛盾、衝擊頗讓朱舜水深刻體會，吾人可說，三階段成就三個不同面貌的朱舜水，也因在這三個期間內朱舜水的學術思想等方面發展，則可窺見那中華文化在他身上的延續、繼承，以及轉變，和那最終自成體系的狀態。

1645 年~1659 年間朱舜水最精彩的生命轉換，除了前往日本乞師之外，其中短暫停留安南時的種種事蹟影響也甚深。朱舜水曾洋洋灑灑地紀錄了好幾頁居處安南時的事蹟，將所有關他與安南官員問答及書札等匯集為一冊，名為〈安南供役紀事〉。〈安南供役紀事〉自敘中，朱舜水曾說道：「瑜則無所奉也，無所奉則不必記，然關於國也，關於國則不敢不記」。[5]究竟什麼樣的事，又讓他激

5　　（明）朱之瑜《朱舜水集》頁 14。

烈地說出：「不死不足以申禮；然徒死亦不足以明心」[6]，看來應有與國家榮辱相關，且非得要徹頭徹尾記上一筆。於是，綜覽通篇〈安南供役紀事〉，事件就從安南國王欲召明人識字者協助政事開始，還沒有延攬成功，安南人竟徒勞無功地只在「不可不拜」安南國王一事上打轉，甚至，因為朱舜水的「不拜」讓他們群臣們氣到跳腳。[7]

「拜不拜」對於中國、安南等國家的人而言，不是僅僅只是動作、行為，它可以是「禮」的展現或是其他意義，換言之，每一個肢體動作的呈現其背後必定具有某種象徵意涵，它可以說是另一種語言表現形態。於是，長期以來，居於有「禮」泱泱大國的士人，面對那隸屬於明朝二十多年，並被視之為蠻夷地區的安南國王、臣子們，明遺民朱舜水「不欲拜」的表現激烈更是可想而知。〈安南供役紀事〉文中記載著：

> 因瑜外江人，隨發醫官黎仕魁家，令黎醫官委曲勸諭，云：「不拜則禍不測。」答云：「瑜隻身至此，豈敢抗大王！顧誠不可拜，又不敢畏威越禮。」是夜往復再三，夜分不已。云：「不拜則必殺無疑。此間殺人極慘酷，何不自愛至此？」同行者俱極力排詆，瑜勞倦已極，屬聲答云：「前日從會安來，與親友俱作死別，非至此方拚一死。今日守禮而死，含

6　（明）朱之瑜《朱舜水集》頁 14。

7　（明）朱之瑜《朱舜水集》「將相文武大臣，通國震怒，謂瑜挾中國之勢，欺陵小國，共啟國王，誓必殺瑜」頁 18。

　　笑入地矣。何必多言。」黎亦憤亦憐，乃云：「既堅意如此，
　　再不必言。」遂復該艚。[8]

上述文中可見安南國人想達到讓明人朱舜水拜安南國王一事，不僅
一日之內軟硬兼施，最後竟落得自己氣急敗壞的模樣。朱舜水這些
描述內容如今看來甚是有趣，然而，可以想見在那時他的確受盡煎
熬，故發出「勞倦已極」一語。但是，從「拜不拜」事件發生過程、
結束，內容敘述中不得不讓人思考，遺民們在面對亡國後的那種微
妙心理變化──朱舜水情願逃離家鄉、拋棄家人，也不肯以死明
志，卻對安南國人提出不合於他所認知、同意的禮節時，竟以可一
無反顧、慷慨以死赴義。換言之，「拜與不拜」不僅僅和禮具相關
性，同時也牽連出朱舜水（包括不以死殉節的遺民們）對明亡後「死
與不死」那隱微的態度。

　　此外，普遍明朝讀書人對於安南國人的態度，首先，皆來自於
外交政策上的認知，於是，朱舜水逃往安南，乞師安南，又不拜安
南國王，有求於人者竟不肯順應對方規則，其間除了隱含他性格特
質之外（如上所述），是否也潛藏政治思維（安南政策）的理解？
故本文欲藉由安南與明朝人互動的史實資料對照，然後，進一步理
解朱舜水在這階段（時期）思想轉折與變化。

---

[8]　　（明）朱之瑜《朱舜水集》頁 19。

第一節　明代文人及朱舜水對安南的認知

一、明代歷來君主的安南政策

安南在中國漢代時曾被納入國土，唐朝後則與中國保持從屬、藩屬關係，按時進貢。但是，安南人也從未真心臣服於中國，這緊張的關係一直持續著。依《明史》所載，洪武年間明人欲令安南歸還思明一地，其間反覆交涉，然而，狡猾的安南陳氏（陳順宗 Trần Thuận Tông，1378 年~1399 年，是越南陳朝的第十二代君主，1388 年至 1398 年在位。名陳顒 Trần Ngung，《明史》作陳日焜。）卻採取了模糊的政策，甚至，最後還出黃金二錠、白金四錠及沈檀香等，用以賄賂陳誠（1365~1457 年，字子魯，號竹山）。明臣面對如此無禮及狡猾的安南人對待，曾經建議國君應當殺了陳日焜，只不過這個建議沒有被採用。明太祖（1328~1398 年）在位期間對於安南國人的種種作為，曾無奈且感慨說道：「蠻人怙頑不悛，終必取禍，姑待之。」[9] 總之，這是明朝朱元璋建國以來與安南國之間印象極為不好的接觸開端，由於中國境內對安南政策仍舊有諸多考量，故明初還是與安南建立起宗藩關係。

直至明朝第三位皇帝，成祖朱棣（1360~1424 年，在位期間 1402~1424 年）時期，仍承襲明太祖對安南的外交政策，和安南繼續保持友善與良好關係之政策。然而，此時期的安南國境內，權位篡奪爭亂興起，再加上安南國不斷干擾明朝邊境思明等地，因此，

9　　（清）張廷玉等撰《明史》頁 8234~8235。

促成了朱棣合理發兵干預安南國政的契機，此為明朝開國以來較激烈的安南政策。[10]吳迪曾在〈明成祖安南政策的雙重性〉如此談道：

> 面對交趾局勢，明廷不斷派兵鎮壓，然成效甚微，一直到宣德之初仍不能平。面對安南的反抗，明廷的態度是很矛盾的。很顯然，對於成祖來說，企圖超越對安南宗主國權限的行為失敗了。……由於他的上台背景，他不會輕易放棄安南，在他看來放棄有傷天朝自尊，更會在國內外造成對他的統治不利的輿論。可是，在另一方面，與安南的傳統宗藩關係又常使明廷思索恢復明初的舊制。[11]

吳氏認為：明成祖朱棣除了是想要保持大國風範、主持正義外，其中更重要的是——維護自身政權。在經歷靖難之役後，他從姪兒手中取得政權，非政治正統及諸多政治風波裡，朱棣得讓自己在當時國家政績上立即有所成就、作為，安南國自身的困境和不斷干犯中國的確給了明朝發兵最好理由。明成祖遂展開征討、平定等軍事活動，最終還在安南的領地上設制布政司。[12]從歷史記載裡得知，好

10　鄭永常〈論明成祖出兵安南及郡縣其地的問題〉頁 143~178《成大歷史學報》，第十九期，1993 年 12 月。

11　吳迪〈明成祖安南政策的雙重性〉《忻州師範學院學報》第 25 卷第 3 期，2009 年 6 月。

12　（清）張廷玉等撰《明史》〈張輔〉傳中記載：「安南平，得府州四十八，縣一百八十，戶三百十二萬，求陳氏後不得，遂設交趾布政司，以其地內屬，自唐之亡，交趾淪於蠻服者四百餘年，至是復入版圖，帝為詔告天下，

大喜功的明成祖這次舉兵南下，軍事活動不僅僅消耗許多國內資源，同時破壞長期以來中國與安南之間的平和宗藩關係，也悄悄激起安南人的仇明心態。[13]越人陳重金（1883~1953；越南語：Trần Trọng Kim；又譯陳仲金，越南河靜省人，歷史學家、政治家。）《越南通史》裡是如此反省著這一場巨變，安南人是如何讓明朝有機會統治？造成這錯誤是何原因呢？他說道：

　　明朝佔據家南之地：明朝並非有愛於陳朝而來攻胡朝，不過

　　諸王百官奉表稱賀。」頁4221。

13　可參考：吳迪〈明成祖安南政策的雙重性〉一文，以及山本達郎《安南史研究1》第二編〈第一章明初に於ける安南との關係〉頁269~279，山川出版社，1995年6月。夏燮（1800~1875）《明通鑑》〈三編〉御批也指出：「安南既列藩封，其篡弒相尋，固王法所必討。然成祖自燕邸稱兵，身冒不韙，其得國所自，與胡父子亦何甚逕庭？成祖既欲明正其罪，然自返慚德，何以為辭！顧乃令其狀上聞，興師進討，其與楚靈王負慶封斧質以徇于軍者，又何以異？所以歸國之請使方來，而芹站之伏兵已起，坐為遠夷所侮。雖由黃中等昧于機宜，亦其德之不足以服遠，雖憚以兵威，終無益也。」頁632，中華書局，1980年7月。夏燮不滿官修《明史》，於是，決心從事明朝歷史研究，依據《明實錄》、《清實錄》、《明史》、《御批通鑑輯覽》、《御批通鑑輯覽》等官書及各種野史等資料，經歷二十多年後遂完成《明通鑑》，因一人獨力完成難免有所缺失，但是，卻為察看明代歷史重要資料之一。其中對於明成祖出兵安南一事，取歷史事件春秋時代齊國大夫慶封之事來比喻，史料中記載，慶封與崔杼共同篡殺齊莊公謀取權位，之後又趁崔杼家中內亂殺了他。慶封雖然後來將位子交給兒子，總之，整個事件到最後慶封的兒子被殺，慶封也在楚靈王伐吳時被取其性命了。換言之，夏燮《明通鑑》內容似乎對於明成祖發兵安南一事頗有意見，可做為參考。

是乘陳朝失掉帝位之機率兵水取南國而已。且因我安南人常
有依賴性，遇事只想依賴他人，而不知自己應堅韌不拔地努
力去做。平時還能看出中國人的豺狼之心，而一旦國內發生
變亂，卻又跑去乞求人家來。這何異於引象踏祖墳。[14]

或許正如同陳重金所言，安南人依賴性格造就了明朝人破壞安南政
權的機會，又恰巧遇上正想要有一番作為的明成祖，於是，一場不
美麗的誤會便由此展開。統治者倘若治之依禮且合理，那麼百姓自
然安居樂業，甚至可以「不知有王」。但是，明朝成祖時期對安南
的治理上，似乎不合乎政治理想，安置在安南的部分官員有些曾是
投降於明朝的安南人、或是品德不佳的人。簡言之，造成安南人是
如此認知明朝對於他們的管理政策，《越南歷史》裡記載著這一段
歷史：

> 明軍取消了民族獨立，摧毀了國家機構，陰謀在我國恢復五
> 世紀前的郡縣制度。1407 年 4 月，明朝把我國改為「交趾
> 郡」。自此，一套外國的統治機構從郡直到府、州、縣都建
> 立起來。……明軍採用了殘暴的鎮壓和迫害手段。……在經
> 濟方面，明朝實行了殘酷剝削、榨取的政策和手段……他們
> 加緊破壞我國的民族文化遺產，並極力推行同化政策。……
> 我國人民面臨著一場十分嚴峻的考驗。這就是祖國的存亡、

14　（越）陳重金著，戴可來譯《越南通史》頁 138，1992 年 12 月。

民族的獨立、人民的生存權利和人的尊嚴。[15]

換言之，明朝人們認為安南人的不友善，正如同安南人視明朝人為
豺狼之心，這種相互敵對又矛盾的心理狀態，便在明朝統治安南國
二十多年，安南國人十多次對明朝起義、反抗的行為中呈現出來。
[16]之後，明朝仁宗朱高熾（在位期間 1424~1425）在位期間，早已
不想再去處理安南人民對於明朝聚眾反叛的事，只是，在仁宗尚未
能將明朝駐軍及官員退出安南的想法實踐時，他便死去。

　　接續其後，明宣宗朱瞻基（在位期間 1425~1435）則極力的完
成徹離安南駐軍和官員之事，《明史》中如此紀錄：

> （黎）利既與（王）通有成言，乃詭稱陳氏有後，率大小頭
> 目具書詣升軍，乞罷兵，立陳氏裔。升不啟封，遣使奏聞。
> 無何，升進薄倒馬坡，陷歿，後軍相繼盡歿。通聞，懼甚，
> 大集軍民官吏，出下哨河，立壇與利盟誓，約退師。遂遣官
> 偕賊使奉表及方物進獻。沐晟軍至水尾，造船將進，聞通已
> 議和，亦引退，賊乘之，大敗。……帝心知其詐，欲藉此息
> 兵，遂納其言。初，帝嗣位，與楊士奇、楊榮語交趾事，即

15　越南社會科學委員會編著《越南歷史》頁 266~269，人民出版社，1997
　　年 6 月。

16　越南社會科學委員會編著《越南歷史》「明軍打敗了胡朝，但並不能使越
　　南民族屈服。正當統治階層為了宗族的私利而使國土淪喪、民族遭受恥辱
　　的時候，我國人民仍然保持了象徵著民族的崛起和自豪的英雄氣概。」頁
　　269。

> 欲棄之。至是，以表示廷臣，諭以罷兵息民意。士奇、榮力
> 贊之，惟蹇義、夏原吉不可。然帝意已決，廷臣不敢爭。[17]

宣宗一上位便積極地找尋放棄安南的政策支持者，當然也有反對者：張輔、蹇義、夏元吉等人，然而，如同鄭永常〈論明宣宗棄守安南〉所言：「柳升、王通等人的喪師辱國……明朝在安南二十年來的統治，仍然找不出一種有效的管治方法。以當時的國力而言，若要發動一場不惜代價的戰爭，中國還是可以應付的。」[18]依《明史》記載，是足以可以見著當時明宣宗棄離安南的心意已決，無人能夠更動，總算藉由王通與黎利多次議和後，在 1427 年時黎氏假說安南陳氏有後裔，欲擁立他，便上書宣宗。宣宗雖也知道此書信內容所言皆為偽，但是，這何嘗不是給了明朝與安南雙方都有台階下的機會，於是，當年明朝正式退出安南，讓安南陳氏後裔繼續管理安南，安南人同時得到爭取二十多年的自由。只是再對照《越南歷史》其中卻如此記載著：

> 王通驚慌萬狀，一方面秘密派人回國請求援兵；另一方面請
> 求與起義軍和，作為緩兵之計。……面對這種情勢，起義軍
> 指揮部仍主張繼續談判，借談判的機會來揭露敵軍的非正義
> 性，指出其必然滅亡的下場……我軍追擊敵人，殺死兩萬餘

---

[17]　（清）張廷玉等撰《明史》頁 8324。

[18]　鄭永常〈論明宣宗棄守安南〉《國立成功大學歷史學報》頁 199~227，第20 期，1994 年 12 月。

人，活捉一千。兩支援軍的被消滅，使得王通和在各城裡的
敵軍完全陷入絕境，不得不請求投降撤軍回國。……以黎利
和阮荐為首的起義軍指揮部不僅讓敵軍安全撤退回國，而且
還供給敵軍糧食、成百艘船和成千匹馬。正如阮荐所說的，
這是結束戰爭的深謀遠慮的並且具有創造性的辦法，它既保
存了明朝的面子，又深刻地表達了我國人民的和平意志和寬
廣的人道主義胸懷。[19]

從越南人的口中，明朝是在兵敗如山倒後投降回國，並未有黎利與
王通議和之內容，甚且直指安南人對待明朝人「以德報怨」的寬厚
態度，這的確是很有趣的二國史料對照，至於，明朝是否真如安南
人所言落魄離去，安南人是否如明朝人所言內有正統政權後裔，山
本達郎〈第四節 黎利の北進と停戰協定〉一文中指出：《抑齋集》
「（16）再與王通書」裡有著黎利議和書內容，說道：「前者得書
併草本所言，要赦安罪復立陳氏遺嗣，僕與諸頭目軍人等莫不歡欣
鼓舞，相謂果能如是，今後南北無事矣。」[20]在《大越史記》宣德
元年條例中卻說道：「王通計窮援絕，亦遣人齎書通好，猶恐明帝
見罪，又以永樂詔書立陳氏後為辭，勸平定王（黎利）訪求陳氏子

---

[19] 越南社會科學委員會編著《越南歷史》頁 291~292。

[20] 山本達郎《安南史研究 1》第二編〈第九章 黎利勢力の發展〉頁 709，山
　　川出版社，1995 年 6 月。另外，〈第十章 安南の獨立回復〉頁 721~760
　　皆對明徹軍一事有所討論，其中例舉了不少《抑齋集》所記議和書內容及
　　與其他史料之間的矛盾，皆可以參看。

孫立之。」[21]換言之，安南國人的記載與他國皆不相同，王通與黎氏謀安南與明朝議和、上書的內容明人記載卻與《大越史記》有差異。但是，經由上述引證內容則無疑地可知：王通在中國與安南之間扮演重要的角色。二國國史記載中的落差內容，則可見各國人自對於自身歷史的詮釋及深厚國家意識的展現。

身為明朝遺民的朱舜水，對於這一段中國與安南交往的歷史卻有著如此想法，他曾言：

> 交趾先為布政司，以其數反覆，宣宗皇帝棄之。[22]

對於明宣宗時期，明朝政權離開安南地區一事上，朱舜水認為：離開安南是明朝人「棄之」，換言之，非明朝戰敗以求和，而全是明宣宗個人意識，於是，明朝遂自動離開放棄安南。朱舜水「棄之」二字的背後，其實也隱含著中國人歧視他國為蠻夷、附屬的優越心態，即如陳文源〈明朝士大夫的安南觀〉所指：「即使安南在某種形式上得以獨立，但士大夫們並沒有在意識上接受這一事實。……意識上維持對安南的擁有，安南之情結可謂根深蒂固。」[23]「只要

21　《大越史記全書》：為後黎朝官方編修的越南編年體史書，採用漢文體，由吳士連於 1479 年編成，共十五卷。其後經范公著於 1665 年增加本紀實錄五卷、黎僖於 1697 年增補本紀續編一卷。1984~1986，由東京大學東洋文化研究所附屬東洋學文獻センター出版的校合本《大越史記全書》，共有三十卷。

22　（明）朱之瑜《朱舜水集》頁 410。

23　陳文源〈明朝士大夫的安南觀〉頁 115，《史林》，2008 年 4 月。

安南對明朝表現出那怕只有形式上的『恭順』，明朝士大夫均可以
『容忍』其國內之篡逆以及對周邊小國的侵擾，這一態度在晚明尤
為明顯。」[24]於是，或言「棄之」，或言「容忍」在言語文字背後
無不顯露出明代文人自我優越及對安南關係變化的無奈。

　　明代文人的安南觀，其實在宣宗之後，還曾經歷轉折，明世宗
朱厚熜（在位期間 1521~1566）在安南發生國內胡登庸篡奪黎氏政
權時，黎氏官員前往明朝請求出兵協助平定內亂，世宗則預謀藉此
事件再取回安南，於是，嘉靖年間遂與群臣商議征討安南，然而，
這事並未獲得太多官員的認同，唐冑（1471~1539，字平侯，號西
洲）上書七則不應出兵安南的理由[25]，潘珍（1477~1548，字玉卿，
號朴菴）也曾言不須出兵的看法，談道：

> 陳高、莫登庸皆弒逆之賊，黎寧與其父譓不請封入貢亦二十
> 年，揆以大義，皆所當討，何獨徇寧為左右。且其地不足郡
> 縣置，叛服無與中國。今北敵日蕃，聯帳萬里，烽警屢聞，
> 顧釋門庭防，遠事瘴蠻，非計之得。……賊父子不擒則降，
> 何必勞師。[26]

簡言之，二人皆不讚同出兵安南一事，認為當時明朝國內政治早已
消耗許多資源，再加上邊防多事，倘若出兵無疑是勞民傷財。更何

24　陳文源〈明朝士大夫的安南觀〉頁 118。

25　（清）張廷玉等撰《明史》頁 5357~5359。

26　（清）張廷玉等撰《明史》頁 5360。

況明人早已看清安南人的性格了，只要等待時機，他們自然會再依
附明朝。如此的言論，或許是看穿了明世宗出兵心態的不單純，無
論是因安南「不入貢則欲征討之」，或為了平撫安南內亂，總之，
明朝倘若出兵，將的的確確會破壞長久以來傳統平和友好的外交關
係。越南史學家陳重金《越南通史》是如此看待世宗欲出兵安南一
事，他指出：

> 莫登庸篡奪黎朝帝位後（1527~），黎朝官員已有人赴中國
> 請求援兵。明朝皇帝亦派大員到雲南會同當地巡撫調查安南
> 的虛實。……明朝皇帝打算派兵討伐莫氏，並不是為了黎朝
> 的利益，無非是欲借南國有變之時，像從前攻打胡氏那樣乘
> 機侵佔南國。我們必須知，此國與彼國交涉，人們只是借著
> 「為義」之名，而做「為利」之事而已。……1537 年……
> 派人下書莫登庸，告以如能獻納土地、人民冊籍，承認罪過，
> 亦待以不死。莫登庸遣阮文泰等出使明朝，請求降服。……
> 因奏請明帝封莫登庸任都統使，為明朝二品官銜。[27]

這段記載與明代史料所言相同，明臣不斷地爭議，最後竟簡單地恐
嚇莫氏便「不發一矢而安南定」。然而，陳重金言「我們必須知，
此國與彼國交涉，人們只是借著『為義』之名，而做『為利』之事
而已。」讓人不禁思考：明世宗不管群臣反對，他還是堅持征伐安
南，這種心態到底為了什麼呢？單純只是為安定藩屬國？為了安南

---

[27]　（越）陳重金著，戴可來譯《越南通史》頁 196~198。

長期不朝貢，想藉由此事再讓他們納貢，明朝獲取貢品等利益？還是，因為在 1521 年明世宗剛登皇位，便爆發了著名的「大禮儀」事件，欲尊崇生父置入宗廟祭祀，然而，此舉竟引起群臣的反對，甚至皆到左順門哭諫，將這事鬧得沸沸揚揚，剛「非正統」地取得皇位的他怎受得住身為君主竟毫無權力主宰能力呢。於是，自忖欲藉由此事件來爭得自身權位之正統性，遂開始將皇權滲透到朝廷各部門中？總而言之，明世宗的獨裁性格在大禮議間得到勝利。換個角度來看，群臣愈是反彈，世宗則愈堅持己見，或許才是此次非得發兵征討安南的原因之一。至於，對於明世宗安南征討政策的評價，張利〈嘉靖年間明朝對安南危機的處置〉是如此談道：

> 明朝此次征討安南，是因安南沒有向明朝請封與朝貢，沒有盡到應有的義務。冊封與朝貢，雖然都只是象徵性的行為，但它不僅僅是一種經濟關係，而更是一種重要的外交手段，它承載著重大的政治意義，維護著明朝對周邊藩屬國的宗主地位。此役明朝對安南危機的處理是非常明智的，一味使用軍事手段並不能從根本上解決這一問題。不斷的戰爭只會勞民傷財，唯有雙管齊下，通過軍事威懾、政治外交兩方面對其進行打擊，最後達到不戰而屈人之兵的結果。……與明朝保持著和平友好的藩屬關係，直至清咸豐年間，又延續了整整三百年。[28]

---

[28]　張利〈嘉靖年間明朝對安南危機的處置〉頁 73，《安慶師範學院學報（社會科學版）》第 27 卷第四期 2008 年 4 月。

倘若真如張利所言，明世宗征伐安南事件是必要且明智決定，而不只維護著宗主國地位，更與安南便保持著整整三百年的平和友好關係，那麼，《明史》在「何士晉」章中卻又如何會紀錄著：「天啟二年以右僉都御史巡撫廣西。安南入犯，督將吏屢擊卻之。」[29]簡言之，安南對明朝間反反覆覆，既依賴又不安份的情感，早已是彼此間陳舊的互動模式，再加上安南受漢族文化影響頗深——科舉、文化等[30]，無怪乎明朝對於安南，以及安南對於明朝，有著一股特殊的情結。

安南與明朝特殊交流，遂造成明亡之後，南明政權之時，許多明遺民情願選擇暫居安南或乞師於安南。至於安南，他們初始也與南明政權保持友好、朝貢，甚至是出兵協助南明反清。然而，之後隨著清政權逐漸穩固後，安南便轉向清廷納貢和靠攏，對於明遺民們也旋其面目給予不有善的對待。依據徐孚遠《交行摘稿》〈舟中雜感〉指出：「屈指乘桴今幾時，推篷匡坐強支頤，十年荒島心常苦，一拜夷王節又虧。」[31]這是 1658 年徐孚遠欲見安南國王時所作，徐氏至安南接受到的對待是被勉強對安南國王行臣跪拜之禮，由於他堅持不跪拜，遂而最終未能見著安南國王。其實，在前一年，朱舜水〈安南供役紀事〉亦記載著在安南遭受相同對待的事蹟。

29　（清）張廷玉等撰《明史》頁 6129。

30　參考：蔣為文〈語言、階級、與民族主義：越南語言文字演變之探討〉第四屆「2002 年台灣的東南亞區域研究年度研討會」4 月 26~27 日，中山大學，高雄。呂士朋〈明代制度文化對越南黎朝的影響〉《史學集刊》第一期，1994 年。

31　徐孚遠《交行摘稿》古書頁碼 5，藝文印書館，1958 年。

　　整體看來，明朝除了在明成祖時對安南發兵，以及後來統治二十年（安南屬明時期，1407~1427 年）之外，大致上對安南政策並不強硬。但是，長期以來卻積累了不少安南人與中國人之間的政治矛盾情結。因此，南明政權如果還想採取明朝歷來，視安南為藩屬之政策對待他們，其實已不太可能了。明亡於清之後，安南人清楚的知道「權力」掌握在誰手上，對於流亡政府不友善態度更可以猜想得到。[32]也因此，朱舜水、徐孚遠等明末遺民選擇乞師安南，又對安南官員無禮態度奮死抵抗，與其歷來國家安南政策和自身國家、民族不容侵犯的態度所致。除了上述，中國與安南二國，從明初至明亡在政治上的矛盾情結外，明人對於安南文化也有著相同糾葛，以下略為說明。

二、明人及朱舜水對安南的印象

《明史》〈列傳外國二〉記載安南如下：

> 安南都會在交州，即唐都護治所。其疆域東距海，西接老撾，南渡海即占城，北連廣西之思明、南寧，雲南之臨安、元江。土膏腴，氣候熱，穀歲二稔。人性獷悍。驩、演二州多文學，交、愛二州多倜儻士，較他方為異。[33]

這裡點出了安南的幾個重要特徵：第一，與中國歷來的關係；第二，

32　牛軍凱〈南明與安南關係初探〉《南洋問題研究》第二期，2001 年。

33　（清）張廷玉等撰《明史》頁 8337。

地理位置接近中國；第三，環境狀況，炎熱及一年二穫；第四，安南人性格獷悍；第五，好文學、多風流人士，換言之，人文與其他地方不同。前四項對於安南印象歷來中國人理解皆是如此，同陳文源〈明朝士大夫的安南觀〉一文談道：明初文人對於安南的理解來自於歷代傳說和記載，那裡曾被喻為「炎荒」就像一處未曾開化的蠻夷之地，甚至有人認為「聖人不居，賢者不游之處」。[34]安南長期以來與中國保持著微妙互動，地域接近中國、曾受中國統治、又與中國文士接觸，對中國偶爾恭敬臣服，卻又時常保持干犯之心，無論是中國邊境或是鄰近占城、思明等地都是其掠奪的對象。

總之，安南人的確有著特殊民族性，無怪乎摸不著頭緒的中國人謂其「狡滑」。然而，隨著明人視野、見識開闊是否對這民族有不同認識呢？以下則藉由明人作品略窺一二。

隨著文人貶官流放等因素，記載異地的風俗民情、山川、草木之文也不曾缺少。明代遊記式的文學勃興，較其他朝代更為成熟。或許是因為明代文人集團結社風氣，再加上文人喜好文藝交流及旅遊，茂林、峻嶺皆是文人遊歷必到之處所，凡國內、國外好山好水同入筆下，這一股風潮遂使文壇從事遊記創作者蓬勃；更或許是因為明初帝王為傳播中國君威，曾命令鄭和下西洋，在此期間亦有不少跟隨的文官將所見聞記載下來，換言之，奇異的外國事蹟引起人們好奇，故隨後旅遊、從事旅遊創作者遂增加。

明代游記文學高度發展，甚到到晚明更出現如《徐霞客游記》之類的科學考察遊記。換言之，明代旅遊風潮不僅使遊記文學興

34　陳文源〈明朝士大夫的安南觀〉頁 113~114。

起，更因視野的拓展，造就寫作題材多元與豐富。再加上文學家大量從事創作，遂使得撰寫手法也因為文人而呈現多樣貌。[35]於是，欲把握明人對安南地區的理解、詮釋，除了可經由史料記載之政治交流外，明代文人的創作，針對安南的人文、環境亦不可以忽略。明人是如此看待安南的人文與環境：

(一)高啟[36]（1336~1373，字季迪，元末明初著名詩人）〈送葉判官越高唐時使安南還〉詩云：

> 銅柱崖前使節過，貢隨歸騎入京多。一官暫遣陪成瑨，片語曾煩下趙陀。曉拜賜衣辭絳闕，秋催征棹渡黃河。政餘好賦登臨詠，聞說州人最善歌。

(二)王璲[37]（?~1415，字汝玉，號青城山人、林間樵人，祖籍明遂寧人。）〈送翰林王孟暘參將安南〉寫道：

35　可參考：巫仁恕〈晚明旅遊活動與消費文化──以江南為討論中心〉《中央研究院近代史研究所集刊》第 41 期 2003 年 9 月。周振鶴〈從明人文集看晚明旅游風氣及其與地理學的關係〉《復旦學報》第一期，2005 年。魏向東〈明間禁忌與旅游空間──晚明旅游時間分析與研究〉《歷史學研究》第三期，2007 年。劉志剛〈晚明士大夫與旅游資源評價〉《社會科學家》2009 年 9 月。

36　高啟與楊基、張羽、徐賁被譽為「吳中四傑」，當時論者把他們比作「唐初四傑」。

37　王璲，永樂年間任翰林院五經博士，參修《永樂大典》。工詩文、小楷，行書法晉人，皆雄秀，亦能畫。明朝永樂年間宿儒，著名書法家。

暫輟含香直曉班，新參將聞出平蠻。黃茅綠樹千重嶺，瘴雨
蠻雲幾處關。去馬正逢椰子熟，歸旌定及荔枝斑。知卿素有
雄豪筆，須勒神功鎮海山。

(三)郭登[38]（？~1472，字元登，安徽鳳陽人。）〈過安南衛〉
談及：

絕頂見孤城，征驂向曉行。鳥啼多異響，花發不知名。石澗
閑雲碓，山田趁火耕。愁聞耆老說，三月未曾晴。

明朝文人王璲及郭登都指出了：當時安南地區「黃茅綠樹千重
嶺」，還處於叢林密佈蠻荒未開化的情狀，甚至，許多草木鳥獸非
中國境內可以看到的，也因此叫不出名稱「鳥啼多異響，花發不知
名」。於是，這一塊未知的土地與她未開發的種種情狀，給予明人
極為不安的感受。換言之，明初至中葉，中國文人對於安南地區雖
有接觸——無論是軍事上、文化交流等等——但是，對於安南的認
識尚不完全，或因語言、風俗、地域上種種隔閡所造成，於是，中
國官員倘若非得出使到那地區，還是充滿憂慮。

至於，歷來文人撰寫內容看來安南地區的氣候變化，一直是炎
熱且有較長時間的梅雨季節，故郭登言：「愁聞耆老說，三月未曾
晴」，這屬於南方氣候特色，的確對於習慣北方四季分明的中國人

38　郭登，明朝有名的靖邊大將。明景泰初以都督僉事守山西大同，因破敵有
　　功封定襄伯。工詩，與其父郭玘、兄郭武合著《聯珠集》22卷。

而言在生活上是一大挑戰。另外，文人們也曾記載，由於南方山林瘴氣、老處濕熱，其解決方式可用檳榔去瘴，此自是中國文人為適應南方氣候而引申出的處治方式。覈實而論，在安南檳榔功用不僅如此，它同時也是他們待客和民生必需品，明費信[39]（1388~1409，字公曉，號玉峰松岩生，吳郡崑山人）就曾在《星槎勝覽》〈占城國〉一文說道：「國人惟食檳榔裹蔞葉，包蠣殼灰，行住坐臥不絕於口。」[40]除了上述由地理環境、氣候及風俗習慣上來談安南，明人還從人種外貌、特色異於中國人之處說明，高啟曾言：「聞說州人最善歌。」交州，即交趾。高啟指說安南人「善歌」，似乎也指涉：他們仍保留蠻夷人風俗謳歌跳舞的原始狀態。費信如此形容安南鄰近的「占城」（今越南中南部，1471 年安南占領，1832 年安南併吞亡國）人們，他說：「酋長及民下非至午不起，非至子不睡，見月則飲酒歌舞為樂。」[41]南方慵懶和喜好飲酒高歌的生活形態從此可見。整體看來，有明以來文人對於安南的理解，仍不脫蠻荒、慵懶和原始生活狀態等。《朱氏舜水談綺》「安南」項目也紀錄著類似的概念，朱舜水說道（意譯如下）：

39　費信，年少好學，因家貧常借書閱讀，又自學通阿拉伯文。永樂、宣德年間曾任翻譯官隨三寶太監鄭和四次下西洋，正統元年著《星槎勝覽》上下卷，紀錄正西洋時所見聞各國風土人情，上卷占城國、交欄山、暹邏國、爪哇國、舊港等是親身經歷，下卷多從二代航海家汪大《島夷志略》摘錄。

40　（明）費信《星槎勝覽》《明清筆記史料叢刊》頁 11，中國書店，2000年。

41　（明）費信《星槎勝覽》《明清筆記史料叢刊》頁 11。

安南即交趾，又名交州。位在中國西南方。天氣非常炎熱，冬天也是。人們通常光腳行走在沙土上。他們的腳趾非常開，就像扇狀一樣。這裡一年二穫。五六月春天時雨水較為豐沛，因此稻米成熟時常泡在水中。二月播種五月收成，六月播種十二月或是明年的正月收成。農作物高度約一丈二三尺，最短也有八九尺。[42]（原日文）

安南地區天氣炎熱、雨季時間長、物產收獲豐饒，而百姓生活形態較接近自然原始的狀況。另外，明人理解的安南人之人格特質，與朱舜水大約同時期的茅元儀（1594~1640，號石民，又署東海波臣等）在《石民四十集》裡如此說道：「安南，故我之封疆也，以國家威德再續，其祀然時亦有狡心焉。」換言之，從明初至明末，安南國人的「狡滑」特色是當時文人們共同深刻的感受。總而言之，明人眼裡無論安南國如何地向中國納貢、投誠，或是接受到中國文化、科舉的影響，最終，安南人在中國文人認知中依舊。

只不過從明人文人描述中，還是有許多令人感到疑慮之處。究竟那曾被明朝統治（1407~1427）約二十年裡，接受四書、五經、科舉考試等漢文化薰陶與改造的安南人，以及隨之交流愈來愈頻繁的二國人民，難道安南人實際生活、文化及社會整體上並未接受中華文化？仍舊保持原始蠻荒、不文明的狀態嗎？依據許多史料記載，事實似乎並非僅是如此。近代越南漢喃研究院吳德壽在〈漢字

---

[42]　（明）朱舜水，安積覺奉命纂修《朱氏舜水談綺》頁 330，華東師範大學出版社，1998 年 8 月。

對現在越南文化的影響〉一文中指出：

> 二千多年前，當文化交流進程之起頭，漢字──中華人的偉
> 大輝煌創造成就──早已在越南人民文化生活中現面，成為
> 漢人與越人的交接工具。最初是個別的、單獨的，然而自從
> 南海縣委趙佗，因秦末衰亂而南進，在翻顛稱號南越王，許
> 多漢人往南當官吏、士兵，作醫師、商賈等事，造成大批漢
> 人遷居越地。漢人與越人共同居住，在謀生時常直接接觸，
> 漢語漢字當然發揮良好交接作用。……於庚戌神武 2 年
> （1070）李聖宗皇帝下詔在昇龍京都與建文廟，塑孔子、周
> 公像，四時奉祀。……從此儒教開始上升正統地位。教講漢
> 字漢文不只為交接或誦讀佛經，而是為了完整有系統地接受
> 儒教，以儒教為國家權正體制之精神依賴處。[43]

換言之，早在明朝以前，安南與中國的接觸並不僅只於貿易、干犯
國土等事上而已。安南在漢文化、文字、科舉制度等方面的接受，
甚至，在其政治體制中早已興起一股尊漢思想，更是由此可見。於
是，朱舜水也曾如此談論道：

> 來就瑜，令拜，瑜作不解狀。舉侍班之仗，於沙中劃一「拜」

43　吳德壽〈漢字對現在越南文化的影響〉頁 33~34，《漢字與全球化國際學術研討會論文集》，北市文化局，2005 年。

字；瑜即借其仗，於「拜」上加一「不」字。[44]

即日拜儀部，彼國之宰相也。元勳碩德，如文潞公然。年八
十餘，龐眉皓髮。瑜用一單名帖如前，彼用兩手升於頂，見
必披髮加帽，合堂上舉過其額。黎云，斯禮為至尊而無以加
矣。然其大老元臣，俱甚謙謹，即前之欲殺瑜者，所謂「食
桑葚，懷好音」也。[45]

經由上述資料，第一條資料中實是顯示：明末朱舜水所接觸的安南
國人，雖然語言上與中國人有所隔閡，無法直接溝通，但是，簡單
的文字理解（閱讀、看）方面並無妨礙。第二則資料可以發現：朱
舜水幾經安南官員脅迫於「拜不拜」一事，心力盡瘁之際，竟出現
了一位元勳碩德且懂禮的安南人——那人不僅懂得「披髮加帽」即
接待賓客衣著得宜，另外，態度上也顯謙遜，接受名帖時亦表現恭
敬、合禮等等作為，無怪乎讓朱舜水印象深刻地說道：「食桑葚，
懷好音。」[46]直指：安南雖為蠻夷之邦，卻還是有懂禮、合宜合理
待人之人存在。平心而論，倘若從此角度說明，那麼，長期以來中
國科舉制度、漢文化的同化、交流政策，的確在安南國裡產生一定
程度潛移默化的功效。

44　（明）朱之瑜《朱舜水集》頁 18。

45　（明）朱之瑜《朱舜水集》頁 24。

46　《晉書》列傳第五十四〈殷仲堪〉言：「夫飛鴞，惡鳥也，食桑葚，猶懷
　　好音。雖曰戎狄其無情乎！」頁 573，《四部文明[3] 魏晉南北朝文明卷
　　5》陝西人民，2007 年。

　　阮進立《漢字與喃字形體結構比較之研究》提及越南人：由於
生活上的需求，以及民族精神，因此，他們曾創造屬於自己獨立正
式的民族文字「喃字」[47]（「諵字」、「字喃」）。[48]但是，仍舊
抵不過中華文化——漢字在越南的影響[49]，《中國漢字文化大觀》
一書中指出：

　　　　漢字始終作為越南國家正式通用的文字。當時，喃字已日臻
　　　　完善，在社會生活各方面使用日益廣泛，特別是在文學創作
　　　　上發揮著越來越大的作用，不過由於越南統治階級對喃字抱
　　　　有某種偏見而使喃字頗受歧視，同時，也由於喃字本身固有
　　　　的弱點，所以喃字一直沒有被越南歷代的統治階級視為一種

---

[47]　王力說道：「越南在沒有淪為法國殖民地以前，正式的文字就是漢文；文
　　　人們另為土話造出一種越字，叫做『字喃』。」頁465《王力文集》山東
　　　教育出版社，1991年。

[48]　阮進立《漢字與喃字形體結構比較之研究》國立屏東教育大學中國語文學
　　　系碩論，1999年7月。

[49]　阮進立《漢字與喃字形體結構比較之研究》針對越南「字喃」的發展，與
　　　其不被保存下來時便指出：「當時越南下層社會由於有很濃厚的『尊漢』
　　　思想，所以一直排斥這種文字。另一方面，國家教育機關也沒有將它作為
　　　正式文字，也沒有對它進行整理規範的工作。……所以在越南語言文化歷
　　　史上，喃字的寫法沒有固定下來。上位者不推廣……國家高官主管都是使
　　　用漢字，文化低的人又不一定有學習的機會。……最重要的是喃字大部分
　　　都是以形聲造字，所以必須先讀通漢字才能懂喃字。而知識分子瞭解漢字
　　　後，又不願使用喃字。這些都是造成喃字流傳不易的原因。」頁17。

正統的文字而加以採用，有時甚至加以排斥、限制。[50]

由此看來，各國文化交流的過程，往往與政治意識形態脫離不了關聯，但是，在那交流、互通過程中，倘若對彼此國家社會毫無價值與意義，自然地，將會隨著時間等因素被淘汰。相反的，如果本身國家的文化具有其獨特，且不可被抹滅或取代性，因此，即便一時之間遭受強烈地外來侵犯，但是，終究還是會被保存下來。中、越等國的文化、文明進展均是依此定律。換言之，中華文化影響越南文化，與越南自身文化的轉變，應視為二個文化層次之議題。[51]

綜合觀上述，明代歷來君主的安南政策以及明人對安南的印

50　何弓盈、張猛、胡雙寶編《中國漢字文化大觀》頁 395，北京大學出版，1996 年。

51　蔣為文〈語言、階級、與民族主義：越南語言文字演變之探討〉中認為：「在大中國的政治文化架構下，各國的封建王朝不得不接受漢字和其四書、五經等古典並將之列入科舉制度。久而久之，那些精通漢字、科舉出身的封建官僚為維持本身的既得利益,也就附和字的正統地位並利用封建朝廷的力量來壓制國內的非漢字發展。」中國的強勢作風，以制度、文化介入他國，這經驗並非僅僅在安南地區，諸如：朝鮮、日本皆遭受此類文化迫害，若從各個民族存在必有其獨特價值探討，明朝政府無疑是直接扼殺了一個個國家、民族之存在。於是，談論到安南地區在有關民族文化發展史上重要的條件之一——「語言」發展上，又指出：大約從十世紀，越南脫離中國統治後，遂發展了屬於的他們獨特文字，用來輔助漢字無法表達的語言，又稱作「字字喃」。使用這類文字者，多半是平民、落魄文人、僧侶及少數具強烈民族意識的精英。第四屆「2002 年台灣的東南亞區域研究年度研討會」4 月 26~27 日，中山大學，高雄。案：這類特別強調大中國藉用政治勢力對他國文化產生破壞之說實待再商榷。

象，得知：安南國人對於明朝強硬干涉國家內政一事上，大多百姓是採取排斥態度，但是，其中仍不乏有欲藉此獲取利益的安南人。於是，長期以來安南國境裡，內部常是二股力量相互制衡著：一類是想從中國獲取利益者，因為他們掌握知識及權力，於是，在安南境內遂扮演著操控單純未開化的國人，換言之，他們企圖從中國或安南國人身上均得到利益，此多為當時之安南官員。另一類，或安南國內處於社會低下階層，或安南文人，知識程度上未必全然無知，但是，面對當時政治之實權掌控在第一類人手中，他們只能等待時機，希望能藉一己之力，以爭取國家主權及民族自尊。第一類人常是矛盾的，想從中國得到利益，又想脫離她，於是，常使得自身混亂。又因為把持安南國政，遂使安南朝廷內部的官員們彼此不斷地陷入猜疑，甚至篡奪安南國政權，使安南國政陷入危機之中。

安南國內的自身矛盾，以及自身文化被他國同化，均非明朝政權所能主導。明朝對安南的同化政策的確帶有強烈中國意識，但是，同時也具有實質文化內涵，遂能使安南逐漸與鄰近蠻夷之地的人民產生差距，具文明特質。

整體來看，明朝雖對安南在政治與文化進行同化的強硬態度上，卻在某個程度也對於安南國人特殊對待，例如：明朝對安南人進中國科舉系統，均採取著一視同仁的態度，《明史》記洪武三年詔曰：

> 高麗、安南、占城，詔許其國士子於本國鄉試，貢赴京師。[52]

---

[52]　（清）張廷玉等撰《明史》頁 1695。

允許他國，甚至是自古被中國視為「蠻夷之地」的外族參與科舉考試，並且允許正式地進入中國官僚系統，凡此皆呈現中國對於外族人士及其文明上的認可，同時也顯示對於外來民族的信任。換言之，從科舉、文化教養上安南國可視為明朝的延續，二個在血緣、語言、文化相近似的國家，帶來的結果即是——明亡後，許多遺民便紛紛前往安南請求協助，這種中國對安南特殊情愫無疑是在文化、政治的同化下產生情感投射。

　　換言之，漢化造成明代文人對於安南產生特殊情感，朱舜水曾說道：「『安南、朝鮮，知禮之國』，是以遁逃至此。」[53]然而，這一群逃往安南的明末遺民們，卻直接遭受到有史以來情感上最大幻滅。如前所述，明朝亡國之初，安南國人尚未了解清人佔領中原，及其那股強大勢力與明朝無能力挽狂瀾之情狀，於是，對那些來自大明文人仍舊以禮待之。在初期也曾出兵協助新興的明朝（南明）政權反清。之後，隨著清朝政權逐漸趨向穩固，安南人得知明朝實際狀況，於是，安南人莫名的便旋其目面，強硬規定來安南國的明人應對其國王行君臣之禮。這情形讓朱舜水怒言：

> 今貴國不能嘉惠遠人，斯亦已矣！奈何貴賤諸君來此，或有問相者；問所非宜，終不知為褻客。[54]

其嚴厲責難安南人，然而，流亡者身分又何嘗能夠以力反擊呢？

53　（明）朱之瑜《朱舜水集》頁27。
54　（明）朱之瑜《朱舜水集》頁27。

故，朱舜水只好以實際行動來說明，自己對於當時安南國人無禮的不悅，例如：堅持不拜安南國王。當然，這類直接反抗安南國人的作法，不只安南國人無法接受，他也沒能到所有流亡至安南國的明人所認同，〈安南供役紀事〉記：「交趾通國大怒，磨屬以須。即中國之人，無不交口唾罵。平素往還親暱者，或隨機下石以求媚，或縮朒寒蟬以避禍。」[55]總之，愈在困難的環境裡，愈能顯示朱舜水的意志與用心。既然「人」方面的情勢不利於朱舜水，他遂轉而找尋能夠讓自己達到目的——見著安南國王，又不讓自己失格的方法。首先，他寫信告知安南國裡頗有政治影響力的官員，接著，從自身行事細微處合禮儀上著手。總之，〈安南供役紀事〉一文中朱舜水字字句句仔細描繪，對照無禮的安南國人，以凸顯自己來自禮儀之邦——即使是被迫成為流亡者——他仍舊堅毅如此。或許是漢文化帶來的優越感，讓朱舜水之類的明朝流亡者（遺民們），在漂蕩、徘徊的生命裡，還能找到支持自身之所以存在的價值。朱舜水〈答明石源助〉說道：

> 蓋士君子之相接也，有情，有文，有禮，未可苟焉而已也。……不佞雖亡國之遺民，來此求全，情文即不能備，然而不敢隕越者，徒以禮為之防也。[56]

不僅在日本，在安南上述言論亦實可以注解他身處異鄉的流亡者心

55　（明）朱之瑜《朱舜水集》頁 19。

56　（明）朱之瑜《朱舜水集》頁 82。

態。換言之，在安南地區朱舜水感受最深的是遭受無禮對待，因而「禮」便成為他教化蠻夷、學術上極力推展的目標。總而言之，初始朱舜水與明遺民（徐孚遠等人）對於安南國的理解來自於普遍明人想法，但是，經由實際接觸後方才發現落差頗大

總之，安南國人長期以來對於中國人的矛盾、複雜心態，全在其歷史記載中可以窺見；至於中國人對安南國的特殊情懷，亦可在對安南國之政策裡得知。藉由上述的釐清，看到了朱舜水人格堅毅與忠貞愛國的一面，同時也理解朱舜水對於自身文化的認同與優越感，在這期間，朱舜水帶著這種情感與安南國人互動，其背後是什麼樣的思想脈絡支持著呢？他又如何地在安南國人前展現中華文化呢？

第二節　朱舜水在安南禮儀之交涉

甘懷真《皇權、禮儀與經典詮釋——中國古代政治史研究》〈序〉提及：禮因為不同的時代、學派、學者賦與它不同的意義，行動者在閱讀禮也會依自身意志和策略，利用了儒家經典中禮的文本、符號來符合己身的目的或利益。因此，這些符號提供人們在政治行動時想像的文化資源，無論他們正讀抑誤讀，都創造成所謂的政治理想。[57]換言之，禮的儀式中，有關人物的肢體語言，或物品、身分等具符號意義的象徵，甚至是藉由情境產生的情境符號，都有可能進一步形成具政治性的象徵意涵。

---

[57]　甘懷真《皇權、禮儀與經典詮釋：中國古代政治史研究》頁 2，1993 年。

　　朱舜水所處的時代，其「禮」早已非周公、孔子之儀制。但是，極力推動聖學的他，又將如何從政治行動來詮釋、發揚周孔之「禮」呢？

　　綜觀《朱舜水集》，書中除了〈安南供役紀事〉記載與安南國人爭論跪拜禮一事之外，亦有不少朱舜水刻意藉由肢體語言、以及情境營造所展現出來具「情境符號」意義的禮。還有，朱舜水的特殊身分「明徵士」，故使其居處安南時，某種程度上具政治上的象徵意涵。因此，欲談朱舜水在安南時展現的禮儀及其意義，那麼得先釐清一些問題。

　　首先，談「禮」之前必須釐清「行禮者」與「受禮者」之間的關係：查看中國有關禮儀書籍記載中，凡列與他邦外交活動內容，則多半以中國、中原政治的主導者做為禮之核心，換言之，他邦皆屬於附屬、來朝貢者的身分。雖然，隨著世界各國交流互動漸多，尤其在明清之後，中國與西方世界頗有接觸，但是，從禮制部分看來，明人仍舊未脫離以己為尊的思維。依此，對照朱舜水撰寫的內容，雖然他身為遺民，卻仍是大明士人。在明人眼中，即便身為安南國最高政治領導者的安南國王，也只不過是安南蠻夷之地的王。換言之，朱舜水與安南國王二人倘若相見，從國家的角度上來看，安南應當尊重代表明朝的臣子朱舜水；若由個人角度上來看，朱舜水非安南國臣子故沒有上下之分，無需對安南國王行君臣之禮。

　　第二，隨著社會風俗、政治、環境等狀態的改變，明朝已異於《周禮》時代，因此，有關禮儀節度之內容，明朝人或多或少因應時代需要而有所更易，朱舜水雖力求回復理想政治及聖學，但是，他對於現實環境在禮儀的制定上，除了追求中心思想的傳承外，諸

多行禮、禮制還是採取因時制宜。

理解上述二則朱舜水與禮儀制定間的大略情況後，以下略述五則朱舜水在安南地區，力圖展現中國禮儀邦國，明人有禮之情況，甚至以己身有禮來對應安南國人無禮的種種情狀。

一、與安南國官員之相見禮儀

> 兩日內連往占上見翁儀簿、署鎮土王，用一欽奉敕書名恩貢生某名帖。以下衛門，概不具刺。小官無知，坐瑜於別席，亦不與較。[58]

方健〈宋代的相見、待客與交游風俗〉指出宋代相見禮可區分為二部分，一為適應官場文化所產生的繁文縟節，另一則是一般百姓、民間約定俗成的禮節。至於，有關賓客相見主人，或主人禮待賓客都有一定之禮儀規範。[59]換言之，宋代以相見禮即禮賓之禮。然而，欲理解宋代之後主人與客人相見之賓客禮，則應先釐清在那之前，《周禮》所言的「賓禮」、「客禮」內容是否與其異同，以免混用。

所謂「賓禮」，包括朝宗覲遇等禮儀。《周禮》〈春官宗伯〉記：「以賓禮親邦國：春見曰朝，夏見曰宗，秋見曰覲，冬見曰遇，時見曰會，殷見曰同，時聘曰問，殷覜曰視。」[60]《周禮》中之「賓

58　（明）朱之瑜《朱舜水集》頁 15。

59　方健〈宋代的相見、待客與交游風俗〉《浙江學刊》第四期，2001 年。

60　《周禮》〈春官宗伯〉。

禮」主要是指：天子與諸侯間的相見禮儀，可別為：朝、宗、覲、遇、會、同、問、視等形式。[61]至於，其中有關「朝、宗、覲、遇」之內容，沈文倬言：朝覲，其義有別非為一禮[62]，宗遇又不得與朝覲相提並論。[63]依此，為何禮書當中又有「朝、宗、覲、遇」與四時對應的禮儀規劃呢？沈文倬認為：「戰國之初，強國稱雄，競相以客禮待眾諸侯，以冀其來，纂《周官經》者以時王所尚，創為四時分見之說。」[64]又「諸侯來覲，非天子之命不得至，其禮與聘賓之『久無事而相問』者絕異。」[65]換言之：覲禮異於聘賓之禮，又不同於朝禮，至於，宗遇則為後代經師所為。

至於，所謂「客禮」依《通典》〈三恪二王後〉所記：「虞舜以堯子丹朱為賓曰虞賓，而不臣之。《書》云：虞賓在位，羣后德讓。夏禹封丹朱於唐，舜子商均於虞，皆有疆土以奉先祀，服其服，禮樂如之，以客禮，不臣也。」[66]即是指天子尊重有德諸侯，並禮遇諸侯不用行臣子之禮。徐杰令〈朝覲禮考〉取清人朱大韶及萬斯

61　可參考：韓碧琴〈儀禮覲禮儀節研究〉《興大中文學報》第十七期，2005
　　年6月。此文中由《儀禮·覲禮》內容詳列天子、諸侯相見儀式次第。甘
　　懷真〈中國古代君臣間的敬禮及其經典詮釋〉《台大歷史學報》第三十一
　　期2003年6月。徐杰令〈朝覲禮考〉《求是學刊》第三期，2002年5月。

62　沈文倬《宗周禮樂文明考論》〈覲禮本義述〉頁116，浙江大學出版社，
　　2001年6月。

63　沈文倬《宗周禮樂文明考論》〈覲禮本義述〉頁117。

64　沈文倬《宗周禮樂文明考論》〈覲禮本義述〉頁117。

65　沈文倬《宗周禮樂文明考論》〈覲禮本義述〉頁115。

66　（唐）杜佑《通典》卷七十四禮三十四賓一〈三恪二王後虞夏周魏晉東晉
　　宋隋大唐〉。

大所言，認為：「覲禮唯行於王，而朝禮通行於上下。君臣相見曰朝，賓主相見亦得言朝。」[67]合觀此二人說法，一則將覲禮排除於賓禮內容之外，另一則忽略封建周天子時制禮環境及清人論禮之可能詮釋方式。平實而論，賓禮、朝覲宗遇之禮等皆待更多資料以釐清，然而，賓禮歷來皆指諸侯朝天子之禮，應包含上下尊卑的意義則無疑。至是，遂與宋代相見禮即是禮賓之禮，有所不同。

李雲泉〈賓禮的演變與明清朝貢禮儀〉一文中指出：唐之前禮不下庶人。[68]章景明言：「禮不下庶人」並非先秦禮書中無庶人之禮，而是禮書中所載一些做為，例如：禮節象徵的「物」，庶人沒能擁有那物，因為沒有應執禮之物就不受某條禮節規範，換言之，先秦庶民自然有庶民之禮。[69]此說仍需再多加商榷。但是，經由史料所載得知，應當是自從唐代士大夫興建家廟開始，禮的儀式、內涵雖仍舊依據《周禮》，卻早已使得禮制意義由政治階層過渡到鄉里百姓之間。換言之，古之庶人無廟的規範在唐時已被打破，同時顯示了使用禮儀的對象及其內容也產生變化。依此，再來到宋代，當時經濟、城市、講學等環境進入高度發展的清況之中，於是，禮不再僅止限於規範士人階層，為了迎合當時人際互動、交流的需求，種種禮儀規範增加且更為多元。誠如前述，因應時代、環境、人物等等因素的改變，人們截取禮的符號、文化以達自身目的和利

67　徐杰令〈朝覲禮考〉《求是學刊》頁 117。

68　李雲泉〈賓禮的演變與明清朝貢禮儀〉《河北師範大學學報（哲學社會科學版）》第 27 卷第一期，2004 年 1 月。

69　章景明〈〈曲禮〉「禮不下庶人，刑不上大夫」的解釋〉頁 1~16，《孔德成先生學術與薪傳研討會論文集》，台大中文系，2009 年 12 月。

益，唐人如此，宋人如此，明人亦是如此。朱舜水身處的明朝，整體發展上無論是學術、文化、政治上較接近於宋朝，甚至比宋朝更為發達，因此，明代文人看待禮儀及對禮內容的詮釋，其實早已無法完全回歸到《周禮》時代。換言之，倘若欲觀察明朝人際互動之禮，則應以最為接近的宋朝之模式來討論。

　　有關相見禮儀，即指人際互動之禮，明朝禮儀規範近似於宋朝。首先，無論拜訪者是否為官，凡欲與人相見應當先「投刺」。故，《朱氏舜水談綺》中也指出：「名帖式。此拜帖也，所以通名者即古之刺也。非儀狀。」「不自往則有封套，不粘口，不摺口。」[70]明孫能傳《剡溪漫筆》「投刺」章，談道：士大夫相見投刺禮儀行之已久，宋初用門狀。[71]明王世貞（1526 年~1590 年，字元美，號鳳洲，又號弇州山人。）《觚不觚錄》裡也記載著士人投刺的事蹟。[72]

70　（明）朱舜水，安積覺奉命纂修《朱氏舜水談綺》頁 18。

71　（明）孫能傳《剡溪漫筆》卷六，「士大夫相謁用爵里刺，其來已久。宋初用門狀，後結牒『右件如前，謹牒』，若公文元豐後盛行手刺，前不具銜止，云：『某謹上，謁某官，某月日。』結銜姓名或不結銜，止書郡名後又止。行門狀紹興初乃用牓子直書銜及姓名，至今新選新陞官或考滿出差，及外吏來京師猶踵行之，其稱某生如眷鄉侍晚門友知寅年家，通家之類不知始於何時。」古書頁碼 13，中國書店出版，1987 年。「門狀」（宋）葉廷珪《海錄碎事》卷九〈上聖賢人事部下〉記「門狀，文宗朝以前無之，始於李德裕。百官無以希取其意，相扇具銜起居。」頁 387，中華書局，2002 年 5 月。

72　（明）王世貞《觚不觚錄》「江陵于馮璫處，投晚生刺，而呂舍人道曦云：『在制敕房侍江陵者三載，每有投刺皆從本房出，無所謂晚生也。』」古書頁碼 8，藝文印書館，1967 年。

「投刺」為明人拜訪、相見與他人交際的第一步，這禮節習慣和今日人們初次見面、互動時，先以名片交換個人訊息相似。其次，又如朱舜水所言，即使無法自身前往還是得留下訊息，表示有禮。換言之，在宋之後，不做投刺行為，就來府拜謁，被視為一失禮行為，甚至，還有可能因無禮而見不著主人，如同宋葉廷珪《海錄碎事》所載：「未有板刺，無容拜謁」[73]的窘境。

依此可知，朱舜水連此見面小細節的禮儀都十分週到，藉以展現自身來自於禮儀大國的優越感，遂末言：「小官無知，坐瑜於別席，亦不與較。」

二、安南國王召見之待客座次第禮

> 初五日，先至旱泥，各處差官齊集，夜半傳發，惟傳瑜一人，餘人禁勿往。至彼，眾差官俱坐定，不為禮。瑜竟入上坐……[74]

自古接待賓客必有一定之禮，夜半傳發朱舜水前往，早已失禮，客（朱舜水）到達之時「眾差官俱坐定」更為失禮。究竟這則內容傳達何種安南失禮之情狀呢？

(一)由朱舜水身分來看傳召程序問題：1·朱舜水因為明亡，故當時才無奈暫客居他鄉，但是，曾為明朝徵召入閣之臣子，即使遠

73　（宋）葉廷珪《海錄碎事》卷九〈上聖賢人事部下〉頁387，中華書局，2002年5月。

74　（明）朱之瑜《朱舜水集》頁16。

離國家，身分仍舊是明朝臣子，其行為舉止也代表著國家。安南國本為中國、明朝的藩屬國，傳發「召見」明朝臣子，「召見」行為則屬失禮。雖然，朱舜水曾謙虛談道：「之瑜託身貴國，誼同庶人。『庶人名之役則往役，義也。』但未諳相見大王之禮何如。承役而退，以不見為美。」[75]平實看來，朱舜水口裡雖言自己流亡在安南就是庶人，也認為：庶人理當被召就得前往相見。其實，這種特意強調身分，同時暗指著自己身分的特殊性。2·他實在困擾於安南人不懂他的身分，以及安南人實際上看來，應該不知如何與他相對應，故凡可能遭遇到國與國間相應禮節尚未能釐清前，朱舜水認為相見也將引發許多問題，故藉口不知與他國大王相見之禮，遂而未前往。另外，這裡則可見安南人的不懂禮儀。3·當朱舜水至安南國朝庭集會堂上時，見「官員俱坐」，安南國官員的行為顯示他們無禮、不合宜的朝會禮儀。甘懷真〈中國古代君臣間的敬禮及其經典詮釋〉指出：「自春秋中期以來，雖然坐姿有變化，但『立於朝』的禮儀卻沒有太大的變化。」[76]又依據明朝臣子在朝中的禮節，明俞汝楫《禮部志稿》記載洪武二十六年制定內容，談道：「又定官員入朝門須要拱手端行，威儀整肅，不許私撐及吐唾不敬。又令入朝行立，坐食去處不許談笑喧嘩，指畫窺望。」[77]換言之，明朝官員在朝以站立為有禮行為，且需威儀端正，總之，依此對照安南國官員之「俱坐」則可知其無禮的情狀。

---

[75]　（明）朱之瑜《朱舜水集》頁 17。

[76]　甘懷真〈中國古代君臣間的敬禮及其經典詮釋〉頁 57。

[77]　（明）俞汝楫《禮部志稿》卷十，台灣商務，1983 年。

　　(二)若從朱舜水為安南國人所傳召之賓客身分來看：1·「初五日……」一文末，接續其後，則為安南官員問明朝科舉取士之相關事宜。[78]換言之，由問答內容看來，朱舜水在整個傳召上的身分，依據禮書判斷屬於「非飲食之客」，而是來他國講問的賓客，因此，安南官員如果懂禮，那麼應該以賓客之禮對待。而所謂的「賓客之禮」，《禮記》〈曲禮上〉文章中記載主人面對賓客來時應該：「主人跪正席，客跪撫席而辭。客徹重席，主人固辭。客踐席，乃坐。主人不問，客不先舉。」[79]由此，主人接待賓客較為合禮、合宜的行為——等待賓客坐定之後，主人才能坐下，如鄭玄《注》所言：「客安，主人乃敢安也，講問宜坐。」[80]所以安南官員的「俱坐」就顯得不知禮。不僅如此，坐位次第、尊卑、長幼等均有一定規範，但是，綜觀朱舜水所陳述內容，可知朱舜水尚未坐定之時，身為主人的安南官員們早已紛紛坐下，此為失禮的行為。2·席坐之間必有次第，用以分別尊卑。《禮記》〈燕義〉言：「席：小卿次上卿，大夫次小卿，士、庶子以次就位於下。」[81]安南國官員失禮在先，於是，朱舜水堂上時「只好」選擇「上坐」。當然，對於一個懂禮，依禮行事的人而言，明知不合禮（理），但是，在那情境之下，不得不讓他做此決定，故最末朱舜水在「上坐」二字上，加一「竟」字，來表示對於整個失序的行為感到驚訝和無奈。

78　（明）朱之瑜《朱舜水集》頁 16~17。

79　《禮記正義》頁 44，北京大學出版，1999 年 12 月。

80　《禮記正義》鄭玄注，頁 44。

81　《禮記正義》〈燕義〉頁 1659。

三、安南國王召見之堂上禮儀

該膾入啟國王，即日命見。文武大臣盡集大門內右廂，其餘侍班肅然，持刀環立者數千人。又非九賓見客，萬目共注。奉命之人，傳呼迫促。瑜及門不趨，徐徐步入。侍班大喝，瑜不為動。見國王，立致一名帖，與前帖同，但前加「本年正月」四字，後加「頓首」二字。諸大老屏人面見，彼此不相為禮。[82]

觀看此內容陳述，輕鬆地像似看一則文學作品，極具戲劇張力，以明代流亡士人面對無禮安南人為場景。朱舜水在文中以自身優雅文人形象，對比焦躁不安的侍者；以數千人持刀環立，對照獨行而至且優雅、無懼的文人樣貌；以侍者「大喝」無禮，對比優雅文人的「不為動」。總之，就在這一連串對比之下，朱舜水輕描淡寫卻極盡諷刺的，欲藉此呈現安南國人幾近野蠻的一面，其中有關禮儀的展現上：

(一)朱舜水言：「又非九賓見客，萬目共注」。諷刺安南人想以人多勢眾，來脅迫他，反倒失禮。首先，九賓之禮，就是《周禮》中所言的九儀之禮。〈春官宗伯〉中指出：「以九儀之命正邦國之位」[83]換言之，九儀之禮或九賓之禮為天子之禮，為賓禮中最為隆

82　（明）朱之瑜《朱舜水集》頁 18。

83　《周禮》〈春官上〉卷五，古書頁碼 14~15，《四部叢刊》初編，商務印書，1922 年。

重者。朱舜水言：「又非九賓見客」可見當時安南國王召見他時的場面極為盛大。而且身為明朝徵臣，面對如此浩大的迎接儀式看來，常理應是愉悅地，因為，這無疑是安南對明朝使者的一種尊重，但是，「又非」二字揭示著朱舜水不以為然的態度，實是暗指著安南國人的失禮。

(二)「奉命之人，傳呼迫促。瑜及門不趨，徐徐步入。」從「不趨」、「徐行」來談，身為賓客的朱舜水，在這種場合的表現是否合乎禮節呢？首先，依《禮記》〈少儀〉記相見之禮時談及：「執玉執龜筴不趨，堂上不趨，城上不趨。」[84]注解中指出：「于重器，于近尊，于迫狹，無容也。」[85]換言之，君子之人在堂上行走時應當不急不徐，除了因為空間的、手執貴重物品的限制之外，最重要的，就是穩重地、合於禮的儀態展現。於此，正好可與安南國人的急躁與大喝形成強烈對比。

其次，宋代一般時候——非朝儀時，賓客相見禮則又有趨翔之禮，即指趨行之禮，用以表示對於主人的尊重。《朱子語類》言：「嘗見劉昭信云：『禮之趨翔、登降、揖遜，皆須習。』」[86]《宋史》〈賓禮三〉〈百官相見儀制〉記載「見趨庭拜」[87]的儀節。將二者內容合觀，倘若安南國人是以「召他國之臣於朝堂上」，那麼朱舜水當時肢體語言呈現「不趨」、「徐行」的即是展現了中國文

84　《禮記正義》頁 1028~1029。

85　《禮記正義》鄭玄注，頁 1029。

86　（宋）朱熹，黎靖德編《朱子語類》頁 2182。

87　《宋史》〈賓禮三〉〈百官相見儀制〉頁 2789，中華書局，1977 年 11月。

人、士人在朝庭儀節上的彬彬君子貌，與當時情境裡的安南國人之非文明情狀，對比立現。另外，如果安南國人只視朱舜水為一般賓客的相見，那麼「不趨」、「徐行」的朱舜水恰以不尊重主人急召態度，對安南人做一無言的抗議。

四、安南國王召見之跪拜禮辯析

〈投翁該饋書〉：之瑜託身貴國，誼同庶人。「庶人召之役則往役」，義也。但未諳相見大王之禮如何。承役而退，以不見為美。所謂「君欲見之，召之則不往見之」，亦義也。此兩三國人之所觀聽，非細故也。之瑜出身自有本末，遠不必言，近日新膺大明敕書特召，三國之人之所通知。若使僕僕參拜，儻大王明於斯義，必且笑之瑜為非人。惜身畏勢而輕褻大王，瑜罪何辭？若突然長揖不拜，雖甚足以明大王之大之高，萬一大王習見拜跪之常，未察不拜是禮，逆見嗔怒，必萬口同叱以和之。之瑜異國孤身，豈不立致奇禍？久聞閣下高明大度，通達國體，曉暢事務，伏乞先為申明，然後敢見。之瑜此情必無一人敢為傳達，不得已託之筆札，幸恕幸恕！[88]

此則書信內容：首先，朱舜水將其無法向安南國王行拜禮的原因，欲傳達給安南國官員知曉。其次，則為本則論述主軸，他扣緊

88　（明）朱之瑜《朱舜水集》頁 17~18。

著無法向安南國王行拜禮、跪拜禮的理由一一說明。然而，朱舜水「拜」與「不拜」安南國王，和其對於「拜」和「跪」的理解有關。而「拜」和「跪拜」之間有何差異？另外，朱舜水又言「不拜是禮」，其意為何？簡言之，此則禮儀的內涵及意義究竟為何呢？實有釐清之必要。

中國禮儀的制定使人倫、國家等均有次序，無論是人與人、或國與國之間，凡交際互動皆亦加以規範。主、客之間，除了物的贈予、及物的舉錯應注意其意涵、規矩外，「拜」與「答拜」亦是主客、君臣間重要的互動行為，有其儀式意義。《周禮》〈春官宗伯〉揭示九項「拜」的形態：

> 辨九拜，一曰稽首，二曰頓首，三曰空首，四曰振動，五曰吉拜，六曰凶拜，七曰奇拜，八曰褒拜，九曰肅拜。[89]

後世理解中遂將《周禮》九拜內容，以各種些微的肢體動作變化來區別，並且還分辨各拜禮與吉凶之禮的關係。例如，漢鄭玄。

> 稽首拜，頭至地也。頓首拜，頭叩地也。空首拜，頭至，所謂拜手也。吉拜，拜而後稽顙，謂齊衰不杖以下者。言吉者，此殷之凶拜，周以其拜與頓首相近，故謂之吉拜云。凶拜，稽顙而后拜，謂三年服者。杜子春云：「振讀為振鐸之振，動讀為哀慟，奇讀為奇偶之奇，謂先屈一膝，今雅拜是也。

或云，奇讀曰倚，倚拜，謂持節持戟拜，耳倚之以拜。」鄭
大夫云：「動讀為董，書亦或為董，振董以兩手相擊也。奇
拜，謂一拜也。褒讀為報，報拜，再拜是也。」鄭司農云：
「褒拜，今時持節拜是也。肅拜，俱俯下手，今時擥是也。
介者不拜，故曰為事故敢肅使者。」玄謂：「振動，戰栗變
動之拜，《書》曰：「王動色變」，一拜，答臣下拜，再拜，
拜神與尸，享，獻也。謂朝獻饋獻也。古讀為侑，侑尸食而
拜。[90]

亦有將九拜單純視為不同拜的動作，例如，唐賈公彥：「四種是正
拜，五者逐事生名，還依四種正拜而為之。」[91]至於，鄭玄所論拜
禮內容皆從「跪坐而行拜禮」上來談，誠如李濟〈跪坐蹲居與箕踞
——殷墟石刻研究之一〉一文依已出土殷商文物考證後得知：「甲
骨文字的商朝人，已有跪坐的習慣；那時的人們不但對主人、對鬼
神要跪坐；在日常生活中如執行為母的職務，自己吃飯，或宴饗賓
客，均在跪坐中進行。」[92]不僅在殷商，席地而坐的習慣一直到漢
鄭玄時亦然，然而，古人言「跪」與「坐」之間是否有其差別呢？
如有差別那與拜禮的實行又有何關聯呢？

　　實是言之，1·跪姿，依史料所載，古人之坐皆席地而坐，形

90　《周禮》〈春官下〉卷六，古書頁碼34。
91　《周禮注疏》〈春官〉卷二十五，古書頁碼16~17。
92　李濟〈跪坐蹲居與箕踞——殷墟石刻研究之一〉頁490，《李濟文集卷四》，
　　上海人民出版社，2006年。

態應與跪相近，故「女」字寫成「（《甲骨文合集》681正）」：「像婦人歛衽跪坐之形。」[93]因此，東漢《樂府詩》〈上山採蘼蕪〉「長跪問故夫」中的「跪」也僅是日常生活坐姿形態；又《禮記》〈曲禮〉言：「非飲食之客，則布席，席間函丈。主人跪正席，客跪撫席而辭。」[94]得知賓主在堂上坐時，二人皆行跪坐，態度端正以表示對對方的恭敬。綜合觀之，漢代之前「跪坐」形式即今人所言：「直身而股不著足跟」[95]之樣貌。另外，藉由甲骨文等資料可以發現古人坐姿、跪姿果真相近，全因席地而坐的緣故，錢玄依此遂於〈跪拜之儀〉一文中指出古人：「凡拜必先跪，不跪，則謂之揖。」[96]（至於揖是否為拜禮之一，下文將有論述）

2・坐姿：朱舜水言：「古人多席地而坐，多是與日本相似；讀書宜敬謹，所以焚香危坐耳。危坐即日本今日坐法。」[97]「危坐者以踵著尻，以趾著地也。」[98]換言之，古人所謂坐的形態，即今所指：直身而股著足跟，較為輕鬆的姿態。平心而論，古人的坐姿與跪姿肢體形態的確太過相近，也因為如此，朱舜水認為古人談「跪拜」其實可將它視為「坐拜」的方式之一。

然而，隨著後世「坐」的方式改變，對於「拜禮」形式和內涵又應當如何理解呢？郭沫若〈金文餘釋〉「釋拜」字：「拜實拔之

93　朱歧祥《殷墟甲骨文字通釋稿》頁113，文史哲出版社，1989年12月。

94　《禮記正義》〈曲禮〉頁44。

95　錢玄《三禮通論》頁527，南京師範大學出版社，1996年10月。

96　錢玄《三禮通論》頁527。

97　（明）朱之瑜，《朱舜水集》頁386。

98　（明）朱之瑜，《朱舜水集》頁387。

初字，用為拜手稽首字者，乃其引伸之義。」[99]金文寫作：𢔌（周公簋）、𢑚（昬鼎）等字樣，「凡此均示以手連根拔起草卉之意，解為拔之初字。古人拜禮皆跪正適。拜手至地有類拔草卉然，故引伸為拜。引伸之義行而本義廢。」[100]及許慎《說文解字》釋「拜」字言：「古文𢲸从二手。揚雄說：『古文𢲸从二手下。』」[101]由此看來，古人言拜是指手至地，像拔草狀，故以「拔」之初文做為拜禮之意，另外，這裡僅就手和身體的肢體形態來說明，並未針對腳跟是否坐在股上等姿態上來談。綜合觀之，原來坐拜和跪拜，重點不在於「股是否著於足跟」上，而是針對「拜」時「上半身體的動作如何呈現」，例如：鄭玄談道：「稽首拜，頭至地也。頓首拜，頭叩地也。空首拜，頭至，所謂拜手也。」朱舜水談「跪而拜」時也說道：「兩膝跪地稽顙，已興則起而再揖也。再拜者，三揖兩拜。四拜者，五揖四拜。」[102]上述二則論述皆可窺知「跪拜」部分強調「頭」是否就地的部分。

　　總結上述，無論是跪拜或坐拜，其拜禮的重點在於頭、身及手的位置如何錯置。朱舜水言：「拜者鞠躬。」[103]即是此意。但是，實在是因為古人早已習慣以「跪」姿行禮，而古人之「跪」又與後人之「坐」姿相似，遂衍生凡拜禮必跪的說法，《說文》也以「拜

---

[99]　郭沫若《金文叢考》頁221，人民出版社，1954年6月。

[100]　郭沫若《金文叢考》頁221。

[101]　（漢）許慎，（清）段玉裁注《說文解字注》頁601，黎明文化事業，1996年9月。

[102]　（明）朱之瑜《朱舜水集》頁387。

[103]　（明）朱之瑜《朱舜水集》頁387。

也」釋「跪」字。今日看來，隨著「坐」的器物、習慣之改變，在「拜禮」內容中是否得堅持「凡拜必跪」的原則呢？

甘懷真〈中國古代君臣間的敬禮及其經典詮釋〉一文針對於有關「拜禮」時如此詮釋，他說道：「拜禮所象徵的人際關係或社會脈胳為主客關係，是主客間藉由互拜以締結一體的關係。……拜禮若是發生於行禮二人皆是跪坐，則其原始意義當無卑者向尊者表達服從之意。拜禮的完成，一般而言，要藉由一方行拜儀，另一方答拜，答拜之意也包括接受對方之施敬。」[104]換言之，「拜禮」最初是指人與人禮尚往來的儀式，即如《周禮》〈秋官司寇〉所記：「諸公之臣相為國客，則三積，皆三辭，拜受。……每事如初之儀。及禮，私面，私獻，皆再拜稽首，君荅拜；出，及中門之外，問君；客再拜，對君拜，客辟而對……凡諸伯子男之臣，以其國之爵相為客而相禮，其儀亦如之。」無論君主、一般主客之間，凡主人先有禮，賓客必以禮回應；賓客有禮，主人必以禮待之。

但是，「拜禮」不一定得行跪姿，依據甘懷真分析《儀禮·燕禮》內容時說道：「行禮之人在進入禮儀場所後，在堂下之庭以站立為禮。升堂之後，則採跪坐，賓主依不同情境，互施拜禮，或起立為禮。」[105]簡言之，跪拜、立拜何者才是最為敬禮，即指最為尊重對方之禮，應該是依照拜者行禮時的對象及不同情境來加以辨別、應對。然而，從席地而坐改為兩腳垂地的坐，加上政治上的目的，逐漸使後世對「拜禮」的理解產生多種詮釋及混淆，甚至認為

104　甘懷真〈中國古代君臣間的敬禮及其經典詮釋〉頁 51。

105　甘懷真〈中國古代君臣間的敬禮及其經典詮釋〉頁 55。

「拜禮」謹有下拜上，卑拜尊。總而言之，「拜禮」即指人與人，國與國之間禮尚往來的禮儀，無論採取跪姿、坐姿、或立姿皆依行禮當時實際情境來實行，至於，頭、身體、手的安置上皆有一定禮節程度差別，稽首、叩首及空首等肢體動作必須仔細區別行禮者與受禮者之間的關係方能為之。

　　朱舜水藉安南國王召見，重新釐清中國拜禮的概念，指出：「古人之跪，即如今人之立，跪而肅拜與立而肅拜，正自相同，非有異也。」[106]換言之，今之跪拜禮則為古之坐拜禮，今之立拜禮也為古之坐拜禮。也因此，當朱舜水學生問道：「婦人肅拜與介者不拜唯肅拜時」，他回應道：

> 命之命婦，入朝坤寧宮中宮，俱肅拜，蓋立而拜也。婦人以肅拜為重，跪而拜者次之，「拜中最至輕」之說，亦非也。所謂擅者是也，所謂欲袒拜者是也。如曰肅拜止再拜，卻至如何三肅使者？註曰「手至地」者，亦非也。既已手到地矣，如何言介冑之士不拜？不拜者，以其支拄不便屈伸也。手已至地，何又言不拜乎？既已不拜矣，又何言肅拜？韓厥之於齊侯，再拜稽首，獨非軍中乎？獻子豈不知禮者乎？如何言肅拜為軍中之禮？蓋儒者不達古今之禮，所見異辭，所傳聞又異辭，故紛紛不能歸一耳。古樂府「伸腰再拜跪」，亦非誤也。古人之跪，即如今人之立，跪而肅拜與立而肅拜，正自相同，非有異也。今時太守見上官，兩膝跪地，其頭略俯，

106　（明）朱之瑜《朱舜水集》頁 422。

而肩背不動，疑肅拜相似而亦非也。不知者遂摭太守之拜為
肅拜，豈不訛以傳訛乎？儒者之誤後人，多此類也。儒者誤
後人，後人復誤後人，真如扣盤捫籥矣，何嘗有真見其是者
乎？[107]

上述引文中略整理如下，第一，朱舜水以「鞠躬即行拜禮」這
與傳統「凡拜禮皆跪」的認知不同，也因此造成理解「肅拜」意含
上有所不同。第二，朱舜水以「拜者鞠躬，即今之立而揖也。」此
理解亦與傳統理解「揖」的概念不同，《儀禮・鄉飲酒禮》「主人
揖，先入，賓厭介，入門左。介厭眾賓入。」[108]鄭玄注：「推手曰
揖，引手曰厭。」[109]揖、厭等均指行禮時手部分有較明顯的動作。
換言之，朱舜水將「揖」視為「拜禮」就其思維脈絡來看，也不無
道理。倘若置於傳統以「揖為推手」貌及其「鞠躬即行拜禮」的脈
絡分析，則又顯得牽強。無論如何，朱舜水如此詮釋必然有其道理，
否則，以「拜禮」之「坐拜」、「跪拜」同於「立拜」的朱舜水為
何不肯向安南國王行拜禮呢？甚言「不拜是禮」呢？

誠如上述討論跪拜禮，即指：「兩膝跪地稽顙，已興則起而再
揖也。」[110]先稽顙後拜的動作，含有臣服、敬重的意味在，且漢之
後皆將跪拜禮視為含有上下、尊卑之意，故此朱舜水當然無法接

107　（明）朱之瑜《朱舜水集》頁 422。

108　《儀禮》。

109　《儀禮鄭玄注》。

110　（明）朱之瑜《朱舜水集》頁 387。

受。另外，就賓主禮節而言，主人無論身分為何，皆應先待客以禮，然而，就朱舜水所認識的安南國人多非懂禮之人，那麼，他何嘗願意讓自己陷入賓有禮、主不以禮待之的尷尬情境中呢，遂如此用心地先說明自身立場。

上述四則與禮相關內容為朱舜水〈安南供役紀事〉紀錄中以己身有禮，凸顯安南國人無禮的例子。無論從明朝對安南政策，或從明人實際接觸安南人事、風俗、文化上來看，明人尚未脫離對安南以蠻荒、附屬國理解之概念，但是，又視其為中國文化延續的重要境地，直到朱舜水明末人之間這種矛盾的安南情懷，依舊矛盾。然而，至少朱舜水言安南人無禮，則又可見明人實是對自身與安南關係有重新思考和調整之趨向。

還有，若依照明人對安南的理解，再閱讀安南史家吳士連編纂之《大越史記全書》內容，則又會陷入迷惘之中——安南國果真為無禮之國嗎？例如，史書中載道：

> 敕旨：子居父母喪，妻居夫喪，當遵三年通制，不得徇情直行，悖禮逆法。子居父母喪，而妻亡懷孕，以流罪罪之。妻居夫喪，而肆行淫亂，或喪未滿，釋服從吉，並先通嫁信，及娶之者，並以死罪罪之。若居喪服，出見戲場，縱觀不避，以流罪論。如有貪材好色，而娶惡逆之妻妾及蠻人，烝亡兄弟妻妾，並為官吏而受略，抵罪。[111]

111　吳士連等撰／引田利章句讀，《大越史記全書》第七冊〈本紀實錄卷之三〉

本則政令是在安南聖宗[112]庚寅洪德元年（明憲宗成化六年，約
1470 年）時所頒發有關喪禮禮節應遵守的內容，並且還以法律強
硬規範。又，己未二年（明孝宗祐樘弘治十二年，1498 年）規範
官員穿著禮儀時，說道：

> （九月）十九日，勅旨，禮部出榜接明使，聽百官並著鞋韈。
> 冬十月以後，係隆冬，百官著羅紵絲衣，以順時候，停著紗
> 衣。[113]

> 二十九日，禮部奏：為常朝服事，嘗謂乾坤衣裳之制，取象
> 甚明。夏冬葛之宜，對時為順。公侯伯駙馬文武護衛等，繼
> 今常朝衣服，自十月以後，著紵絲羅衣，二月以後，方著紗

〈黎紀三〉頁 30~31，（日）埴山堂翻刻本，1884 年。案：吳士連（Ngô
Sĩ Liên），越南後黎朝前期的官員、史家。公元 1479 年（洪德十年），
奉後黎聖宗之命，編修《大越史記全書》。

[112] 黎思誠（1460~1497 年在位）是一個深受儒教影響的人。他即位後，以中
國宋朝理學為樣本著手改變越南。他認為政務應由有品德的人而非出身豪
門的人來主掌。當時越南的科舉考試僅斷斷續續地舉行。為了使更多豪門
之外的人入仕，聖宗重啟了科舉制度。聖宗也在各地進行普查，在各省廣
設文廟以尊儒教，停止興建新的佛教、道教寺院，並限制僧侶購置新的田
產。聖宗時頒布了新的律法《洪德刑律》（1483 年）。聖宗下令吳士連
編寫的《大越史記全書》成為官方史書。聖宗本人也喜好詩書，在宮中闢
有「九歌瓊苑」，常與文人唱和。聖宗擅長用喃字創作，也擅長漢文，本
人也著有許多作品。

[113] 吳士連等撰，引田利章句讀，《大越史記全書》第七冊〈本紀實錄卷之四〉
〈黎紀四〉頁 8。

衣。如遇風雨日，著紗綿布衣，以順時候。[114]

　　史書紀錄中不乏有關官員、百姓等生活禮儀的規範、詔令，且因受到中國禮儀制度影響，安南國太宗皇帝[115]時曾命官員梁登制禮。梁氏所制定的禮儀內容荒謬可笑，還在當時引起另一派效法明朝禮儀的官員上奏批駁。諸如此類似著重禮儀制度的安南國，似乎與朱舜水所見蠻橫無禮的安南國人有所差異，難道，安南本為有禮，後竟成為無禮之國？抑或是，安南國人之禮雖曾受到中國禮儀薰陶，但是，仍舊欲保存安南獨特文化，所以才呈現出與中國禮儀相悖之處？無論如何，文化交流有其容受、轉換、拒絕之種種可能，因此，倘若能有更多資料輔助、各種角度分析，加以釐清為何明人仍以「無禮」視安南，那麼，便可進一步瞭解中國文化究竟在安南地區影響之層面了。

五、在異國接魯王詔書禮儀儀式

　　問：老師在交趾，拜監國敕書，其儀云何？答：大明制，敕至，守土官朝服，欽差官吉服，迎入，香案供奉，而後開讀，

---

[114]　吳士連等撰，引田利章句讀，《大越史記全書》第七冊〈本紀實錄卷之四〉〈黎紀四〉頁8。

[115]　黎元龍（1433~1442年在位）即位，當時僅十歲，由黎察輔政。1438年，黎察因濫權而遭處決。黎元龍的皇后本為楊氏異，有一子黎宜民本被封為皇太子。楊氏貴被廢後，黎宜民也被降為諒山王，埋下後來黎宜民發動兵變殺黎仁宗之因。黎元龍喜好女色，1442年強迫侍奉阮薦的婢女阮氏路隨駕伺候，不久黎元龍暴斃，阮薦家族亦遭牽連。

則有拜禮。今不佞東西南北，無可供奉，不敢當拜禮。親王
監國，其制與天子同。巡按各道，俱欽差。巡撫雖係欽差，
其官銜無欽差字樣。布政司、按察司、都司、府縣，俱守土
官。[116]

在《尚書》時已有誓、告、命等皇帝頒布命令的形式，因為這
制度和君主關係密切，隨著君主專制化的程度，它的內容也隨之改
變，無論是書寫格式、內容上，還有明代嚴格迎讀模式，皆透露出
君主統治與階級分明的情狀。何莊〈從古代詔敕制度的演變看明清
君主專制統治的加強〉一文中就揭示著：從文書機構的更迭、抬頭
避諱制度的嚴格與繁瑣等，皆顯示著封建君主專制的加強。[117]

明代人看待詔書的尊重與其嚴肅性和他朝迥然不同，朱舜水曾
言：「詔書特徵，古今重典，此中進士，萬分隆重。」[118]《明季北
略》中也記熊廷弼遭受陷害赴死前：「公沐浴整冠曰：我大臣也，
死當拜旨，豈容草草？從容就戮。」[119]另外，朱長祚《玉鏡新譚》
中寫道：「按大明律內一欵，詐傳詔旨，乃斬首。」[120]凡此種種均
可知明代人對這「一只命令」的態度，以及對這只命令背後暗示自
身價值的認定上，極為慎重。

[116] （明）朱之瑜《朱舜水集》頁 398。

[117] 何莊〈從古代詔敕制度的演變看明清君主專制統治的加強〉《檔案學通訊》
第五期，2005 年。

[118] （明）朱之瑜《朱舜水集》頁 370。

[119] （清）計六奇《明季北略》頁 38，中華書局，1984 年 6 月。

[120] （明）朱長祚《玉鏡新譚》頁 76，中華書局，1997 年 11 月。

　　談及迎接詔書的儀式，申時行〈開讀儀迎接詔赦等儀附〉說道，洪武二十六年時將此儀式做了嚴格的規定與定案，之後明朝皆依據這模式行儀。[121]其中，除了朱舜水所言著朝服和吉服、香案供奉等內容外，還有鼓樂、呼唱、行拜方位等嚴格規範，其繁瑣更可見一斑。因此，居留海外的朱舜水省略了一些迎接詔書的儀式，除了所處環境的限制外，是否有其他因素，使得朱舜水這位重禮之人，竟減省起這具有嚴肅意義的接詔儀節呢？

　　朱舜水在回答弟子安東省庵問題時曾談及：

> 魯王，太祖高皇帝之裔；永曆，萬曆皇帝之孫。親則永曆，族屬之尊，則魯王。監國於越而不稱帝，非不可稱帝也。大明之制，親王太子，不得外交士大夫，惟監國乃得與士大夫相接。太子親王，不敢用制敕誥詔，止稱令旨。太子令旨得頒天下，親王止行國中，不得出國門。太子令旨，止稱「敬此」、「敬遵」。今魯王監國行天子事，故稱「敕」，稱「欽此」、「欽遵」、「欽哉」。……其年天下大亂，人情沸然，故魯國王未知我三詔特徵之事；不侫又發藏謹密，止稱恩貢生。設使彼時知其詳，敕書當更鄭重，不止於如此。然彼時知其詳，我必與舟山同死，不得來此有今日之事矣。[122]

　　以上說明了朱舜水對於魯王地位的態度，他認為：魯王雖屬於

───────────────

121　（明）申時行《大明會典》卷七十四禮部三十二〈開讀儀迎接詔赦等儀附〉。
122　（明）朱之瑜《朱舜水集》頁 370，漢京文化事業，2003 年 1 月。

· 249 ·

明代皇親貴族之一，但是，並不代表因此在明亡、困厄的環境之下，
就能稱他為王、帝。整體看來，朱舜水認具備政治正統性還是得有
所本。於是，幾次虛與委蛇下，甚至暗示魯王未知「三詔特徵」之
事，而且「止稱恩貢生」等方式，其實都是表明了能承接明朝政治
正統就是永曆（桂王朱由榔）。理由是：從中國傳統繼承皇位之脈
絡上來看，嫡長子是主要的第一人選，此才合乎世襲制度，因此，
崇禎死後能接續其位的第一考量人選便是其兄弟。崇禎兄弟六人
中：簡懷王朱由㰒、齊思王朱由楫、懷惠王朱由模、湘懷王朱由栩、
慧昭王朱由橏等五人皆早夭，而長兄明熹宗朱由校早死於 1627
年。換言之，再其次，則旁及堂兄弟等，由下圖所示，可知應以桂
王和福王一脈為崇禎之後繼承明室的首選。其中，福王朱由崧在崇
禎上吊死後就被馬士英等人擁立為帝，成立南明弘光政權，司徒琳
《南明史 1644~1662》指出：

> 朱由崧做皇帝是錯誤的時刻、錯誤的地點和錯誤人選。他對
> 於入承大統，曾頗費躊躇。……他錦衣玉食，一直被嚴禁過
> 問國事。那個時代所需要的元首是性格堅強……這些長處他
> 卻一無所有。[123]

朱由崧的性格並不適合「復明」之任務，而且，在南明政權裡，他
宛如傀儡嚴禁過問國事，無論如何，朱由崧上位一年後便被清兵斬

---

[123] 司徒琳著李榮慶等譯《南明史 1644~1662》頁 19，上海古籍出版社，1992
年 7 月。

首，結束短暫的南明政權。那麼，再從世襲制度來看，魯王等人則又與明正統繼承者之理想更遠。整體看來，復明之路似乎沒有合適的國君人選，至於那一群擁護明朝政權者又多有姦相。或許，由此便可以理解，為何朱舜水在師張肯堂、吳鍾巒、友人王翊、張名振等均擁護魯王朱以海為帝時，他卻有著不拜魯王詔書和請求日本弟子安東省菴協助留居日本的心境與舉動了。

南明世系表

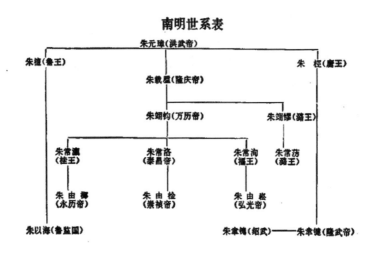

圖 2：南明世系圖。圖片取自：（美）司徒琳《南明史 1644~1662》

　　經由朱舜水與安南國官員之間互動時所刻意展現的禮儀及態度，則可知以中國文化、明朝為世界核心的想法在朱舜水心中仍舊存在。除此之外，亦可窺見明末文人反省亡國之由仍在於國家社會失其道、混亂所造成的切心之痛，遂而重新審視禮儀並欲回歸周禮

之治的想法。雖然，連朱舜水也清楚古代制度未必能全然地實施於
當代，但是，其中一些精神、方法還是值得保存的。同時，在種種
禮制的說明之後，清楚地呈現出：內在學術思想價值根植於傳統禮
節規範的朱舜水，對於國家執政者有著「守舊」的想法，認為應回
復原初古代君主不是絕對威權的作法，而且國家繼承者也應當以大
宗、嫡長為主的想法。因為如此，當他的老師、好友全都靠攏到魯
王系統時，他是十分痛苦的，雖然，與大家一樣均有著「反清復明」
的心，但是，他心中的明朝和其他人不相同，也許就是在這種內在
思維與外在環境無法協調之下造成朱舜水必須選擇留居日本，並採
取一些讓人摸不著頭緒的理由之故。（參看《朱舜水集》頁 158、
396：朱舜水被中國友人誤解及向安東省庵自敘為何得留居日本的
四項原因。）

第五章　朱舜水與日本幕府官員交往情形

　　1645 年~1659 年間朱舜水往返舟山、安南、暹邏、日本等地，凡七次前往長崎（參見附錄二：〈朱舜水前往長崎七次之行程圖表〉），曾在 1659 年抵達長崎後請託安東省庵等人協助居留日本一事，終於在 1661 年獲得日本准許。爾後，居留日本長達一、二十年，在這期間德川幕府採取文治，依循儒者所提供之政治理念，期待為長期處於戰亂的國內，能因此民生安定。同時，儒學也隨之受到重視與興盛。水戶藩藩主德川光圀，便是遵循著幕府政治政策下，偶然地與朱舜水締結友好關係，遂而促使中日文化進行交流。

　　1664 年水戶藩藩主德川光圀尊奉幕府儒學政策，命令儒官小宅生順前往日本各處，尋訪能協助政事之儒者。《西遊手錄》裡記載，小宅氏初次與朱舜水接觸的情況，他說道：「莫痛退托，先生文章已達東武，如小生者，拜誦有日，況聞人人所傳，先生不失節於北方，巍巍乎豈不景仰。小生東海道常陸州水戶府，後生姓宅名

順者也。願欲懷惠以有所質問，賜許免否？」[1]幾番筆談之後小宅氏說道：「余願奉尊翁於東武，日夜得親炙」[2]由上述二則《西遊手錄》內容看來，朱舜水學識淵博及在安南時期不凡的氣節展現等事蹟傳說，小宅氏早已耳聞，且欲一窺究竟，再幾經接觸其人後，更添加對於朱氏敬仰之心。無論如何，小宅氏拜視後極力邀約，朱氏答應前往水戶，於 1665 年至水戶藩，並擔任起德川光圀之賓師。

居留日本幾近二十年間，朱舜水交往對象除了通事、町役之類的平民百姓階層外，其餘多為當時日本政治圈中重要的藩主、儒臣、武官等（武士）階層人物，例如：肥前國小城藩藩主鍋島直能、肥前國大村藩藩主大村純長；築後國柳川藩儒官安東守約；加賀國加賀藩藩主前田綱紀、儒官木下貞幹、武士奧村庸禮；石見國吉永藩藩主加藤明友；常陸國水戶藩藩主德川光圀、儒官小宅生順；武藏國江戶藩儒官人見竹洞等。（見附錄三：與朱舜水交往之各藩藩主；附錄四：與朱舜水交往之各藩儒官、武士；附錄五：朱舜水的日本弟子）。依此，交友廣闊對朱舜水言想要踐履儒學、實學於日本則無不平添幾分助力。

其實，歷來研究學者也注意到朱舜水與日本政治圈交往的情況，於是，有不少作品處理了：朱舜水和德川光圀、朱舜水和前田綱紀、朱舜水和安東省庵、朱舜水和人見竹洞等，朱舜水和某一日本人物之間的交往情況，試圖歸納整理朱舜水政治思想的面貌，以

---

[1] 小宅生順《西遊手錄》收錄於《朱舜水記事纂錄》附錄，頁 1，吉川弘文館，1914 年（大正三年）6 月。

[2] 小宅生順《西遊手錄》頁 4。

及朱氏思想對於日本所影響的層面。只是，朱舜水討論政治，除了有一中心的思想脈絡、價值觀外，當遇著不同階層、官職身分者，半多採取「因材施教」——依人點撥的方式來指導與說明政治管理上之要點，例如：各藩主雖同為藩主、也同問政治議題，朱舜水雖大致上從「仁政」、「教與養」等基本政治概念來分析給予意見，但是，對於水戶藩藩主德川光圀，朱舜水解說態度和說明又略有不同，可能是因為德川光圀為「御三家」之身分（張尾、紀伊、水戶，就依據血緣脈絡能繼承將軍之位來看，此三家皆有機會），而且他又聘任朱舜水為水戶藩賓師，故從書信內容裡可以窺見：無論是學制、用人，或是聖廟建築、禮儀等方面，朱舜水無不鉅細靡遺的說明。另外，例如朱舜水與執政者談論到農業水利問題時，多半淺談即止，然而，當他遇上當時日本和算家、農田水利專家，常是與其深入討論並且給予具體建議等，依此看來，態度上顯然有所不同。

　　整體而言，欲了解朱舜水的政治思想，及其與政治人物之間的交流，首先，應暸解日本江戶初期政治體制發展情況、政治人物的職務、和社會環境具體需求等等方面。朱舜水與日本當時政治圈交往密切，即便整部《朱舜水集》裡呈現較多是他一般家常生活、與人寒暄、或抱怨之內容；還有，當他年近六十五、六歲時，身體逐漸老邁、病痛纏身等不堪之樣貌；七十歲時還曾撰文向德川光圀表達還鄉之志的「告老文」等。雖然，集子裡所收錄諸多為朱舜水病弱孱憊訊息，但是，還是讓人無法忘卻他在德川時期與日本政治相關的一切。

　　讓人思索起——朱舜水在中國幾近四十多年的青壯年時期，似乎沒有顯著事功記載下來，反倒是在日本短短約二十年間——幾近

一半時間都在養病的老人家，他究竟在政治、或政治圈中、或與日本友人往來之間做了什麼事情，竟能讓自己與日本產生百年來密不可分的關係呢？

　　以下先觀看圖3內容，則可發現此為朱舜水與日本各藩官員之間交往的網絡圖，在這之中，有些藩國的儒官後來都成了朱舜水的弟子，有些新掘起之秀也被安排到朱舜水的門下，向他學習。依此，朱舜水不僅與官員接觸，亦與各藩藩主有著互動交流，這些都將有助於其理念的傳播。

　　另外，藉由圖4則可得知朱舜水在日本國內的活動情況，也因此，他所談論的政治政策，也只針對於肥前、加賀、水戶等地的情況來說明、給予建議。至於這些地區，亦是日本朱子學發展和學者聚集之處。換言之，朱舜水居處、接觸者為日本政治與學術重要交流的區域，實有助於中日文化交流。最後，依圖所示，則可清楚的看到朱舜水政治議題為何以賦稅、農業、水利、土地、知識普及教育等為關注之方向，例如：肥前國等地居處日本國之邊陲，依日本史可知，其藩主多為外樣大名，在關原戰役後才依附德川氏，不僅受到監管，其土地隨時都有可能被收回，百姓生活辛苦，多次發生百姓起義之事，故朱舜水對此處之土地、賦稅等問題多有討論。至於，江戶、水戶則為德川氏政治核心，因此，朱舜水對其教育等問題便提出建議。凡此內容之後文中將有詳細說明。

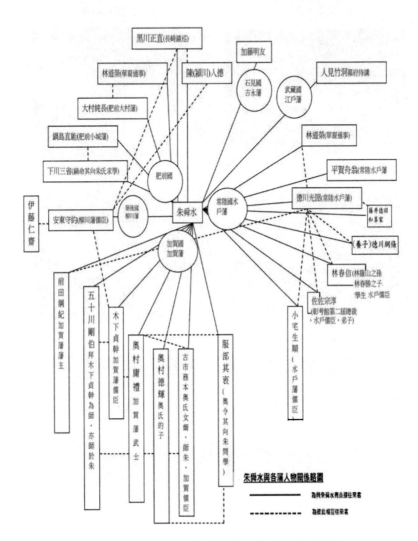

圖 3：朱舜水與德川時期日本人交往略圖

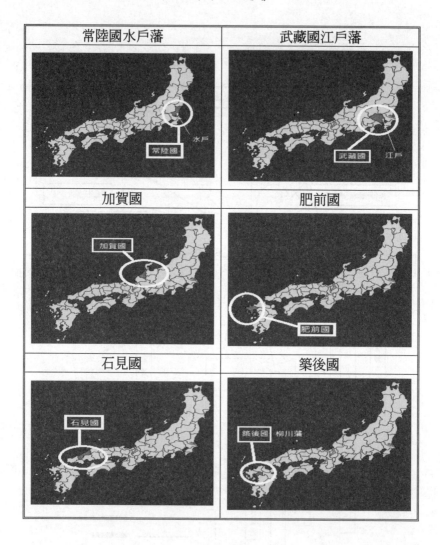

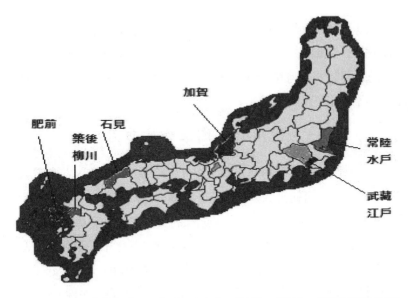

圖4：江戶時代加賀、水戶、江戶、肥前、石見、柳川等藩地圖

第一節　日本德川時期學術發展與朱舜水之關係

　　日本與中國鄰近的幾個國家：韓國、越南等地一樣，長期以來接受中華文化的薰染，然後，同時發展出純粹屬於自己的文化特色。朱舜水到日本之前，日本早已接受中華文化，那麼值得探究的——他究竟傳遞了哪些有明以來的學術思想，而且還能在當時德川幕府政治體系裡，以及日本式儒學之中產生的作用。於此，筆者以為應先釐清德川時期政治和學術發展環境狀況，下述將擬以說明德川時期政治治理上幾個狀況，例如：階層制度之問題、社會商業經

濟發展以及佛教思想對儒學傳播之影響等等。接續其後,再分析這些看來對日本當時之政治、經濟等方面產生問題和困擾的情況,朱舜水是如何將明朝經驗帶來、融入日本環境之中,並協助日本官員、儒者進行重建與開展。

一、德川時代儒學發展起因

日本戰國時期各藩擁有軍隊,相互侵略爭奪。最後,在豐臣秀吉手中統一,結束紛亂的國家環境,兵農分離政策,也奠定幕府政權形態。1598 年原為輔臣五大老之一的德川家康,竟僭越反叛,從豐臣秀吉(とよとみ-ひでよし,1537~1598)之子豐臣秀賴(とよとみ-ひでより,1593~1615)手中篡得政權,1603 年令朝廷(天皇)冊封為「夷征大將軍」,雖然,已取得執政上的合法性,但是,德川家族得面對執政者在初始接受政權,進行治理上最艱難的問題——重新調整百姓對更易後政治權力結構的認知,並且努力地鞏固、確立自身權位的正統性。因此,德川幕府急需整治內政,採取的方式:

第一,政治政策層面上:德川家族採取了階級制度的重整。James L. McClain, "Japan: A modern History" 說道:德川幕府是以強大的武力及將軍式獨裁作風做為鞏固地位的根基。除此之外,亦與僧侶、大名等具影響力的團體合作。另外,德川家族清楚知道天皇在政治上的重要性,懂得藉由皇室來彰顯自己的聲望。[3]換言之,

---

[3] James L. McClain, "Japan: A modern History" pp.21-22 ,W.W. Orton & Company, Inc, 2002.

德川幕府先行統整國家運作系統：即武士、天皇與神職人員，表面上德川氏讓具有軍事武力的將軍家、和宗教團體、以及正統政權的天皇，三者形成相互監督，產生政治制衡的力量。但是，實質上宗教團體（將軍統制管理）和天皇（委託將軍政權），他們全被納入將軍家管轄之下。

　　不僅如此，德川家康在在位二年後 1605 年後立即退位，由其三男德川秀忠接位，於此，宣示著「將軍」一職自此後規範為世襲制度。另外，德川氏還懂得利用政令來約束天皇、大名們的勢力，例如：元和元年（1615）制定〈禁中並公家諸法度〉[4]共十七條，第一條便揭示著「天子御芸能の事、第一御学問也。」；同時也制定〈武家諸法度〉[5]用以操控各大名，防止他們在地方壯大勢力，進而危及將軍家的可能，其中制定嚴格的「參觀交代」規定，間接

4　禁中並公家諸法度（きんちゅうならびにくげ-しょはっと）元和元年（1615）制定。正式名稱為〈禁中方御条目〉共 17 條主要內容主要是：規定天皇的活動限於追求傳統文學及執行禮儀、公卿的委任須有大將軍的同意，而且將軍有權干涉皇家的婚姻以及以宗教名義強制安排皇族成員出家修道。資料參閱：Japan Knowledge 系列資料庫、井上光貞等人著《詳說日本史》頁 164，山川出版社，1984 年。

5　武家諸法度（ぶけ-しょはっと），元和元年（1615）制定時有 13 條款。之後三代將軍德川家光（いえみつ）於 1635 年（寬永 12）大改訂，由儒官林羅山（はやしらざん）協助編列，法令內容對象由大名伸延至百姓，對於武士的權利義務、生活規範等有非常嚴格的限制，如不得私婚、不得結黨、不得蓄浪人、不得擅自修築城池、不得私相鬥狠，其中最重要──規定了大名的「參觀交代」制。資料參閱：Japan Knowledge 系列資料庫、井上光貞等人著《詳說日本史》頁 162，山川出版社，1984 年。

地對各藩大名財務上進行消耗，大大消減大名勢力等等。法令、律令都成為德川氏安頓自身政權的手段。

這時期德川氏不斷地頒佈、修定法律條令裡，試圖針對社會上階層、對百姓擁有影響力的人物進行掌控；模擬天皇居所建造幕府官邸等等情狀，均企圖顯示自身的重要性與不可取代性。凡此種種表現其實也凸顯了德川氏對於政治擁有權不穩定、不確定之恐懼。因此，才對於上層級的天皇、武士、大名、神職人員等進行監督、控制。至於下層百姓呢？德川氏亦有規範。

在社會百姓之中也實行嚴格的階級劃分，幕府官員認為這方法不僅能達到隔離不同階級百姓，甚至更方便執政者統治、控制等等可能發生的政變，且有利於政令與觀念的傳輸。[6]但是，嚴格階級

6　James L. McClain "Japan: A modern History" 指出 "Throughout the seventeenth century the shogunate and regional daimyo governments sought new ways to create more meaningful and readily evident distinctions among the four status groups that made up the Neo-Confucian social order. Several motives inspired that attempt to institute a system of rule by status .Among other things, officials believed that placing people in segregated containers would make it impossible for them ever to mount a unified challenge against the hegemonic order. Moreover, the process of defining more precisely the social order provided the government with ample opportunities to lecture people about the formal obligations that accompanied membership in any particular social estate." pp.69 案：此即說明當時德川幕府掌權認為倘若將百姓間區分士、農、工、商等階級，建立似儒家式的新社會秩序觀，那麼以身分制度為主的統治體系，由於各階級間不得相互逾越、往來，人們之間不僅嚴格隔離、勢力也將被分散，於是，便能減少統治者被挑戰、取代的事件產生。

劃分制度僅僅只能暫時性地抑止、管理百姓問題，高壓之下卻也同時顯示出許多德川家族在政策或管理等方面的自我困境。

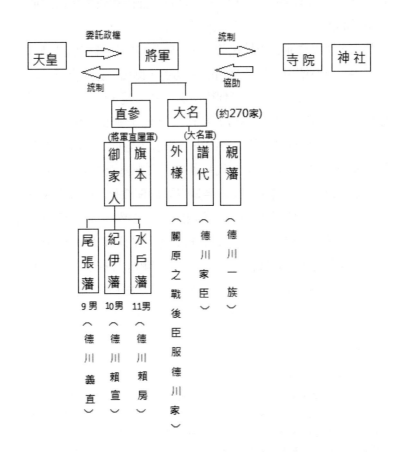

圖 5：江戶時期幕府與各大名、寺院、天皇等階層之關係圖

總而言之，德川家康後德川家族面臨著不僅只是時代環境、思想、政權諸多方面均在重整和變動的現實情勢，也極迫切需要得到有效治理的方法與手段。[7]於是，武力的、強硬的政治手段只能算是德川氏的方法之一。

其實，他們也從思想教化著手，一些重要的學者被拉攏到政治體系之中，成為德川氏推行文治的協助者，例如：藤原惺窩（ふじわら-せいか，1561~1619）受到德川家康的重視，他的學生林羅山（はやし-らざん，1583~1657）及松永尺五（まつなが-せきご，1592~1657）均為德川初期重要的朱子學者；至於，林羅山則為第二代將軍德川秀忠、以及第三代將軍德川家光講授儒學，亦為「武家諸法度」起草人。這些人物多半是以談倫理教化、序五倫次第的朱子學為主，其中林羅山原為入佛弟子，因讀朱子學後便還俗歸儒，凡此類事件無不對於一般學習的儒學者們具有影響作用。於是，當時日本儒學的發展情況，由於執政者和重要學者的推波助瀾之下，以最能提供封建社會維持次序根基的「朱子學」為基礎，「朱子學」遂成為德川幕府文治政策中主要的「官學」，中國儒學在此時期也受到注意。[8]

7　江戶時代（1603~1867 年）是日本封建社會末期。因首都為江戶（今東京）而有此稱，又因是德川家族的統治，也稱德川時代。町人階層的崛起在經濟上產生重要的變化，日本社會由自然經濟轉向商品經濟。農村社會也開始產生變化，由原先「兵農不分」成為「兵農分離」。凡此種種，藩主不得不因應社會結構改變而重新建立治理系統。參考：《江戶時代日本儒學研究》王中田著，中國社會科學院，1994 年 12 月，頁 1~12。

8　案：朱子學在宋時並非為官學，到了明朝時胡廣等人奉命編《四書大全》、

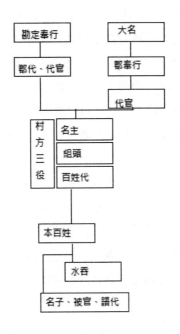

圖 6：江戶時期百姓（農民）階層關係圖

　　第二，德川時期社會經濟活動型態的改變。武士與百姓在生活上的需求提昇，加上商業發展，都市短期內人口增加，還有，因為都市人口居住密集，消防未完善常有燒毀物資的窘境，造成糧食短

《五經大全》時將朱熹言說內容蒐羅其中，二部書籍成為明代士子科舉考試用書，換言之，朱子的言說與理論才因科舉考試被視之為「官學」。因此，說明朱子學興起與政治關係時，中國和日本信奉朱子學條件成因不同，所取決的朱子學內涵也應當不同。

缺的情況，例如：1657 年明曆三年的江戶大火[9]。換言之，當時社會環境、需求改變之下，許多交錯衍生的生活困境，造成江戶時期百姓生活物資的總需求過度增長，然而卻有著供應不足的困境。供需無法平衡，間接地促使物價上漲，百姓生活因此陷入更為苦難之中。總之，在這不斷循環衍生的生存問題裡，德川政府增企圖藉由稅收政策、鑄造貨幣等方法來改善農民、百姓生活，使其安居樂業。但是，雖是如此仍，舊無法解決問題。

農民稅收高，眼見市場經濟高度發展，商人從中獲益、財富積累快速無人不受其誘惑。因此，短時間裡除了長子無法移動階級身分、職業外，其他人大量人口移入都市，想改善自身窮困的狀況，如此一來，先是造成都市流人等人口問題。除此之外，長期政策限制中不容許易動的階級制度，不允許販賣的土地、資產，在此時期如此所述，其實也悄悄地遭受到衝擊，人們欲在緊密壓縮的環境裡突破困境找尋得以生存方式。在當時，早已有武士販賣身分謀取錢財等情狀。

無庸置疑的，現實生活中不斷循環的困境，人們為了物資、財富逐步往都市流動，不僅連帶著城市、人口組成結構產生變化，其中也透顯著價值觀的轉變和社會問題即將擴大、衍生，於是，看似微不足道的改變，其實正悄悄帶來一連串國家社會問題，誠如大石慎三郎在《江戶時代》一書中談道：江戶時代城市發展造成社會結構改變，男女人口比例失衡，或商業活絡帶來文學興盛、人際交往

---

[9]　高尾一彥《近世の日本》頁 103，東京都：講談社，1976 年。

複雜，同時也延伸了遊女、官場賄賂等種種問題。[10]簡言之，變動環境裡不只有為政者，連一般百姓都得需要尋求足以讓他們生命存在能夠安頓的力量，因此，「朱子學」的嚴分倫理、次序正巧提供失序環境在精神上與實際生活上的協助。其後，1724 年在商業高度發展的大阪城出現了五位商人專門討論、發揚朱子學，在他們認知中：商人除了謀取交易錢財之利外，更需要一套「商業倫理」做為規範。於是，創立「懷德堂」為問學、教授商道、漢學傳遞的處所。這即具體證實了朱子學在於社會秩序、人們心靈上具有某種安定力量。

　　上述說明：日本國內因商業活動，促使人們內在精神匱乏故需安定力量；同樣的，外在環境價值觀混亂也得藉由倫理秩序來規範，這些條件皆是朱子學或中國漢學得以在德川時期流傳的主因。另外，德川幕府雖然在 1633 年對外開始了鎖國政策，但仍舊開放長崎與外國進行商業貿易活動，這交流不僅只有物資方面，許多中文書籍也由此傳入日本。換言之，江戶時代之前中國儒學、書籍雖早已經由朝鮮，遣唐使，或來日的中國商人與僧人等管道傳至日本，但是，如同日本學者大庭　脩《江戶時代における唐船持渡書の研究》一書所言：直到德川政府決定以文治理國家後，不僅喜好漢籍的大名和市民文人增加[11]，同時漢籍與儒學研究的需求和傳播也就

10　大石慎三郎《江戶時代》頁 94~215，中央公論社，1993 年 9 月。

11　大庭　脩《江戶時代における唐船持渡書の研究》「幕府の文治政策、學問獎勵のが效果次第にあらわれ，好書好學の大名や町人中の文化人が增えてくると、書籍に對する需要は時代と共に昂まり」頁 64，關西大學出版部，1981 年 3 月。

此開展。換言之，在政治因素下漢學書籍廣被需求，而各國商業貿易活動更加速了漢學書籍的流通，同時也讓朱子學或其他中國學問得以發展。

第三，排佛思想的興起。日本與其他國家民族相同，一開始均崇敬信仰自然界動植物神祇，並且自視為神道國家。[12]直至聖德太子（しょうとくたいし，574~622）時，佛教傳入日本，篤信佛教的他不僅深受影響，還依據佛教概念制定十七條憲法。自此之後，

---

[12] 村上重良《國家神道》一書中指出想要客觀的掌握神道概念是困難的：「神道這個概念，在神社神道的周圍，還有廣泛的延伸。其廣泛程度，不僅模模糊糊，而且錯綜複雜，致使客觀地掌握神道是很困難的。特別是近代以來，由於日本的一切思想和文化都結合神道來加以闡述，對神道繼續進行無限擴大的解釋，因而對神道是什麼這一問題的回答，不僅在學術上，就是作為社會一般概念，也是極其含糊不清的。」頁 14，倘若勉強依歷史發展來加以區分，神道內涵約略涵括在五個領域之內：「那就是神社神道、皇室神道、學派神道、教派神道、民間神道各個領域。神社神道是以宗教設施——神社為中心而信奉的宗教，它直接繼承了日本原始社會產生的原始神道。皇室神道檢來是天皇家系的宗教，由於古代天皇制國家的建立，就演變成具有國家的、公家性質的宮中祭祀了。學派神道是神道教義形成時的產物。學派神道有在佛教、儒教、陰陽道影響下產生的神佛融合神道的各流派、神儒融合神道以及復古神道。學派神道是理論神道，也就是作為宗教思想的神道，它雖然對於各個時代都分別給予思想影響，但各個流派並未能形成獨自的教團。教派神道是在幕末維新時期，以神道的基礎為背景而產生的一系列宗教，有融合神道系統的創唱宗教……一般說來，可以視為神道的文化現象，大體上可以包括在這五個領域之中。不過這些神道，並不是同時並存的，而是在神道的歷史上，亦即在日本民族宗教的發展過程中，陸續產生，相互結合、融合而報到現代的。」頁 15~16，轟長振譯，商務印書館，1992 年 3 月。以上即是對於日本神道簡略的認知。

日本國家、宗教上則以神道和佛教並行，故設有神社和寺院。然而，神社及寺院土地在豐臣秀吉與織田信長時期被統括進入政治管理範圍。

接續其後的德川幕府，不僅將神道及佛教列為國教，而且承襲前朝做法以政治管控，除土地之外，還包括具有一定社會地位的神職人員和佛教僧侶。文治政策中，將朱子學視為官學，此風潮下形成德川時期佛教、神道、儒學這三者，相互結合的學術思潮與信仰合流情狀。其實，德川幕府官員非常清楚——宗教的信仰自由將會為政治帶來不確定性，1637 年九州、肥前國（長崎）爆發百姓一揆的農民起義活動——「島原之亂」[13]，他們反抗執政者對於繳不出稅款的農民所進行的殘酷對待。在過程中農民一呼百應，參與者眾多，勢不可擋，最終竟造成許多百姓、官員死亡。政府追究其因，發現許多農民家中擁有天主像，遂認為引發這場戰亂皆因宗教思想傳播而起，就此延續豐臣秀吉時期嚴厲禁止信仰天主教的制度。

同前所述，德川氏對於宗教信仰所帶來的國家影響非常清楚，因此，除了對基督教發出禁教令外，德川氏針對天台宗、真言宗、禪宗、淨土宗、日蓮宗等佛教團體頒布了「諸宗寺院法度」（しょしゅうじいんはっと）內容包括：寺院住持的資格、寺塔修復限制、僧侶的服裝、佛教儀式等等。在在說明了佛教信仰自由在德川時期也陷入了困境，表面上雖被視為國教，但是，實際上卻被政治限制。據史料記載，1665 年德川光圀響應幕府政策，不僅推行文治，還對佛教進行整頓，在其執政的境內命令三百四十四個寺的僧侶還

13　　井上光貞等人《詳說日本史》頁 174。

俗、幾近三千多個寺院受到影響。[14]無怪乎朱舜水得極力澄清自身的立場，他認為：「儒教不明，佛不可攻；儒教既明，佛不必攻。」[15]換言之，朱舜水對於佛教內容中所言玄虛之學雖不認同，或許因實際生活中曾與釋氏有所關聯、接受到幫助，此類特殊情感遂讓他不得不說道：「此時上公力毀淫祠，僕遭蜚語騰謗，何敢輕易發一言為他人作話柄也。」[16]（〈答清水三折書〉）又言：「通國皆學佛之人，近時適有清理淫祠之政。彼謂皆由我，窺間伺隙，造此紛紜，亦理所應有也。」[17]（〈與佐藤彌四郎書〉）職是言之，當時佛教信仰雖已遭受質疑或破害，因為如此，間接促成了儒學發展的契機。

綜合觀之，朱舜水於 1645 年隨著貿易船初至長崎，巧遇德川幕府初取得政權之時期。[18]當時幕府政權為限制各藩軍事活動、耶

14　主室諦成在《日本の佛教》〈江戶時代の佛教〉一章指出：水戶藩在江戶時期發生過二次廢佛毀釋政策，第一次在一六六六年（寬文六年），藩主德川光圀時期。一六六五年對於寺院奉行職的重新規定對於僧尼等進行調查，隔年拆除許多寺院，命令破戒僧尼還俗，並且限制佈施金額。真言宗、淨土宗、真宗、天台等共計二千八十八個寺院受到影響。第二次廢佛毀釋在一八三二至一八四四年（天保三年到弘化元年），江戶末期水戶藩財政窮困貧乏，藩主德川齊昭依據民願對藩內政治進行改革，對境內寺院進行廢除整合的作法。頁 269~270，大藏出版株式伝社，1958 年（昭和三十三年）9 月。

15　（明）朱之瑜《朱舜水集》頁 63。

16　（明）朱之瑜《朱舜水集》頁 93。

17　（明）朱之瑜《朱舜水集》頁 98。

18　案：德川幕府指創始者德川家康 1603 年受封征夷大將軍開始。朱舜水到日本時與其接觸者江戶藩藩主德川光圀，為德川家康之孫，德川賴房之

穌教會及海寇等等可能危及、破壞國內好不容易平息的情勢，遂而進行鎖國政策（1633 年始~1868 年明治維新止），其中還包括嚴禁他國人士留居日本。[19]在此期間，亡國的明末遺民朱舜水屢次到日本，進行貿易、乞師等活動[20]，竟還萌生居留的念頭，故請求安東

子。屬於「御三家」之一。

19　（明）朱之瑜《朱舜水集》〈與孫男毓仁書〉「日本禁留唐人已四十年。先年南京七船，同至長崎，十九富商，連名具呈懇留，累次俱不準。我故無意於此，乃安東省菴苦苦懇留，轉展央人，故留駐在此，是特為我一人開此厲禁也」頁 48。案：日本鎖國政策亦可由朱舜水筆下略窺一二，朱氏初至日本志為「乞師」，然因種種原故例如：顧及德川光圀身為潘主的立場，以及知遇之恩、以禮相待等等，遂打消此念頭。然而他個人對於明朝的忠義精神與儒學涵養竟在日本產生了極大影響。參考：徐興慶〈朱舜水對東亞儒學發展定位的再詮釋〉一文，收錄於《新訂朱舜水集補遺》頁 1~53。

20　有關朱舜水乞師日本一事之討論可參考：徐興慶〈朱舜水與東亞儒學發展〉一文，收錄於《朱舜水與東亞文化傳播的世界》；韓東育〈朱舜水在日活動再思索〉《從「脫儒」到「脫亞」──日本近世以來「去中心化」之思想過程》台灣大學出版中心，2009 年 11 月。案：徐興慶指出「日本柳川古文書館蒐集到的史料中，有一封朱舜水寄給安東省菴的書簡，內容說明日本應發兵援助大明之義理，並打探幕府高層是否有出兵之意願。」「又因書簡原本藏於安本家，三百餘年來不曾公開。」頁 86，內容（收錄於《新訂朱舜水集補遺》頁 54）摘錄如下：「日本兵至大明，自然全勝，所謂義兵也。今日解百姓於倒懸……以賢契料之，在貴國平日議論，兵可得發否？貴國王有此意否？有此意，方可與上人商量。……一發兵，則虜必殲功必成。日本之名必與天壤同敝，且載入中國之史矣。」此外，另一則筆語（已收錄《新訂朱舜水集補遺》頁 164）也指出朱舜水曾透過安東省菴向立花忠茂表明求援軍器，內容如下：「大明軍火器械儘多，其所以敗者，有土崩之勢，非軍器不備也。今民心痛苦思明，若得精練紀律之兵

省庵（1622~1701）等人協助這一事，〈與安東守約書〉說道：

> 來貴國住居，其便有四：日夕相親，一也；省無益之雜擾，
> 二也；惜精神省費，三也；可免人尤，四也。此不佞所深冀
> 之者。但貴國君新蒞任，賢契雖極慎重，尚須事事斟酌。似
> 當先煩清田翁於黑川公前，探知口氣如何，然後懇貴國君致
> 書為妥。[21]

信件裡僅只談論到：居住日本是為了能與日本友人交往、問學之方
便。但是，其中真正目的除了已為後人證實的軍事活動外，還有什
麼其他內涵，至今尚未能全盤明瞭。因此，才有後世日本學者爭論
朱舜水早變節歸化日本一事，無論如何，暫且不論什麼因素讓朱舜
水非得堅持留居日本。或是因為，德川幕府政府面對屢次被駁回居
留申請，卻始終堅持的朱舜水精神所感動；亦或是當時日本國內政
治亟待整治，而朱舜水的中國經驗實是對於崇尚中華文化、政治的
德川時期政府能立即予助力。總之，朱舜水最終在 1659 年破例成
為嚴格鎖國下得以居留日本的外國人。

一枝，如疾風掃籜，數城之後，自然望風歸附，亦不必用著利器。如以器
言之，神機大將軍、滅虜……若得鳥槍一萬，已不可敵，設有三萬，近以
滅虜，如探囊取物，其弓矢萬萬不能敵也。」由此二則訊息看來，朱舜水
行至日本果真有乞師之作為無疑。

21　（明）朱之瑜《朱舜水集》頁 158。

二、德川時期舜水學的接受與傳播

御三家之德川光圀（とくがわみつくに，1628.7.11~1701.1.14，寬永五年~元祿十四年）不僅響應幕府以文治治國政策，同時面臨社會經濟型態的改變、排佛思想、闢佛運動的萌生等情況，於是，居處領導權位上的他極需注入新活力、思維用以協助管理政事，因此，派遣儒官小宅生順廣泛蒐羅資訊、網羅人才，明遺民耆老朱舜水便是在此機緣之下受到推崇。

朱舜水思想能夠受到光圀重視，以其曾經歷過的中國經驗及反思成果，確實給予德川氏實際上之協助。例如：首先，中國與德川時期相類似之處有——思想蓬勃發展，多元的思維帶來社會活力，其實，這種情況同時也會讓人們產生價值觀念的轉換，再加上當時環境：經濟商業活動的熱絡，帶來的投機心態、私利想法等，無不為社會秩序增添問題。例如：明末玄虛之學、陽明末流之學等，因此，日本應記取明末亡國前的種種經驗，以免讓自身陷入困境。其次，中日同樣都具有封建、集權的政治威權者，政治制度、命令牽一髮而動全身，倘若為政治師心自用那麼將會是國家隱憂，例如：嘉靖明世宗之「大禮議」事件等。因此，身為君主應如何掌握自身職份、任務，更顯重要。總之，朱舜水認為明末之所以亡國，在人們陷入己私和學術空談之中，「實學」即經世致用之學才真正能對國家、社會產生作用。朱舜水實學思潮，恰巧符合德川光圀政策上需要，順勢受到重視。

自 1659 年破例成為嚴格鎖國之下得以居留日本的朱舜水，常與德川光圀、儒臣人見竹洞、金澤藩官員奧村庸禮等人講述中國禮

儀、儒學和制度等問題，也曾協助德川光圀理解並規劃禮儀制度、編纂《大日本史》。簡言之，經世致用的實學是朱舜水在日期間努力實踐的方向。

至於，朱舜水所言實學內容為何？《清代哲學》一書指出：「內容是十分豐富的，他把躬行修德與政教經世，改革朝政與改造社會，在注重實行和事功的基礎上，結合起來，作為自己學說的根本宗旨。」[22]進一步來看，則可發現朱舜水實學內容是相對於玄虛之學而言，答小宅生順的書信裡，朱舜水曾指出：「吾道之功，如布帛菽栗，依之即不寒，食之即不饑；非如彼邪道，說玄說妙，說得天花亂墜，千年萬年，總來無一人得見。」[23]又在〈與安東省庵書〉亦言：「不佞之道，不用則卷而自藏耳。萬一世能大用之，自能使子孝臣忠，時和年登，政治還醇，風物歸厚，絕不區區爭鬭於口角之間。」[24]換言之，朱舜水不僅不言無用之學，他的學術內容最重要的是序人倫次第，使政治、百姓都能回歸到最原始簡單純樸的情狀。筆者約略地歸納《朱舜水集》、《朱氏舜水談綺》，得知其學術內涵應包括幾個方面：

(一) 禮學方面：宗廟祭祀、相見禮、書信禮、喪禮等儀節內涵。

(二) 地理學方面：中國、安南、暹羅等地的位置與風俗略說。

(三) 制度學方面：中國科舉制度、賦稅問題、農業規劃、學校

22　王茂、莊國保、余秉頤、陶清著《清代哲學》頁 379，安徽人民出版社，1992 年 1 月。

23　（明）朱之瑜《朱舜水集》頁 407。

24　（明）朱之瑜《朱舜水集》頁 160。

教育等。

(四) 建築學方面：園林、聖廟、墓葬等設計。

(五) 人文學方面：唐音學習、漢字閱讀與撰寫、名物制度等。

(六) 史學方面：歷史人物與事件的評析等。

(七) 其他方面：食物烹調方式、服飾製作等。

毫無疑問的，朱舜水的經世致用實學，就是指一般人日常生活中所接觸到的知識，可以應用、實踐的學問。於是，是禮學、史學、農業、建築等內容將國家治理規劃，到百姓日常生活秩序全都可包含進來。另外，朱舜水不僅給予這些知識清楚的理論內容，凡涉及實踐的部分，步驟、方法和工具等也都加以詳說，甚至像聖廟之類的建築他還親自擬作縮小比例的模型，讓人在實踐過程中能相互參看、應用、與修正。

至於上述七項實學內容中，除了農業水利與建築能最能直接從實際生活中看到成果外，另一個能立即察覺且為朱舜水重視的即是「禮學」。禮學的內涵具有安定社會秩序及人心之作用，與外在儀式規範相互配合，可實踐經世致用之效。[25]因此，在《朱舜水集》

---

[25] 杜維明《儒家思想──以創造轉化為自我認同》「儒家思想賦予『禮』的啟發功能以極高的評價，以至於它把禮儀化看作是我們學習成為成熟的人的具體過程。」頁108「如果《孟子》一書所曾提到的王良的故事具有某種暗示的話，那即是說，在御的技藝中也包含著複雜的自我控制的禮。」頁110，「禮儀並不是一種固定的規範，而是一種靈活的，動態的程序，有了這種程序，自我實現作為群體參與的具體手段而不是作為對內心真理的孤獨追求，就成為可能。」頁19，東大圖書，1997年11月。筆者案：換言之，對於「禮」能帶來內在的轉化實早已根深地箇根植於儒者心中，並僅能藉由禮儀、禮制觀其呈現。依據史料所載朱舜水所處時代不僅經濟

中，不難發現〈太廟典禮議〉、〈宗廟圖序〉、〈改定釋奠儀注〉等等不少與禮儀說明相關的文章。另外，《朱氏舜水談綺》則為日本弟子收錄朱舜水談論「禮及其形制、儀式」等內容的集子。書裡圖文併列，詳實紀錄，凡諸如此類禮學作品，皆可窺知朱氏向日本人釐清、說明與傳播中國傳統禮儀制度之用心。

　　此外，朱舜水認為以「史鑑古今，明是非」亦是實學中重要功課。如前所述，他曾協助德川光圀與諸位日本學者編纂第一本記載日本歷史的《大日本史》，編纂期間和諸多日本學者研究、討論歷史事件等，因此，產生以大義名份及忠義思想為學術核心的水戶學學派。[26] 凡此種種均為朱舜水在日本推動的致用實學之大略情況。

　　由於德川氏能接受朱舜水的建議並且實行，例如：建聖廟、整頓禮節秩序、修國史等。雖然，朱舜水曾感嘆談道：孔子言大道之

繁隆帶來百姓價值觀的轉換，科舉弊病，買官風氣，甚至加上「人欲開放」的思想漫延等情狀，讓人們生活形態失序。此外，明末國家陷入大災荒（瘟疫），百姓生活苦不堪言。凡此種種得面對現實困惡環境的劣質求生方式，的確有待以禮治使其回歸次序。參考：邱仲麟〈明代北京的瘟疫與帝國醫療體系的應變〉《中央研究院歷史語言研究所集刊》第七十五本，第二分，2004 年 6 月。

[26] 本鄉隆盛〈藤田幽谷〈正名論〉的歷史地位：水戶學研究的現況〉中指出：「水戶學是水戶藩第二代藩主德川光圀統領編纂《大日本史》過程中所孕育出來的思想，但另一面亦是幕末尊王攘夷運動以及成為現代天皇制意識型態的思想支柱之國體論的源流，因此在日本思想史上發揮著極大的影響力。」頁 203，《德川時代日本儒學史論集》，台灣大學出版社，2004 年 8 月。案：由於水戶學是在藩主德川光圀統領日本儒者編纂《大日本史》過程裡所衍伸出的思想學派，因此，不容忽視，即這學派重要論述——在「大義名分論」上的探討，而此是與其禮學思想背景有著密不可分的關聯。

行，天下為公，選賢與能，此大同世界的理想，「吾安得身親見之哉！然而不能也。」[27]然而，就在日本受到德川光圀知遇之恩後，朱氏一轉消極態度，認為：「私計近世中國不能行，而日本為易。在日本他人或不能行之，而上公為易；惟在勃然奮勵，實實舉而措之耳」[28]簡言之，朱舜水會發出如此言論，實是因為長期對明朝廷失望且無奈；一旦接觸好學、能以禮待人的日本儒者們、以及藩主德川光圀等人，情感上遂有轉變並且認為：儒者理想中深切期盼的大同世界，未必能在中國土地實現，但是，必定能在日本社會及德川光圀等人的努力和實踐不已的精神裡完成。

　　總之，無論是從哪一方面的學問入手，朱舜水實學、實踐精神無不在德川光圀政治推動之下與日本文化產生交流，同時他的自我生命價值也在此得到認同、實踐與成就。

第二節　朱舜水與日本官員論政治相關議題

　　中國傳統仁政思想由孔子始，《論語》〈為政〉指出：「為政以德，譬如北辰，居其所，而眾星共之。」認為執政者以仁德感化百姓，使之各居其所，自然得到愛戴，此為理想的政治形態；《孟子》〈公孫丑〉也談：「以不忍人之心，行不忍人之政，治天下可運之掌上。」這些都是政治純粹理想境界。

27　（明）朱之瑜《朱舜水集》頁 113。

28　（明）朱之瑜《朱舜水集》頁 113。

德川政權初建立，結束戰國時期各藩爭位的局面，如果採取溫和教化方式來治理武士、百姓等階層，確實無法立即達到預期的政治成效。再加上當時知識及教育等方面尚未成熟、完善，幕府唯一能採取的手段——以強制性的律令來規範，嚴格劃分社會階級、限制土地買賣、以及資金、賦稅等，然而，實際上，這種集權政治手段不僅帶來國家社會發展無意義的消耗，同時也可能為己身政權埋設下治理之隱憂。朱舜水深知德川氏這類政治治理手段將會引發一連串問題，因此，與日本官員論學時常不忘提醒著：仁政才是大同世界、國家百姓所企則的理想。故接著探討：第一，德川時期階級制度的規劃以及其制度中的困境。第二，再談從德川政治制度之困境中朱舜水給予哪些意見。

一、德川時期的階級制度略述

如前所述，1598 年豐臣秀吉去世，德川家康本為六歲繼承者豐臣秀賴輔臣五大老之一，之後，掠奪政權，1603 年為「征夷大將軍」正式取得政權。然而，一開始並非所有各藩大名都信服於德川氏，直到關原戰役（関ヶ原の戦い）後德川氏才略為平息各藩反判之可能。只是，當時國內各勢力還覬覦「將軍」權位，仍有蓄勢待發之人，例如：居大阪城的豐臣秀賴等。

德川幕府在整個日本國內政權掌握上，仍舊充滿隱憂，為鞏固自身地位德川家康先是命令朝廷（天皇）封己為「征夷大將軍」，二年後（1605 年）隨即讓出將軍地位給兒子德川秀忠[29]，宣示「將

29　德川秀忠（とくがわ　ひでただ）1579 年 1632 年。江戶幕府第 2 代征夷

軍」一職自此將由德川家世世代代承襲。另外，為削減各藩大名日後壯大、政變的可能情況，進一步展開階級分明的幕府集權制度系統，並虛化朝廷（天皇）地位、連宗教（佛教）也一併納入管理，在這嚴格國家體制中以「將軍」做為最高實權、軍權的統理者。

在將軍之下區分有二類領導階層，第一類為：旗本與御三家（指：德川家康之子，（9 男）張尾家──德川義直、（10 男）紀伊家──德川賴宣、（11 男）水戶家──德川賴房，依血緣系統脈絡為主。前二家皆晉升為大納言，水戶藩主僅為中納言且領地為前二者一半，本應不列入其中。故德川賴房曾言：「御三家是指德川本家、張尾家、以及紀伊家。」）[30]；第二類則為，各藩大名：依次有親藩大名、譜代大名及外樣大名，分屬於──德川家族、德川家臣及關原之戰（1600 年 9 月）後歸附德川氏的臣子。凡此，階層分明，各司其職，且均得向將軍負責。坂本太郎說道：

> 控制大名是關係到幕府基礎的重大問題，所以家康很早起就注意到這一點。關原戰役結束後，論功行賞時，就是根據他的治理規劃，重新變更對大名的安置。在畿內、關東、東海道等地安置了譜代和親藩，即累代的老臣和同姓近親的大名，以鞏固統治；把外族大名（外樣大名）移到奧羽、中國、

大將軍。德川家康的三男，長兄松平信康早年自殺，次兄結城秀康成為結城家的養子，因此他成為了德川家的繼承人。

30　河合敦、黃秋鳳譯《早わかり江戶時代》頁 72~73，城邦文化，2009 年 5 月。

九州、四國等邊遠地區,即使這樣,他們之間也還親疏交錯,以使前後互相牽制,不是以形成對幕府的威脅。[31]

由此可知,「外樣大名」是指在關原之戰後才依附德川家康,故領地多被安排在日本國境邊陲地帶,而且幕府也都安排德川家族、親信負責監視。

除此之外,德川氏政權為了避免、預防各國(藩)大名發生叛亂,不只從事人員監管還同時進行經濟財務上的消耗,例如:強化「參觀制度」(參勤交代)。參觀形式擬為嚴格制度模式最主要是因為──1599 年德川家康剛取得政權,得知由前田利長、淺野長政等人為首的集團將謀害自己,於是心生恐懼,又再加上當時大阪城內一股討伐前田氏的聲音四起。這氛圍之下德川家康決定出兵討伐前田氏,準備出兵之前,《要說日本史》中如此說道:

> 1599 年加賀前田利長的母親芳春院自願成為人質前往江戶,以示對德川家康的忠誠,自 1602 年參勤。1609 年秀忠接受外樣大名的參勤,此時尚未制度化。參勤制度化一直到 1635 年時才完成。……外樣大名每年四月前往覲見,譜代大名則六月或八月……跟隨前往的人數……1721 年制定二十萬石以上的大名,騎士 15~20 人,足輕 120~130 人,中間人足 250~300 人,十萬石以下騎士 10 人,足輕 80 人,中間

---

[31] 坂本太郎《日本史》頁 275,中國社會科學出版社,2008 年 6 月。

人足 145 人。[32]

前田利長的母親芳春院，為了平息德川氏擔心前田氏可能反叛的疑慮，因此，自願成為人質，表示效忠德川氏。其實，早在日本鎌倉時代（1185 年~1333 年）就有大名們前往政治中心（鎌倉）參勤交代的儀式。直到豐臣秀吉時，才有各地大名將妻子質於江戶的做法。由於，上述事件——1599 年德川家康奪取豐臣家政權後，發生前田利長預謀殺害的事情，芳春院[33]為了顧及兒子自願成為人質——自此之後，大名們遂採取這類做法，以表示自己對於德川家族絕對忠心。另外，由大名們所領導的參勤交代隊伍，前往江戶覲見將軍，以往傳統將軍會前往迎接，第二代將軍德川秀忠時則廢除「迎接大名」做法，用以顯示將軍天賦權威及地位。[34]還有，從引文所述可知，這類參勤交待不止是將軍對大名的約束作用，每次活動耗費的人力、財力、時間對於各藩無不是極大資源的浪費，許多大名還因而負債累累。換言之，德川氏對於各藩大名集權式的統治，在「參覲制度」可以窺見一二。

除了「參覲制度」外，德川氏也承襲豐臣秀吉土地政策。首先，將日本國內領土進行重新規劃與分配，凡不依幕府規定、有所缺失的各國（藩）大名，德川氏有絕對沒收其領土、以及拔除其特權的

32　井上光貞、笠原一男、兒玉幸多《要說日本史（改訂版）教授資料》頁 270。

33　芳春院（1547~1617 年，前田利家正室，本名叫做松。1599 年利家在大阪過世，阿松出家，號芳春院，並且在京都的大德寺裡建立了芳春院。

34　坂本太郎《日本史》頁 275。

裁撤權限。坂本太郎說道：

> 一有機會就據幕府的方針，對大名加以調動。所謂機會，就
> 是毫不留情地對大名進行削封、減封，這是幕府控制大名的
> 一個強有力的措施。對大名削封減封的原因除關原戰役時與
> 幕府為敵外，還有平時違犯幕府的法令，或是沒有嗣子等。
> 所謂違反法令等等，都只是表面的藉口，它可以由將軍任意
> 加以利用，所以各大名的地位極其不穩。[35]

領土重新分配權、特權裁奪等，凡此種種，均可看出德川氏家族在
政治上絕對集權的統治作風，及其對政權掌握上極度不安的心態。
既然在執政階層（武士層級）裡德川氏擔心軍事叛變，那在百姓治
理上呢？他又採取了何種作法？

本章〈德川儒學發展起因〉圖示德川時代百姓（農民）階層分
配情況（圖6），可以發現，在將軍階級之下區分為：士、農、工
商、賤民四層級。士階層（武士階層）即上述各藩大名、武士、官
員；至於，大名統領之下各藩百姓有農、工商、賤民三類階層：1、
農民階層又可區分為：名主、組頭、百姓代等農民管理階層，其次，
有：本百姓，五人一組，具納稅義務，還有奴隸之類、水吞等低下
階層的農民。2、工人、商人也區分為町奉行、地主等管理及被管
理階層。3、賤民。江戶時期四民制度，階層劃分之下不僅人們身
分世襲，土地、義務等等亦不容更易，即便人們擁有土地也不能自

35　坂本太郎《日本史》頁277。

己進行買賣，從身分到財產使用均有規定，集權統治的形態則可見一斑。雖然，河合敦《早わかり江戸時代》曾言：其實江戸時代的階層制度並不嚴格，唯一有約束作用的只針對各階層中嫡長子，於是家族中其他成員則可能因種種機緣，而更換了原本的階層或身分。[36]江戸時代商業經濟高度發展之後這為必然趨勢、必然結果，此自是後話，故暫且不論。

德川氏針對百姓生活、生存的約束和限制極多，不僅在行為、活動上，連經濟財產的控制亦是。大石慎三郎曾在《江戸時代》一書記載德川家康和家臣本多正信談論：「收取百姓歲貢，讓其不生也不死。」[37]凡此類言談無不顯示著江戸時期對農民極盡剝削的情況。無論如何，幕府注重農民的治理，同時也對農民、社會低階層百姓進行限制與消磨，均非一言可盡。也因此，農民之間起義反抗（一揆）不合理情況的舉動時常有之，青木美智男《百姓一揆の時代》一書中指出（意譯如下）：其實，農民起義不外乎是政治（賦稅等）及經濟（糧食不足、物價上揚等）等因素。[38]（原日文）例如：《要說日本史》裡陳列了 1634 年以來日本農業陷入災荒，1637 年繁重農稅，再加上幕府限制百姓信仰自由等種種因素，遂釀成日本史上極為嚴重的百姓一揆，即指農民起義反抗執政者的運動[39]——「島原之亂」[40]，之後 1652 年也發生農民代表越級上訴稅收的

36　河合敦、黃秋鳳譯《早わかり江戸時代》頁 190~191。

37　大石慎三郎《江戸時代》頁 172。

38　青木美智男《百姓一揆の時代》，校倉書房，1999 年 1 月。

39　《要說日本史(改定版)教授資料》頁 278~279。

40　坂本太郎《日本史》：「島原之亂下基督教大名有馬晴信舊領地的島原半

問題。總之，百姓在國家運作體系裡，雖然階級（階層）不高，卻又擁有極大的影響力。至於，德川氏政權對於農民徵取稅收、剝削又想依賴武力來加以治理，在朱舜水看來這非長久之計。

其實，朱舜水最初剛到長崎乞師、從事貿易活動，最常接觸的便是這些地處日本邊陲藩地大名、官員們，他們所屬境內大部分都以農業發展為其經濟、收入之核心。換言之，德川氏政權在農民政策規劃、運作等都和他們相關。這些接近百姓、農民的大名、官員們——尤其是剛平定農民起義內亂的肥前國內藩主鍋島直能、大村藩主大村純長等——皆曾問政於朱舜水。如前所述，亡明和德川初期在社會政治、思潮、百姓民生問題等有著相類似的背景，讓朱舜水感受最深的即是災荒、賦稅、教育等問題。唯一不同的，就是與他接觸諸多日本執政者們，對於解決國內（藩內）困境的意願較高。

總之，無論朱舜水基於對百姓困苦的感同身受，抑或是對於日本國內執政者的禮遇厚待等諸多複雜情感交錯下留居日本，並給予政治治理上的建議和協助，那句衷心諫言：「衣食足而後禮義生，此教化之厚，不可不留意也。」[41]即透顯了他內心最根本的政治理想。故，本章欲先釐清朱舜水與日本執政階層在國內治理相關議題

島和基督教大名小西行長領地的天草島等地的基督教徒，由於新領主松倉重政和寺澤廣高等人大肆壓而演成狂熱的信仰反抗行動。他們被基督教復興的預言所驅使，再加上一些浪人的煽動，終於揭竿而起。暴動發生後，藩主無力鎮壓，向鄰近的諸侯求援，幕府派遣特使去統率鎮壓，指揮各藩的兵馬攻打起者佔據的島原城，幾經苦戰，到寬永十五年（1638）才算將起義鎮壓下去。」頁 288。

[41]　（明）朱之瑜《朱舜水集》頁 90。

究竟討論了什麼內容，並察看這些意見是否具影響力。此外，更進一步審視他在「中國不能行，而日本為易。」這句感歎語背後暗藏了多少對於明朝或中國文化的情感。

二、朱舜水論農業土地政策

當初剛到日本的朱舜水，接觸肥前、長崎等地的百姓、官員，感觸最深的即是日本農業高壓政策所帶來國家社會問題。其實，針對主要以農業經濟發展做為整體運作之資源的國家而言，農業政策完善與否就如同心臟與人的關係一樣，它所帶來一連串問題足以使國家興亡。

當然，從理想層面上來看，隨著國家社會發展經濟模式的改變，農業政策同時也當因應、調整。但是，朱舜水所處的時代（明朝）即是在那一股商業高度發展下對農業政策失誤、未調整，而延伸一連串國家社會問題與許多弊病，甚至，最後導致百姓起義，國家敗亡。依是朱舜水對於農業政策感受良多。故，對照江戶時代的日本國家經濟發展情況時，由於，德川氏實施鎖國政策，日本不僅對外貿易受限，國內商業發展也止限於幾個重要的港都，換言之，日本當時大部分國家經濟來源還是來自於農業、對農民的稅收，如前所言，朱舜水對農業、商業發展、政策失衡下的國家問題頗有意見，從中國（明朝）農業問題，到日本農業問題，朱舜水究竟給予日本各藩地領導者何種農業政策上的手段、建議呢？本文先從明朝農業中的幾則問題說明，接著再由此對照日本農業政策狀況，最後說明朱舜水在農業問題上之建議。

(一)明末農業問題

農業政策之重要性，尤其對於以農為經濟為命脈的國家而言更甚。最主要原因在於農政議題環扣著：糧食問題（價格與供需）、經濟問題（賦稅）、社會問題（人口、尤其在災荒期間更有：起義造反、傳染病等問題）、土地問題（分配、使用）等，而且這些問題間又相互牽繫、層層相因，不得不加以重視。

朱舜水對農政問題感受最深，曾在與平賀舟翁對話時引子產言，說道：「子產曰：『政如農功，日夜思之。思其始而成其終，朝夕而行之，行無越思。』然則農功之當日夜以思，朝夕以行，可知也已。」[42]政治和農政一樣重要，日夜都不能忽略，且當努力實行。農政之重視應與他居處明代浙江地區災禍頻仍、以及江南賦稅繁重等親身經驗相關。

依據羅麗馨〈明代災荒時期之民生——以長江中下游為中心〉一文指出：明朝災荒（包括：水災、旱災、蝗災、地震等）約有1011 次。旱災中 77.6% 發生在江蘇、浙江、安徽等長江沿海地區，水、旱災最為頻繁的是浙江，尤其是嘉靖到萬曆年間。[43]中國最富庶的江浙地區發生災荒其影響所及不言可喻，再加上災荒發生時往往最先遭受到衝擊的便是百姓們，民生物資匱乏，連生命財產均可能有被剝奪的危害，依史籍記載，明朝嚴重災荒時，曾有飢民販賣妻女換米，或易子而食等情況。當然，明朝政府面對災荒並非完全

42　（明）朱之瑜《朱舜水集》頁 91。

43　羅麗馨〈明代災荒時期之民生——以長江中下游為中心〉《史學集刊》第一期，2000 年 2 月。

沒有做為，不只以蠲免政策減少賦稅對百姓進行救濟。除此之外，還有依靠鄉里士紳協助進行社會賑災活動，馮賢亮在〈明末江南地區的大災荒與社會應變〉一文提及：

> 在常州府無錫地方，崇禎十一年大旱期間，士紳為防止民變作了很多努力，時人即云「幸在江以南不致激成大變，若秦晉宛豫即揭竿斬木之徒由茲而起矣」。但在崇禎十三年的災荒期間，當地還是出現了飢民搶掠富室的現象。……有人認為救荒工作並不是一府一縣的私事，江南地區應該聯合進行平價、閉糴、勸借等方面的工作，從而限制米價上漲和亂民哄搶，達到共同控制以獲均利的目的。[44]

質是言之，面對人為難以控制的天然災荒，不只是政府的事，也非士紳們涉入救助即可，從理想層面來談：應是政府、士紳及百姓之間相互合作共度危難。但是，那僅能停留於政治理想裡。由於，社會控制、政策實施中最為困難的——人情與私心夾雜其中，例如：明代施行蠲免政策，其用意甚好，但是，依據張兆裕〈明代萬曆時期災荒中的蠲免〉一文指出：「萬曆前期發生災荒 239 次，蠲免 115 次，平均每二次災荒蠲一次；後期災荒 200 次，免過 40 次，平均每五次蠲一次。……政治方面直接影響蠲免的，是明神宗對於

---

[44]　馮賢亮〈明末江南地區的大災荒與社會應變〉頁 230~233，《明清江南地區的環境變動與社會控制》，上海人民出版社，2002 年 8 月。

救荒及蠲免的態度。」[45]換言之,政策歸政策,因為君王具有絕對
影響力,他個人態度遂竟也成為政策實施中無法掌控的變因。另
外,同時官場裡仍不乏出現幾則官說蠲免利己的情況。實際上,明
朝幾次政治改革策略則全在人心動念、私利趨使下失敗,例如:明
遺民黃宗羲就曾經對張居正一條鞭法與明朝政治、國家興亡之間提
出看法,認為:看似將所有的賦稅合而為一,但是,卻又衍生其他
名目稅額增入田賦之中,反使百姓陷入更為繁重賦稅之中[46];王夫
之也注重土地農田政策,指出:為政者在土地、人口改變之時應重
新丈量、分配,否則以戶做為賦稅根據的做法將會使百姓陷入重
稅,此外,他對井田制度的想法同於朱舜水——均以井田制不可能
再施行於當代,其中重要因素即是人心的改變。[47]簡言之,黃宗羲、

45　張兆裕〈明代萬曆時期災荒中的蠲免〉頁 109,《中國經濟史研究》第三
　　期,1999 年。

46　黃宗羲《明夷待訪錄》〈田制三〉:「嘉靖末行一條鞭法,通府州縣十歲
　　中夏稅、秋糧、存留、起運之額,均徭、里甲、土貢、顧募、加銀之例,
　　一條總徵之,使一年而出者分為十年,及至所值之年一如餘年,是、力二
　　差又併入於兩稅也。……故條鞭之利於一時者少,而害於後世者大矣。萬
　　曆間,舊餉五百萬,其末年加新餉九百萬,崇禎間又增練餉七百三十萬,
　　倪元璐為戶部,合三餉為一,是新餉、練餉又併入於兩稅也。至今日以為
　　兩稅固然,豈知其知其所以亡天下者之在斯手?」頁 27。

47　王夫之《讀四書大全說》(孟子):「大抵井田之制,不可考者甚多,孟
　　子亦說箇梗概耳。……想來黃帝作井田時,偶於其畿內無一易、再易之田,
　　區畫使成井形。殷、周以後,雖其溝洫、涂徑用此為式……則或七十、百
　　畝者,亦夫田賦稅之法,而非果限諸民也。周既增殷三十畝,則經必須盡
　　改,其煩勞亦已太甚。……故孟子言『暴君汙吏,必慢其經界』慢者,不
　　脩理改正之謂也。其法,想亦與今法十年大造黃冊,推收過戶之制略同。

王夫之、朱舜水皆看到了明代執政者、百姓裡人心私欲利己思維影響著制度實施及國家興亡。

　　無論如何，經歷江南諸多災害經驗、又曾與水利農田政策專家徐光啟之好友陳子龍友好的朱舜水，在反思明亡以及從事「經世致用」實學推動實踐裡，也明瞭農業土地政策的重要性，因此，他和大部分遺民想法相同——談農業政策就得先回歸到最原先制度、百姓、土地之間的關係來分析。

(二)朱舜水對日本農業土地分配與利用之建議

　　德川時期日本社會與政策中，對於農民及其土地規劃採取農兵分離，農民擁有土地，也因此負有耕種及賦稅的義務，並且嚴禁土地買賣，凡此土地分配政策無疑地使執政者得以直接剝削農民。坂本太郎如此談論的，他說道：

> 德川時代，日本的社會生產形態是一種封建的小農經濟。十六世紀末，日本 1600 萬人口中，80% 以上是農民。通過豐臣秀吉檢地和兵農分離政策，封建中期開始衰落的莊園被徹

但在井田，則須加一番土功爾。」「尋常說助法用民之力，而不取其財。乃民之財何從而得之？亦不過取諸其力而已矣。可耕之時，能耕之人，通計只有此數。以其九之一而治公田，則於以治私者必有所不及矣。向令不用其力，彼又豈不可以多得哉？未見農民之有餘力暇晷而以唯上之用。」「總之，法之既壞，且務與收拾整頓，以求其安。若人心以散，勢重難返，而不揣其本，區區辨法制之得失，以驅疲民而數改之，則其為禍尤烈。」頁 969~971。

　　底摧毀，土地所有關係和統治關係被整頓為自耕農直接向領
　　主繳納實物年貢的貢米制。到德川時代，又經幾次檢地，確
　　立了農民對土地的占有權，消滅了貴族和武士領有土地與農
　　民的根基，使幕藩完全控制了廣大農村。從此農村中的基本
　　生產關係成為領主對農民直接的剝削關係。農民的領主耕種
　　一小塊世襲份地。當時農民每戶占地都在五反以下。這種農
　　民被稱為「本百姓」，它在整個德川時代是一個不斷分化的
　　自耕農階層。領主從農民剝削 50% 到 70% 的實物地租，還
　　加上各種雜稅、勞役。農民在領主的代官、村吏重重壓榨下，
　　不僅自己被緊縛在土地上，並且連種植生活的自由都被剝
　　奪，事實上等於農奴。[48]

德川氏為了消滅大名們領地，確立了農民土地所有權，但是，這種
做法卻反而帶給農民生活更為困頓——土地的擁有不僅使得農民
被緊縛在土地上，而土地改革後種種稅收、勞役全都轉嫁到他們身
上。其實，日本實施這類農業政策對於百姓的消耗和當時中國（明
朝）境內不相上下，朱舜水〈中原陽九述略〉裡談及明朝在災荒後
凸顯許多政策問題，主要是農民生活困苦，再加上百姓陷於貪利被
趁機興起的「均田」、「均役」說法鼓動，最終敵人不費一兵一卒，
國家自然的遭受敗亡。他說：

　　是以逆虜乘流寇之訌而陷北京，遂布散流言，倡為「均田」、

「均役」之說。百姓既以貪利之心，兼欲乘機而伸其抑鬱無聊之志，於是合力一心，翹首後后。彼百姓者，分而聽之則愚，合而聽之則神。其心既變，川決山崩。……細民不能遠慮，豈知逆虜得國之後，均田不可冀，賦役不可平，貪黷淫污，慘殺荼毒，又倍蓰於搢紳之禍哉！[49]

上述內容顯示著晚明百姓內在思維與外在環境困頓交迫之下遂使他們不得不為自身利益做出決定。其實，朱舜水對於「均田」制度頗有疑慮，他心中理想的國家土地制度、政策——回歸到周公時代、《周禮》所記載的井田制度，曾和平賀舟翁對話時提及：「今惟貴國之田可井，可以復古先哲王之治。」[50]至於，為何朱舜水會認為日本國內可以施行井田制度？又為何均田制並不恰當呢？

1.井田制度中土地所有權者的問題

中國古代有無井田制至今仍是紛歧未解的問題，自從《孟子》提出井田制度的理想之後，學者們無不努力理解詮釋它。依許倬雲言：「井田制不過是封建經濟下一種勞役服務的形態。」[51]如同徐向東在〈論西周時代國家控制土地方式的特點〉所指出：

在西周宗法分封制下，周王、諸侯、卿大夫和士作為大小貴族分別成為各級土地公有單位的領有者。……周王能分封土

49　（明）朱之瑜《朱舜水集》頁3。

50　（明）朱之瑜《朱舜水集》頁361。

51　許倬云《求古編》頁166，聯經，2003年9月。

> 地、封地繼承和轉認及仲裁封地糾紛……受封諸侯和卿大夫
> 需向周王承擔一系列義務，包括定期朝覲周王，貢獻物產，
> 負擔力役和出兵勤王……周王在特殊情況下有權收回諸侯
> 和卿大夫的封地並改變受封對象……西周井田制土地按禮
> 制是禁止買賣的。……西周時代通過宗法制分封，建立起國
> 家控制土地的貴族層級領有制，它以公有私營的井田制為基
> 礎。[52]

井田制度下的土地雖為百姓耕種所有，但是，那只是勞役服務形態，最主要的土地所有權者還是君主，以及其他受封的諸侯、貴族們。換言之，農田、田地只不過是封建體制下，領主與農民間以勞役報償的佃租關係。

其實，井田制度這一土地規劃模式，與坂本太郎敘述的德川初期土地政策頗多雷同之處。例如，德川初期禁止土地買賣：江戶初期（1643 年）發佈的「田畑の永代売買を禁じた法令」（田地禁止買賣令）直到明治 5 年（1872 年）才廢止。除此，為確保境內收穫與貢稅的來源頒布的「田畑勝手作の禁」（田地作物禁令）限制田地內米、麥、大豆五穀的種植，（1612 年）並嚴禁煙草等作物栽種。也因此，新井白石[53]《白石全集》裡記載著（意譯如下）：

---

[52] 徐向東〈論西周時代國家控制土地方式的特點〉《內江師範學院學報》第二十五卷第五期，2010 年。

[53] 新井白石（あらい-はくせき，1657~1725）江戶中期儒者。經師木下川庵推舉，成為德川綱豊的侍講。名君美（きんみ）。字（あざな）在中。通稱勘解由。別號紫陽。曾參與武家諸法度的改正、貨幣改鑄、朝鮮通信使

朱舜水指出本朝與中華相異有三，一為百王一姓；二則天下皆為公田；三，士世襲俸祿。在中華田皆私田，富民租借其田給貧者從中收取財貨，富民為其田行賄士人，中華士人陷入利益追求民風敗壞。[54]（原日文）整體看來，朱舜水認為江戶時期封建政治體系，嚴格限制農民的作法，有助於理想的井田制度之推行，用以杜絕德川人民最後像明朝後期的人們，因逐利賣地而導致亡國的情狀。

至於，井田制嚴格規定「土地不得買賣」，倘若以今日眼光來看，井田制度下的農民百姓得付出勞役、繳稅、又無土地所有權，何不幾近農奴。那麼，為何朱舜水卻在農政土地分配概念中支持井田制度？約略推究其因，主要是：井田制度中君主為土地所有權者，他對國家土地具有絕對責任，不僅擁有分配權，還必須從中協調諸多百姓、諸侯之間的土地使用糾紛等問題，那麼，從實際層面來看，無疑地君主施行公義便能夠免除掉均田制度可以買賣暗藏的困擾，或是因商業高度發展後農民百姓土地被奸賊豪紳兼併等惡劣情況，例如：明代江南地區盛行土地分割所有權，即：一田二主，這種土地所有方式對於低階層百姓其實是變相的被剝削。[55]即如他

　　禮遇的改革等。著作有《折たく柴の記》、《西洋紀聞》並編著《藩翰譜（はんかんぷ）》。（資料來源：Japan Knowledge 電子資料庫（日語））

[54]　新井白石〈朱舜水本朝にもろこしにまさりし事三ツありといふ話〉《退私錄卷之下》《新井白石全集》第五冊，頁 603~604，吉川半七，1906年（明治 39 年）。

[55]　董郁奎〈試論明中葉的財政危機與浙江的賦稅制度改革〉《浙江學刊》第四期，2000 年。轟鑫〈傳統中國的土地產權分立制度探析〉「北魏孝文帝於太和九年首頒均田制，以後北齊、北周、隋、唐前後相承，均田制延續了約三百年。北魏因長期戰亂，人口逃亡、土地荒蕪，留居農民亦不堪

曾言：「細民不能遠慮，豈知逆虜得國之後，均田不可冀，賦役不可平，貪黷淫污，慘殺荼毒，又倍蓰於搢紳之禍哉！」總之，無論井田制或均田制，農民、百姓似乎都未能成為唯一或得利較多者，往往僅能從制度中力求讓自己失去、迫害最少的。

　　當然，朱舜水很清楚意識到——支持「井田制度」只能算是他情感上、理想層面裡對《周禮》制度的追求，他說道：「井田之法，固後世所萬萬不能行；而井田之制，溝塗封洫，旱潦蓄洩，制度詳盡，則田官所不可不知者也。」[56]朱舜水理解——明朝當時商人崛起，在那環境氛圍影響下百姓思維已存有「利益」概念，倘若要將私人田地全歸納公有，其中的利益分配等情況已非當時人所能接受，再加上田制與賦稅問題往往相關，一旦田地政策變化則將牽動整個國家政治、經濟等方面運作，此外，加上人口的增長，等等條件錯雜交涉裡，政策實行並非依靠「理想」就能運作，而且今（明朝、江戶時期）昔（西周）人口、土地、氣候等條件早已不同，冒

沈重賦役，多蔭附士族豪門。」「由於人口密度不一，田多人少，若不增加授田量，則造成多餘田地的荒蕪；田少人多，若不減授，則供不應求。」「均田制在使百姓均田的同時卻賦予官員更多的職分公田，在北魏宣帝時更改職分公田為永賜……更嚴重的是，很多官僚打著『買賣職分公田』的旗號，大量買入或強佔百姓的土地。」「有人總結說，唐以前國家土地政策的核心在於『均田』，賦稅乃是其次目標；宋之後國家土地政治的核心則在於『聚斂』，故而均田制度無法復興。但由宋至清，土地私有的深化並不意味著所有的土地產權完全由分立走向合一；在土地私有的前提之下，仍然存在著共同所有權與分割所有權等土地產權分立的現象。」《浙江社會科學》第九期，2009 年 9 月。

56　（明）朱之瑜《朱舜水集》頁 90。

然旋轉施行任何制度都將存有極大風險，在明朝是如此，在德川氏封建政權之下亦然。於是，回歸到現實層面，朱舜水認為執政者至少在無需顧及太多層面問題之下仍可以從農田土地開發和耕種等方面協助百姓，遂提出了土地資源利用與維護的相關內容。

2.農田土地利用與規劃

無論中國或日本執政者均注意到土地丈量、規劃、分配及人口戶籍的問題，但是，農田土地既為百姓賴以維生的資源，那麼，應當還得要再注意如何使用延長、保存它的實際價值、效益。朱舜水如此告戒著日本友人：

> 古者農官，方春即舍於郊，歲內即閱穀種，戒農具。如此勤敏，百姓安得不饒裕！衣食足而後禮義生，此教化之厚，不可不留意也。貴邦田多沮洳，水浸則土膏不存，土寒則禾稼不發，而且播種太密，冗雜逼迫，求其暢茂蕃碩，難矣！蓋陽多則氣蒸，雨之漑之，其苗淳然而秀。種疏則條達，或耘或耔，其禾芄芄而興。漢耕田歌云：「深耕概種，立苗欲疏；非其種者，鋤而去之。」可徵也。惰民妄言土惡，則必不可信。此間土地肥饒，黑墳赤埴，用力省而發生多，遠過敝鄉。若或久荒久瘠，豈可歸罪土田？自非境埆，必須親為試驗，毋輕聽也。[57]

57　（明）朱之瑜《朱舜水集》頁91。

上述內容提及中國傳統農業耕種中常注意的事項，例如：耕種、休耕、播種、水利工程及實做的管理精神。首先，耕種應注重事項裡他指出了南方常使用的「深耕」方式，以及自古注重的「休耕」等概念。「深耕」則作物苗根深入土內得以抵抗水、旱災荒且能充分吸收泥土養份[58]，至於，冬日「休耕」，在以往農兵合一的情況之下，農民便利用暇閒時教授兵器、練習武術「臘先祖五祀，勞農以休息之。天子乃命將帥講武，習射御角力。」（《禮記·月令》）如此一來，不只善用時間加強軍事，另一方面，「休耕」以今人概念來說即是「具有土地資源永續經營概念」，土地開發與使用皆須依其自然之理才能長久。

其次，朱舜水提及「貴邦田多沮洳，水浸則土膏不存，土寒則禾稼不發」，土、水、作物之間往往環環相扣。又，其中以「水」的問題最為要緊，人言「水能載舟亦能覆舟」，換言之，水能興盛作物，過多的水則又足以害之，處理的方式，有：

> 平時亦用水淹一寸許，四面阡陌，勤勤修理，勿令滲漏，亦勿令客水流漸。若大雨水多，亟須開缺放去，放畢復塞，以俟蒔苗。恐足下誤認前書，謂田中不當有水，致誤民事，故力疾作此數字。[59]

58　周邦君〈明末湖州稻作與災害防治問題——以沈氏《農書》為基礎的考察〉《南京農業大學學報（社會科學版）》第七卷第一期，2007 年 3 月。
59　（明）朱之瑜《朱舜水集》頁 89。

保持水份充足、流動均得依靠良好排水系統，這即是水利概念之一，如同徐光啟《農政全書》所說：「水利者，農之本也，無水則無田」[60]，至於，朱舜水會略具此水利概念實與其居處中國江浙地區有關。明代江南地區頗多水災，卻不可否認的，江南水運又特別發達，原因全在於從事水利整頓一直是當時人們特別注重的議題，徐光啟就曾參與松江府等地水利建設計劃，總言之，四十多年居江浙地區，朱舜水對於水利問題應該感受最多，故特別重視。

　　最後，朱舜水提醒著執政者應當要親自理解土地的好壞或耕種等問題，以免失職。其實，在明代人的觀念中認為農業應採取精耕作法，即指除了運用農具、水利協助、新農耕方式外，還得依靠農人的勤奮努力鬆土、平土（耖田）保持土地和養份被作物吸收[61]，換言之，土地貧瘠或肥沃農人應當負其責任，其實，也有方式可以解決土地困境，於是，為避免有懶惰而嫌土惡的情狀，故官員應盡職分辨，協助百姓改善等。另外，官員盡職同時能夠免除某些以利益為主的百姓——只求種高經濟價值作物而使出詭詐手法。凡此種種均是朱舜水給予日本友人農業管理上的建議。

　　平心而論，中國長期以農業為國，無論在制度、農具等早已相當成熟，且有關土地與農產經濟等相互影響的觀念早已深植百姓與改革者心中，許倬雲指出《呂氏春秋》記載裡早就有針對改良土壤、用肥、深種、條播等農業技術。此外，《荀子》一書中也有灌溉系

---

[60]　（明）徐光啟《農政全書》〈凡例〉古書頁碼2，清光緒癸卯重刊本。

[61]　林蒲田〈稻田高產與春耕〉《湖南農業》，2009年3月。

統等水利工程規劃的內容。[62]之後的明朝，隨著歷代經驗積累及新興科學技術等協助，無不使得農業發展上有著前所未有的成果。明朝農田水利的優秀展現，跟著大量書籍傳入日本之後也產生影響，日本農業家宮崎安貞《農業全書》就是參考明徐光啟《農政全書》所撰寫。日本農業相關研究記載中也提及：十七世紀後，日本水利工程高度發達後[63]，連帶農業耕種也得到助益，加上這時期農具、農書等方面的技術、知識充實。這與明朝農業書籍和西方科學的傳入無不相關。

　　日本德川時期的農業發展是否與朱舜水相關？目前尚無直接證據。但是，以下資訊卻能提供些許脈絡。朱舜水到日本時與安東省庵結為亦師亦友情誼，加賀藩儒臣木下順庵經安東省庵介紹，認識朱舜水，且與他友好，而安東省庵與木下順庵均受業於江戶朱子學者松永尺五門下，同門之中還有江戶時期重要經世學家貝原益軒

62　許倬云《求古編》頁 178~186。

63　佐野充〈江戶の都市居住〉指出：江戶幕府位於武藏野台地前端的江戶城和隅川田之間的海埔新生地，德川家康接管屢遭洪水肆虐的惡劣之地後，努力改善水利環境尤以運河的開通，經歷了六十年（1594~1654 年）使得江戶成為世界發展中的大都市。……此外，江戶城的水路發達情況——百姓以其為運輸工具，增加經濟貿易活動。……下水道：污水、排泄物等的規劃處理與運用亦有助於農業耕作。《日本大學文理學部自然科學研究所研究紀要》第三十四期，1999 年。

（かいばら-えきけん、1630 年~1714 年）[64]，貝原益軒兄弟二人與江戶農學家宮崎安貞（みやざき-やすさだ、1623 年~1697 年）友好，並在其撰寫《農業全書》時給予意見、作序。雖然，徐興慶〈朱舜水與貝原益軒的「經世致用」觀〉一文指出：「舜水與益軒二人雖不曾直接往來，但都批評過伊藤仁齋的學說，且在學術思想交流上，與安東省菴均有深厚的淵源。」[65]德川時期推行文治，當時許多學者互動往來頻繁，未知這些同時期的經世學者是否有直接與朱舜水互動，或曾經由其他人口中得知朱舜水所帶來的明代農業思維，但是，至少與朱舜水這經世致用農學在其接觸過的加賀藩官員（例如：木下順庵及前田綱紀）領土內農業管理及發展上均有成就、平賀舟翁則為水戶藩重要的水利專家。

64　貝原益軒（かいばら えきけん、1630~1714 年）名篤信、字子誠、号柔齋、損軒（晚年為益軒）、通稱久兵衛。曾受命編纂「黑田家譜」、「筑前國統風土記」。著書繁多約六十部二百七十餘卷，主要著書與本草類相關的書籍有『大和本草』、『菜譜』、『花譜』。教育書類有：『養生訓』、『和俗童子訓』、『五常訓』。思想書類有『大擬錄』（晚年對朱子學的疑問撰作）。紀行文類『和州巡覽記』等。（資料來源：Japan Knowledge 電子資料庫（日語））

65　徐興慶〈朱舜水與貝原益軒的「經世致用」觀〉《朱舜水與東亞文化傳播的世界》頁 128。

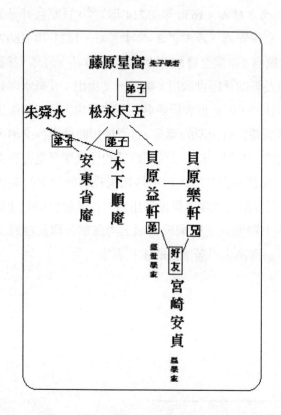

圖 7：朱舜水與江戶初期學者關係圖

(三)朱舜水對於日本農業災荒與賦稅之說明

　　農業管理中最怕遭遇到火災、旱災、風災、蝗災等，這些災害不只直接將危害農作物成長，同時也影響政府稅收。為防止災荒帶來連鎖結果，明朝政府除了採取蠲免方式外，亦鼓勵地方士紳加入

賑濟活動、同時還有限令米商減價的辦法等。但是，並非所有的鄉紳均願意配合賑災活動，卻還因此反遭荒民群體攻之，造成社會動亂；甚至，出現投機的富民、商人，欲從中牟取利益，百姓無不憤怒。整體看來，明代求災政策裡，些許做法不但沒有匡亂之效果，反而讓國家社會秩序陷入失衡狀態。[66]

有鑑於此，明代士子先從技術層面來防治災害。例如：徐光啟《農政全書》裡除記載著水利設施外，同時注意到農業耕作等問題，亦附上各植物在糧食飢荒時如何應變處理成為救命食物等資訊。基本上，朱舜水是讚同此種先預防災害的做法，於是，在與野節（人見竹洞）、平賀舟翁、岡崎昌純等人論災荒應變時提及：

> 舊冬與玄仍吉兄言，勿減賦以求悅民，勿增賦而希媚上，一如舊額，而勤力其中。百姓得其盈餘，漸可仰事俯育；倘若有心立異，甚非長策。蓋不能安其位，則善政無從得施。康節先生謂：「寬一分則民受一分之惠。」其言可深長思也。萬一有非時輕用民力，自當盡職力爭，不可畏威惕懾。方春一日不耕，則舉家終歲不飽。何易于以縣令執笏牽舟，而不敢擾百姓，可法也。[67]

> 儻能及今蓄之，邀天之幸，數年豐稔，則公私廩積盈溢，雖

66　馮賢亮《明清江南地區的環境變動與社會控制》，上海人民出版社，2002年8月。

67　（明）朱之瑜《朱舜水集》頁90。

> 有水旱凶荒，亦無大患；即賑亦不必盡蠲公帑矣。惟在台下
> 謀之，諸卿大夫加之意焉爾。[68]

朱舜水認為增減賦稅，只能短暫地取悅人們，根本沒有解決農業災荒及其所延伸的糧食、生存等實際問題。換言之，使用減稅或是蠲免方式來面對災荒並非為最佳策略。他曾與儒者人見竹洞，說道：「治國有道，因民之所利而利之，豈在博施？」[69]國家運作原本就有它運行的道理，依靠社會士、農、工、商各階層合理的勞動所得，用以支持國家機器正常運作，倘若，今日減稅、減某一階級的負擔，將會造成缺漏，他日又得補足，真正的國家治理不在於博施和短視近利。簡言之，減稅等方式非實際治國良方，即如其所言：「蓋蠲民租，貸民種食，則倉廩將虛。倉廩虛，猶可言也；若代民償百官之祿，斗食以上或可，千石、數百石將如之何？」[70]總之，救災荒最好的解決之道應是從預防入手，即從土地耕作、水利運輸等基本問題改善起。

　　無論如何，在德川幕府在位二百多年期間，農田水利確實為執政者關注和努力改革的重心，尤其隨著日本國內政治、財政等情況漸趨穩定後，大規模治水、新田開發（全國從 1600~1720 年間 163.5 萬町步到 297 萬町步，增加 133.5 萬町步，足足增加一半的耕種面積）、以及農業技術進步（農具、肥料使用等）、農業知識與書籍

68　（明）朱之瑜《朱舜水集》頁 100。

69　（明）朱之瑜《朱舜水集》頁 385。

70　（明）朱之瑜《朱舜水集》頁 101。

普及（宮崎安貞《農業全書》、大藏永常《農具便利論》、《広益国産考》、《除蝗錄》）等等無不使得德川中、後期的農業發展確實呈現蓬勃景象。[71]

三、朱舜水談人材教養策略

江戶時期看似嚴密的階級制度、軍事監管行為，平心而論：倘若只是欲想以武力征服人們，而非以德性感化人們，那麼，終究還是會使政權陷入危亡之中。於是，朱舜水認為不只是百姓，官員亦是，只有普及的教育才能達到移風易俗、取得民心等作用，它是政治上重要的投資也是唯一能獲得政治長期效益，因此，凡文武教育、世子（即繼承人）教育、童蒙教育等都是應該關注的焦點。

在中國，教育往往與人材的選拔相涉，而一個國家執政者懂得選賢與能，各安其位，才是擁有成熟政治體系的表徵，因此，朱舜水曾言：「治道有二，教與養而已。……非養則教無所施，……非教則養無所終。」[72]簡言之，當國家擁有人材培育策略及健全人民素質，能夠任才適用還能提昇品德教養，如此一來，即便遇到災荒、社會變易等問題時再也不會有以私己、利益為導向的扭曲發展。

當然，上述教養與任才的理想層面，最關鍵還是在於──個人價值、品德的建立。就如同朱舜水曾批評：中國科舉考試，雖然選拔了一些為文造句美好的讀書人，但是，讀書人只知追求功名而不

71　坂本賞三，福田豐彥監修《新編日本史圖表》〈農業の發達〉頁119，第一學習社，1997年5月。案：一町步約一公頃。

72　（明）朱之瑜《朱舜水集》頁115~116。

知讀書真義，喪失道德、廉恥，以己利為是的情狀更比比皆是，這
何嘗不是國家之隱憂與危害呢。換言之，無論是教育，還是人材選
舉等，各個環節都很重要。因為又易與國家政策、經營、興亡等相
互影響，故不得不加以注意。例如：中國選拔人才中有著讀書人、
有錢人之買官陋習，曾有多人集資買一官位，大夥受益等情狀，造
成特殊中國政治亂象。無論是考試取得功名、官位也好，或是選舉、
推薦而入仕途，只要道德、價值觀能夠培養，以公義為目標，那麼
都將有益於國家社會。因此，朱舜水認為國家政策中除了農政外，
還當執政者用心的──教育問題。教、養、用是朱舜水給予日本執
政者第二項政治治理的提示。

　　德川之前的教育與知識皆掌握在貴族（武士）及僧侶手上。德
川氏取得政權後將寺院和僧侶進行管制，一方面給予優厚禮遇，一
方面掌控及弱化其權力。漸漸地寺院成為處理戶籍事務及定期舉辦
法會等事宜的單位，此外，僧侶在被保障的安佚生活驅使下活動力
遂而削減。這時德川幕府始推動文治政策，國內興起漢學熱潮及排
佛活動，在此風氣之下，知識、文教事業掌控權便順勢轉移到剛崛
起的儒者手中。[73]

　　德川家康在朱子學者藤原惺窩的推薦下，聘請棄佛入儒的林羅
山等儒者輔助政事。於 1614 年，林羅山建議將軍在江戶境內設立
學校，但是，德川氏尚未有將儒學制度化的想法。直至，1630 年
在江戶建書庫、學舍，1632 年創建孔子廟開始行釋奠祭禮並教育
弟子。與林羅山同時期的文人交流、互動及私塾講學風氣早已儼然

---

[73]　春山作樹《江戶時代の教育》頁 7，岩波書店，1935（昭和 10）年。

成為風尚，例如：寬永五年（1628 年）松永尺五在京都西洞院二條南家塾開設春秋館，為當時最早開立的漢學塾；1634 年日本陽明學者中江藤樹成立私塾講學，之後還設有「藤樹書院」；寬永十三年（1636）德川義直曾命深田正室成立學問所──性質類似於備前岡山藩池田光政在寬文 10 年（1670 年）成立的庶民學校即「閑谷學校」[74]──雖然此計劃並未真正運作，但已略具庶民教育想法。[75]翔實看來，日本由 1614 年後國內儒者不僅推動官學藩校的建設，同時也實施私塾講學，此外，更有公立庶民學校的構想。

另外，江戶時代社會環境產生變化，由於商業活動的熱絡，農民們為了避免交易、契約合作間無知地尚失自我權益，於是，平民百姓中發展起一股習字與和算的學習，學習場所稱之為「寺子屋」。[76]徐澤林〈江戶時代的算額與日本中學數學教育〉一文中指出：

---

[74] 辻本雅史指出：「閑谷學校齊備了孔子廟、講掌、學房，並允許武士和民眾及他國人入學。……光政的政治理念立基於儒學，任用熊沢蕃山並對武士階層施行儒學教育政策。在這個意義之下，他是以儒學的制度化和知識的再生產為志向的。但是，十七世紀日本社會的大局勢並不要求儒學的制度化。」〈談日本儒學的「制度化」以十七到十九世紀為中心〉《台灣東亞文明研究學刊》第三卷第一期，2006 年 6 月。

[75] 辻本雅史，田世民譯〈談日本儒學的「制度化」以十七到十九世紀為中心〉《台灣東亞文明研究學刊》第三卷第一期，2006 年 6 月。吾妻重二〈江戶初期における学塾の発展と中国・朝鮮──藤原惺窩、姜沆、松永尺五、堀杏庵、林羅山、林鵞峰らをめぐって〉東アジア文化交涉研究第 2 号，2009 年。

[76] 辻本雅史，張崑將、田世民譯〈文字社會的成立與出版媒體〉頁 128~131，《日本德川時代的教育思想與媒體》，台灣大學出版中心，2005 年。

　　算額最早何時出現，今不可考，從村瀨義益的《算學淵底記》
（1681 年）中，可以窺知江戶時代中期的寬文年間（1661~
1673）就已經開始形成這種風習，江戶各地就存有算額問
題。……和算屬於民間性學術，數學研究與教育活動基本上
是在民間私塾、寺廟中進行的，和算家一般都是下層武士或
比較富裕的農民。和算家生平事蹟鮮見史籍，和算著作也多
以抄本流傳，和算流派林立而有門禁之陋習，這樣就使得和
算史料紛雜，於是地域和算史料調查顯得十分重要。[77]

由此可知，德川時期庶民學習與教育知識權的更易或許帶來些微影
響。從日本德川時代教育整體觀之，在 1665 年朱舜水來到日本前，
德川氏及國內藩主大名早已對教育頗有構想，儒者們例如：林羅山
等人也推行建學校、聖廟、講學、私塾的風氣，農民百姓間習字、
算數更蔚為風尚。換言之，官學、私人講學、庶民學習，教育多元
化已無需搖旗吶喊來鼓勵，這股為了生存的教育學習，必然地將盛
行起設立學校做法，或則如同辻本雅史所言：「十七世紀日本社會
的大局勢並不要求儒學的制度化。」[78]那麼，朱舜水又為何得費盡
心力解說、推動呢？

---

[77]　徐澤林〈江戶時代的算額與日本中學數學教育〉《數學傳播》第三十一卷
　　三期，2007 年 9 月。

[78]　辻本雅史〈談日本儒學的「制度化」以十七到十九世紀為中心〉。

(一)學校設立的目的

　　中國自漢代（漢武帝）起便設立官方學校系統以輔助政治、或選材之用，最高學府稱為太學。魏晉為教育貴族子弟（官至五品以上）另在太學中附設校舍分離的國子學，爾後隨著一般學校教育中的學子在官場表現優異與受到重視，許多貴族子弟便轉換學習的場域。直至唐代，由於科舉考試為入仕之途，使得政治與學校連接更為密切，所學皆與考試同一方向，再加上經濟發達，故當時設有中央官學、地方官學和私學[79]，國子學僅收文武三品以上的高級官員子孫，太學則收文武五品以上中級官員的子孫。宋代初期官學發展緩慢，雖曾有廢科舉取士的作法，最終仍未實現。但是，王安石教育改革「學在官府」推動人才選拔以學校為主的概念，再加上當時太學生來源不再限於貴族，凡考試進級皆能入仕，換言之，平民之子只要努力亦可當官，這無疑對當時讀書人起著鼓舞作用。[80]（國子學以七品以上官員的弟子，太學為八品以下官員的子弟及庶人之俊異者）也因此，宋代太學學子有著強烈的政治使命感，上書、議論政事皆為當時特殊景象。[81]爾後，明代學校制度更為完善，中央設有國子監、宗學、武學，地方則有府學、縣學、衛學、社學等。

---

[79]　許邦權、許邦官〈盛唐學校教育繁榮原因探析〉《培訓與研究——湖北教育學院學報》第六期，1999 年。

[80]　閻孟祥、賈明杰〈宋代太學教育〉《河北大學學報》第三十二卷第一百三十六期，2007 年。

[81]　張筱兌〈宋代太學論證與文官集團的重組——宋代文官集團研究系列之一〉《甘肅高師學報》第十二卷第四期，2007 年。

國子學為最高學府，招收品官、土司子弟、民間俊秀通文義者以及外國留學生，在洪武期間曾大量拔用國子監生。另外，為普及教育在鄉里間設立官督民辦的社學來加強童蒙教育。[82]

整體看來，從漢朝到明朝的學校制度除了與政治劃上等號外，由於官學入學資格不再限定貴族後裔，且注重起百姓知識教育，這些變化不僅使得百姓與國家關係更為密切，藉教育以達移風易俗之效，此皆官修學校制度所帶來的成果，同時，它也帶領起私學、書院講學興盛並起著相互制衡的作用。換言之，執政者與私人集團在學術、政治等方面學校教育扮演著重要角色。也因此，朱舜水認為設立學校最主要在於：

1·公平的是非標準及中立角色：黃宗羲〈學校〉曾言：「學校，所以養士也。……學校不僅為養士而設也。」[83]原因在於三代之下是非、公議的決斷出自朝廷、天子，但是，「天子之所是未必是，天子之所非未必非」[84]換言之，朝廷與民間，天子與一般士人之間必須有一公平的是非價值標準，故理想地期待學校的設置後學校能扮演如此角色──受學校教育的學子能不為求仕途而逢合執政者，如同宋代太學生不畏懼權貴上書諫言、議論政治的作法一般。在明代學校教育與私塾、書院教育整體上看來意義還是不盡相同，故朱舜水認為：「古者爵人必於朝，刑人必於市，非徒予之棄之，與眾共之，示王者不敢自專而己；亦所以屬世磨鈍也。而屬世

82　田曉紅、高春平〈明代的學校制度及其警示〉《滄桑》，2000 年 5 月。

83　（明）黃宗羲〈學校〉頁 10，《黃宗羲全集》。

84　（明）黃宗羲〈學校〉頁 10，《黃宗羲全集》。

磨鈍之大者，莫大於學宮。」[85]換言之，學校可以做為是非公義標準、價值的依據。

2．杜絕私人講學的弊病：明代私人講學盛行對於學術發展上不無助益，然而，最終卻因門戶之見成為黨同伐異的集黨結社，近似黨爭行為，對於政治與學術亦是一種消耗。平心而論，私人講學興盛必然地得需另一股平衡及標準的依據，故以設置學校為最佳選擇。

3．人格養成：意指廣設學校、教育普及，那麼民風自然得以樸實，故言：「何賢聖之君必以學校為先務哉？禮曰：『學則善人多，而不善人少。』夫善人多所以興道；不善人少所以致治。」[86]由於從中央到地方的學校教育，其內容以聖學、孔孟之教、《孝經》等做為學問基礎，如此一來，百姓不因社會商業化影響而趨利，不以私利為滿足，能存有公義之心，也惟有如此，國家才會得到治理，即如其曾與安東省庵所言：「自古以來，未有聖教興隆，而國家不昌明平治者。近者，中國之所以亡，亡於聖教之隳廢。聖教隳廢，則奔祝功利之路開，而禮義廉恥之風息。欲不亡得乎？」[87]又言：

> 廢學之端有五，而性昏不與焉。一曰耽嗜麴蘗，恆舞酣歌。二曰嬈童豔妾，馳騁漁獵。三曰志存乾沒，貪得無厭。四曰營營官途，苟求尊顯，攀附奧援，趨驚容悅。五曰朋比匪人，

85　（明）朱之瑜《朱舜水集》頁 322。
86　（明）朱之瑜《朱舜水集》頁 202。
87　（明）朱之瑜《朱舜水集》頁 183。

巧中所欲，誘入荒迷，流連喪志。五者皆害學者也，而性昏
不與焉。……自分朽材，可為百尺之豫章，以資國家棟梁之
任。若徒自誘而已，或者處心無恆，屢變其業，或者無所得
而厭棄之，雖有高材明知，無有不昏不朽者。[88]

由於學校教育和學習足以讓人們遠離貪婪的、迷惘的情狀，而能堅
定自我意志及具是非之心，能對國家有所助益，成就個人、社會等
價值的完成，故甚為重要。

4·人材的培養：宋代之後學校教育不再是貴族的權力，明代
時亦是。學校制度有中央官學：國子監、宗學和武學，地方官學：
府學、州學、縣學、衛學、運學和社學等。[89]至於其中社學屬官督
民辦，可作為明代教育普及重要的象徵，它教學內容著重於童蒙教
育，呂坤曾指出：民作盜賊，觸犯刑法，皆因父母沒有讀書，故呼
籲各地官員境內到適讀年齡的童子就必須就學[90]，除此之外，由於
明代讀書的生員中只有廩糧待遇，為使貧寒學生免除衣食之慮，政
府不只撥出經費，亦鼓勵地方捐贈，雖未能補足所有支出，教育經
費也愈來愈繁重[91]，但是，從此則知明代興辦學校之不遺餘力。朱

88　（明）朱之瑜《朱舜水集》頁 277。

89　高權德〈試論明代的教育及其管理制度〉《山西大學學報》第二十八卷第
　　六期，2005 年 11 月。

90　呂坤〈民務卷之三〉「興復社學」頁 87《實政錄》《北京圖書館古籍珍
　　本叢刊》，書目文獻出版社，2003 年。

91　趙子富〈明代府州縣儒學的教育經費（上）〉《首都師範大學學報》第二
　　期，1995 年。〈明代府州縣儒學的教育經費（下）〉《首都師範大學學

舜水〈學校議〉開頭直言：

> 庠序學校誠為天下國家之命脈，不可一日廢也。非庠序之足
> 重，庠序立而庠序之教興焉，斯足重爾。虞、夏、商、周以
> 至於今，未有改也。是故興道致治之世，君相賢明，其學校
> 之制，必釐然具舉，煥乎可觀。於是人材輩出，民風淳茂，
> 而運祚亦以靈長。至若衰世末俗，不念經國大猷，事事廢弛，
> 以致賢才鬱湮，民風偷薄，弱肉強食，姦宄沸騰，而國運亦以
> 隨之矣。明朝承百王之後，修明禮制，建興膠庠，比之三代、
> 兩漢之隆則不足，較諸因循苟簡之朝，則又大相逕庭已。[92]

設置學校有助於人材的選拔任用，依照常理，明代設學如此用心，
加上文教事業十分發達，書院講學風氣盛行，那麼，應當可以國力
強大，民風淳茂，人才輩出，卻為何明代終究未能有強國景象呢？
平心而論，這又是另一個議題，遺民們檢討亡國之因時曾論及，簡
略地說：當學校教育與科舉考試、以及商業與城市化的發展造成士
商合流的情狀，讀書人的價值觀產生動搖[93]，於是，即使精闢學校
教育亦無法阻擋社會環境現實的考驗，人們以私利計算，遂造成國
家逐漸走向敗亡。雖然如此，但整體來看學校教育的重要性是不能

報》第三期，1995 年。

[92]　（明）朱之瑜《朱舜水集》頁 461、462。

[93]　余英時〈士商互動與儒學轉向──明清社會史與思想史之一面相〉《儒家
倫理與商人精神》，廣西師範大學出版，2004 年 4 月。

就此被免除，它在社會秩序上還是具有一定作用。

(二)學校設立的規劃

學校成立的規劃簡略劃分為約有幾項條件：一、人員的組成，即教師、學員等來源及職責內容，例如：明代國子監內設有祭酒、司業、博士、助教等，負責學校行政事務或教學的人員。學生則由各省府、州、縣學選拔優秀生員貢送入監。二、負責的單位，例如明代縣、州、府等不同等級的官學學校就由其地方負責興學等事宜，全國中央與地方又有禮部、都察院、巡按御史等單位負責監督，凡此種種皆使得明代學校管理逐漸走向專門化和制度化。[94]三，還有學校硬體設施的部分：學舍、明倫堂等基本模式的規劃，則依據學校不同等級、經費等條件而略有差異。

其實，《朱舜水集》、〈學校議〉等內容中朱舜水對於學校制度比較完整陳述──在有關學舍的規劃、釋奠祭禮等方面。倘若從〈學校議〉一文談論「學校之設約有六等」的內容，亦可約略理解他對於學校的認知與規劃，如下：

> 闕里為孔子發祥之鄉，且孔林在焉。衍聖奉祀，欽差鎮守，歷代增崇，有加無損，堂殿翬飛，碑坊鱗次，大都皆為敕建，固不可及矣，是為第一。

> 兩京乃天子辟雍，規模宏敞，品節精詳，其制尚矣，然南京

94　高權德〈試論明代的教育及其管理制度〉。

自大學之外，僅一應天府學，北京自大學之外，僅一順天府學。上庠下庠之制不備，四郊西門之學無聞，所存者惟社學而已，是為第二。

至於省會之區，賢豪迭興，名卿接踵，且撫按司道，蒞官謁聖，及每月朔望，必須詣學行香。府縣官不敢不竭力經營，以希課最，其為第三無疑也。

餘外府州，視其科第盛衰，地方肥瘠，州府官賢不肖以為差等，不得不置之第四。

瑜童年看案，曾一至紹興府學。得門而入，一望無際，結構精嚴，位置咸當，自不必言。蓋禮部貢舉，每科登第不下數十人，而七年之中，三掇狀元，宜乎其及此也。然松江政學，亦人文之藪，而頖宮褊淺。蓋以基址狹隘，無可恢廓，又不移之於郊關之間，所以至此，是又不可以一例論也。亦有簡陋州縣，本非衝繁孔道，守令闒茸昏庸，鄉紳隱情惜己，徒為具文而已，列之第五。

若夫荒僻下邑，蠻貊新開，戶口無多，錢穀單少，賓興累科乏人，忠信十室鮮有，則崇祀之所，頹垣折棟，育賢之地，鞠為茂草，抑亦姑置第六。[95]

95　（明）朱之瑜《朱舜水集》頁 462、463。

經由上述得知：

1·學校等級次第：朱舜水區別學校有六個等級次第，此六者：
首先，可從所屬中央或地方管轄來做為區分，有：京都、省會、府
州縣、蠻陌鄉鎮等，由於國內各處皆有人材，故廣設學校助於拔擢
人材之用；其次，中央或地方學校的學舍建築規模則限於經費來
源、多寡不同而有差異；再次，說明政府對於各級學校定期監督、
管理；最後，指出教育的普及無論中央或地方均應能設置學校。最
末，朱舜水言：「今茲所圖，二之下，四之中也。」林俊宏指出此
即朱舜水欲日本官員在：「六等中選擇二至四等，作為建學校的藍
本，勿流於簡陋。」[96]翔實看來，朱舜水是否有如此強烈的建學校
要求？暫且不論，但是，他傳達這類明朝文人教育系統和推動教育
普及的概念，恰與江戶時期人們普遍需求相應，觀察後來日本國內
藩校發展情況，在全盛時期約有 255 所，且均以「文武兼備」做為
教育目標，「文」方面以四書五經和習字為主，「武藝」方面則以
劍術、射術、馬術、游泳等為訓練，其中以射術姿勢端正、精神平
靜有助於精神修養和培養自信；馬術則如同中國六藝中的「御」。
另外，武藝之中的槍術，即鐵砲鳥銃的使用，則由身分較低下的人
們來學習。[97]還有，〈朱舜水寄安東省庵筆語〉中一則有趣的記載，
朱舜水談及：

　　完翁欲不佞教習蒙童，謂一年可得十餘金，可得脩金十板。

96　林俊宏《朱舜水在日本的活動及其貢獻研究》頁 232。

97　春山作樹《江戶時代の教育》頁 10~11。

> 若集十餘蒙童，此屋便成戰場。日夕囉唕，受氣不可言，必
> 須別處賃房買席。雖有所得，不償所費，而精神命脈，不可
> 盡言。……□一教蒙童，人品壞盡矣！[98]

或許是朱舜水清楚地瞭解，每一層級的教育學習應有不同專業人員
來帶領、訓練，學校的設立與分級制度則可以提供此類更完善的學
習，亦能免去學者耗費無功之情狀。

　　另外，朱舜水在學校規劃中注重：2．學舍及文廟設置。德川
將軍侍講人見竹洞曾指出：

> 府縣學校各有明倫堂，春秋二時祭先聖先師，其儀太備，節
> 請問明倫堂之制，翁他日作一圖，其制法太詳，癸丑之火失
> 之，節嘆惜之。然後水戶相公命翁使工匠造明倫堂之圖形，
> 殿門、樓閣、廊廡、戶階雖小悉備，固不朽之美事也。又請
> 翁使諸生習釋奠之儀……禮容堂堂，有三代之遺風，國家若
> 大用之，則我本邦可以興古禮，嗚呼惜哉！[99]

經由上述得知，人見竹洞對於朱舜水提及中國學校學舍規劃上頗感
與趣，但是，較吸引他的還是在於釋奠祭禮儀式，故言：「國家若
大用之，則我本邦可以興古禮」，總之，當時日本人對於中華文化
仰慕之情可見一斑。爾後朱舜水傳達的明代學校建築規劃也產生一

98　案：□為原書簡闕漏字。徐興慶《新訂朱舜水集補遺》頁 208，台灣大學
　　出版中心，2004 年 11 月。

99　徐興慶《新訂朱舜水集補遺》頁 226。

定程度影響，觀今日日本國內文廟設計均採學舍與孔廟合置，並且
會舉行祭禮儀式，例如：東京湯島聖堂即是依據朱舜水所製作的模
型擬作。在學舍的規劃上朱舜水建議：

> 今聞郭中之地，縱廣各五十步，廟堂齋舍，儘可量地而為之。
> 時下生徒不甚多，齋舍必自有餘。異日生徒眾多，至學舍不
> 能容，此時別議恢廓，則事事皆為美舉，人情歡欣踊躍，無
> 不樂從。[100]

此謂：學舍合一。又指出：

> 古者建學必於國都，大事於此焉出，其後飲至策勳，而獻馘
> 獻囚，必於泮宮，所以聖廟與學校不宜相去也。[101]

換言之，以學校和聖廟做為教育及標準的象徵。也因此，當小宅生
順說道：「孔子歷聘七十二君，求一日王道之行而不可得。以僕之
荒陋而行其志，豈非人生之大願？……豈一二儒生與下任微官所能
挽回氣運也！」[102]朱舜水回應，認為：「方今東武，我學日行；國
之牧伯，邑之宰主，多是有道之人也，有為之時也。…況今東武有
大成殿，春秋二祭不懈，彼一方之流雖饒舌，而士大夫輩無敢聞之

100　（明）朱之瑜《朱舜水集》頁333。
101　（明）朱之瑜《朱舜水集》頁322。
102　（明）朱之瑜《朱舜水集》頁407。

· 316 ·

者。」[103]即指中國儒學在日本興盛，再加上江戶春秋二季皆行釋奠祭禮，由此看來，日本境內禮儀之教起，且精神標準確立，雖然，日本國土境入仍有邪說橫行，但是早已不足以為害。換言之，國家興盛與邪說的抑止皆需（學校、聖廟）儒學教育及標準之確立，在二者相互配合施行下將得以完成，故此為朱舜水所關注。

四、朱舜水說世子的教育

歷來中國學者們認為：在封建體系之下國家興亡與繼承者特質、涵養相關，因此，就其教養做一定規劃則有必要性。《禮記》〈文王世子〉載：

> 凡三王教世子必以禮樂。樂，所以修內也；禮，所以修外也。禮樂交錯於中，發形於外，是故其成也懌，恭敬而溫文。立大傅、少傅以養之，欲其知父子、君臣之道也。大傅審父子、君臣之道以示之；少傅奉世子，以觀大傅之德行而審喻之。大傅在前，少傅在後；入則有保，出則有師，是以教喻而德成也。師也者，教之以事而喻諸德者也；保也者，慎其身以輔翼之而歸諸道者也。

於是，內在德行的教養與外在行為的展現，皆有老師指導、做為效法對象，如此一來，世子（繼承者）便能在耳濡目染之下，自然而然，行止合宜，此有利於國家治理。

103　（明）朱之瑜《朱舜水集》頁 407。

　　世子教育最佳的時間點上，朱舜水認為愈早愈好。朱舜水初至日本，面對德川光圀遲遲不立世子之舉，他曾提出警示，說道：「及今預教，已不為早，況更遲遲乎？待其習慣成自然，乃欲揉而直之，蓋亦難矣。」[104]教育一事應當及早進行，倘若，一旦孩童惡習養成，那麼要再教化則較為困難。此外，亦害怕世子「生於深宮之中，長於婦人之手」遂「未嘗憂，未嘗知懼」[105]生活優渥便不能體會民之所苦、知民之所需，故當引以為戒。

　　其實，德川光圀遲遲不立世子，仍是因為他有意將藩主位子傳給養子（德川賴房之長子松平賴重之子）德川綱條。但是，江戶時期世襲傳承系統應當傳嫡長子，雖有，也有不少例外的例子，如：德川光圀非長子而接下藩主位子，總之，德川光圀不欲傳位給長子，而欲傳位給養子，故考量再三。回顧江戶時期養子風氣興盛，朱舜水曾為此做了以下的說明，認為繼子區分為「應繼」和「命繼」二類：

　　　　長房次子，理當承繼，故曰應繼。長房無可繼之子，則及次房，次房無可繼之子，則及再次一房。親兄弟無可繼之子，則及從兄弟，再從三從，族屬已盡，而無子可繼，則及疎族，不分賢不肖，皆曰應繼。天子諸侯，雖大略相同，而微有不然者。以宗器至重，不論二弟、三弟，長子、次子，按牒而取之，無有不應者。惟大臣無識見，無擔當，愛身畏禍，不

104　（明）朱之瑜《朱舜水集》頁134。
105　（明）朱之瑜《朱舜水集》頁150。

顧宗廟至重，但得一人為主器而已。是故由親及疏，亦如士
庶之家。命繼，則死者平日以某子為賢，臨終有命某人與某
人一同承嗣，故曰命繼。不論親疏，除長子外，亦不論長幼，
躐等而繼之也。亦有平日愛之教之，撫養成人，在生時即命
與應繼某人一同奉祀者，亦是命繼。但不得越族而及疏遠，
越宗而及異姓。

換言之，無論是直系、旁系具血緣脈絡關係，亦或由同宗族系統之
內的弟子在一定秩序、規範中均可成為繼承者。也因此鼓勵德川光
圀儘早確立，同時提出了幾則相關的教養概念：

(一)養君德：為君者應當有德行、仁心，養成後不僅能對國家、
百姓視為自己的責任，故言：「他日邦家之奉，盡集於躬；臣民之
責，咸萃於己。不能豫養君德，而一旦出身加民，鮮有能勝其任而
愉快者。」[106]所謂「君德」即是指為君、為子、為臣、為弟、為少
的德行[107]，在君臣、父子、兄弟之間合於倫理次第之義。至於，君
德養成方式除了藉由教育學習之外，「親賢士大夫之時多，親宦官
宮妾之時少。」[108]接近賢能之人模擬效法久而久之自然養成亦為方
法之一。

(二)多學：為政者倘若能知人善任，那麼對國家治理無疑是一
助益，即朱舜水所言：「選者賢，與者能，則萬事皆理；選者不賢，

106　（明）朱之瑜《朱舜水集》頁149~150。

107　（明）朱之瑜《朱舜水集》頁149。

108　（明）朱之瑜《朱舜水集》頁150。

與者不能，則萬事皆亂。」[109]但是，「知人者智」智慧的養成並非天生渾然而成，因此必須藉從學習例如:史書的閱讀等來助於知人之事，故言：「知人其難矣，非有學以廣其誠，非由誠而至於明，固未易言也。」[110]總之，多方學習將有所助益。

(三)好惡宜慎：朱舜水舉《大學》書中所言：「此謂惟仁人為能愛人，能惡人。」例如在人才舉用等方面，如果上位者輕易讓人窺見自身喜好，則容易陷入被小人操控的情況之中，因此不得不謹慎。當伊藤亦蕃注意到世子喜歡弈棋一事，深怕他就此玩物喪志，甚至，招致身邊人為投其所好而諂媚等，反使世子就此迷失自我，因此，問朱舜水說道：「世子好弈棋，恐非美事。」朱舜水回應：「不妨。弈棋雖非美事，然富貴人必有所好，猶愈於聲色狗馬也。」[111]換言之，聲色之事容易將一己之喜怒顯現於外，但是，弈棋則往往與謀略、模擬戰爭、政治等聯想在一起，雖然歷來人們均認為過度著迷某項活動不非有益。但是，這一股玩物的風氣早就為明末文人習以為常，還有學者從嗜好、嗜欲二概念來加以探究、釐清玩物不見得會喪志，亦有學者從經世致用的角度看待，雖不鼓勵但也不予以排斥。[112]換言之，朱舜水受明末文人一定程度上之影響，也許早在認知裡視弈棋之事對於世子在治理、管理訓練上或許有些許幫

109　（明）朱之瑜《朱舜水集》頁 150。

110　（明）朱之瑜《朱舜水集》頁 150。

111　（明）朱之瑜《朱舜水集》頁 134。

112　亦可參考:趙園〈說「玩物喪志」——對明清之際士人的一種言論的分析〉「明清文學與思想中之情、理、欲（國際學術研討會）」會議論文，2007年 11 月。

助，就如同朱舜水偶會與德川綱條講武寓兵一樣。[113]

　　(四)教養世子的人員：至於什麼人才能教授世子，朱舜水認為：「若徒好好先生而已，無益也。賢傅在於輔養君德，不在激許以自取名。」換言之，應以有賢能德性之人來從事教育世子的工作，但是並非所謂的「好好先生」，應當是要對世子行止得宜上有所助益者，如同《禮記》所載：世子出入、內外皆有老師教導，教其有禮，明君臣、父子之道。除此之外，朱舜水認為在教養世子的過程中應避免狎邪非僻之人，故言：「至於左右之人，亦須擇其質樸膽小者，勿使狎邪非僻之輩得以親近，為能庶幾。」[114]應該選擇質樸之人跟從世子，正所謂「近朱者赤」，故當注意。

　　綜合上述，則可知朱舜水初至日本，由於當時生活環境、政治環境、教育環境皆與中國某種程度上的雷同，因此他能給予理想政治管理之建議，例如：眼見日本災荒（水災、火災等）與中國明朝末年頗多相似之處，故給予農耕方式、土地劃分、及水利、賦稅等方面提供粗淺的意見；又，江戶時期儒學盛起，為杜絕近似中國講學之弊遂認為學校教育才助於國家初步建設，故主張興設學校、孔廟並對教學內容方向給予建議；最後，鑑於明朝立世子一事曾引起政治爭鬥，故而期望德川光圀能夠避免如此情狀，早立世子，而且

113　（明）朱之瑜〈與源綱條〉書中云：「竊聞楚莊王田獵，觀於榛叢擊刺虎豹者，觀於猿射猱騰赳村捷足者，觀於上功幕府，不蔽不虧，賞罰平允者，不徒行也。中軍亟於下綏，事事指揮發縱而已。三者或勇或敏或公，皆於農隙之時，預儲制勝敵愾之器。今世子閣下，選徒禱馬，都亦如此。」頁147。

114　（明）朱之瑜《朱舜水集》頁134。

認為一個能夠真正治理國家的君主往往得經過許多訓練、培養，非讀書寫字，騎馬田獵便能夠成就政治功積，總之，世子教育亦為國家重要大事，得先加以衡量。

除此之外，朱舜水認為禮儀一事亦是日本國內政治上應當注意的管理方向，故言：「日本儒者能整頓得冠、婚、葬、祭四大節，亦是一事。」[115]當然，朱舜水與日本官員討論的政治問題不僅僅只言農政土地、教育普及和世子教養問題，其他還有類似今人所言社會福利的養老問題、禮儀的建立——尤其隨著佛教逐漸勢微，百姓生活應有一禮儀規範遵行，使其能夠合禮合理的居處社會階層之中，欲保持全文結構完整，故此議題討論暫且割愛，待日後擬將深入探討。

第三節　朱舜水「歸化」日本疑議

經由以上章節內容得知，朱舜水與日本政治權力之間交往如此密切，不只接受德川光圀禮遇、延攬成為賓師，也受到日人弟子安東省菴、安積覺等人的敬重，更與當時日本人在政治體制、官制、田制、程朱陸王之學術等等方面多有討論，成就實際上的中日文化交流與互動，後人對其讚美和評價更是歷久彌新。[116]

---

[115] 徐興慶《新訂朱舜水集補遺》頁 207，台灣大學出版中心，2004 年 11 月。

[116] 案：朱舜水的貢獻及成就，除了日人對他有所讚美外，例如，王韜（1828~1897，蘇州府長洲縣人）《扶桑遊記》讚揚朱舜水為德川光圀作《學宮圖說》乃「開日本文教之先聲」，頁 418，岳麓書社出版，1985年 3 月。梁啟超《中國近三百年學術史》指出：「他是個德行純粹而意志

　　朱舜水對於中國或日本國內政治熱忱可想而知。石原道博研究
《朱舜水》一書裡論及「鄭成功與朱舜水」關係時，曾附上一幅由
安積澹泊（朱舜水的弟子）所臨摹的「鄭成功贈歸化舜水書」（見
附錄六），雖然仍未知此信真偽為何，但是，石原氏認為從南京事
件[117]以及朱舜水遇見鄭氏軍隊無禮之事[118]看來，二人曾交往密切無
疑。[119]就是這「歸化舜水」四字揭示了朱舜水與日本的關係，但是，
同時也引起了許多人質疑朱舜水忠義精神。

　　其實，早在江戶中期就有日本人對於朱舜水留居日本一事，頗
不以為然。佐藤直方（1650~1719）認為：「舜水不能伏節死難，
背君臣之義。棄親族之恩，避亂全軀而奔于我國，旅寓於肥前長崎，
源君聞其姓名，招之為賓客。明亡而為清，舜水遂不歸於我國，而

最堅強的人，常常把整個人格毫無掩飾的表現出來與人共見；所以當時日
本人對他『如七十子之服孔子』，殊非偶然。」頁 120，里仁，1995 年 2
月；錢穆《中國學術思想史論叢》：「惟舜水終老異邦，其學與亭林亦有
異，乃頗多似於陸桴亭，在社會民生之實功實用上用心。……更近程朱所
提倡之格物。……亭林所重在政治制度上，桴亭舜水所重在社會民間制度
上。日本得益於舜水者亦在此。」頁 18，林俊宏《朱舜水在日本的活動
及其貢獻研究》：「十七世紀中葉，明、清鼎革之際，中國士人義不帝秦，
避往東瀛的，不乏術有專攻的飽學之輩，而朱舜水是比較有系統地將中華
儒家思想、學校教育、釋奠禮儀、文物制度、語文等介紹到日本……其生
命光輝照耀在十七世紀日本儒學史和中日文化交流發展史上，垂範後世。」
頁 217~244，秀威資訊科技，2006 年 7 月。諸凡此類後世學者對朱氏所
做的一切，有所感動並予以推崇之內容繁多不再一一備載。

117　（明）朱之瑜《朱舜水集》頁 153。

118　（明）朱之瑜《朱舜水集》頁 83。

119　石原道博《朱舜水》頁 226~230。

埋屍於他土，則可謂不忠不義之人矣。」[120]從日本武士道精神看來，臣子對於國家、君主應採取絕對忠的態度[121]，朱舜水不以死表達對明朝忠心，反而滯留日本不歸，拋親棄族故佐藤直方、武士精神看來，的確是一個不忠不義之人。

但是，朱舜水是否為真為不忠義之人？又，是不是早已歸順日本？這類疑問在 1912 年「朱舜水辭世二百五十週年紀念會議」中，日本學者菊池仙湖、稻葉君山二人之間又引起爭論。[122]菊池仙湖說道：朱舜水與日本人交往時皆稱對方「貴國」且自稱國亡漂流海外，至其死後德川光圀亦在墓上題「明徵君子朱子墓」，凡此種種認為

---

120 佐藤直方（さとう-なおかた）《韞藏錄》〈楠正成墓石說〉。

121 新渡戶稻造《武士道》裡曾指出像日本武士階層的人物特質，他說道：「這個階級，長久之間在不斷的、反覆的戰鬥中，從最富有冒險性者當中自然募集的；不過，在淘汰過程中，怯懦柔弱之輩被捨棄，借用愛默森的話，只有『完全的男性，具有如野獸力量的粗野種族』才能存活下來，形成武士的家族與階級。」頁 15~16「義，是武士戒律中最嚴屬的教條。對武士而言，最忌諱的是卑劣的行為，不正的舉止。義的觀念或許是誤謬，或許是狹隘的。」頁 29「在武士道當中，並無這種情形，為不值得一死而死的人，會被貶低為『犬死』」頁 35。林水福譯，聯合文學出版，2008 年。案：由此看來，日本武士道是指充滿著戰鬥精神，為行義之事，即便這義是謬誤或狹隘的。那麼，忠臣應為君主、國家負責，國亡等於己亡，義則當死。

122 李大釗〈東瀛人士關於舜水事蹟之爭訟〉收錄於《朱氏舜水談綺》附錄，頁 14~19，華東師範大學出版社，1988 年 8 月。案：李大釗記錄稻葉君山及菊池仙湖二人的言論，但是，文章最末他仍以情感性口吻呼籲後人，不應誣詆舜水，泯其忠義德行。觀李氏文句內容無不令人感到動容，然而，平心而論，朱舜水會引起爭議，實因亡國逃鄉等忠義行為受到景仰，但卻在晚年獨留日本。

朱舜水並無「歸化」日本的傾向。然而，會議裡稻葉君山卻持反對
意見，指出：當時如何成為「歸化人」日本雖無明確法條規定，但
是依當時普遍現象而言，只要長居日本國土便能視之為日本歸化
人。此外，北總原善、信濃東條耕編寫史料時亦言：「朱之瑜，字
魯嶼，號舜水，諡文恭，明國浙江餘姚人。避亂歸化，客於水府。」
[123]直指朱舜水「避亂歸化」。還有，近日韓育東又在〈朱舜水在日
活動再思索〉一文中討論起此議題，他說道：「朱舜水的『歸化』
身分及其然名列其間的《明末歸化人年表》，無疑又給該人物的解
讀工作，平添了另一種迷惘。」、「然而，讓人難以理解的，仍是
舜水歸化行為何以在他自己的表述中先為『乞留』而後為『懇留』。」
凡此種種均令人感到疑惑。

　　「朱舜水是否歸化日本」的問題為何顯得重要，原因在於──
如果朱舜水早已歸化日本，那麼具有「歸化人」身分的他，和他一
再強調的忠義思想與堅毅的人格特質，行為與思維之間不就產生極
大落差，那麼其所言「忠義」思維又如何得以服眾呢？反之，他若
至死都未歸化日本，那麼為何會有對日本德川時政權先「乞留」後
「懇留」的卑微態度呢？

　　總之，朱舜水的身分、思想與作為是否具一致性呢？他身為大
明徵士，竟何能以卑微態度在日本求生存？這種作法上與禮（理）
不合，甚至，有自我矮化（國家和自身）的嫌疑吧？朱舜水在日本
接近二十年的時間，與日本政治圈密切往來，亦有所成就，為後人
評價時不可忽略的重心。對照他在安南時，不欲成為安南國王政治

123　北總原善、信濃東條耕《先哲叢談》頁28，松榮堂發行，1893年。

下的中國儒者，反卻情願成為日本藩主的賓師，那麼，他必定有著對於身為知識分子，對國家應有的責任及生存法則。依此，本文略從其思想脈絡等方面來探究。

一、朱舜水的國家認同觀

　　一個面對國家滅絕後必須流亡海外的異鄉客，他不僅在生命情感上會產生許多矛盾、拉扯，另外，思想、想法上衝擊與不得不改變的狀態更是不言可喻。綜觀朱舜水與後世子孫、中國友人、日本人之間，封封書信卻顯示著諸多「不得已」感慨與憤怒，流浪在外四十多年，情感和思維也隨著時空、人事、物移而更易。如果，只想從一個角度來分析人物思想，那麼將是劃地自限，人的思維或則表達都將和時代、環境等聯結在一起。

　　從前幾章所述，朱舜水從中國生涯的低調，到安南時的高調反抗被欺凌，還有，居處日本政治圈的活躍，三個面相都是朱舜水，其間呈現的有著他生命經歷粹煉的一切，而那個伴隨著他的中心思想究竟為何呢？即是後來學者所極力追求理解的。

　　自江戶中期便有學者開始懷疑朱舜水和明朝之間的忠貞問題。換言之，國家與個人應緊密相繫，彼此間就像是「唇亡齒寒」的關係，這不只是日本儒者武士道忠君思維，中國人讀書人也是將「修身、齊家、治國、平天下」從己到國連貫下來，以天下國家做為一己畢生之責任。試問：朱舜水身為知識分子，在傳統思維中所吸收的忠貞思想、國家認同觀念和己身之國家責任是否具一貫性呢？更仔細一點問：朱舜水的思想（忠）和實踐之間是否一致？還有，他思想中所謂「忠君」、「忠國」其內容包涵什麼呢？

其實，佐藤直方所言：國亡後，士當以死明志。這樣的思維是有其社會環境等背景因素產生，日本在德川時期雖由幕府將軍掌握軍權、政權，但是，境內仍區分為各國：石見國、陸常國、肥前國等約七、八十國，而在國之內又分有各藩，如：大村藩、水戶藩等上百藩，居處其中的各藩武士們仍舊以效忠各自藩主為使命。依此，日本人忠君的君，與中國士人忠君的君意旨不同。當然，這裡還涉及日本人「忠」的思維是與「家族」概念相結合，無論哪一階層只要歸屬於某一家人，那麼就會被視為家族成員，榮辱與共，此和中國以血緣脈絡做為「家族」的聯繫之概念有所不同。依此，日本人與中國人在忠於誰？如何忠？的態度與背景概念具有差異，那麼朱舜水的「忠」思維又將如何與日本人對話呢，實值得玩味。筆者認為，應當先釐清朱舜水的「認同」思維，然後才能進一步談「忠」的概念。

(一)「國家認同」的意義

「國家認同」為近代學者所使用的詞彙。「國家」簡單地說就是指：政府、人民和土地三項要素所組合成的政治共同體。至於，「認同」（identity）也有著三種不盡相同的涵義：第一種為「同一、等同」（oneness、sameness）；第二個意義是「確認、歸屬」（identification、belongingness）；第三則指「贊同、同意」（approval、agreement），其中又以第三類具有較為明顯的「主觀意志」。[124]換言之，一個主體如何確認自己在時間空間上的存在。這個自我認

---

[124]　江宜樺《自由主義、民族主義與國家認同》頁 8~12，揚智文化，1998 年。

識、自我肯定的過程涉及的不只是自我對一己的主觀瞭解。[125]除此之外，「認同」既然有三種含意，則「國家認同」自然也可能有三種不盡相同的用法。江宜樺指出：

> 當我們講到國家認同一詞時，有人聯想到的是「流著同樣血液」的血緣或宗族族群，有人則著重「親不親，故鄉人」的鄉土歷史感情，另有人則強調主權政府之下的公民權利義務關係。國家對不同的國民來講，可能是「族群國家」，也可能是「文化國家」或「政治國家」。這三個層面通常匯合在一起，但可能以某一層面為主要依據，再輔之以其他層面的支持。[126]

經由上述分析得知：「國家認同」實是包涵著人對於族群、文化、政治三個層面的認同。

(二)朱舜水的國家認同觀

依據上述，再進一步觀察朱舜水的「國家認同」則可以發現，他是以：明朝、中國、中華文化三者相互合來看待「國家」之概念。換句話說，就是指民族（非清朝之虜人）、政治（朱氏血緣脈絡系統）、土地（中國）及文化（中華文化）等條件的結合，便形成朱

---

[125] 江宜樺〈自由民主體制下的國家認同〉頁 96，《台灣社會研究季刊》第 25 期，1997 年 3 月。

[126] 江宜樺〈自由民主體制下的國家認同〉頁 99。

舜水的國家概念。隨著所處的大環境改變，他對於這四項條件為國家的「認同」也逐漸產生變化。第一，在中國時，虜人干犯邊境，威脅國家百姓生命及土地，朱舜水對這頗多批評。他觀念中：民族、政治、土地及文化是不容任何人破壞。第二，在安南，此時清人入主中原，明朝失去政權、土地，於是，一群遺民流亡海外求援，即便朱氏遺裔遠離中原再組南明政權，他仍舊抱持著支持的態度。這時的他認為至少還保有：民族、政治及文化。第三，在日本，面對日本人的禮遇和支持，也能僅從地理位置之相對觀念來談華夷和中日之關係，此時則以文化做為精神生命的延續。簡略地以下圖表示朱舜水「國家認同」意識的轉換。

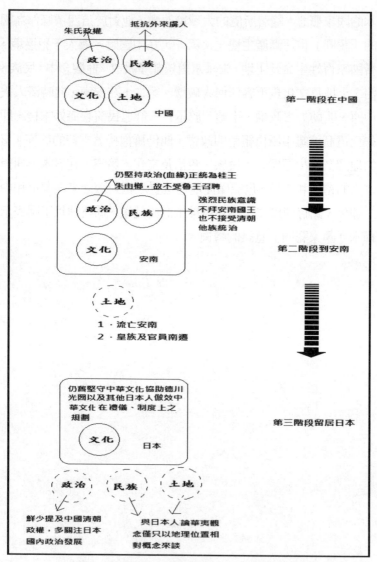

圖 8：朱舜水「國家認同」意識轉變圖

　　朱舜水「國家認同」觀隨著實際遭遇的環境狀況而更易，他生於明朝末年，國家政治體系已呈現消弱、腐敗之狀，身為知識分子的他仍舊對國家抱有一絲絲認同。這種認同沒有強烈的主觀意識介入，純粹就是確認自己生在中國、明朝、擁有中華文化薰陶、同土地的一群人民等條件下組成的國家。然而，隨著明亡，展開流亡者身分的同時，逐漸的那強烈國家意識開始變化，如此的轉換並非他人格或中心思想有所缺陷，其實，這變化反倒是呈現了長久以來秉持的信念不斷地得接受剝奪，那種痛苦、矛盾的情緒可想而知。以下「確認」他有幾個依循、轉變的條件，在釐清後將能理解，為何明亡後朱舜水認為自己「義不應死」[127]。除此之外，也能明瞭為何朱舜水的「國家認同」觀裡：從政治、民族以及土地概念兼備的堅定的信念中，逐漸淡化，以下略為探究。

1.從國家存亡概念上來看

　　「明亡於何時？亡於何人？」此問題有趣的地方在於它涉及了，第一，實際歷史記載的認知；第二，知識分子情感的認知；第三，政治正統概念的認知等等。不同目的、思考的支持者均有其意義和他內在思想，於是，我們問：朱舜水認知中的明朝究竟亡於何時？崇禎自縊？亦或是南明政權的結束？

　　何冠彪在〈清朝官方的「明亡於萬曆」說〉[128]一文整理出清初學者及官方資料，指出當時人們大多認為：明朝亡國應亡於萬曆時

127　（明）朱之瑜《朱舜水集》頁 311。

128　何冠彪〈清朝官方的「明亡於萬曆」說〉《國立編譯館館刊》第二十八卷第一期，2001 年 11 月。

期。清朝人進行官修《明史》以利於己的觀點來看待前朝，他們認為萬曆帝開始忽略朝政——萬曆對於政治的態度可區別為前、後二階段，前（早）期萬曆十分用心國事，卻因為實權掌控在朝中大老手上，無法一展己志，甚至連立儲一事也得聽從朝官指示，這種政治權力的失落感，遂造成後期的他不欲關心朝政、連年不早朝、任由百官以私欲敗亂國本等情狀——國家體制運作上便自然地產生惡性循環的問題，最終，導致國家快速滅亡。清朝滿人就是藉由分析這類「明朝之所以滅亡」的：明朝國家政策、君主、臣子行為等等內容，來警示自己（清朝）莫走上相同的政治策略和用人等方面之缺失，尤其是清聖祖玄燁，他特別堅持此說。整體看來，清人言「明亡於萬曆」之說，純粹是帶有強烈的政治性目的。

另外，黃仁宇《萬曆十五年》裡也指出明朝政治中重要的轉折點便是在萬曆期間，〈序〉中說道：「這本《萬曆十五年》意在說明十六世紀中國社會的傳統的歷史背景，也就是尚未與世界潮流衝突時的側面形態。有了這樣一個歷史的大失敗，就可以保證衝突既開，恢復故態決無可能，因之而給中國留下了一個翻天覆地、徹底創造歷史的機緣。」換句話說，無論是上述清朝官員從政治目的上認為：「明亡於萬曆」；或是從黃仁宇認為「萬曆帝時，是明朝走上敗亡的重要關鍵時間點」；或許我們也可以以歷史記載中——清軍佔領中原、崇禎自縊的時間點來來談「明亡於何時之議題」。其實，無論是從哪一個角度，也都只能算旁觀者看待明亡、分析明亡之緣由。那麼，明人又如何看待明亡？或者試問：朱舜水是如何看待明亡、明政權落入清朝虜人的這情況呢？

其實，爬梳整部《朱舜水集》可以發現，裡頭沒有任何朱舜水

明確說明「明亡於何時」的具體時間點。他撰寫的〈致慮之由〉、〈滅虜之策〉等內容所呈現的態度，與其到日本、安南等地乞師，都是一致的——只為求將明朝政權取回。換言之，朱舜水並沒有在崇禎自縊之後，便在自己心中將「明朝」畫下句點。他認為：清朝虜人的入主中原，只不過是短暫的混亂，而這一類混亂早就存在於明朝尚在，滿人不斷干擾邊界之時，一點也不讓他感覺唐突。

至於，明朝政權被奪去全都是外在的因素？虜人之禍害嗎？朱舜水心裡一直很清楚，答案是：並非全然如此。因為，他曾經指出國內官員、讀書人官場中汲汲營營，以及百姓短視近利等等問題，內憂無法解除遂而輕易地使國家政權被外人介入。平心而論，一個國家的政治體系和人們思想的轉變均非一夕之間就能形成，期間必有許多因素參與、醞釀以至最終促成。另外，集子裡朱舜水也從未批評明朝國君。簡言之，沒有他認為的「明亡」時間點、「趨向敗亡」的時間點、以及國君有何問題，只針對百姓和官員的醜態及私利思想之批判，這確實讓人難理解他國家認同觀裡，政治概念的全面貌。

但是，直至徐興慶《新訂朱舜水集補遺》蒐羅的資料裡，一條朱舜水與日本儒者人見竹洞[129]對話中，卻找到了些許的蛛絲馬跡。《舜水墨談》裡記載著：

---

[129]　江戶幕府儒臣人見竹洞（1637~1696）名節，一名宜卿，字時中、竹洞，號鶴山、葛民、括峰，通稱又七郎、友元。京都人。祖父人見友德曾赴明和朝鮮遊學，歸國後開業行醫濟世。

問：明季，先生交遊之際，必有懷義秉志而不屈虜庭之士，
若能有以禮招之者，肯至於日本乎？

答：三四日前致書奧村顯思云：「不佞親貴國人如一家昆弟
父子。嘗怪周㲉量窄意偏，尊中國而貶秦邦，豈足語於聖賢
之道。」僕雖淺陋，非無此意，但見貴國人意思不如此，所
以此念灰冷。倘「貴」國君好善，厚禮招賢，自應有至者。
但患無移風易俗，發政施仁之志耳。惟是近來士人既已剃頭
辮髮，甘心從虜，雖築黃金之台，恐來者無樂毅、鄒忌之徒
也。（一日翁語余曰：「中國之亂逆既萌天啟之始矣。」時
預國政有理學之黨、有文章之黨，日日相軋相詆，爭權不已。
繼之以連年之凶荒，故闖賊作逆、韃虜奪位，皆是姦逆之臣
為之禍根矣。）[130]

全文摘錄如上，括弧部分的內容為原本中華本《朱舜水集》中所未
出現的段落，即「一日翁語余」至「皆是姦逆之臣為之禍根矣」。
此段落內容為徐氏依據日本佐賀縣鹿島祐德稻荷神社中川文庫收
藏之《舜水墨談》中的內容，並在比對北京中華書局《朱舜水集》
〈答野節問三十條〉後所增補。但是，括弧內的這段文句並未出現
在筆者自行蒐羅的人見文庫《人見竹洞詩文集》〈竹洞人見先生後
集·附錄〉裡《舜水墨談》內容之中。這對於我們理解朱舜水對明
朝政治觀察上有助益，亦有疑惑。以下先略加分析此段文句內容的

---

[130]　徐興慶《新訂朱舜水集補遺》頁 292。

可信度，之後再回到「朱舜水認知中的明朝趨向敗亡之時間點為何」之議題上。

　　首先，倘若依據人見文庫收錄的《舜水墨談》裡〈小序〉內容來看，說道：

> 舜水朱翁名之瑜，字魯璵，明餘姚人也。我萬治己亥來于崎港，甲辰依水戶相公之招來于江府，自其停軺之日余往謁之。爾來及其易簀之時屢與之晤語，或迎于水竹深處，靜話終日，每對安筆語之，而余稍通中國之言，不通者則假譯舌把筆稍少，然十數年之間堆堆盈篋，癸丑之冬，罹炎故有僅存者錄為一冊。[131]

《舜水墨談》結尾又附註：

> 《舜水墨談》二十七條者竹洞先生為書一冊，可惜罹炎纔存十一。[132]

人見文庫收錄的《舜水墨談》資料中顯示，墨談內容由於江戶火災時略有燒毀，全貌不復存在。但是，即便人見文庫本內容如此，但是，筆者認為仍有疑異——為何在現刊諸多朱舜水文集裡，僅中川

---

[131]　人見竹洞《人見竹洞詩文集》附錄，古書頁碼 1，汲古書院，1991 年 3 月。

[132]　人見竹洞《人見竹洞詩文集》附錄，古書頁碼 11。

文庫所藏《舜水墨談》中保留了這段文句？

　　其次，由二人問答內容來分析——人見竹洞先是問道：「明季，先生交遊之際，必有懷義秉志而不屈虜庭之士，若能有以禮招之者，肯至於日本乎？」他詢問朱舜水是否有和他一樣不屈於清朝的志士願意肯接受日本的招聘一事。見原初所有已刊的朱舜水文集，朱舜水最後一句回應，說道：「恐來者無樂毅、鄒忌之徒也。」整段問與答，內容前後到此皆相互呼應具完整性。但是之後中川文庫所增補的文句「一日翁語余」一段則顯得唐突，觀察其內容又與人見竹洞所問毫不相干。故令人疑惑。

　　第三，從問答內容中的文法上來討論：「一日翁語余曰：『中國之亂逆既萌天啟之始。』」此段文句內容的「翁」應當指朱舜水，「余」則是受話者人見竹洞。但是，再回溯到本段文字被安置的位子，它放在朱舜水回答人見竹洞的內容裡，依此，「余」應該是指朱舜水，「翁」則非指朱舜水無疑，那麼產生令人疑惑的問題「翁」又指何人？什麼人告訴朱舜水「中國之亂逆既萌天啟之始」呢？

　　綜觀上述，可以發現依據中川文庫所增補的這則資料，是否應放置於此呢？仍有許多疑慮。其實，朱舜水相關文獻資料、討論等內容的保存，如前章節所述，德川光圀、稻葉君山等人無不用心蒐羅，之後，由黃遵憲、梁啟超、魯迅、馬一浮等人回傳中國，近代學者石原道博、錢明、李甦平、徐興慶等人展開研究，自朱舜水過世歷經幾百年後他又才漸為人所知曉，其實，仍有許多相關的研究、內容等待發掘，因此，找尋過程中真偽、錯落文句還得多方考量才能真正瞭解朱舜水其人其思想。

　　雖然如此，筆者還是認為：這段增補文句出現在此對話中仍屬

唐突。但是，「明朝從天啟間走向敗亡」無不有助於佐證：朱舜水對明朝政治之反思，為其政治思想內容更添一筆。「天啟年間明朝走向敗亡」，此思維理路也確實合於朱舜水的政治分析。第一，綜觀《朱舜水集》及《補遺》等內容，朱舜水從未點名政治缺失的皇帝，雖然與其他學者、清朝官員認知中「明亡於萬曆」之說不盡相同，然而，觀察他所指的「天啟年間」，正巧是他兄長朱之琦遭受閹官彈劾時，之後，遂有堅決不仕之志，在時間點上是相符的。從實際層面觀察，朱舜水對於這階段的政治理應有所微言、批判。第二，他曾指出「理學之黨」與「文章之黨」相互鬥爭，遂造成國體動搖走向敗亡，這類論點在〈致虜之由〉[133]、〈答野節問〉、論明鄒漪[134]等等內容時屢次提及。《補遺》「一日翁語余曰：『中國之亂逆既萌天啟之始矣。』時預國政有理學之黨、有文章之黨，……皆是姦逆之臣為之禍根矣。」（「翁」應是指朱舜水）將道學家、文章之士、趨炎附勢之士，均批評一番，本來就是朱舜水的論調無疑。

由此，資料清楚地顯示、理解，朱舜水認知中明朝敗亡並非突然地發生，而是自天啟年間，官員文人們相互標榜，破壞政治制度、秩序所引起。或許，就是天啟年間的種種社會政治情狀，讓朱舜水在國家、政治及知識分子應俱備的使命感之間有著更為緊密的自覺。

總而言之，朱舜水在政治認同脈絡上，有著自我理解。日人弟

133　（明）朱之瑜《朱舜水集》頁 1。

134　（明）朱之瑜《朱舜水集》頁 390。

子安東省庵曾問有關魯王、永曆之事及為何朱舜水屢受徵辟不就，朱氏回應：「因見天下大亂，君子道消，故力辭不就，不受君祿。」其實，經由上述，他根本早已在天啟年間之時，對國家政治不敢有太多期待，至於，乞師復明，即在「明朝政治的支持與認同上」，筆者判斷：朱舜水只是純粹對「明朝」為「我國」的確認與感受。因為如此，合觀在第四章說明朱舜水在安南接受魯王詔的態度及分析裡，即可以明白，為何朱舜水不受以及欲留日本的心態。簡略的說，朱舜水對明朝政治認同與認定的態度有三個層次：第一，由出生起就認知、確定的政權（明朝）；第二，是否為政治承襲上血緣脈絡之正統，血緣正統與政治正統相繫；第三，天啟之後治政混亂，國家走向敗亡。即對於亂世明朝政治的理解。

2.「無道則隱」之概念

　　1644 年崇禎在景山自縊，1645 年朱舜水與一批反清之士流亡海外，他仍舊不放棄對明朝的希望，乃是由於朱氏政權還有遺裔，即便他們之間還搞不清楚國已亡、家已破的苦痛，彼此間依舊結黨集派、爭權奪位，朱舜水只能期待又無奈，魯王的徵聘不就（受）就是自己清楚、無言的政治認同抗爭。在南明系統之中朱由榔應當算是較符合血緣繼承者，他在廣東即位隨後 1647 年被清兵攻陷，1659 年逃亡到緬甸，最後，被清兵捉回 1662 年縊死。其中，第一個時間點：桂王朱由榔 1659 年逃亡到緬甸時，朱舜水正極力請求安東省庵協助居留日本一事。第二個時間點：1662 年朱由榔被清兵縊死，1661 年朱舜水獲許居留日本。是由於朱舜水早已窺知明朝政治繼承者已無力挽回清朝統治之勢，自己理想中的政治系統已沒有任何政治力量了，故依此痛思留居日本嗎？頗值得玩味。趙園

曾如此說道，明末遺民與明朝政權之間的關係：

> 懲處「失節」決不手軟的，自然還有南明小朝廷；與其說因
> 了擁有怎樣的道義力量，倒不如說為了顯示「正統」所在，
> 且證明尚握有生殺人的權力——當然也賴明人的道德論之
> 為語境。……劉宗周，亦有「逃則可誅」的嚴厲主張。[135]

明朝亡國之後，追求政治正統的延續以及遺民們「死」或「不死」
都是當時重要的議題，甚至還有類似劉宗周以「逃則可誅」嚴厲主
張，用理、道德來批判使那些早已陷入矛盾、情感膠著的遺民們
——即以理（禮）殺人。朱舜水居處在當時社會環境之下，即便流
亡海外，努力乞師，但是，不受魯王徵聘、欲長期留居日本，他的
明朝忠誠度早就受到同行遺民的質疑，然而，又有多少人可以理解
他應承受的內在矛盾之苦痛。張煌言曾經想要留住朱舜水在舟山，
與他共同支持南明政權，當時朱舜水堅持回絕，認為舟山那環境無
法供給自己生存，因此必定得前往日本——為何朱舜水非得前往日
本？單純乞師？或是有其他考量？今已不得知——張煌言得知朱
舜水如此態度和回應時就給予嚴厲指責，說道：「年翁一人留不住，
我等尚想做甚事？」雖然，張氏直指自己的無能，連（朱舜水）一
人都留不住，何嘗能留住其他眾多人呢？其實，他同時暗指朱舜水
不合群、不能共同面對國難。

　　這批判引起朱舜水極大反彈，立即回覆張煌言，說道：

---

[135]　趙園《明清之際士大夫研究》頁31。

> 彼眾人大為愕然,因曰:「年翁一人留不住,我等尚想做甚
> 事?」如此剝民,而曰救民,吾弗信也;如此殘民,而圖恢
> 復,吾不知也。[136]

他認為像張煌言這樣強留人的作法,無疑是打著「道德」旗幟剝奪
他人意識,以自我價值來規範異己,是否真能救亡圖存呢,朱氏是
十分懷疑的。平心而論,朱舜水對於忠誠、如何忠誠,死節、如何
死節都自有其判斷脈絡,並不認為以激烈手法,例如:以死明志之
類才能稱為國家大忠大孝之人。其實,「民不畏死,奈何以死懼之」,
今日朱舜水都可以無懼於安南國王對自身的脅迫了,努力乞師復明
反遭誤解,何嘗能忍呢?如何看待人們對自己的評價,朱舜水曾經
如此說著:

> 大凡言議當看彼人與我之品地何如。其人高於我而議我之
> 失,則可懼也;其人不及我而議我之失,則理之自然,何怪
> 之有!若使彼言是也,我當改之;若使彼言非也,我何惑於
> 彼哉?[137]

對於不理解他而評價他的人,朱舜水抱持著坦然心態。只不過他和
張煌言之間的關係如同王瑞生《朱舜水學記》中指「亦頗友好」,
他說:

136　(明)朱之瑜《朱舜水集》頁 396。
137　(明)朱之瑜《朱舜水集》頁 98。

> 舜水與煌言亦頗友好，蓋舜水一則以舟山守軍互相猜忌殘
> 殺，不能成事，一則欲奔走海外借外兵，以助兵部侍郎王翊
> 恢復大業之用，於是終不肯留。[138]

既然友好卻又不理解他，那麼，依與朋友交往的常理來看，朱舜水
憤怒的情緒可想而知。另外，王瑞生的說明中談道朱舜水認為：「以
舟山守軍互相猜忌殘殺，不能成事」。從天啟萌生敗亡、朱舜水不
欲留在舟山且不接受南明政權徵召、還有，見鄭成功軍隊無禮不投
一刺而返等等事件貫串起來，則清楚的能夠理解，朱舜水對於政治
認知、理想裡隱藏著傳統知識分子——「天下有道則見，無道則隱」
根深柢固的政治思維。

> 明清之交士人由士之為「群」中走出，由「義軍」之為「群」
> 中走出，「遺民」處境鼓勵了「精英意識」此種自覺同時又
> 成對「孤獨」的慰藉與補償——士也從來需要此類補償。[139]

朱舜水這類以血緣脈絡做為國家政治正統的想法，以及無道則隱的
思維，與當時拚命只為復明的老師輩、好友均不相同。合於傳統知
識分子理想政治認同觀，卻又處在精英意識的孤獨感中，期間心中
盤旋、轉折、矛盾等情緒在他的集子裡屢屢出現。

　　如前所述，朱舜水的國家認同觀是經過長時間、環境等因素之

---

[138]　王瑞生《朱舜水學記》頁92，文化大學中文所博論，1984年3月。
[139]　趙園《明清之際士大夫研究》頁59。

下不斷地轉換，直至定居日本後，他心中的國家認同忽略了明朝，忽略了地域，忽略了民族然後僅僅留下唯一可以堅守不變的「中華文化」。

二、朱舜水的文化認同觀

傳統論述「華夷」思想時，均是指「中國」和「他國」對立著看，「華」即指「中國」，「夷」則為「他國」。「華夷」思想在知識分子論述中之所以重要，乃是在於「華夷」常和「國家意識」之相關觀念連著講。中國知識分子眼裡，分辨「華夷」不只是文化、地域、歷史和血緣上的討論，更是支持自身異於他國之所以能存在這世界的價值意義之肯定。「華夷」分辨裡，政治、文化、血緣，或民族環環相扣的條件組合之下，形成歷來人們對國家堅固無比的認同感。

然而，隨著明末改朝易代，以及十六世紀期間多元文化、觀念的加入，長期以來以「華」為「中國」等論述也逐漸地被他國知識分子重新詮釋，面對這類討論，明亡後成為遺民必定討論和堅守己身為華的方向，身處他國異地的朱舜水又如何看待「華夷」、「中國」等概念被日本知識分子重新賦予的內涵呢？

(一)華夷思想的轉化

《論語·子路》：「樊遲問仁。子曰：『居處恭，執事敬，與人忠；雖之夷狄，不可棄也。』」又《論語·八佾》「夷狄之有君，不如諸夏之亡也。」孔子所言的「夷」究竟為何呢？諸多學者，如：錢穆、李澤厚等人認為──孔子乃是以「禮之有無」區分華夷。尤

其在孔子所處的時代，周天子勢微，諸侯國迭起，天下逐漸陷入混亂情狀之下，唯有依據「禮」來規範，使其君臣上下各得其位、各適其所，百姓人倫日用之間應對進退有理則可依循，如此一來，國家自然能夠得到治理。換言之，「夷狄」是指蠻狄之地，文化、禮儀缺乏而言。爾後，孟子也在〈滕文公〉裡說道：「吾聞用夏變夷者，未聞變於夷者也。」由此觀之，主要從禮、文化、文明傳承上來分辨「華夷」為漢之前儒者的共識。至《禮記·王制》則有仔細談論「夷」之內涵：

> 東方曰夷，被髮文身，有不火食者矣。南方曰蠻，雕題交趾，有不火食者矣。西方曰戎，被髮衣皮，有不粒食者矣。北方曰狄，衣羽毛穴居，有不粒食者矣。中國、夷、蠻、戎、狄，皆有安居、和味、宜服、利用、備器，五方之民，言語不通，嗜欲不同。

從地域（地區）、生活習慣等細微差異性以分別華夷，甚至說明「夷」在政治地位上的區別為「其在東夷、北狄、西戎、南蠻，雖大，曰子。」無論東夷、西戎等地即使擁有遼闊土地，爵位不過子爵，依此也將「華」政治地位上的尊和其他地區（夷、蠻、戎、狄）的卑區分開來。故《禮記》記載的「華夷」簡略歸納其辨別方式有：一，依地區；二，從文化、文明；三，政治權位地位。所以，「夷」就是指位居偏遠蠻荒之處、仍處於原始生活狀態、政治地位較為卑下或從屬之類。再者，「華」即是指「中國」，它的內容為：

中國古代經典所見的「中國」一詞在地理上認為中國是世界
地理的中心，中國以外的東西南此四方則是邊陲。在政治
上，中國以外的區域在王政之外，是頑凶之居所。在文化上，
中國是文明世界的中心，中國以外的區域是未開化之所，所
以稱之為蠻、夷、戎、狄等歧視性語彙。[140]

然而，以「華夷」言尊卑、優劣的說法在魏晉、五胡亂華時代想必
不能為當時執政者接受，直到宋亡時，華夷之防、華夷之辨成為極
重要議題，且受到道學家影響，「華夷」不再只是用以區別文明與
否的標準，它更是國家政治正統、血緣正統的依據，也因此宋亡後，
激烈殉國的讀書人、婦人百姓們無不是受到這一股強烈華夷意識之
影響。

依此看來，華夷、血緣、正統的概念愈來愈深植在民心，故明
朝開國君主朱元彰能打著復宋的旗子，順理成彰地從元朝（外族，
非漢族）取回政權。至於，明亡後，明遺民和所有亡國的遺民一樣，
都得必須正視己身在「文化身分認同」和「政治身分認同」裡融合
或撕裂的問題。[141]於是，「華夷之辨」、「夷夏之防」議題的分析

---

140 黃俊傑〈論中國經典中「中國」概念的涵義及其在近世日本與現代台灣的
    轉化〉《台灣東亞文明研究學刊》2006 年 12 月。

141 黃俊傑〈論東亞遺民儒者的兩個兩難式〉指出遺民生存的困難，並指出「所
    謂『政治身分認同』是指人作為政治的動物，必營求群體之生活，心必須
    決定其所屬的政治團體（如國家），以對該政治團體盡義務（如納稅、服
    兵役）換取個人生命財產之安全與保障，這就是『政治身分認同』。所謂
    『文化身分認同』是指人生活於複雜而悠久的文化網路之中，人生而被文

討論有助於他們自我探索，例如：黃宗羲、王船山等人對這議題都有詮釋。只是，從整體明遺民的態度上看來，那從明初開始的華夷思想延續到明亡之後，似乎並未如同想像中那般堅固、不可撼動，或者說明代遺民表現再也沒能像宋遺民那般激烈。簡言之，明遺民早已和宋遺民不同，無論是在政治、經濟、外交、學術等背景上皆不盡相同，因此，宋遺民激烈地「以死報君王」並不是明遺民所能接受在面對異族統治事實上唯一的解決方法。

既然不以殉命示忠，那麼核心的「華夷」之文化、政治正統等思維是否也產生了變化？否則，朱舜水又如何能以一泱泱大國的徵士，卑微地去懇求安南人、日本人等異國人協助中國呢？甚至最終還留居日本至死？他的華夷思維是否在日本人之間、中日交流歷史具有某些意義呢？簡言之，華夷思維聯結著朱舜水對於自我的認知、國家的認同感以及文化傳承等想法，必須加以論述條理清楚。

黃俊傑〈論中國經典中「中國」概念的涵義及其在近世日本與現代台灣的轉化〉一文中分析德川時期日本儒者對於「華」、「夷」即「中國」、「夷狄」的概念有著轉化，他區分日本學者將「中國」概念做了二種變化：一，為政治意義轉化為文化意義；另一，則是以普遍性理念瓦解「中國」一詞的特殊性意涵。[142]黃氏在第一則：日本儒學將「中國」一詞從政治意義轉換為文化意義裡，例舉了古

化網絡所浸潤，因而吸納其所從出的文化系統之價值與世界觀，因而認同於他所從出的文化，此之謂『文化身分認同』。」頁173~174，《東亞儒學：經典與詮釋的辯證》，台灣大學出版中心，2007年。

142　黃俊傑〈論中國經典中「中國」概念的涵義及其在近世日本與現代台灣的轉化〉。

學、兵學學者山鹿素行之說為代表，例舉其說：「天地之所運，四時之所交，得其中，則風雨寒暑之會不偏，故水土沃而人物精，是乃可稱中國，萬物之眾唯本朝得其中，而本朝神代，既有天御中主尊，二神建國中柱，則本朝之為中國，天地自然之勢也。」依此，黃氏認為：山鹿素行解構了中國經典中以「中國」一詞指中華帝國兼具政治中心、與文化中心之舊義，成功地論述日本因為文化上及政治上「得其中」，故遠優於地理上的中華帝國。[143]換言之，黃氏以山鹿素行的「中國」一詞，是從政治與文化特出之相結合的國家謂之「中國」。其實，除此黃氏所言外，吾人可知，兵學家山鹿素行其思想藉由神道信仰精神、神國子民概念，來強調僅有日本才能得天地政治之正統，這其間還是隱藏了極為濃烈的「政治意識」、「國家意識」來談「中國」概念。

　　江戶時期的儒者重新審視「中國」一詞，不再單從華、夷、唯一正統等概念來理解與二分，遂使得中國儒學等皆能夠在日本流傳通行、發揚精進。朱舜水就是如此態度──從文化層面談論，處理與日本友人說明「華（中國）」、「夷（蠻夷）」之問題。〈答加藤明友書〉中指出：

> 僕生於越而貫於吳，周之東夷也，擯而不與中國之會盟者也。斷髮文身，袾離椎結，以禦蛟龍魑魅者也。僕荒陋不足數，然自漢以來，文物軌章何如者？今日之吳與越，則

---

[143] 黃俊傑〈論中國經典中「中國」概念的涵義及其在近世日本與現代台灣的轉化〉。

天下不敢望其項背矣。舉凡亘古聖帝明王之都，賢哲接踵
比肩之鄉，亦拱手縮胸而遜讓之矣。顧在作人者何如耳。
豈以地哉？[144]

認為不能以地域性概念來區別「華夷」，就像他生長的江浙地區，
在西周時屬於夷，但是，如今這個區域不僅是經濟繁榮，更是人文
鼎沸之處，天下之人沒能超越的了。朱舜水的日本弟子安東省菴對
此也有著相似的論點，〈中國夷狄辨〉一文中說道：

中國夷狄之稱宜以天下之公論，不可以一人之私言矣。其稱
本出於聖賢，舜曰：「蠻夷猾夏」。夫子曰：「夷狄之有君，
不如諸夏之亡也」。孟子曰：「用夏變夷。」聖賢豈有自私
之心，貴吾國而他國乎。有人於此以夷狄為中國，中國為夷
狄，笑以為狂妄之人。然以地言則大抵有四時，皆謂之中國
猶可也。以人言則大抵有人心，皆謂之中國猶可也。其辨在
心不在地矣。夫子作春秋，諸侯用夷禮則夷之，夷而進於中
國則中國之。然則盧縮少卿之叛亡也，其中國而夷乎。金日
磾之忠赤也，其夷而中國乎。且中國有桀紂盜跖夷狄……此
人其不在地也明矣。若論其始則兩儀判之時，中國夷狄皆地
也，生其兩間者中國夷狄皆人也。東海西海南海北海此心同
此理同，其不在地也亦明矣。日本在東方受生氣，有四時，
有人心，稱為神國，為君子國，亦不宜乎，請君子當公論析

144　（明）朱之瑜《朱舜水集》頁 74。

之，勿以為私言矣。[145]

安東省菴從人心來論「華夷」可類似、歸屬於「文化」層面的認知。他認為聖賢不會有私心，尊貴於日本，或中國，文明與否全在人心的問題之上，否則在中國也有像桀、紂之類的君主、秦檜之類的惡人；至於居處蠻夷仍舊有匈奴之子金日磾那般，受漢王之惠且懂得忠心回饋之人。故凡具有人心和文化的君子之地則可謂之華。依此看來，朱舜水與安東省菴師徒二人皆認為不能以地域分華夷，應以人心及文化、文明之發展來辨別，而未有強烈的政治尊卑之思維。

(二)中國文化在日本的傳播

朱舜水在日本期間還保留著對明朝的國家認同部分就在於「文化」，大致上他與日本人交流的文化內容有：

一，喪禮內容：德川時期的日本喪禮仍採取長久以來的佛教儀式，對於祖先祭祀亦未有太多的概念。朱舜水在日本期間隨著年齡老邁，於是開始自制棺槨以備死後之用。除此之外，也和日本人也談論喪禮內容，例如：〈答五十川剛伯問〉時提示著神主的書寫、棺槨的制作[146]；〈答佐藤盛辰問〉提及了銘旌、立石碑、士葬禮及服喪之年限[147]；〈答吉弘元常問〉說明了昭穆之儀[148]；〈答源光圀

---

[145] 安東省菴《省菴先生遺集》卷一，收錄於《安東省菴集影印編 1 柳川文化資料集成第二集》頁 400，柳川市史編輯委員會，2001 年 3 月。

[146] （明）朱之瑜《朱舜水集》頁 366~367。

[147] （明）朱之瑜《朱舜水集》頁 362~363。

[148] （明）朱之瑜《朱舜水集》頁 361。

問飯含〉[149]等等內容，換言之，從喪禮的外在型製、儀式到內在意涵無不說明，且依身分的不同加以區別陳述，甚至連人體工學概念也與之陳說，和佐藤盛辰言棺的形式時提及：「人死則長於在生之時」，因此製作棺得「比身軀稍長」，凡此種種皆可見朱舜水之用心。

二、經典書籍閱讀：如同第三章所述，朱舜水受明朝學術風潮影響，大凡《四書》、《五經》、《通鑑》等史書、兵書、農書等等無不閱讀涉獵，也依此教育日本弟子。

三、生活禮儀：書信往返的禮儀、拜帖等使用方式，收錄於《朱氏舜水談綺》之中，例如：「名帖式——此拜帖也，所以通名者，即古之刺也，非儀狀。不自往則有封套，不粘口，不摺。佳節訪人之柬或用全柬，或用單帖。單帖中無頓首二字。」[150]詳盡的解說更可見其對於文化保留之用心。

四、祭孔，此與其鼓勵日本官員興建學校、普及教育等內容相關，唯有藉著儀式的嚴肅性才能將此文化、文明延續，由此可見其用心。至今日本仍保留當初朱舜水所帶去的孔子像，而日本孔廟亦為傳統中國廟舍同一的形式。

五、明式園林建築：今日東京小石川後樂園即是德川光圀採用朱舜水意見建造的回遊式山水庭園，朱舜水〈遊後樂園賦並序〉裡寫道，櫻花盛開德川光圀邀請同遊園林，裡頭的景色如下：

149　（明）朱之瑜《朱舜水集》頁353。

150　（明）朱之瑜《朱氏舜水談綺》頁18。

上公乃名儒臣以燕樂，特開邸第之芳園。余以異邦樗朽，倚
兼葭於玉樹之藩。轉落英之曲逕，經臥波之長橋。爭妍競豔，
目炫心招。輯群櫻以作迴廊，蹀躞芬芳聯數里；結蟠藤而成
廈屋，旖旎組紃列三千。縈迴鳥道，瞥見平田。羊腸屈曲，
足音跫然。……於是盤蹬道，臨幽壑。度鵲橋，登飛閣。攀
拂帽之垂條，躡微苔而屨錯。……其為樂也融融，豈復有加
於此者哉？[151]

從朱舜水的形容中園林內曲徑小道，在迴旋路轉之後又見另一景象
萬千。此無不能稍讓思鄉之舜水解除心中之掛念。今井弘濟和安積
覺作〈舜水先生行實〉其中也寫道：「及上公作石橋于後樂園，先
生亦授梓人以制度，梓人自愧其能之不及也。」[152]凡此皆為朱舜水
以中國文化遺留日本最佳之證明。[153]

151　（明）朱之瑜《朱舜水集》頁 428~431。

152　（明）朱之瑜《朱舜水集》頁 619~620。

153　可參考：林曉明〈明代松江私家園林史簡論——兼談朱舜水實學初始背景〉
　　　收錄於《朱舜水與日本文化》。李樹華〈明末儒將朱舜水的園林花木趣味
　　　及他對東京小石川後樂園的貢獻〉《中國園林》，2002 年。

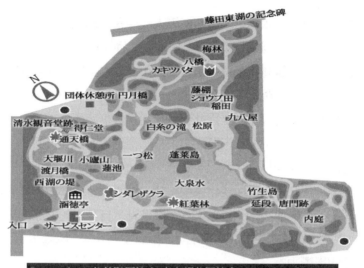

（小石川後樂園）[154]

　　曾經有一福建商人魏九使，對於朱舜水留居日本一事懷疑起，認為朱舜水對國家（明朝）並不忠義。〈答魏九使書〉裡朱舜水不悅地回應，說道：他並非忘卻朋友情誼而獨留日本。在日本鎖國多年裡，唐人若能留居比登龍虎之榜、甲乙之科難上十倍，於是，能留則先留，再加上德川光圀誠懇對待，沒有不留之道理。至於，等待時機成熟後，方才能協助友人。最終，朱舜水更言：「施恩不忘報，乃君子之義；然救人而從井，亦仁人所深疾。」[155]由此看來，

154　小石川後樂園，德川光圀參考江南林園、建築特色興建的園林。可參考：http://teien.tokyo-park.or.jp/contents/map030.html。

155　（明）朱之瑜《朱舜水集》頁48。

朱舜水不只在面對張煌言、魏九使等人的冷言熱諷之下，還得堅持
自我理想，其所居處的環境有多麼艱難可想而知。

再總結本章議題：朱舜水是否「歸化」日本？倘若從實際的入
籍來看，由於，相關資料不足，如同日本學者稻葉君山所言：德川
時期歸化的認定意義不明，因此，難以從這角度定奪。如果，從他
的國家認同來理解，那麼，無疑的朱舜水絕對沒有歸化於日本，他
只不過是國家認同概念（政治、民族、國土、文化），隨著時間與
現實環境迫使之下，轉而淡化某些堅持，而僅保留了其中影響人們
最為深刻的（中華文化）文化認同意識來表示自身對於國家的忠義
之心，甚至，還將中華文化帶到日本，對日本文化、文明產生更大、
更久遠的影響力呢。

第六章　朱舜水之學術思想及其與日本漢學者之論談

　　朱舜水 1659 年~1682 年在日本的這段期間，如前章節所述，正巧遇上德川幕府政權成立、當時各藩闢佛運動興起、以及整體社會經濟形態轉換，諸如此類環境多變的情狀，政治民生之間確實急待一精神力量來維繫、穩定，而中國儒學裡豐富的政治、人倫等內容，以及宋明理學思辯活躍的理論系統，正足以提供日本學者、為政者和百姓在實際政策、生命體悟等方面的需要。

　　由於如此，江戶時期日本學術發展，如同當時蓬勃興起的商業經濟活動一樣。首先，有著起初依賴佛道作為知識根源，爾後竟棄佛還俗，並轉而致力於發揚朱子學的「朱子學派」學者，例如：林羅山等人。他們不僅致力於「朱子學」，而且推崇、規劃，使其成為「官學」，用以取代一直在日本政治史上扮演重要角色的「佛學」；其次，從朱子學信仰中跳脫出來，自成一格，專以尊崇古學為主的「古學派」、「古辭學派」學者，例如：山鹿素行、伊藤仁齋等人；還有，從反對朱子學的教條主義、形式主義，獨創宗教式「陽明學派」的中江藤樹等。江戶初期諸多學派產生，全因為政治需求與揚棄佛教活動等情況之推波助瀾下，才形成多元、豐富的日本儒學生

態。他們彼此之間交往、論學，也有些如同藤原惺窩、松永久五之類，開設講堂來討論、分析儒學內涵，總之，在此情狀之下中國儒學、儒學遂成為顯學，受到重視。

　　明末不少遺民在亡國等因素趨使下，前往日本貿易通商、乞師或欲長期留居日本，由於日本學者對中國儒學的愛好，也延伸至對於中國儒者的尊崇，明朝儒者、讀書人在當時頗受禮遇。於是，朱舜水初到長崎、江戶等地時，不乏有仰慕中國學術、文化的日本學者前往探訪。例如：朱子學學者林羅山之孫林春信[1]、林春常，兄弟二人皆曾問學於朱舜水；林羅山之子，三男林鵝峰[2]亦在朱舜水初至江戶時致儀表意。此外，水戶藩德川賴房侍講野壹（即人見卜幽軒）[3]、及其養子野傳（人見竹洞）[4]均和朱舜水友好，《舜水墨

---

[1] 林春信又名懿，字孟著，又稱又三郎，以梅洞、勉亭為號，為日本江戶幕府朱子學派大儒林羅山之孫，林鵝峰之子。幼由林羅山親授《大學》、唐宋詩及《論語》、《孟子》、《中庸》、《毛詩》、《尚書》、《左傳》等，可謂博覽群書。日本寬文六年九月逝世，享年二十四歲。曾向朱舜水執弟子禮，朱舜水甚賞其才。著有《史館茗話》一卷、《六義堂雜記》、《梅洞全集》四十一卷等。頁347，《新訂朱舜水集補遺》。

[2] 林鵝峰（1618~1680），江戶前期的儒學者。京都人。林羅山的三男。名春勝·恕（しのぶ）。別號春齋。曾為德川家光將軍侍講，編纂過《本朝通鑑》，著有《鵝峰文集》。

[3] 人見卜幽軒（ひとみ-ぼくゆうけん，1599~1670），本姓小野。名壹，字道生。別號林塘。著作「五經童子問」「土佐日記附註」「東見記」。德川賴房時任侍講。人見竹洞的伯父。

[4] 人見懋齋（野傳）（ひとみ-ぼうさい，1638~1696），本姓藤田，名傳，字子（士）傳，通稱又左衛門，又稱又七郎、友元，號竹洞、霍山，別號井井堂（せいせいどう），為叔父人見卜幽軒的養子，著作有「名字鈔」。

談》則為野傳和朱舜水論學之重要紀錄。另外，朱子學學者松永尺五[5]的弟子木下順庵、安東省菴等人，也和朱舜水交往甚密，尤其是安東省菴分半俸予朱舜水一事，更為中日交流史上之美談。還有，朱舜水曾為日本古學派學者山鹿素行作〈子敬箴〉一文[6]，以及屢次求見又屢次遭受朱舜水拒絕的古學派學者伊藤仁齋。最後，日本學術史上佔重要地位——以德川光圀為首的「水戶學派」，其中不少學者，例如：安積覺（澹泊）、五十川剛伯等人，這些都是朱舜水在日本教授的學生。凡此種種，揭示著朱舜水旅日期間，不僅和日本官員，連同學術界人士，之間往來頻繁。他們論學時，藉由筆談、或是經由唐通事翻譯，雖然，彼此語言上無法直接交流，但是，真誠談話態度、論學精神，即便過程中觀念相異、或偶有不解之處，二者仍舊保持學者求知精神——存疑或極力思辨、討論。總之，朱舜水將中華文化、學術與日本進行交流互動著實可見。

　　近來有學者佐藤貢悅〈江戶儒學思想史における朱舜水の位置〉一文裡談論到朱舜水與日本學界之關係時，說道：

　　　　李甦平氏說道「從日本學術發展來看，不論是日本朱子學、

　　曾於 1659 年拜於朱子學林鵝峰門下，之後亦師事朱舜水。參與日本史編修。

5　　松永尺五（まつなが-せきご，1592~1657），名昌三，字遐年，通稱昌三郎，江戶時代前期的儒者，受業於藤原惺窩。終生仕官，講學於京都春秋館、講習堂、尺五堂，門人有木下順庵、貝原益軒、安東省庵等。著作有《彝倫抄》。

6　　（明）朱之瑜《朱舜水集》頁 578。

> 古學，還是水戶學，都與朱舜水的思想有著密切的關係」「日
> 本朱子學是中國朱子學的移植和嬗變」，甚至把山鹿素行、
> 伊藤仁齋、荻生徂徠也包括在內……這個論證，略有牽強附
> 會的嫌疑。[7]

佐藤氏認為：李甦平將朱舜水和日本學術發展史上的重要人物、以
及各學派的價值、意義聯結在一起，是有「牽強附會」嫌疑。接著，
他在文章末尾又指出：

> 就算沒有舜水的渡來，水戶學也是存在的。可是，沒有光圀
> 就沒有水戶學。[8]

筆者以為這些話都只說對了一半。從記載上來看，水戶藩藩主德川
光圀在朱舜水來到日本之前，的確早已萌生修纂日本史的想法，依
據高須芳次郎〈水戶學の源流〉一文中說道（意譯如下）：義公（德
川光圀諡號）修史之志起於正保二年，十八歲之時，直至寬文五年
時招聘朱舜水，已三十八歲。[9]（原日文）換言之，無論是否有朱
舜水的出現，德川光圀確實曾「想過」致力於推動儒者從事編纂日
本史一事，相信只要他肯付出心力去努力實行，那麼纂修日本國史

7　佐藤貢悅〈江戶儒學思想史における朱舜水の位置〉「朱舜水與東亞文明
　　發展國際學術研討會」2010 年 11 月 6 日。

8　佐藤貢悅〈江戶儒學思想史における朱舜水の位置〉。

9　德川光國等著，高須芳次郎編《水戶義公‧烈公集：附朱舜水篇》頁 2，
　　日東書院，昭和 8 年（1933 年）。

這事情遲早會被完成。如同佐藤氏所言：「沒有光圀就沒有水戶學」，或是應該更精確地說：「沒有光圀可能就沒有編纂日本國史一事，沒有編纂日本國史一事也就沒有修史的儒者們，沒有修史的儒者們也可能就沒有水戶學派的成立」，德川光圀確實在水戶學派裡佔有極其重要的份量。

但是，上述「就算沒有舜水的渡來，水戶學也是存在的」的言論，只是佐藤氏「想像層面，如果、可能的狀況」。實際上，朱舜水與友人書信往返裡得知，朱舜水的確有參與日本編修國史一事，而且水戶學派的成立除了德川光圀之外，亦不能忽略他扮演的角色。安東省菴寄給朱舜水〈上朱先生書〉信中說道：「敬聞上公大會諸儒，著《日本史記》，想先生定為總裁，然則宜與馬、班、歐陽諸公並傳不朽。」[10]書信中日本弟子安東省菴直指：上公欲讓朱舜水成為編史之總裁。雖然，這件事在《大日本史》中並未被紀錄下來，但是，安東省菴所聽聞應非空穴來風。另外，朱舜水〈寄林道榮（唐通事）書〉中也提及：「昨日友元兄到寓枉顧，秉燭而歸，渠已編修國史，近在發刻，故日夕不暇。」[11]由此看來，朱舜水隨時了解當時實際修史進度。再加上，他與諸位修史的學者密切往來，例如：安積覺、今井弘濟[12]、酒泉弘[13]、佐佐宗淳[14]等人，皆受

10　（明）朱舜水《朱舜水集》頁 759。

11　徐興慶《新訂朱舜水集補遺》頁 99。

12　今井弘濟（今井魯齋）（いまい-ろさい），1652~1689 年名弘濟。字將興。通稱小四郎。師事朱舜水。曾任水戶藩醫，後為幕府侍醫。曾校訂過《參考源平盛衰記》、《參考太平記》。著作有《舜水先生行實並略譜》、《病餘援筆》。（資料參閱：Japan Knowledge 系列資料庫）

業於朱氏，也因此，觀念、思想以至於史學想法，他們無不受朱舜水影響。綜合觀之，朱舜水、日本國史修纂、還有水戶學派，三者之間無疑地必然互相有所關聯。反觀佐藤氏，他假設不可能發生的情況（沒有舜水的渡來），來推論已發生事件的可能發展（水戶學也是存在的），從研究水戶學或是朱舜水思想的角度看來是沒有太大助益的。

當然，李甦平論談朱舜水中日交流史上的價值，其內容有時代、社會環境等背景因素之需要，或許，偶有過度詮釋朱舜水在中日文化交流裡的情況，但是，像佐藤氏那樣全然地否定朱舜水在日本學術史上的意義與價值，則又顯得太過、不合於實際呈現的結果。從今人研究角度來看，李氏與佐藤氏二人採用直觀式評論，如上所述，對於理解朱舜水在江戶時期日本儒學史上的地位與意義，實易陷入自我主觀理解之中。故，筆者以為欲理解朱舜水思想與日本儒學間之聯繫，以及能夠客觀評斷其思想在日本學術史上之定

13　酒泉弘（酒泉竹軒）（さかいずみ-ちくけん，1654~1718），筑前（ちくぜん）（福岡縣）出身。名弘。字道甫、惠迪。通稱彥太夫。師事朱舜水。參與日本史編修，後來擔任總裁。藩主德川綱條稱贊為「講官第一」。著作有《言志集》、《竹軒遺集》等。（資料參閱：Japan Knowledge 系列資料庫）

14　佐佐宗淳（さっさむねきよ，1640~1698），字子樸。通稱介（助）三郎。號十竹（じっちく）、十竹齋。十五歲時入臨濟宗妙心寺弟度為僧，法號祖淳。三十四歲 1673 年作「立志論」否定佛教，認同儒學，因此還俗。受業於朱舜水。參與日本史編修時到關西・九州・中國・北陸地方等蒐集資料、記錄和採訪。德川光圀聘為進物番。著作有《南行雜錄》等。（資料參閱：Japan Knowledge 系列資料庫）

位，除了可以從當時日本儒學者與朱舜水在交友關係、問學內容等
方面進行分析外，積極地釐清幾個中日學術思想交流上的議題，並
進一步對照、分析後方能得出較為合理的評價。

　　中日學術思想交流中哪些議題是得注意的呢？筆者以為：朱舜
水與日本進行的這一場文化交流中，其所面對的當時日本學術、政
治等環境，雖然大致上對於中國儒學是友善的。但是，實際上還得
考量——日本人原來所具有的神道信仰與社會價值認知，宗教信
仰、既定且長期的思維的確不容批判，因此，讓儒學在交流中存在
著理解上無法避免，但必須解決的隔閡。

　　故，本章節先將擬寫、解決，就是存在中、日二國人民思維中，
皆已有的「天」與「神」、「天理」等基本形上學問題。換句話說，
宋明理學者口中作為思想理論根據的「天理」、「天道」等形上學
本體論內容，遇上日本唯一、絕對的「神道思維」，二者之間頗為
相似又具差異性的內涵，究竟朱舜水是如何進行調和與融通，來面
對這類議題的。其次，中國朱子學者從天理、天道思維，其作用貫
徹於詮釋人倫次序、政治制度、心性論等議題；另外，也有像陽明
學者，以人作為主體，為天地道德之依據，進而建立起個體人格自
覺思潮等等。二者思維脈絡之建立，最終目的則用心在解決「人與
社會環境」關係的諸多論題。無論是上述哪一學派的理論系統，凡
有關於人心、性、情等內容，是否能夠符合日本人的文化傳統、認
知，進行思想上之交流呢？諸如此類議題，有關天、神、人之價值
建立等，皆是德川初期的日本學者，面對中國學術時所產生的困
惑，而曾請益過朱舜水的問題。請教、接受、排斥、轉換，都是異
國文化交流中必經的歷程。只是，言實理、實學的朱舜水又將如何

把那「宋儒之口角」[15]轉化或消弭，而使己學之理想與日本儒者進行交流，且實踐於日本社會環境中呢？上述二點為本章節進行釐清、分析的重點。

最後，筆者以為，從事朱舜水在中日文化交流史的價值定位，除了釐清其思想理路及如何與日人交流外，當時所處的傳播儒學環境，也應加入評價標準之中。張崑將在〈德川思想界的氣論與自然觀的流派〉一文中曾經如此說道：

> 我頗贊同尾藤正英所指：朱子學在思想上並沒有成為一枝獨秀的思想地位，於政治上前期之際也沒成為擁護幕府體制的角色，即使稍有那種意味，這種朱子學與中國朱子學也不可等同視之。……那麼為何十七世紀的德川初期，在短期間就造成反理學意識的風潮呢？唯一可以解釋的就是朱子學的思想與日本思維有相當的衝突。[16]

上文曾論述說道：德川初期的環境對於中國儒學是友善的，也將朱子學奉為「官學」，更有一群日本學者堅守、實行中國朱子學的內容。其實，上述文中也又指出：德川初期的日本儒學界擁有多元的學派、思潮。綜合二說觀之，德川初期儒學的大致情形是：具有眾多學派，支持中國朱子學的學者僅是其中之一，它由於政治因

15　（明）朱舜水《朱舜水集》頁 382。

16　張崑將《德川日本「忠」「孝」概念的形成與發展──以兵學與陽明學為中心》頁 29~30，華東師範大學出版社，2008 年 1 月。

素故學術思想地位被提昇——接著則如張崑將所說：「朱子學在思想上並沒有成為一枝獨秀的思想地位，於政治上前期之際也沒成為擁護幕府體制的角色」——總之，朱子學並非是德川時期儒學發展中唯一獨尊的思想系統，即便它被奉為「官學」。當時還有一群反朱子學學者也正悄悄地建立起日本式的古學學派、陽明學派，另外，關佛運動才剛於各藩境內展開，這表示仍有一群支持佛學的學者。我們可以理解：德川初期的學術整體環境是「反」和「新興」思潮蓬勃發展的階段。朱舜水在此環境之下欲提倡經世致用的實學何嘗不是有其極為困難之處呢？

　　從上述學術思想在德川初期發展的艱難來看，朱舜水無不用心。（上一章節中也證實《第五章朱舜水與日本幕府官員交往情形》）其「實學」理念在與日本官員交往、交流中，一定程度上產生了影響，例如：農業或儒學思想均受其影響的加賀藩前田剛紀、肥前小城藩鍋島直能等人。簡言之，朱舜水在中日文化、學術交流史上是有其貢獻的，否則，依其身分地位，死後何嘗能被安葬於德川將軍家族的墓園裡呢。評價歷史人物應去除主觀直覺的方法，一筆抹煞其貢獻與意義，或過度揚其美，對後人研究上的參考價值上則相對銳減。

　　回歸本章節欲探討的內容——「只是，言實理、實學的朱舜水又將如何把那『宋儒之口角』轉化或消弭，而使己學之理想與日本儒者進行交流且實踐於日本社會環境中呢？」以下將從天理觀、心性觀及工夫論等相關議題進行說明。

第一節 「舜水學」之理論內涵

　　李甦平認為朱舜水的學術與明末清初學者黃宗羲、王夫之等人相異，自成一派，可稱其為「舜水學」。此為朱舜水研究中，首度有學者將朱舜水思想學術視為一獨立派別來看待，針對這說法，筆者認為頗為適當。雖然，本論文在第三章曾談論朱舜水與明末學風的關係，文中屢屢指出他們之間具體上有所聯結，例如：對於四書學、史學、地理學等學問的重視，同時也說明了朱舜水和東林學派、詩社等文人相互交往情況。綜合看來，不可否認的，朱舜水某些學術理論根基與明末學者相似無異，但是，這不並表示朱舜水在實行時會採取與明末清初學者相同手法。

　　換言之，朱舜水思想理論根基於中國學術內涵，甚至，某些內容與明末清初學者無異，然而，他在非常之際非得將這套思想理論實施、傳遞到日本國境內時，必須略將其理論內容與異國的人、事、物等進行調整、融合用以適應當地風俗民情，遂而形成不同於顧、黃、王的學術體系──「舜水學」，「舜水學」則在勢之所趨之下成形。許多學者認為「舜水學」影響了日本「省庵學」及「水戶學」等學派之發展，究竟「舜水學」談些什麼？又如何能有影響呢？

　　針對「舜水學」內容，首先，李甦平〈舜水學與省庵學〉在統整後指出：

　　　　「舜水學」是由「立誠論」、「實踐論」、「事功論」、「尊史論」、「德性論」和「教育論」等方面構成，這是它的結構框架。而「經邦弘化，康濟艱難」的經濟思想、「聖賢之

學，俱在踐履」的哲學思想和「有教無類，殷殷慈心」的教育思想，則是「舜水學」的基本內容。[17]

此外，張立文〈論舜水學的意蘊——為紀念朱舜水誕辰 395 周年而作〉也說道，所謂的「舜水學」：

> 朱舜水思想以「實理實學」為為學宗旨；以經世濟民為實踐基礎；以成性立德為思想規模；以仁義愛民為理想人格；以社會大同為理想目標，構成舜水思想的邏輯結構，為舜水學的內涵主旨。[18]

還有，錢明在接受專訪時談道：

> 不同意簡單地歸類朱舜水。他總結，舜水的「常懷一點愛民之心」說與「隨時格物致知」說，有他自己的特色，而與程朱、陸王都保持了距離。從這一意義上說，「舜水學」應隸屬於「實用學」的範疇。而朱舜水的「實用學」，既包含了政治經濟學的成分——這是他類似於明末清初啟蒙思想家的地方，也包含了日用科技、生活技能的成分——這是其「實

17　李甦平〈舜水學與省庵學〉頁 155，《中日文化交流的偉大使者——朱舜水研究》張立文、町田三郎主編，人民出版社，1998 年 12 月。

18　張立文〈論舜水學的意蘊——為紀念朱舜水誕辰 395 周年而作〉頁 5，《中日文化交流的偉大使者——朱舜水研究》。

用學」最具個性色彩的地方。[19]

經由學者們的說明，大致摘錄、統整，所謂「舜水學」之內容：就是指聖人之學，也就是實理、實用、實行之學，同時可能類似於明末清初學者所談的經世致用，主要在於關懷百姓日用等，簡言之，「舜水學」等於「實學」。至於這類以實學為結論，再回推朱舜水的實學內容，則充斥在諸多朱舜水相關研究之中，偶爾還有一些論文，能實際地將朱舜水實學相關內容具體呈現，例如學者討論：書信往返規範禮節、祭祀儀節等內容時，均附上《朱氏舜水談綺》之書信形制、建築樣貌和祭祀之神主牌位等圖式，一一解說。亦有些論文內容從反玄虛之佛學、宋明義理之學等來論述。但是，大多數論文撰寫，就如同呂玉新所言：大多為相同的引文、內容反覆討論。倘若將「朱舜水實學研究」之類的文章，去除「朱舜水」三個字之後，從內容看來亦可套上任何一位明末清初言實學的儒者，實在無法看出「舜水學」獨特之處。

其實，朱舜水從中國學術根基裡，在因應日本國境內需要而略加調整、融入當地習俗，思想理路之中的確產生「一點點不同中國學者之處」，那些微的變化究竟內容為何？那才是「舜水學」所以存在的價值之由。故本文秉持此精神來探究朱舜水的思想脈絡。

還有，朱舜水談實學、實行、實用，也全然地跳脫、反對理學之類的學問。尤其是他面對著德川初期學者，他們喜好討論中國理

---

19 代安〈「舜水學」的現實意義——專訪錢明〉《東方養生》2010 年，10 期。

學的內容，在此氛圍下，欲在日本國境內實踐自我理念的朱舜水，必定得先修正某些理學思維論點，再從中展開新的詮釋以說服、影響日本人，就如同余英時〈從宋明儒學的發展論清代思想史——宋明儒學中智識主義的傳統〉提及的：

> 關於清代思想與宋明儒學傳統的關係，自來有兩種不同的看法：第一種看法是把它當作對理學的全面反動。……這一新趨向，在消極方面表現為反玄學的運動；在積極方面，則發展為經學考據。……第二種看法則是對第一種看法的修正。它並不否認清學有其創新的一面，但強調宋明理學的傳統在清代仍有其生命。……從學術思想演變的一般過程來看，後說自較為近情理。……事實上，清儒的博雅考訂之學也有其宋明遠源可尋。[20]

余氏認為：從宋明儒學過度到清代考據學時，宋明理學的傳統仍留存於清代學術之中，這一發展過程較合乎情理。換言之，不僅只學術發展歷程來看是如此，個人思想形成脈絡亦是如此。故欲探求朱舜水思想內涵時，不能忽略他曾經接受過的理學思想。另外，張崑將在〈「忠」思維的典型：從兵學者山鹿素行到吉田松陽〉一文中曾經說到：

20　余英時〈從宋明儒學的發展論清代思想史——宋明儒學中智識主義的傳統〉《論戴震與章學誠》頁 290~291，三聯書店，2000 年 6 月。

> 德川朝大量吸收中國儒學這樣的強勢文化，神佛習合的情形
> 馬上改觀，儒家義理異端思想之辨甚嚴，尤其宋儒思想雖汲
> 取於佛老，更深知其不同而力排之，這種「辨異端」的思想，
> 其實都是在強調「自己文化主體性」的心態所產生出來的，
> 因而儒家辨異端的目的在斥佛老，以凸顯自己文化主體性，
> 而當儒家文化傳到日本並且深深影響日本時，自己也成為被
> 辨異端的對象之一。[21]

換句話說，德川時期的日本儒者，在接受中國儒學的同時，為凸顯
自身主體性，又常常形成反中國儒學的情狀。依此，不得不反思「舜
水學」有何特殊性或內容為何？竟能夠與佛教當初傳入日本一樣，
不和日本人原本信仰中的「神道」思維相互違背，免除了被日本學
者排斥的窘境[22]，最終還能和日本「省庵學」、「水戶學」之間產
生影響。

　　首先，由日本儒者最關注且早已根深柢固的神道、天等議題討
論起。

21　張崑將《德川日本「忠」「孝」概念的形成與發展──以兵學與陽明學為
　　中心》頁131，華東師範大學出版社，2008年1月。

22　張崑將指出：「德川以前的日本，在尚未大量吸收朱子學以前，是以佛教
　　文化為主流，而講神道者也幾乎是神佛習合，不會產生國家主體性的衝突
　　問題，因為佛教義理沒有夷狄或華之分，也沒有文化優劣之分，所以它徹
　　徹底底是個宗教信仰，與日本本土的神道教恰可相安結合。」頁131，《德
　　川日本「忠」「孝」概念的形成與發展──以兵學與陽明學為中心》。

一、朱舜水和德川時期的天道觀

　　朱舜水的學術思想以實學、實用、實行為目標，排斥玄虛無用之學，只是，面對德川初期對中國宋明理學充滿好奇心的日本學者們，朱舜水欲產生影響，也非得從有共同可討論的議題著手，藉以施力展開己學的傳達。宋明理學以「天理」的概念建構起一套理論系統，其實，人與天關係的議題討論，對於日本人而言一點也不陌生，德川時期的他們仍舊相信：自己是神的子民，神的繼承者，屬於神國。於是，當時即便幕府將軍已掌握政權，依然不敢輕易地去廢除、或禁止人們的神道信仰。

　　如同前一章（前言）所述，幕府將軍把代表神的天皇，虛其位，使其成為百姓精神的象徵，並讓天皇為自身政權的正確性背書，除此之外，還模倣神殿來建築幕府住所等等作法，均是為了讓自己成為另一個具有意義的政權信仰。至於，日本學者在神道信仰方面的理解，則如張崑將所言：「連朱子學者都不得不正視本土的神道，其他古學派的山鹿素行、陽明學者的中江藤樹、熊澤蕃山等都是如此。因此，研究者如果沒有正視日本德川儒者的儒道習合的學術性格，不免會見樹不見林。」[23]無論從政治、學術、人民百姓之間都可窺見神道信仰在日本影響甚深的情狀。

　　只是，朱舜水本對此天人議題並不太感到興趣，或則可以說不太想談論那虛玄之學，他曾言：「子貢名賢言：『天道不可得聞』」

---

[23]　張崑將《德川日本「忠」「孝」概念的形成與發展——以兵學與陽明學為中心》頁 49。

[24]然而,如前所述,「舜水學」思想裡應該具備了合乎當時日本人需求,且又不違背他們傳統信仰中的「神道」精神之理論才對,那麼,換言之,不得不追究探討「舜水學」的天人內容為何,又如何與日本學者進行觀念的融通與交流呢?

(一)德川儒者的「神道」思維及「天理」之思辨

在釐清朱舜水的思想脈絡前,先略說明日本德川時期,所謂的「神道」究竟意指為何呢?村上重良《國家神道》一書曾如此談及「神道」概念的,他說:

> 神道這個概念,在神社神道的周圍,還有廣泛的延伸。其廣泛程度,不僅模模糊糊,而且錯綜複雜,致使客觀地掌握神道是很困難的。特別是近代以來,由於日本的一切思想和文化都結合神道來加以闡述,對神道繼續進行無限擴大的解釋,因而對神道是什麼這一問題的回答,不僅在學術上,就是作為社會一般概念,也是極其含糊不清的。[25]

換言之,日本的神道概念是極其廣泛,難以客觀掌握的,但是,日本的思想和文化都結合它來闡述,故又不能將其忽略。倘若,先不急著為「神道」進行擴大解釋,只是回歸原初單純地來看,其實,日本「神道」就是指人們對於自然、鬼神的原始宗教信仰。

---

24   (明)朱舜水《朱舜水集》頁 382。

25   村上重良《國家神道》頁 14。

　　陳瑋芬在〈「道」、「王道」、「皇道」概念在近代日本的詮釋〉裡所談：「吉田兼俱解釋『神道』二字之義為『所謂神，天地萬物之靈宗也。故謂陰陽不測。所謂道，一切萬行之起源也。故為道非常道。』指出神道是『神明之直傳』」[26]神道指神明意志的直接傳達，然而，在天人之間，人的地位又何嘗能與神之間直接溝通呢？顯然，這個問題在中國人或日本人思維都是有疑惑的。中國史料中記載古代人們藉由儀式、祭司來完成天人之間彼此的互動，而經由呂玉新考證日本出土文物資料，探求日本神國、天皇意識形成中指出：祭祀儀式、媒介者、象徵物均有其特殊意義。他說道：約在彌生時代（約西元前 400~250 年）鬼神——事鬼神者的關係發展情況。指出：

　　　卑彌呼能事神鬼，能利用宗教祭祀，卜骨占卦，與超自然的「鬼神」進行溝通而被推上女王寶座。而後來的國王，也以祭祀鬼神為首要專職，而對國內聯合政權內部的政事管理反而被推到了第二位。如今的天皇，仍是最高的祭司，依其能

26　陳瑋芬在〈「道」、「王道」、「皇道」概念在近代日本的詮釋〉頁 114，《中山人文學報》，2002 年 9 月。陳瑋芬亦在文章注解中說道：「一般認為『神道』一詞最早出現於《日本書紀》的〈用明天皇即位前紀〉中，不過此「神道」相對於「佛法」，意指自然法則或神力。神道是發生於自然的宗教，沒有特定的教祖或教典，隨著時代不同，教說也不同，並沒有一貫的思想性。直到平安中期以後，神道的教說才逐漸藉由佛教的教義而理論化。」

事「鬼神」之特殊政治功能，祐國安民。[27]

經由上述得知，在日本早期，以靈媒作為和鬼神溝通之用，換言之，靈媒是人與神、鬼之間重要的連結、中介者。之後，靈媒這天人之間的中介者，轉而以具有政治地位的天皇（國王）負責。至此，天人之間的溝通連繫起政治意義，天皇職位擁有特殊任務，因此：「不論其本人是否真信鬼神，但因其職責是『事鬼神』，不僅當然被認為，而且也必須『做到』能與鬼神交流。」[28]簡言之，神道信仰與天皇政權連結起來，天皇在政治上擁有了天命，遂也成了人道中最高權威的表徵，而且天皇以世襲制度傳承，其世世代代子孫皆是天命唯一繼嗣者。

這類以政治最高權力核心人物，通過祭儀來和天地神靈溝通的情況，在中國帝王身上也是（祭天地等）。只不過，日本的天皇政治系統到了德川時期，成為另一種形態，如前章節所述，擁有政權的幕府仍舊不放棄天皇，然而，一個國家何嘗能有二套掌管政治的系統？於是，幕府採取虛化其位的方式，之後，「天皇」遂成為一「政治精神」之「象徵」。換言之，日本「神道」信仰將鬼神靈宗－天皇－百姓三者做了緊密的結合，直至德川時期皆是如此。[29]張

27　呂玉新《古代東亞政治環境中天皇與日本國的產生》頁114，香港中文大學出版社，2006年。

28　呂玉新《古代東亞政治環境中天皇與日本國的產生》126。

29　森喜朗接任首相一職後在「神道政治連盟国会議員懇談会——結成三十周年記念祝賀会」2000年5月15日發表了具有爭議性的言論，他說道：「日本是一個以天皇為中心的神國，希望國民在徹底了解這一點的基礎上，從

崑將指出這一套「神道」的特徵時，說道：

> 日本思想家所說的「神道」精神有如下三項特徵：一，天照
> 大神是日本至高神的象徵，這可以說也是屬於自然的太陽神
> 之象徵，太陽即是象徵萬物生長的根源；二，日本的統治者
> 天皇，擁有神性血緣，故可以一系相承，綿延不絕，垂統萬
> 世；三，承認日本子民是由神性的天皇統治，這是日本子民
> 的榮譽，也是其特別之處。[30]

又談及：

> 由於具有神性思維，而「神」與「自然」又幾乎是一樣概念，
> 故古代日本人息息相關的「自然」思想，寧可是宗教性的「神
> 道」而不是如中國儒家以降的「天道」或「天理」等普遍理
> 則之哲理概念。[31]

日本德川時儒者如此認知，以為：「自然」、「神道」、「天皇」

事各種活動。」言論一出引起諸多反彈聲浪。從此可以窺見，倘若仍以神
國理論來看待現在的日本國內政治活動等等可能會有所落差，但是，這種
神道信仰的理解依舊是研究日本時不可忽略的部分。

[30]　張崑將《德川日本「忠」「孝」概念的形成與發展——以兵學與陽明學為
　　　中心》頁 93。

[31]　張崑將《德川日本「忠」「孝」概念的形成與發展——以兵學與陽明學為
　　　中心》頁 96。

等，因為同具有至高無上、不可言說、神秘不可測之特性，故而將三者等同起來的概念、思維。只是，當這一套思維理路遇上了中國儒學裡談及的「天理」觀時，即指宋明儒者將自然基礎與社會關係、道德原理做一結合，些許日本儒者產生疑惑，他們不明白為何「自然」、「神道」此類至高、不可論、不可知者，何嘗能加以理論化呢？即便早已接受了中國的「自然」、「天理」觀念的日本儒者仍不放棄將「天理」等與「神道」進行相類比或對立起來，凡此均使得初期日本儒者擁有著特殊的天道觀。伊藤仁齋《語孟字義》曾如此談論「理」與「道」，他說：

> 理字與道字相近，道以往來言，理以條理言，故聖人曰天道曰人道，而未嘗以理字命之。……或謂聖人何故以道字屬之天與人，而以理字屬之事物乎？曰道字本活字，所以形容其生生化化之玅也。若理字，本死字，從玉里聲，謂玉石之文理，可形容事物之條理，而不足以形容天地生生化化之玅也。[32]

換言之，「理」只能在實際經驗裡說明，故沒有「天理」。至於，與「理」相近的「道」，因具有活動性，足以形容天地間生化之玄妙，也因此有「天道」。另外，與「天道」相對的概念則是「人道」。再者又說道：

其不可以陰陽為人之道，猶不可以仁義為天之道也。……凡
聖人所謂道者，皆以人道而言之，至於天道則夫子之所罕
言。[33]

換言之，仁齋認為沒有「天理」這回事，「理」字只用以形容事物
的條理、經驗理解的部分。由於「道」具有活潑性、活動性，故可
以區別為：「人道」與「天道」，「天道」為夫子所罕言，也非能
等同於「人道」的仁義等道德原則，它是陰陽二氣流動生生不已的
自然狀態。[34]當然，這類論述與伊藤仁齋之反朱子學思維或些有許
關聯。但是，即便像林羅山之類的朱子學派學者，依循朱子學言「理
氣合一」，甚至以「理即太極」，陰陽、氣等概念來談與天相關的
議題，卻仍舊無法不去論及「神道」。林羅山將「神道」裡的諸神
與陰陽五行概念相結合，即如事事物物相生之理，如同自然的無窮
盡，也就此發展出「萬世一系」綿延不絕的天皇制。[35]整體看來，

33　伊藤仁齋《語孟字義》頁 13。

34　丸山真男《日本政治思想史》裡寫道：「伊藤仁齋分離了天道與人道，……
　　否定了宋學把社會規範一方面與自然法則，另一方面與人類本性相等同的
　　做法。……但是，由於仁齋的討論完全限於純哲學中，所以，這一變革也
　　沒有浮現到社會思想的平面上。」頁 167，三聯書局，2000 年 1 月。案：
　　仁齋將天人之道做一區隔是有其意義的，他講求日用人倫的實學態度與此
　　相聯繫。

35　可參考：張崑將《德川日本「忠」「孝」概念的形成與發展──以兵學與
　　陽明學為中心》頁 49。《江戶の思想家たち（上）》東京研究出版社，
　　1979 年 11 月。陳來〈林羅山理學思想研究〉《哲學門》湖北教育出版社，
　　2003 年 11 月。

日本儒者對於神道、天道和天理的理解，不僅僅只在尋求宇宙天地之間秩序、自然之理，它還帶有某種政治性的絕對性象徵意涵。如同陳瑋芬所言：

> 他們接受儒學卻也堅持神道信仰，認為神道乃根本、基礎、源泉，儒學是枝葉、輔翼、表現。同時也開始有漢學者主張儒學形而上的一面與源自於日本神話的神道一致，因此，儒學能夠與日本社會調和。開始出現「王道」（天皇統治之道，或言「皇道」）＝「神道」＝「儒道」的說法。[36]

簡要言之，朱子學者將「神道」思維與儒學中的「天理」、「天道」概念相結合，即便在日本神道學者或反朱子學者眼裡都不純粹，但是，在當時幕府政治系統需求上，這觀念的統整無不是一政治上大利器，既不用拋擲傳統的天皇政權，又可將己身政權拉至同一層級之上。

　　日本國內政治、神道和儒學之間所進行的緊密結合，就如同丸山真男在論及徂徠學與政治之關係時，談論的內容一樣，他指出：他們思維內容與傳統信仰相結合，即指欲將神從事的任務、制定秩序之主體性轉向回歸到人時，那麼不只需要依據現實做為根據，另外，還得將理想放置於思維之上。像德川將軍被類推至聖人的位子，首先就得必然表現一種政治絕對主義，這是制作秩序思想確立

36　陳瑋芬在〈「道」、「王道」、「皇道」概念在近代日本的詮釋〉頁 115。

過程中無可避免的迂迴之路。[37]此為德川初期政治需求所致。

換言之，政權逐漸趨向穩固的幕府，帶領著日本國各藩走向統一平和之路，在這期間，秩序制度標準的建立實為首要任務，只不過，德川時期它要面對的狀況與戰國時期不同，掌權者努力地將個人價值、意義加以提昇，且又不能違背傳統（神道、天皇之觀念）作為目標，這的確會是一條迂迴的建構之路。又如渡邊告所言：在戰亂時武士能以戰功等直接證明自己的存在意義，至於太平之世，只好依賴其可能發揮功能的潛在性之強調。[38]總而言之，德川初期的儒者們便是肩負起規劃、制定這樣政治、天神及道德合觀的思維之責任。

(二)朱舜水的「天」思維脈絡及其時代意義

朱舜水初至日本巧遇這一股漢學興盛風潮，不能免俗地得參與討論，只是在和永吉藩藩主加藤明友[39]說天道時，曾指出他內心的想法：

> 貴國專言「太極」，既以心為「太極」，則舒慘者乃「陰陽」也。夫子至聖，不言天道；子貢名賢，言「天道不可得聞」。

37　丸山真男《日本政治思想史》頁 193。

38　渡邊告〈儒學史異同的解釋：「朱子學」以後的中國與日本〉《德川時代日本儒學史論集》，張寶三、徐興慶編，國立台灣大學出版中心，2004年。

39　加藤明友（かとう-あきとも，1621~1684），石見國永吉藩藩主。通稱孫三郎。（資料參閱：Japan Knowledge 系列資料庫）

今貴國諸儒，賢於古人，而宋儒過於夫子、子貢也！[40]

從上述可知，朱舜水觀察到日本儒者喜言「太極」、「陰陽」之事的情狀，面對日本人詢問時，他則抬出了孔子與子貢，認為：聖人們皆以天道不可得聞，故不言也，更何況是只能效法、跟隨聖賢的眾人呢。不知朱舜水發出如此言論，是因為在思維裡早已有反對玄虛之談的緣故，還是，真的純粹不理解日本儒者為何要將神道信仰混入太極、陰陽等觀念，甚至，是扭曲、誤解中國儒學，總之，朱舜水對日本此學術風氣感到十分疑惑。無論如何，在爬梳《朱舜水集》集子裡，不僅留存朱舜水與日本友人討論天道的言論，甚至，對於傳統神鬼信仰（神道）也有所說明，故以下略陳述之。

1.中國民間傳統神道信仰──天妃（媽祖）、關帝（關公）

中國古代所謂「神」是指各種有超自然性質之崇拜對象，另外，人死後也可為「神」，換言之，神鬼並非天地間唯一主宰者，也非先於世界而存在，常和卜筮等信仰連結，留存在人世間，且扮演著調和人力所不能決定的問題。人們則藉由祭祀──祭天、祭祖等儀式，聯絡起人和神鬼之間。傳統祭祀神明之事是為國家大事，非百姓所能從事。直至唐宋之後，佛、道教盛行民間，神鬼信仰才得隨之發展，甚至，許多神靈還得到朝廷的封賜。其實，這類對天地、山川或人格化的神靈信仰與日本「神道」有某種程度的相似。小宅生順曾問朱舜水，說道[41]：

40　（明）朱舜水《朱舜水集》頁 382。
41　（明）朱舜水《朱舜水集》頁 404。

問：向所諭媽祖、關帝，順未知之，抑何神哉？

答：媽祖者，天妃也，專管海道之神。舟船東西洋往來，是
　　其職司。關帝者，蜀漢大將，雲長，諱羽，封漢壽亭侯，以
　　正直公忠為神，尤顯於明朝。故薄海內外，無不尸祝。二神
　　非如異教之荒唐也。

民間信仰中的人格神常隨著時代產生變化，先多為獸、山川等相
貌，例如：西王母「其狀如人，豹尾虎齒而善嘯，蓬髮戴勝，是司
天之厲及五殘。」[42]之後，漸轉為今人所理解之神的形象，天妃亦
是。天妃在中國原初的海神形象如同莊子等書所載，是指海本身。
爾後，經過動物化和想像化（例如：龍、海龍王之類），最後才發
展成人格化形象的海神。至於，將媽祖當作海神之一，給予具象徵
意義，得等到宋代才開始。[43]
　　關於天妃信仰的延續，明代儒、釋、道三教合流的情況之下，
對此信仰帶來助益。明代儒學者如何看待天妃（媽祖）這民間神祇
呢？徐曉望〈論明清以來儒者關於媽祖神性的定位〉一文中指出：
明朝由於運河初闢，事故較多，於是儒者基於大眾需求故而興建天
妃廟，楊士奇曾為廟宇寫記並從實際需求上給予支持。但是，隨著
出使海外之事減少，儒者之中遂出現一股批評信仰天妃的聲音。直
至晚明，學者王慎以中立態度，指出：天妃信仰僅只是精神現象，

42　《山海經校注》頁306，袁珂校注，上海古籍出版社，1980年7月。
43　李露露《媽祖信仰》學苑出版社，1994年7月。

無須過度詆毀，並且認為可藉由信仰來推行儒學裡的仁義道德。總之，天妃信仰在明朝時期雖有儒者批評，但是，也因朝中有人支持，遂而保留下來。[44]

　　其實，不只是天妃信仰，連同關帝等，都是明清時期民間信仰裡重要的神祇，尤其，商人從事海外貿易活動，漂流在多變的大海或是祈求商場得利，無不需要一精神上支持的神力。[45]另外，天妃廟因與海事相關，故常建於沿海地區例如：浙江、江蘇、廣東等貿易興盛之處。[46]換言之，無論是朝廷、讀書人、民間百姓及商人等逐漸地默允天妃信仰之下，朱舜水似乎也已接受這薰染，並且對神祇帶來的精神意義抱持肯定的態度，故言道：「二神非如異教之荒唐」。日本儒者人見竹洞請問有關鬼神之事時，朱舜水也以實際遭遇即海上天妃顯神異事蹟的經驗來談，說道：

　　　問：先生經歷諸州流落海外，所目擊太廣，其間奇怪之事亦
　　　不可無之。夫子曾不語怪力亂神，即是教人之法也。故儒家
　　　或以鬼神為造化之理，以其怪為虛談，見怪不怪之則可以

44　徐曉望〈論明清以來儒者關於媽祖神性的定位〉《福州大學學報（哲學社會科學版）》第 2 期（總第 78 期）2007 年。

45　可參考：陳東有〈明清時期東南商人的神靈崇拜〉《中國文化研究》（總第 28 期）2000 年。謝必震，陳碩炫〈琉球天妃信仰狀況及其嬗變〉《莆田學院學報》2005 年 6 月。鄭麗航〈清代國家祭祀體系中的天后考述〉《海南大學學報（人文社會科學版）》2009 年 10 月。《媽祖研究論文集》朱天順等人編，鷺江出版社，1989 年 7 月等。

46　朱金明〈談媽祖信仰的初期傳播〉頁 53~55《媽祖研究論文集》朱天順等人編，鷺江出版社，1989 年 7 月。

也。若為虛談而偶有觸眼，則至驚愕乎！天地之大萬物之
多，不可無正變也。能知平常之正，則其所變化亦可知乎，
何如？

答：然矣。觀者以怪為怪，以常為常，未觀者以怪徒為虛耳。
僕遭喪亂，而足跡亦所至者千萬里矣，視聽所及者亦千萬態
矣。不可以立談悉之，觀奇怪亦聞有之。……又安南來於日
本大洋中，視數船之來逐，僕所來之舟皆驚躁惶怖，曰：「是
海賊之船也，我儕不可免之。」舟人相顧而悲，向天妃之像
（護舟之神也）合掌乞救，僕亦思是命也。舟人皆言翁亦可
拜天妃，僕不拒之，正襟焚香，拜像默祈。賊船既近數丈，
而二船同圍我船放大砲，不中而落海中，數船各放砲皆不
中，忽有順風進帆而去，遂得免。舟人大喜，各賽天妃，僕
初知其有實物。如此二事，僕親見其奇異，亦是一理，何以
為虛談乎！[47]

中國傳統對於山川神祇的崇拜信仰歷來已久，鬼神即死後的祖先之
類亦不忽略，凡有關祭祀、禮儀等內容，多與原始信仰之需求息息
相關。然而，信仰與迷信之間往往差之毫釐，欺惑愚眾亦有之，例
如：《史記》〈滑稽列傳〉紀載戰國時期諸多國家有河伯娶婦的風
俗，人們因相信河神信仰傳說，遂以女子生命祭送河海，為避免類
似情況，朱舜水建議為政者應採取限制這扭曲式的祭拜行為，並且

---

[47]　徐興慶編著《新訂朱舜水集補遺》頁 235。

應防止巫史橫行。

其實，朱舜水這想法與歷來學者們均一致。孔子、以及之後反對鬼神信仰的二程[48]、或是將鬼神理論化視其為天地往來、屈伸之力量，即陰陽概念意義的張載[49]等人皆是。他們雖然不欲言鬼神之事，但是卻又往往無法輕看這民間信仰的力量。與人見竹洞分享天神（鬼神）信仰的朱舜水，純粹是因曾經有過親身經驗，使得他不得不談。換言之，從朱舜水整個生涯歷程來看，漂流舟山、安南等地幾十年的海上活動裡，面對不可預知的種種情狀，再加上幾次巧遇那類神秘事件，遂使得他堅信天地之間還是存有難以言說的神妙，總之，他秉持著信仰天神，但不可陷入迷信，的自我警示之理念中。也因此，在日本活動期間，朱舜水曾舉上述「河伯娶婦」的例子痛斥荒謬迷信，也幾次提醒德川光圀能引以為戒，[50]早日破除日本風俗迷信觀——以「丈夫以四十二歲為厄，因及婦女以三十三歲為厄」等厄歲之觀念——則可見一般。身為實學家，談論此玄虛之事，的確有其特殊價值與意義。

再者，面對「神鬼」與「天」概念相近——均有神秘不可測的特質，宋明儒者嘗試以理論系統來詮釋「鬼神」概念。首先，張載以氣之聚散來說明「鬼神」及「天地萬物」之形成，為最先嘗試釐清「鬼神者」。但是，此說將人、天地萬物和鬼神視為同源，將引

---

[48]　張海英、張松輝〈二程之鬼神觀探析〉《齊魯學刊》第 2 期，2009 年。

[49]　杜保瑞〈從朱熹鬼神談三教辨正問題的儒學理論建構〉《東吳哲學學報》第 10 期，2004 年 8 月。

[50]　（明）朱之瑜《朱舜水集》頁 118~120。

起諸多爭議，人究竟是不同於鬼神，之後遂有朱熹承此脈絡，並加入「魂魄」等概念來補充說明人與鬼神之間的差異。一氣之陰陽、聚散等思維遂成為儒學詮釋神鬼之概念，傳至日本後，這些儒者常用的「太極」、「陰陽」、「五行」等概念又被夾雜揉合進日本學者的「神道」（鬼神）觀念之中。然而，究竟日本「神道」與中國「神鬼」是否能夠等同呢？或是日本儒者參入太極、陰陽、五行等概念意義何在呢？為釐清「鬼神」為何物，日本儒者人見竹洞請問朱舜水有關張載言鬼神之內容有疑問，說道[51]：

> 問：張子曰：「鬼神，二氣之良能，凡天地之間，萬物之生皆二氣之良能也。」鬼神之理如此，可明察乎？

> 答：儒者必欲兼萬物而為言，以見其公其大也。其實與民生不能一一相同，二氣之良能亦當有異。物之靈者變化不測，豈可以凡物比而同之？亦猶上智下愚相去天壤也。鬼神之理，在上在左右必不可欺。惟僕見之特真，然不可與常人稱道耳。

張載之說「鬼神，二氣之良能，凡天地之間，萬物之生皆二氣之良能也。」內容闡釋著：鬼神即二氣五行之良能，鬼神與萬物本體論的角度是具一致性，故暗含著鬼神與人是同源的訊息。難道人的生成、價值根源等形成意等同於鬼神（神祇或祖先）？朱熹為此延續

51　徐興慶《新訂朱舜水集補遺》頁236。

著以魂魄詮釋，將人與鬼神區別開來。然而，明朝時雖人們個體意識興起，但是，社會上卻仍舊充滿著許多不確定性，再加上伴隨而起佛、道教的因果報應、積善消惡等等思維盛行，儒者們在此時也自創功過格來紀錄自己的福報、罪過等情狀，凡此看來無不露顯著明朝人對於神秘不可知的事物之態度——人與神鬼是隔絕的，神鬼對於人有著絕對性、善的指導作用等等之類似想法。

只是，不欲言玄虛之學的朱舜水又非得面對此疑問，故巧妙地指出：「儒者必欲兼萬物而為言」，意思是學者將鬼神、萬物等同於二氣良能之說法單純只為方便詮釋罷了。又言：「物之靈者變化不測，豈可以凡物比而同之」依此，朱舜水將天、鬼神等變化不測者的有靈者和人道做一實在的區隔。如上所述，神鬼對於人有著絕對性之善的指導作用——賞善罰惡，也因此海上天妃神蹟、關帝忠義精神等信仰均是可以接受的。最終，朱舜水說道：「惟僕見之特真，然不可與常人稱道耳。」此說更可以見得：朱舜水因親身經驗和維持社會現實秩序的使命感之間夾雜產生著矛盾情緒。

簡言之，朱舜水對於不可知的、神靈之類的還是抱持著「祭神如神在」、「敬鬼神而遠之」的態度，即崇敬、尊敬不可知的鬼神，也反對人們親近與迷信鬼神之精神。

2.朱舜水論「天」之內涵

中國傳統對於「天」、「天道」是與「地」、「人道」相對應著說。先秦有關天的信仰大致區分為：形上天、人格天等。形上天的思維初始並不普遍，但是仍存有著，內容則以天為一理序、規律之根據，本身表示一必然性，不表「意志」，相對應於「天道」的

觀念。人格天較常為先秦人尊崇和使用，於此，天被視為最高之主宰者，具意志性，受限於理序觀念非無限的權威，相對於「天意」之思維。[52]而在此類天人關係之中，牟宗三認為天道是既超越又內在的，於是，人與天有：一，超越的遙契，以天為宗教上「人格神」的意味，例如：孔子所言之知天命之類；二，內在的遙契，即指把天命、天道它進來作為自己的性，一方又把它轉化為形上的實體，如中庸裡所談及之天。[53]無論如何，依此原理、原則之下，則可理解漢儒、宋儒如何展開對於「天」即形上天、人格天的演繹。

　　漢儒以董仲舒「天人三策」最具代表性，他以「天人感應」之說為要旨、災異等等論述統合地將「天」與倫理、道德、政治相結合。換言之，天的概念有著：自然的天、道德的天、神靈的天與政治相呼應等。爾後，宋儒則有以理為天（二程）、以心為天（王陽明）等，他們將「天」視為（哲學思想）中最高概念，並加入太虛、陰陽、五行、氣等概念之說法，「天」的思維再度萌生新內涵。劉述先曾如此形容「天」這概念在漢儒及宋儒之間的發展，他說道：

　　　　宋儒對現實政治的解構，是回復了天的超越義，而扭轉了漢儒把天墮落下來與現實政治結合的趨勢。這樣才能使得宋儒對於現實的統治者採取一種不卑不亢的態度。由俗諦的視域來看眼前的世界，這雖然不是一個理想的現實，但仍不能不有一個確定的秩序或架構，天下才不至於大亂，故宋儒莫不

52　勞思光《新編中國哲學史》頁 79~96，三民書局，1997 年 10 月。
53　牟宗三《中國哲學的特質》頁 31~56，學生書局，1994 年 8 月。

尊君之位，而以臣下之禮敬之。然而君位必須要以德行實
之，才可以收到正名的效果。[54]

漢儒談「天」之中，以君主當有德、施惠於百姓，否則「天」將報
之以災異。雖是如此君主受「天」之約束，又因「天命」為人間之
主宰者，故其身分具有特殊性。換言之，天人之間藉由君主聯繫起
來、為重要之角色，「天」則有絕對主宰、權威之意義。但是，漢
儒著重在「君主得天命來治理天下」之概念，「天」則成為君主政
治正統性合法之依據。宋儒則將天的內涵做了變化，以哲學、形上
的概念架構起天之理則，並以和人之敬、誠、仁等內涵相結合，天
道論與心性論合觀為「存天理、滅人欲」的宋儒在尋求天下秩序裡
找到一出路。如同戴景賢言：「宋代之理學家，主要之問題，乃在
如何依據孔孟之人生論，推擴之以及於外物，而建立起一套完整之
宇宙觀。故宋代理學最重要之一點，在於提出一『本體』之觀念，
作為『貫通天人』之基礎。」[55]然而，之後從「天理」延伸的「以
理殺人」、「禮教」等問題是宋明儒理論上待解之困難處。朱舜水
面臨「心即理」、「心即天」思維盛行的明末，他是如此談論「天」
〈源光圀字子龍說〉裡寫道：

> 龍也者，天之吏也。天穆清於上，無聲無臭，不能澤敷於下
> 土，方不得不寄之內外大小百職事，以布天之令。如陰陽寒

54　劉述先《理一分殊》頁97，上海文藝出版社，2000年1月。
55　戴景賢《王船山之道器論》頁193，廣學社印書館，1982年12月。

暑，時制氣候，風雨露雷，霜雪霧霞，各效其用，以奏其功；
彗孛薄蝕，狂飆震霆，恒雨恒暘，流金鑠石，亦各因其類以
著其罰；而後成一太和之宇宙。是故五嶽視三公，四瀆視諸
侯；名山大川，能興雲致雨，潤澤萬物者，視伯、子、男，
是皆龍之靈為之也。[56]

首先，指出「天」具有自然之規律和理則，依此，陰陽寒暑、風雨
等四季變化等情狀即形成宇宙。除此之外，「天」它還具有命令之
作用，以龍為使者，並且任用人使之各居其位。至於人們對於神靈
者應各自依其職份、禮儀來祭祀五岳、山川，如同《禮記・王制》
裡所言：「天子祭天下名山大川，五岳視三公，四瀆視諸侯。」如
此一來，風調雨順將有利於天下國家。凡此三者的關係為：神靈做
為溝通天人之媒介，人藉由祭拜神靈與天理相接軌。簡言之，歸納
朱舜水採用原初傳統「人格神」之態度來看待「天」這一概念。還
有，朱舜水的「天」也具有禍福、吉凶、盈虧等相對應的自然理則，
「謙」概念裡說道：

書曰：「甘受和，白受采」。蓋言其量之可以益也。謙者，
量之可益者也。天道禍盈而福謙，地道變盈而流謙，故曰：
「謙受益」也。滿盈者，不損何為？慎之，慎之。[57]

56　（明）朱之瑜《朱舜水集》頁 442。
57　（明）朱之瑜《朱舜水集》頁 496。

甘美的東西容易調味，潔白的東西容易著色，因此，保有事物容納
限度對其實是助益，即如《易傳》「謙」條言：「天道虧盈益謙，
地道變盈流謙，鬼神害盈福謙，人道惡盈好謙。」然而，對照朱舜
水所言與《易傳》內之容有些許差異，他將「天道虧盈益謙」說為
「天道禍盈福謙」，誤植《易傳》言鬼神的內容，倘若單純為記憶
錯誤，那麼則無須過度詮釋，只是朱舜水答小宅生順之問時曾言：

> 答：聖王治世，五日一風，十日一雨；雨不破塊，風不鳴條。
> 今雷應收聲之時，而反為災，甚至殺人，則陰陽變易極矣！
> 此必時政有所闕，是在上之人嚴加修省以回天變耳。若一人
> 為非而必雷以激之，是天代人君為政矣，古今必無小人矣。
> 小人失道，自然殃及百姓，無疑也。[58]

如果君主執政不當、識人不明，使小人失道，那麼天將降災異以示
人。由此看來，對照「天道禍盈福謙」一說，就明白朱舜水「天」
之思維仍舊保留「災異」的概念。換言之，「天」直接降災異於人
（世間）。另外，朱舜水也認為：人君和神靈的價值根源均來自於
「天」之「仁義之德」。他說道：

> 夫膏澤布濩，資生萬物者，本乎仁；奉天之令，致天之討者，
> 行乎義。龍以仁義為德，龍之所以為靈也。……龍非仁義無

以為靈，人君非仁義無以為國。[59]

至此，「天」為一自然理則，能予人世間災異，且為人和神靈之價值根源。在整體歸中神靈與人之間，除了人應該祭拜神靈外，則神靈對人沒有直接作用，神靈為一「精神象徵」。總之，「天」與人君之間，提供仁義價值之思維，管理不當時則降災異，故賢君應「合乎天理，宜乎人情」，人對於天則應「持敬」[60]之態度。朱舜水以天為理則，人應效法、信仰，雖是如此，但是，這些仍然全都是「理論」上之根據，他認為：

> 萬物本乎天，人本乎祖，故事父孝，則事天明。[61]

而且又說道：

> 聖人未生，道在天地；聖人既生，道在聖人；聖人已往，道在六經，則先王之道尚矣。[62]

換言之，明「天」之理，回歸人世間來看，人還是應當由自身的「人

---

[59]　（明）朱之瑜《朱舜水集》頁 444。

[60]　（明）朱之瑜《朱舜水集》君子之心，純乎敬者也。敬天，敬心，敬大人，敬高賢，無地可容其慢易也。然皆生於敬天之一念矣。詩曰：「敬之敬之，天惟顯思。」頁 494。

[61]　（明）朱之瑜《朱舜水集》頁 440。

[62]　（明）朱之瑜《朱舜水集》頁 343。

道」來找尋價值之根源及內涵，可效法聖人或是從六經紀錄之中學習。最後，有關朱舜水談「天」之內容，鄭紅〈舜水學的「古學」傾向與儒學的過濾〉裡曾寫道：

> 按道理，舜水不是不知道，他講的天道天人理論，在漢儒那裡都是基本上解決了的問題，在宋儒那裡已有質的發展。……而且舜水再在一千多年後講這些，既有落後於時代之嫌，在理論上也超不過漢儒，而他偏偏要重新抬出天地本原論，對日本大講天人相關說，其目的就是要重新顯彰「天」這一古典儒學的本體。[63]

亦如鄭紅文中所說，朱舜水所言的天道天人理論早在漢儒那基本上都獲得解決，但是，如何將神靈概念變成日本神道概念，將其置入天與人之間，不僅要保有它的神秘、信仰意義，又要不讓它過份地干涉人道，即指：符合日本儒者所言之「神道」，及幕府所需的天命之「政治正統」，然後，讓受天命者——即神、人君在人世間各取得其地位，這為朱舜水當時重要之課題。

總結來看，朱舜水詮解中的天、神、人之關係，如下：

第一，「神靈」人死後亦可為之，它受命於天，對於人而言是善的協助者，故人們信仰及以其為精神象徵。

第二，「天」則具有生生不息的自然義，又是仁義等價值之根

---

[63] 鄭紅〈舜水學的「古學」傾向與儒學的過濾〉頁 78，《朱舜水與日本文化》町田三郎、潘富恩主編，人民出版社，2003 年 7 月。

源、理則，對神靈及人君擁有命令指導權，也能降災異懲治人世間之不善。

第三，「人君」受命於天，本身應具有德，以治理國家為任務，無論是否人君犯了過錯天都將降災異給予警示。

於是，中國「神靈」信仰、「天」的概念，近似於日本「神道」系統之追求，「神道」信仰的代表者「天皇」可做為人的精神象徵力量，同於中國的「神靈」及「天」概念一樣。林安梧〈日本文化中的「儀式理性」與「神道儀軌」〉所言：

> 所謂中國非人格神的天道論包括陰陽五行說及非人格神的本體論如天理人欲論，他們固然也有一定理論系統和思辯特徵的理性化意識型態，但同時他們背後骨子裡仍然與其巫祝薩滿信仰密切相關，也自有其神秘主義的氣息在。其實，就是這因子才使得儒學能與日本神道結合那麼密切而深刻。[64]

至於，幕府將軍則應該修養自身，承受天命者最重要的任務是在於治理天下國家一事上。總之，這一套說法對於當時政權需求上，是有其實質意義，即便朱舜水所言的「天」之概念，簡單又沒有太多理論性，卻有其必須言說的實在性。只不過，它確實不是朱舜水所

64　林安梧〈中日儒學與現代化的哲學省察：「情實理性、氣的感通」與「儀式理性、神道儀軌」——由李澤厚〈中日文化心理比較試說略稿〉一文引發的檢討〉《哲學評論》武漢大學哲學系宗教學系編，湖北人民出版社，2002 年 1 月。

欲推動的價值核心，故只能散見於集子裡，且比例甚少，其中言「天與神靈」的討論少於「神靈與人」，「神靈與人」的說明又極少於「天與人君」之關係的分析，由此看來，朱舜水探討「天」之重心還是在於「人君」承天之命應當有的現實責任意義。

二、朱舜水和德川時期的人道觀

承前所述，朱舜水將「天道」置於精神象徵的層次，而認為人的道德價值得回到人本身來看。這種將天、人區分，重新以「人道」論人，在德川時期古學派學者伊藤仁齋亦如是。至於，如何將價值、原則回歸到人自身上，那麼有些根本性的概念就必須得先釐清，例如：「人性論」、「心性論」之類的議題。

宋儒以「心即理」、「性即理」、陰陽二氣等概念，來詮解人和天地之間的關係，又將「性」區別為天地之性、氣質之性來和善、惡等概念相對應，這是從他們所建立的天道與人道，二概念相互結合的系統思維理路下必然之結果，只是，這類「天人相貫通為一」理論也產生諸多令人疑惑的困境，例如：朱舜水在回應安東守約時言：

> 賢者受其清，愚者受其濁，儒者固有是說，不足異也。然此天賦之乎，抑人受之乎？既有受之者，則必有予之者矣。果爾，則天地常以清氣私賢智，而以濁氣困愚不肖，如種瓜得瓜，種豆得豆。然則愚不肖之為不善，乃其理所應爾，是則天地有過，而愚不肖無罪也。又何以天則降之百殃，而人主則施之刑戮耶？至於「雖愚必明，雖柔必強者」，或有改行

從善者，又何以稱焉？豈清濁氣相雜而稟歟？抑前稟其濁而後稟其清歟？亦有素行皆賢，一旦為利回，為害怵，不保其末路者，又何以稱焉？堯、舜之民，比屋可封，桀、紂之民，比屋可誅。豈堯、舜之民之氣皆清？而桀、紂之民之氣皆濁哉？[65]

換言之，人的道德、價值根源倘若來自天地之賦予，那麼，人們對於自身當下的表現就應視為「理之當然」，哪有好與壞、得道與罪過、善和不善之區別呢？此外，「天地有私心」嗎？否則授予賢、愚者的為何有差異？倘若「天地無私心」那麼堯、舜之民皆清，桀、紂之民皆濁嗎？當然，這是從「人道」價值建構的立場來談起，必然地產生以上諸多疑慮。其實，朱熹等宋明儒者早有一套釐清原則，例如：以「已發」、「未發」等概念來說明。只不過，欲理解朱舜水從「人道」系統來說明的道德秩序觀，那麼非得先解決他在心性、欲、不善等概念來分析、釐清，接續其後，才能再觀察其理論建構之樣貌。

(一)朱舜水及德川儒者對於「人欲」、「人性」的理解

商品經濟發展之社會環境和私欲、利益思想，二者間是否有其必然的關聯性呢？意思是：商品經濟發達的情況下，私欲、利益思維就會產生嗎？抑或是私欲、利益思維促成商品經濟發達之社會？未知因果關係究竟應為何，但是，商品經濟和私欲、利益思維同時

65　（明）朱之瑜《朱舜水集》頁 377。

出現的情況，確實曾發生在明朝，以及德川時期的日本。

出生商人世家的古學派學者伊藤仁齋[66]曾如此說道：

> 吾嘗十五六歲時好學，始有志于古先聖賢之道，然而親戚朋友，以儒之不售，皆曰為醫利矣。然吾耳若不聞而不應，諫之者不止，攻之者不衰……。[67]

又言：

> 愛我愈深者，攻我愈力，其若楚之狀，猶囚徒之就訊也。箠楚在前，吏卒在傍，迫企訊問，不能不應焉……大凡俗之所尚者，在利不在義，在勢不在德，愛我深者，則我讎也。[68]

德川時期階級制度分明，欲轉換階級有其困難，仁齋父親娶了幕府「御用連歌[69]師」里村紹巴之孫女那倍，於是，伊藤家遂從町人世

---

[66] 相關參考資料：子安宣邦《伊藤仁齋研究》東京大學博論，1987 年。遠藤美幸《伊藤仁齋《語孟字義》之研究》台灣大學中國文學系碩論，2007年 6 月。

[67] 伊藤仁齋〈送片岡宗純還柳川序〉《古學先生詩文集》卷一，頁 20，收錄於《近世儒學家文集集成 第一卷》（天理圖書館古義堂文庫藏），三宅正彥編集、解說，ぺりかん社，1985 年（昭和 60 年）。

[68] 伊藤仁齋〈送片岡宗純還柳川序〉《古學先生詩文集》卷一，頁 20。

[69] 連歌（れんが）在鎌倉時代興起，室町時代集大成，為日本傳統的詩歌形式之一。它的形式是採多人一起創作，有嚴格的格式（ルール即式目）要求。影響了和歌和之後俳句的發展。

界被帶領到社交世界。具有町人和社交經驗這類生活的伊藤仁齋，在接觸儒學後毅然決定，以發揚學術（儒學）為志業。然而，此舉並不能為伊藤氏家人所接受，於是，從他百般無奈地面對親友之「熱切關懷」的情緒中可想而知，並且指出當時人們觀念裡普遍認知：「在利不在義，在勢不在德」，即便當時商人階段接受儒學，也是有其「利益」性目的。王家驊《儒家思想與日本文化》中指出：

> 商人階層接受等級秩序和父家長家族道德移植到商人社會中，把雇傭關係和家族關係也說成是主從君臣關係……實際上是在提倡絕對忠誠與服從的道德。[70]

> 商人強調中國儒家關於道德與經濟利益密切相關的思想，說明追求貨幣利潤的合理性。[71]

這種將儒家思想與人倫秩序觀結合利益的態度，除了德川時代商人們能夠接受，其他階層的人們亦是。因此，這時期日本儒者對於「人欲」及「利益」的態度，絕非如同中國儒者那樣般，非得採取「存天理、去人欲」不可。日本兵學家，武士階級的山鹿素行對於人欲要求則可見其寬容，他曾說道：「去人欲非人。」[72]在人具情欲的理解上持肯定態度。他認為，要解決的不是「人欲」問題，而是「人

---

[70]　王家驊《儒家思想與日本文化》頁 280，淑馨出版社，1994 年。

[71]　王家驊《儒家思想與日本文化》頁 281。

[72]　山鹿素行《謫居童問》。

欲之惑」的問題,因此,主張人欲應以「禮」來加以節制。[73]日本學者對於「人欲」的理解態度,或許就如同王家驊認為的:「自古以來,肯定生命、尊重情感即是日本民族文化心理的重要特徵。」[74]或許也如同源了圓所謂:「在道德問題上,不是服從於某種普遍的法律或道德規範,而是尊重人際關係的倫理,則是大部分日本人的生活準則。」[75]又「日本人的道德意識的根本,用韋伯的話說:是一種『心情道德』」[76]。

　　換言之,朱舜水居處其中,將如何以儒學仁義秩序之理來和日本儒者既有的人欲、利益觀念來對話呢?並且,又如何規劃出他理想中人性觀、道德價值觀等一整套人道論體系。另外,他所強調的秩序、禮之想法,遇上日本自然觀的道德意識、心情道德,是否有產生所轉換?或是被日本學者吸取後融通轉換呢?等等問題均值得探討。以下先說明朱舜水對於人之「心性」與「人欲」的理解。接續其後,再探究在對人的全面性瞭解之後,朱舜水如何建立起能與日本學者溝通、交流之道德價值觀。

1.朱舜水論「心性」

　　孔子時未言及心性之善惡,直至孟子時始言「性善」,又以「惻隱、羞惡、恭敬、是非」之心為「仁、義、禮、智」道德價值之根

---

[73]　丸山真男《日本政治思想史》頁 30。

[74]　王家驊《儒家思想與日本文化》頁 118。

[75]　源了圓著,郭連友、漆紅譯《日本文化與日本人性格的形成》頁 56,北京出版社,1992 年 3 月。

[76]　源了圓著,郭連友、漆紅譯《日本文化與日本人性格的形成》頁 57。

源，且為「我固有之」。只是，孟子曾言：「求則得之，捨則失之」，那麼這些固有的、根深於內在的，為何會失去呢？心、性均為人之所本有，那麼，何者才真正可視為價值之根源呢？等等諸多問題，在揭示性善之後，便逐漸產生。宋明儒學者，架構一「天理」和「陰陽二氣」之類的理論，來解決心、性之中「不善」等問題，只不過，外鑠的根源並非能真正解決人們內在的疑惑。朱舜水面對日本儒者在心、性的問題上，以及居處當時「人欲」概念普遍被日本學者接受的環境之中，「心性」之為善為不善，可以為善可以為不善，或是有性善有性不善等討論，其實，都非朱舜水欲傳遞至日本的「實學」主軸。因為，在其觀念中「學」才是核心。然而，面對日本儒者反覆深入探索的問學態度，不得不使朱舜水認真的回應和面對。因此，他先是說道：

> 試觀孩提之童，無不知愛其親，無不知愛其兄，乳之則喜，威之則啼，薄海內外，天性無少異也。[77]

換言之，心性是人本來俱備的，每個人都相同，是一普遍的、等同的概念。接著說道：

> 性非善亦非惡，如此者，中人也。中人之性，習於善則善，習於惡則惡，全藉乎問學矣。學之則為善人，為信人，又進而學之，則為君子；又進而學之不已，則為聖人。書曰：「惟

77　（明）朱之瑜《朱舜水集》頁 377。

聖罔念作狂，惟狂克念作聖。」無所迷，無不可解者也。既
能學，自知人欲之非，自不受其蔽；既能學，自知王者聖賢
之道之為美，自知老佛之徒之邪之為偽，不待辨而自明。……
孰謂知所以持身而非學哉？[78]

這裡朱舜水指出「中人之性」的概念，即「性非善亦非惡」，且認
為大部分的人都是如此，然後，人們可藉由學習，讓自己逐步的成
為善人、信人、君子最終則能如同聖人一般，不陷入迷惑、人欲之
非及邪偽之中。至於，「心」之內涵又為何呢？朱舜水回答加藤明
友之問題時，如此分析說道：

問：存心之術，如何乃心存？

答：心在腔子裡，又何必存？惟是為物欲外誘放了去，故須
要存心工夫。故曰「操之則存」。僕聞之曰：「大人者，不
失赤子之心者也。」既不失矣，卻從何處存來？[79]

問：赤子之心何形象？

答：又是宋儒口角。赤子之心，「不識不知，順帝之則」，
渾然天真，絕無一毫私偽。惟知父母為當愛，兄長為當敬而

78　（明）朱之瑜《朱舜水集》頁379。
79　（明）朱之瑜《朱舜水集》頁382。

已。若問其形象,昔人有問王陽明先生曰:「良知形色如何?」
陽明答曰:「是赤的。」良知豈是赤的來?[80]

經由上述,得知朱舜水認為「心」是在腔子裡,無一毫私偽,既在
人身上,因此沒有失去或存養的問題。換言之,能夠存養、藉由學
習改變一己之不善的,應是從「性」的部分入手。其實,綜合看來,
朱舜水並沒有太過繁複的心性善惡論之論點,他清楚地理解,變動
的環境之中,唯一能把持得住人性的,就只有依靠長久以來對於聖
人的學習、效法,從此培養是非分辨的能力,且能隨時洞察自身。
至於,早已存於人內在的心,就只是天真無私偽的存在,總之,沒
有「失本心」這件事,「失本心」就是非人了。故其言曰:

> 今一旦臨小小利害,遽違其素而然,狗無知無識之人,亦謂
> 失其本心矣。失其本心,何以□謂之人,豈不知違眾則是非
> 頓起,然較之不得為人則有間矣。[81]

另外,朱舜水以「非善非惡」論點來討論「性」,是與其同鄉里的
王陽明在《傳習錄》揭示之「無善無惡心之體」的言說方式相類似。
只不過,陽明是以「無善無惡」言「心」,他所言的「心」和「良
知」不僅為本體,而且又有融自心與普遍萬物為一體的概念「心即
理」,總之,陽明以「無善無惡」言「心」,「無」的概念遂也衍

80　（明）朱之瑜《朱舜水集》頁 382。
81　案:□為原書簡闕漏字。《新訂朱舜水集補遺》頁 79。

生出陽明後學將情、利、欲等「人心之非」的部分，全都納入「心」之範疇裡，陽明後學者主張：過一種自然而然的本真生活，避免人倫綱常對於人現實生活的非理性壓抑。只是，這種理念最終引發了一些現實生活中的困境——「心」裡的情、欲、利被過度放大。依此看來，「無善無惡」的概念放置在不同的心性分析系統中，將造成不同結果。

朱舜水簡易的「心性論」，主要在修正「性」在朱子學中，以「理」為價值之根源，卻又因「性」、「氣」合說時產生——不肖的「氣質之性」，讓人對「性即理」產生疑惑的困境。但是，朱子學理論中，注重「學習」來修正「習染之惡」的態度和觀點，朱舜水是認同的，並且將「學習」視為核心，在日本延續發揚。還有，朱舜水融合了陽明學以「心」為主體的思維，將普遍人心之理涵攝其中。故，朱舜水對於程朱、陸王之學的理解是——無論是從尊德性或道學問入手，他們最終的目的都是一致。他說：

> 尊德性、道問學不足為病，便不必論其同異。生知、學知、安行、利行，到究竟總是一般。是朱則非陸，是陸者非朱，所以玄黃水火，其戰不休。譬如人在長崎往京，或從路，或從水。從路者須一步一步走去，由水程者一得順風，迅速可到。從陸記程可達，從舟非得風，累日坐守，只以為到京為期，豈得曰從水非，從路非乎？然陸自不能及朱，非在德性問學上異也。然此種數有文望之人，不可言其短，只自知可也。然亦君子之道，毀人以自異非禮也。陽明公弟子王龍溪有語錄，與今和尚一般。且其書時雜佛書語，所以當時斥為

異端。[82]

換言之，程朱、陸王所說的：生知、學知、或是安行、利行，最終目的還是在於人自身的修養、成就之上，簡單地說，二者是方法、途徑不同罷了。所以朱舜水結合程朱、陸王的心性論，排除在「心」外立一理，也不言氣之清濁來對照人之善惡、賢愚，只是單單純純的從「心」言價值根源，從「性」言習染之惡與加強學習一事。

還有，朱舜水對於陽明學裡言「致良知」卻「雜染佛氏」的部分，頗為排斥，如前所述，將情、欲等視為人心之必然，而只順應著人欲之發展，無疑地將逐漸失去倫常之道。最主要是，王陽明這類理論思想曾在歷史中產生影響——在嘉靖年間的「大禮議」事件裡被拿來渲染、發展。[83]

依史料所載，「大禮議」事件幾百名官員在左順門哭諫，希望明世宗能夠遵守禮的規範。當然，這百人哭諫不僅只是單純考量上位者如果失禮，國家次序便將產生混亂、許多弊病將會重生，其實，

82　（明）朱之瑜《朱舜水集》頁 396。《新訂朱舜水集補遺》頁 277。

83　胡吉勛《「大禮議」與明廷人事變局》其中指出學者們認為大禮議儼然就是朱子學與陽明學者之爭：「雖然朝廷絕大多數官員在議禮中保持了較為一致的反對世宗立場，但朝廷文官群體中畢竟有思想上的分化。這種分化的原因之一在於王陽明思想的影響及其在大禮議事上所提供的理論支持。王陽明在嘉靖八年初方去世，而世宗的支持者中有多人為其弟子及友人，因此，明清的士人及近代的研究者往往也會關注：王陽明本人在大禮議中採取的究竟是怎樣一種立場？他顯示出的態度的理據何在？他本人是否直接對大禮議進程產生了影響？」頁 13，社會科學文獻出版，2007年 8 月。

哭的背後臣子們還焦慮恐懼著自身利益可能被剝奪。除此之外，它亦是君主應為「統繼」或「嗣繼」的爭論，即明世宗皇位繼承後為「政治正統或血緣正統之間何者為是」的自我捍衛。總而言之，君主、臣子們均在此論戰中企圖找到一個安於心且有利於己的定位，它是一場政治利益與內在道德的拉鋸戰。

「大禮議」事件主角明世宗其父（興獻帝，明憲宗四子，憲宗共十四子，前二子早死，由三子孝宗繼位，孝宗僅一子，即武宗，武宗無嗣，死後援「兄終弟及」原則傳至世宗）非嫡長子，同理他亦非明朝政治繼承上「血緣正統」，於是，為了鞏固與加強自身身分，便展開了一連串改制動作。首先，藉由為自己父親「正名」開始，賜予興獻帝「本生」二字，意指明世宗身為帝王，那麼本生父親當然不只具有血緣上聯繫，同時具有政治正統身分的確立。明世宗為其父定位、定名便開啟了君臣、古今、是非爭論的「大禮議」。接續其後，明世宗還先後變更宗廟儀節裡祧祭禮儀，重新調整宗廟次序等，諸如此類由改換禮儀規範的手段，平心而論，他正實質進行著自我地位穩固。在宗廟儀式更易中較引人注意的——明世宗利用孝烈皇后預佔廟次一事。有明以來規定祔廟制度為一帝一后（即皇后之廟次，是為皇帝廟位次），世宗先將孝烈皇后祔廟預佔，不只以此為自身確定最後一道防線，直到死後之地位，也在此次預佔中完完全全鞏固住了。[84]綜合上述，不難發現明世宗以「母系」系

84　趙克生指出：「世宗為了鞏固睿宗在太廟中位置，利用孝烈皇后預先祔廟，祧遷仁宗。之所以以孝烈祔廟，一是世宗與孝烈皇后感情相對較篤。嘉靖皇帝一生有過四位皇后，元后乃教潔皇后陳氏，嘉靖元年冊立；二任皇后

統干涉政治的手法，引起後來明末遺民、清初學者毛奇齡、淩廷堪等人諸多討論，他們或從尊《周禮》、古禮角度指出以「母系」系統來涉入政治的失禮行為是明代禮儀完全崩壞之開始。或言之「禮雖應時變化」倘若它的變化並非僅止於「應時」，而是將會動搖禮之根本信念、原則時，實不容忽視。凡此類討論讓人禁不住思考政治與「母系」系統之間到底存在什麼問題，當然這也被重視禮節儀式的朱舜水所關注。

　　至於，王陽明及其弟子由於支持「順應人心之理」，因此，也支持明世宗改祧遷等禮儀制度。這種態度，對於注重事理、禮、義的朱舜水而言，陽明這派學者，他們無疑嚴重的破壞國家、社會秩序。雖然之後，王陽明的弟子錢德洪在撰寫陽明年譜時直指：王陽明當時正直父喪與妻死，還有被朝廷楊廷和等人深懷怨意，因此，

為廢后張氏；三任皇后為孝烈后方式；四任皇后為孝恪皇后杜氏，穆宗生母。生前為妃，隆慶元年追謚。世宗將孝烈皇后祔廟，可能有感情因素，沈德符說過，世宗恐怕自己死後不是孝烈配享廟庭，故先祔孝烈。二是因為孝烈皇后死在嘉靖二十六年，此時廟制改革將要完成而又沒有最終完善，祧遷次序未定，世宗對睿宗在太廟中地位鞏固與否還不放心，孝烈之死可謂『在時』。世宗利用孝烈皇后預占廟次，亦屬創舉。洪武以來，皇后先崩，都是暫祔於奉先殿，待皇帝祔廟時再奉祔皇后神主。大學士嚴嵩、禮部尚書徐階等開始皆持不可，既而受世宗感逼，不能堅持初議。二十九年十一月，祧仁宗，祔孝烈於西第四室。明代帝后是按照一帝一后的制度祔廟，皇后之廟次，即是皇帝廟位次。世宗說：『其遵祖制，奉祧仁宗，祔以新序，即朕位次，勿得亂禮。』世宗利用孝烈先廟，對嘉靖以後的宗廟祭禮產生深刻影響，由此確立了以後皇帝祔廟時的祧遷規制。」頁53，《明朝嘉靖時期國家祭禮改制》，社會科學文獻出版社，2006年6月。

他並未曾積極參與大禮議之事。[85]但是，從歷史記載上看來，陽明的弟子黃綰、方獻夫等人，曾在大禮議事件中上書批駁朝廷，並提出：「為人後者謂所後為父母，所生為伯叔父母」是不合情理的論點。[86]除此之外，陽明講學期間，講說內容也均表明了支持明世宗政權，以及王陽明又與取巧之士張璁等人為友好。

總而言之，由於大禮議事件，陽明和弟子們無不支持著明世宗，並以其理論作改制之依據。朱舜水認為，此情狀竟造成國家社會秩序走向混亂，因此，王陽明難辭其咎。故，朱舜水曾語重心長的說道：

> 是故古今人惟無私而後可以觀天下之理，無所為而為而後可以為天下之法。[87]

如前所述，朱舜水其實是可以理解：「人欲」為人之所以為人的必然之理，因此，倘若要百姓將私財、私產回歸公有（井田制）卻是有其困難性。依據宋明儒學者的想法，「人欲」還可再區別為：「私欲」和「公欲」即「私利」和「公義」，於是，朱舜水站在「公」的立場，認為合於禮、有義、沒有刻意造作之行為，才能算真正為天下國家做事。

85　胡吉勛《「大禮議」與明廷人事變局》頁 16~17。

86　張立文〈論「大禮議」與朱熹王陽明思想的衝突〉《南昌大學學報》第 30 卷第 2 期，1999 年 6 月。

87　（明）朱之瑜《朱舜水集》頁 85。

平心而論，王陽明和朱舜水各自有其立場，公義與私利之間的界線如何拿捏得當也是一門功課。[88]例如：明世宗時「大禮議」這一事，陽明學者從己心、父母血緣角度來看，世宗繼承皇位之後就被迫改稱自己的父母為「伯叔父母」，從情感等層面來分析都不近於人之情理，然而，這在朱舜水眼裡就是屬於「私欲」。依據常理，禮儀、制度必有一定規範，是為合宜（義）、合理（禮），倘若因上位者一人的情感、私欲來加以變更，未能經過多方考量，如此一來，將使得社會國家秩序混亂，百姓無所依循。此亦涉及傳統儒者對不同身分地位的人物，有著不同期待與要求。朱舜水在明亡經驗

---

[88] 渡邊浩〈儒學史異同的解釋：「朱子學」以後的中國與日本〉一文中說明陽明學在明朝發展時的現實環境及思想理論之間如何調和，以及可能產生的困境，摘錄如下：「陽明學如以往之定論，它嘗試與體制結合、擁有極大的權威，並令僵化的朱子學復活。一般而言，其思想體係成功地抓住許多人的心並與組織及運動結合。然而，當它更進一步與政治體制結合為一時，卻往往陷於自身難保的困境，即思想上的鬥爭與組織上的鬥爭相互轉化的難題。為了組織之安定而嚴格規定正統學說的話，思想容易形式化而成為表面原則。一旦成為『御用思想』，就會失去其支持，內心的力量、組織也可能空洞化。另一方面，為了組織的生命必須將思想活潑化，但一旦過分亦可能出現危及組織的奔放主張。思想的對立若太過於激烈，亦可能導致組織的混亂，甚或分裂，而不得不斷然實行開除、除名、肅清、整風等措施。如此與組織合為一體的思想，有在形式化－正統化－活性化－危險化的軸上擺動的傾向。就人的層面而言，即是有『俗物』－『正統派』－『良心派』－『異端者』的互爭之傾向。」頁 15，《德川時代日本儒學史論集》華東師範大學出版社，2008 年 1 月。陽明學強調活潑潑的內在，面對制度化、權力地位的同時，在黃宗羲、朱舜水、王船山等明末遺民眼裡看來，他們不但沒有掌握好自我角色，反而使得國家機器體制陷入極大的困境。

裡體認到學風敗壞、人心短視近利，全都因為依心之所嚮、隨意行
事之故，終使得國家陷入不安。總之，王陽明和朱舜水二人之態度
均有其理論依據，藉由比較、對照之下，方能瞭解為何朱舜水至日
本時特別強調禮，甚至，不厭其煩的將禮制規範等內容反覆言說之
由。

2.朱舜水論「人欲之非」

如前所述，「人欲」不可避免，無論它從氣出或心萌生，人面
對盡除「人欲」之事，即如王陽明曾言：「常如貓之捕鼠。一眼看
著，一耳聽著。纔有一念萌動，即與克去。斬釘截鐵，不可姑容與
他方便。不可窩藏。不可放他出路。」[89]欲念出現之快速與務必剷
除之決心，就如同貓和老鼠之關係，也如同宋明理學者一直找尋「克
己復禮」、「存天理」之理一般。朱舜水也秉持著相同概念，認為：
「一有自私自利之心，則豪傑窺其釁，而四方解體矣。」[90]只是，
他不從氣及心來說「人欲」，而從現實層面之「習」談論，說道：

> 及其長也，父母之訓教也無方，世俗之引誘也多故，習之之
> 久，靈明盡蔽，昏惑奸狡橫生，相去遂有萬萬不侔者。書曰：
> 「巧言令色，孔壬。」蓋大為奸惡之人，言必巧，色必令，
> 其所以營私敗俗者，心思無所不至。若夫禮義道德之訓，昏

89　（明）王陽明《傳習錄上》頁 16，上海古籍出版社，1992 年 1 月。
90　（明）朱之瑜《朱舜水集》頁 385。

昏而不知，是皆習俗之害也。[91]

　　他認為「人欲」的產生乃是後天環境影響所致，人因習染、聽聞久了遂逐漸失去或蒙蔽最原初的部分，於是，哪個才是真正的「自己」早已分不清楚了。由於全因習染之故，即學習到不善的原故所造成，換言之，也可藉由學習復回原初的樣貌。因此，朱舜水強調「學習」之重要性，究竟得「學習」些什麼內容人才能復回原初之狀呢？

　　(1)讀書：朱舜水認為不只是讀書人應該讀書，武士階級即使是依靠武力取得天下，也當讀書。他曾鼓勵奧村庸禮讀史書，說道：「武夫悍將，詆譏文人無用者。彼祇見迂儒小生，三村學究，膠柱鼓瑟，引喻失義者。如王欽若輩閉戶誦經，賦詩退虜者耳。若陸宣公、李長源、王文成、高文襄輩，圖度虜情，如指諸掌，雖健將累百，有能出其範圍者哉？又安在悉索刀瘢箭痕哉？是欲為大將名將，必當讀書。」[92]換言之，讀書並非認識字、會讀字就可稱之為讀書，真能讀書者必能在經典之中獲得智慧，例如，王文成、陸宣公等人，也是後來在讀書中取得利己滅虜的方法、策略。同樣的，人生的智慧、理則都可藉由多讀書得到啟發，意思如同朱舜水所曾言：「聖人已往，道在六經」又「夫人之處世也，出入不立異於時俗，而行己不負愧於古人，斯可矣。欲不負媿於古人，非讀書明道

91　（明）朱之瑜《朱舜水集》頁 377。

92　（明）朱之瑜《朱舜水集》頁 265。

無由也。」[93]至於，他如此提倡讀書、讀史等態度，可能是針對陽明末學束書不觀的反省，抑或是江浙地區文人涵養、薰染之故，總之，朱舜水認為讀書則可以為人在經典中找尋處世之理，故百姓多讀書、能讀書自然容易接受教化，為政者多讀書、能讀書則對於國家政治有所助益，讀書人多讀書、能讀書那麼就可協助社會、國君之發展，讀書之助益極其多。朱舜水對於該讀什麼書（第三章中有詳述，例如：通鑑、四書、五經、農業等），怎麼讀書（例如：聽說唐音、先習小學等）之步驟朱舜水在日本也有一套教學程序，凡此皆可窺知其對讀書之重視。

(2)慎思明辨：承前所述，多讀書將有助於人在處世等方面的理解與發展，意指在接觸廣博的資訊下，將有助於人們從事理解事物之時能更為全知，也因此，使之進行分析、釐清、判斷即分辨事理情狀時也能較為理智和周密。換句話說，讀書以及人生經驗裡的種種學習，其中最重要的學習就是要使人能夠通曉「慎思明辨」之理。故朱舜水言：「兼致知力行，方是學，方是習。若空空去學，學個甚底？習，又習個甚底？慎思明辨，即是此中事。」[94]當人們習得「慎思明辨」之理，那麼對於「公義」、「私利」，他人對己、對事的評價與建議等等，則可清楚自在的面對，不致於陷入昏亂之中。

(3)敬：朱舜水認為「豈有不敬而可言學哉！」[95]換言之，唯有懂敬、知敬才能學習，而學習方能得知敬之所以為理。朱舜水作〈天

93　（明）朱之瑜《朱舜水集》頁281。

94　（明）朱之瑜《朱舜水集》頁387。

95　（明）朱之瑜《朱舜水集》頁493。

地君親師說〉一篇，通篇內容皆言人從天到人之事上無一不應當
「敬」，「主敬」之說是「堯、舜至於文、武，心法相傳惟此耳」
[96]，於是，君主能「敬」，則懂得禮賢下士，那麼俊秀有德之士則
願意效力，也「自然野無遺賢，自然至於『惠鮮鰥寡』[97]。」[98]此
外，朱舜水指出：「敬勝怠勝」[99]天底下只有懂得敬的君主才能夠
萬世流傳，如同文王之聖，「緝熙敬止」[100]文王之聖乃是因他持敬
不怠，以為畢生志業的緣故，「非從憂患而得之」。[101]再者，君子
亦當敬，朱舜水言：

> 孔子曰：「君子無不敬也，敬身為大。」然則敬身，敬之本
> 也。君子從事於本、敬，功要而行立，操約而用宏；從事於
> 末，則雜施而無緒，勤苦而難成。故曰：「堯舜之智而不偏
> 物，急先務也。」清其原，務其本，其德有不成者乎？從事
> 者，務之也；清其原者，知也；務其本者，行也。如是則萬

96　（明）朱之瑜《朱舜水集》頁 440~441。
97　《尚書·無逸》：「懷保小民，惠鮮鰥寡」頁 30，《十三經文》，開明
書局，1955 年 6 月。意指君主能敬，則能有利於百姓，甚至是年老、無
所依靠的人們。
98　（明）朱之瑜《朱舜水集》頁 246。
99　《大戴禮記》「武王踐阼」師尚父（姜子牙）西面道書之言曰：「敬勝怠
者吉，怠勝敬者滅，義勝欲者從，欲勝義者凶，凡事不強則枉，弗敬則不
正，枉者滅廢，敬者萬世。」
100　《詩經》：「穆穆文王，於緝熙敬止。」意指：美好的文王，其繼續不絕、
持敬不息。
101　（明）朱之瑜《朱舜水集》頁 247。

事萬物，均於此橐籥焉。可不知所務乎？事親、守身、敬身
之統於一敬，亦猶知、仁、勇之歸於一誠也。[102]

君子「清其原」、「務其本」以成就德性、德業均應從能「敬」即
敬身、守身入手，使其舉措得當、行事得宜則「功要而行立，操約
而用宏」。最後，百姓、人們也應能「持敬」，朱舜水舉《孝經》
內容為例，曰：「愛親者不敢惡於人，敬親者不敢慢於人」[103]換言
之，無論是君主、君子、百姓均能「持敬」以達「至誠」，故朱舜
水言：「愈當知懼知敬矣。每事知懼知敬，不患人心不正，人品不
好。今人之所以汙邪侈辟者，只是不懼不敬耳，勉之矣。」[104]凡此
皆可見朱舜水承襲朱子學中「持敬」概念及道德修養境界的理想，
而人唯能「敬」、「誠」則能與「忠」、「孝」概念及實行相互結
合。

　　(4)立志：朱舜水〈答矢野保菴書〉中說道「為學非難，立志為
難」然而，只要立定志向、意志堅定，那麼無論是「寒暑晦明、貧
富夷險、升沈通塞」等矛盾、對立的情勢，均不足以奪取原初的樣
貌。讀書之事如是，處事、人性等等亦如是。故，又言〈與古市務
本書〉：

　　勤學敬修，志立道成，是所望於吾子者也；舊習不脫，屢志

102　（明）朱之瑜《朱舜水集》頁447~448。
103　（明）朱之瑜《朱舜水集》頁439。
104　（明）朱之瑜《朱舜水集》頁238。

難保，非所望於吾子者也。祿位福澤，宮室土田，玩好珍奇，諸凡大小之物，明明現前者，亦不可必得，何也？屬之人者也。名壽壯健，通達康寧，順適亨泰不可必得，何也？屬之天者也。若夫志與道、欲立則立，欲成則成。三軍之帥不能奪吾之志，孟賁、烏獲之勇，不能敗吾之道，何也？屬之我者也。孟子曰：「求則得之，舍則失之，是求有益於得也，求在我者也。求之有道，得之有命，是求無益於得也，求在外者也。」舊習也，則祛之而使之脫；志屢也，則振之而使之壯；其權在我，非人之所得操者也。孟子曰：「人皆可以為堯舜。」為之不已，堯、舜且可，而況下於堯、舜者乎？堯、舜非為之而至者乎？抑生而堯、生而舜乎？冉有說仲尼之道，而諉之「力不足」，孔子曰：「力不足者，半塗而廢，今汝畫。」足下先虞其舊習屢志也，而惴惴焉畏之怖之，則自畫矣。自畫則志不立矣；志既不立，道豈有成乎？[105]

「舊習不脫，屢志難保」這裡指出了人受外物習染後，容易使得志向、志氣被消磨、消滅，而人世間的種種例如：宮室土田、玩好珍奇等均非內在於人心，屬人外在之所有，就如同名壽壯健、通達康寧等，任由天命，亦非人所能掌控，只有「志和道」、「欲立則立，欲成則成」內在於人，換言之，只要人們立志祛除惡習、人欲往善的方向趨進，那麼「人皆可以為堯舜」則不遠矣。

綜合觀之，多讀書、慎思明辨、持敬至誠以有德、立志等學習

105　（明）朱之瑜《朱舜水集》頁 332。

都是足以讓自身習染之人欲減少，使道德趨向於完善。此類則是傳統中國儒學中以仁、義、禮、智、敬、德等等做為價值概念發展的重要指標與方向。只不過，日本人的思維形態畢竟與中國人不同，王家驊說道：

> 日本的儒學者儘管接受了具有強烈思辨性質的中國宋明理學……但是……即使接受「理」這一範疇，他們也更多將其理解為與經驗事物相聯繫的自然規律與道德準則。[106]

或者說：

> 抽象思維水準尚處於幼稚階段的日本人，對於中國儒學的抽象的世界觀思考難於理解，不感興趣，是極其自然的。[107]

換言之，或許缺乏抽象概念理解的思維形態可做為中、日二國儒學之間產生差異的因素之一，無論如何，不只是理的範疇，即便是中國人做為道德基礎的仁、義等觀念要如何傳達至日本亦是一項難題。

(二)朱舜水在道德價值觀的理解與建立

　　張崑將在《德川日本「忠」「孝」概念的形成與發展》一書中

106　王家驊《儒家思想與日本文化》頁 178。
107　王家驊《儒家思想與日本文化》頁 179。

提及：日本儒者將「忠」「孝」之道德實踐、政治實證觀念提昇到超越的層次，是與日本原始神道信仰相結合。換言之，神道信仰之下「祭政合一」，人們忠於神道和天皇，具有「忠」與「孝」的思維，再加上，自從日本聖德太子引入佛教、《孝經》裡的概念做為律法依據，凡此種種思維和作法，早已使得日本子民們內在思維薰染中擁有著「忠孝一體」的信念，它不再只是實踐的觀念，而是與超越的價值概念相結合，於是，倘若朱舜水只是依據著傳統儒者建構道德價值理念之方式，那麼又將如何與日本儒者對話呢？

　　還有，到了德川初期「忠」的概念如果仍舊直指著「忠於天皇」，無疑地，將會為幕府政權帶來困擾，因此，掌有權力的德川家制定武士相關規範的律令使其服從於幕府政權是有象徵意義。再觀察此時期武士、思想家們，他們思想中絕對「忠」的概念也開始有了些微轉變，例如：日本陽明學派學者中江藤樹[108]將「忠」視為「孝」的一部分，倘若再深入探究中江藤樹的著作則將會發現他竟從不涉及談論「忠」的義理[109]；至於，兵學家山鹿素行[110]談論臣子面對「君

108　中江藤樹（なかえ　とうじゅ，1608~1648 年），近江國（滋賀縣）出身，江戶時代初期的陽明學者。諱原（はじめ）、字惟命（これなが）、通稱与右衛門、號藤樹。被視為「近江聖人」。為儒學及儒教道德的通俗化，他撰寫了《翁問答》、《鑒草》等著作。弟子有：熊澤番山、淵岡山等人。

109　張崑將《德川日本「忠」「孝」概念的形成與發展——以兵學與陽明學為中心》頁 167。

110　山鹿素行（やまが　そこう，1622~1685 年）、江戶時代前期的日本儒學者、兵學家。古學派之祖。諱高祐（たかすけ）、義矩（よしのり）。字子敬、通稱甚五右衛門。號素行。他的古學思想最初在《聖教要錄》中被定型化。他由於這部書遭到幕府的嫌忌，被貶謫居在從前他所效忠的淺野

父衝突」時認為「如果父親不義，子當為君舉告其反，事後不可獨存應自殺，但卻從沒有舉為君不義之例」。[111]換言之，在此時期社會秩序、道德觀念正在重整也極待重整。

1.朱舜水論「孝」的絕對性概念

　　由於上述原因，朱舜水認為價值依據應該從「人道」、「聖人之道」、「先王之道」那裡來找尋。傳統儒家的說法以培養、存養仁、義、禮、智等方向入手，然而，如此修養功夫學者容易落入尊德性或道問學爭論的理路裡。依此，他便稟持著「實學」精神從「孝」談起。先將所有的道德概念均歸結到「孝」，這同時提昇了「孝」的意義，並且與江戶時期日本儒者之重視「忠」、「孝」思維相連接起來。因此，他說「孝」不只是道德根源，也唯有「能孝者」才會是得以治天下的治國者和忠君之人，即：

> 學問之道，貴在實行。顏子聞一知十，而列德行之首，可見矣。余謂君義臣忠，父慈子孝，夫和婦順，兄友弟恭，而朋友敬信，此天下之至文也；而孝又為百行之源。孝則未有不忠，未有不恭、敬、信誠者也。古人又曰：「孝衰於妻子。」

家令地赤穗，赦出後重尺回江戶。他的特點在於武士道的理論，身為兵學家並對後世發生了影響。（參考：永田廣志《日本哲學思想史》頁88~93，商務印書館，1992年3月。）

111　張崑將《德川日本「忠」「孝」概念的形成與發展——以兵學與陽明學為中心》頁174。

此世俗閱歷之言，而非上哲之所慮也。[112]

吾聞自古明王以孝治天下矣，未聞不以孝而可謂之治國者，未聞治國而禁人之為孝者。[113]

「孝」能有此成果，即在於它「能周」、「能博」、「足與天地而無斁」，故朱舜水〈孝說〉一文從事親、事君等言：

聖賢千言萬語，無非教人以孝而已。夫豈無他道之可言哉？蓋以孝之道，大而能周，約而能博，微而能著，積厚而生生不息，足以與天地而無斁也。……故曰：「孝之為道大也！孝之為道，治平天下之極則，非止於獨善其身而已，君子可不知所務乎？」[114]

更言：「孝道一虧，百事皆為枝葉，無益也。」[115]凡這類言論均可見朱舜水建構倫理道德之用心。只不過這種「孝」的延續性、周、博之概念是否能夠使日本人理解呢？奧村庸禮曾問朱舜水「祭祀父母」之事，對於中國人而言「事亡如事存」，如前所述，「祭祖」是一種「孝」的延續，但是，奧村氏卻說道：

---

[112]　（明）朱之瑜《朱舜水集》頁 369。

[113]　（明）朱之瑜《朱舜水集》頁 376。

[114]　（明）朱之瑜《朱舜水集》頁 438~439。

[115]　（明）朱之瑜《朱舜水集》頁 168。

幼年而喪父母，而喪父母，人生之不幸也。先是，不知聖賢
之道，故日用之間，不能尊信聖賢之規範。及長，國政之暇，
闖經書，其理難澀，面牆立處，遮不足行繼述之孝道。古曰：
「事亡如事存」，又曰：「祭日，入室則優然，出戶則肅然，
容貌聲音，洋洋焉如在前。」忠孝之感應，自然所以發越也。
凡人以孝敬事君長，則忠順不失；爵祿祭祀，兩者守保。雖
然，國俗不任所欲，祭祀長廢，或欲成終遠之志，性情軟屢，
氣品麤笨，孝敬之心日弛，聖賢之道彌離，伏冀先生示嚴諭。
116

上述內容指出日本國俗在祭祀父母一事上沒有特別注重，而且幾乎
荒廢了祭祀。其實，這樣的「祭祖」思維德川之後仍舊持續，《菊
花與劍》的作者人類學家 Ruth Benedict（潘乃德）從日本民族及其
文化模式經田野調查後得知：

　　不像中國，日本孝行的範圍並不包括幾百年前的祖先，也不
　　抱括這些祖先的現存後裔所構成的繁眾氏族。日本人的祖先
　　崇拜，只限於最近幾代的祖先。祖先的墓石必須每年加以修
　　整，以便於辨認；一旦生者對某位祖先喪失了記憶，其墳墓
　　即棄置不顧，其牌位也不再放置在家內的祭壇上。日本人只
　　對那些存有記憶的祖先，才重視孝行；他們所注重的是此時
　　此地。許多作家曾評論日本人缺乏抽象思考以及建構已逝事

116　（明）朱之瑜《朱舜水集》頁 376。

物之意象的興趣；他們的孝行觀念，如果拿來跟中國對比，正印證了這種說法。但是，他們觀念最重要的實際意義，在於它限制了現存者之間孝的義務這一點上。[117]

日本的「祭祖」即是以孝具有「時效性」。除了上述 Ruth Benedict 所言：「日本人缺乏抽象思考以及建構已逝事物之意象的興趣」之外，其實，應再加以考量的——日本「家」的形成。中國人「家」的概念是依據血緣脈絡連結起來的系統，但是，日本「家」的意義卻接近「家業」、「奉仕主君之家系」[118]，張崑將指出：

> 日本「家」之結構不必然以血緣團體組成，既然不重視先天上之血緣關係，遂轉而重視「家業」（即作為財產或職業之繼承權）關係，故日本所謂的「親」、「子」之詞，不一定意味著血緣意義……日本這種「家」的思維可以讓忠孝的衝突減低，因為盡孝與盡忠的對象是同一的。[119]

如同德川時期「養子」風氣盛行，木下貞幹曾詢問過「毛孫、繼子」之問題，而朱舜水則以「應繼、命繼」來回應，也指出「不得越族

117　Ruth Benedict（潘乃德）著，黃道琳譯《菊花與劍——日本的民族文化模式》頁 112，桂冠出版，2002 年 10 月。

118　張崑將《德川日本「忠」「孝」概念的形成與發展——以兵學與陽明學為中心》頁 161。

119　張崑將《德川日本「忠」「孝」概念的形成與發展——以兵學與陽明學為中心》頁 161。

而及疏遠，越宗而及異姓」的原則。[120]只是，當時不乏有以此手段，企圖來改變出生階級之人們。於是，一代一代傳承再也不是因血緣脈絡、情感隨之淡薄，或許就是如此，遂造成日本人在「祭祖」觀念上異於中國人。

再者，矢野敬一《現代日本民俗學的理論與方法》一書中指出：日本人將死亡視為一具有階段性之結構，人死後為鬼、為不潔，經過子孫祭拜後得到淨化，直到某時間點上便能與神靈結合，藉此概念陳述日本人「祭祖」觀念具時效性之原由。[121]另外，林安梧也指出日本具有「儀式理性」與「神道儀軌」之概念，說道：

> 儀式性的究極較近乎官師一體，並往而上昇之的道與神之為一體，神道可以就這樣來了解。當然神、道之合為一體，極重要的是：神、道、「儀」，這儀式使得神道合為一體。[122]

換言之，不僅只神、道藉由「儀」結合，在人和祖先之間，日本人也是經由儀式來做為相連，如此重視、提昇儀式性的概念，當然，與中國傳統血緣性概念，所建構起來的祭祖思維具有差異。

總之，日本「家」之獨特組成方式以及「神道信仰」、以及注重「儀式」，遂形成了日本「忠孝一體」、武士道方式之忠君等思維。至於，武士們稟持「忠」、「孝」觀裡是否有著「忠優先於孝」

120　（明）朱之瑜《朱舜水集》頁 393。
121　矢野敬一《現代日本民俗學的理論與方法》。
122　林安梧〈旅日手札〉《人間福報》2007 年 1 月。

的概念則還待商榷。平心而論，自朱舜水以「孝」為最高道德根源的內容，至今日日本落實於現實生活層面上，例如：祭祖等作法上，仍舊存在著兩個國家、文化，在家庭結構及既定思維上無法跨越的差距。

2.朱舜水言「忠之時義亦大」之思維

《論語》中「忠」字常以：「忠信」、「忠恕」、「事君以忠」合用言之，即指人能夠對事物、君主以「盡己」、「盡心」的態度，〈為政〉回應季康子問時，孔子言：「孝慈則忠」將忠與孝對應之觀念，在漢代強調「以孝治國」後發揚光大，甚至將「忠」等同於「孝」，尤其以《孝經》一書[123]內容影響後世，不僅是中國人，日本人亦受其深遠影響，如同阿部隆一、大沼晴暉曾在〈孝經類簡明目錄〉序中指出：江戶時代《孝經》、《四書》是我國最為普及的讀物。（原日文）[124]劉紀曜〈公與私──忠的倫理內涵〉一文中認

---

[123]　《孝經》一書的作者歷來爭議頗多司馬遷、司馬光等人皆有不同理解，有認為是孔子所作，亦有曾參作，戰國末期人作等等說法，然而其中強烈的將忠君與孝君的概念等同起來，將社會秩序與個人道德修養結合，其實影響不只是中國人，凡接受此文化薰陶的日本人等都有深切影響。至於有關此書著作疑義之討論可參考：淺野裕一〈儒教の形成(VI)──《孝經》の著作意図〉《東北大学大学院国際文化研究科 アジア文化論講座》第三號 1995 年 12 月。楊麗敏、唐瑩〈《孝經》的版本及流傳〉《語文學刊》2010 年 1 月等。

[124]　阿部隆一、大沼晴暉〈孝經類簡明目錄〉《斯道文庫論集 14》1977 年 12 月。張崑將也說道：晚明有一批喜好編《孝經大全》的士大夫，在日本德川時代流行的即是呂維祺的《孝經大全》和江元祚之《孝經大全》。頁 75。在中江藤樹之後，熊澤蕃山、大盐中齋、山田方谷等都是以孝作為講

為：自先秦到戰國晚期，「忠」觀念已由「公轉私」即指人們不再是基於社稷意識的「忠」，而是基於個人關係的「不貳」，於是，「忠」從人應對進退時內在的適當心理狀態和態度、以及君主必須「忠於民」，到戰國時代改以強調臣民對君主的奉獻。凡此，皆是因君臣關係在這期間產生變化之故[125]，此外，劉紀曜還指出這類的轉變再加上將「孝」觀念納入其中，那麼在社會倫理與個人倫理結合後，產生君臣間的模糊、曖昧性，他說道：

> 戰國晚期的儒家將君臣關係「父子化」，而以孝論忠。……表面上好像增加了君臣之間的親密性，實際上卻只是更加提高君主的地位與權威，增加了「忠」的倫理在實踐上的困境。君父同倫、忠孝合一的結果，只有使公與私之間的界限更加模糊，而增加「忠」的倫理在諫諍、任怨與服從等三個層次之間的曖昧性。[126]

換言之，君臣關係的「父子化」帶來了「公與私」之界限更模糊，因此，朱舜水也曾如此論道：

> 盡己之謂忠，循己之謂私，所爭毫釐之間耳。而其德業所至，

述重心。亦可參考：黃宇雁〈「孝」書籍與孝觀念在日本的流傳〉《浙江教育學院學報》總 49 期，2001 年。

125　劉紀曜〈公與私——忠的倫理內涵〉頁 177~184《天道與人道》黃俊傑主編、劉岱總主編，聯經出版，1982 年。

126　劉紀曜〈公與私——忠的倫理內涵〉頁 189。

　　高福所基，遂有天淵之隔。凡百有位，但當致其身以事其君，
　　幸勿徇其私而敗厥德也。[127]

究竟是「盡己」還是「循己」差距只在毫釐之間，那麼，應當如何
避免如此困境呢？首先，〈朱舜水寄安東省菴筆語〉提出「忠之時
義亦大」的思維理路，說道：

　　訓忠，為筑後久留米家老。忠之時義亦大矣。而大臣之忠則
　　與小臣異焉。大臣者，正己物而潛格其君心之非者也。至於
　　輔幼主抑又難矣。豫春君往使其君、親端人、見正事、而便
　　佞技巧、怪邪之徒不得逍焉。嗚呼！亦難矣哉！非□□□誠
　　心，未能勝其任而愉快也。[128]

認為盡忠亦應將「義」即「萬物自然之則，人情天理之公」納入考
量的範疇，以免陷於「愚忠」的情狀。另外，在〈答古市務本問〉
「殷有三仁」問「仁」之義時，指出：

　　「殷有三仁」之論，致疑於微子之去，不得為仁，此局於一
　　隅之見也，必以一死為忠為仁也。夫臣之事其君，居恆不能
　　盡啟沃之道，不能竭諫諍之誠，使其君榮國治；迫夫社稷淪
　　亡，徒以一死塞責，其心必曰吾忠也，必曰吾忠如是足也，

127　（明）朱之瑜《朱舜水集》頁 499。
128　案：□為原書簡闕漏字。《新訂朱舜水集補遺》頁 203。

是乃忠臣之罪人耳！安得謂之仁哉？微子之所以去者，有故
焉。微子為紂之嫡兄，非庶母兄也。註疏之所摭者，妄也。……
微子未嘗得在位焉；孟子謂相與輔相之，或者大概臆度之辭
耳；或者古有其書，而今則無所據矣。……微子之言曰：「父
子有骨肉，而臣主以義屬；人臣三諫而不聽，則其義可以去
矣。」父師之詔微子曰：「王子以出為道，王子弗出，我乃
顛隮，自靖，人自獻於先王。」夫箕子，仁人也，豈有己欲
為仁而陷人於不義者？使其不義也，以為自靖自獻乎？微子
之出，蹈危履險，艱難困苦，不言可知。……其後武庚誅而
微子封於宋，備三恪以奉湯祀，綿已絕之於七百載，獨不可
謂之仁乎？仁也者，於心無所不盡，於義無所不安，至誠惻
怛而無憾焉者也。三仁者，死者易，而奴與去者為獨難；死
者徑行直遂，而奴與去者之心為更苦。究竟顛危而不失其
正，誰得謂之非仁乎？……今考之成王曰：「殷王元子。」
夫成王，賢君也，豈有以庶子而謂之元子乎？箕子，賢臣也，
又為殷太師，嘗欲立微子矣；豈有以庶子亂統承之大綱大
法，而得謂之賢人乎？[129]

宋微子（啟）為殷商宗室貴族，商王帝乙的長子，商紂的長兄，身
為嫡長子理應繼承王位，然而由於父親帝乙喜愛紂，遂立他為繼
嗣。商紂即位後荒淫無道，微子曾親諫言，紂王並不聽從建議。在
這期間，微子為「孝」故順從父親立紂為繼承者的決定，亦「忠」

---

[129] （明）朱之瑜《朱舜水集》頁 379~380。

故屢次親諫商紂。雖然，紂王並不接受，但是從君臣關係來看，微
子已竭盡一己之力。

　　換句話說，微子為「孝順」、「忠君」之人，行事上無不合義、
合宜之處，更何況「奴與去者為獨難」，那能僅以人「死」便謂之
「忠」呢？因此，凡所謂「忠」應當從人們行事與否來評價，而非
由「死或不死」一事來辨別。因為，朱舜水秉持「忠之時義亦大」
思維，面對別人質疑他明亡未殉命之事時，說道：

> 義不應死……僕素民物為懷，綏安念切，非敢以石隱為高，
> 自矜名譽。……近者為他人任過，遠則使後之君子執筆而譏
> 笑之無為也，故忍死不為耳。[130]

由此看來，則可知朱舜水理念與行為的一致性，也唯有他理解不死
遠離他鄉者在內在心靈與外在道德輿論之間極大的苦痛。當理解朱
舜水論「義」之意涵，再與「忠」之概念合觀時，其重要性則由此
可見。依此，再看他對於楠木正成[131]之評價，被北朝視為叛亂者的

130　（明）朱之瑜《朱舜水集》頁 311。

131　楠木正成公（大楠公），永仁 2 年（1294 年），河内國赤坂水分（大阪
　　府千早赤阪村）出生，1336 年在湊川之戰自縊。元弘元年（1331 年）後
　　醍醐天皇密謀除去鎌倉幕府，不料計劃敗露，之後，後醍醐天皇逃出京都，
　　號召各地豪強，楠木正成也在下赤坂城起兵響應，雖然此次兵敗，但是隨
　　後鎌倉幕府也被剷除。直至 1336 年，足利尊氏在九州重整旗鼓，進軍京
　　都。當時，楠木正成建議遷都以疲敵軍，但是該項計劃被後醍醐天皇否決。
　　天皇命令楠木正成聽從新田義貞的指揮，迎戰足利軍。楠木正成明知此戰
　　必敗，仍捨命出戰，率領少數親兵在湊川之戰中，迎擊足利直義大軍，戰

楠木氏，朱舜水卻為其作贊、碑文則可明瞭，〈楠正行像贊〉中說
道：

> 《禮曰》：「君父之仇，不與共戴天。」齊襄復九世之讎，
> 春秋大之。設以小報大，弱復彊，益又難矣⋯⋯公乃能建義
> 旗，攻鳴鼓，卷甲倍道，潛師入都，使所報者身踰垣而逃，
> 弟穴地而竄陷，刃於其妻，亦足以落姦雄之膽。斯無媿於枕
> 戈之志，可以下報其父。臨歿數言，是父是子，雖青年賫志，
> 芳名至今。詩曰：「人生自古難無死，留取丹心照汗青。」
> 其然其然！

楠木正成面對足利尊氏叛軍即起時，雖曾給予後醍醐天皇（南朝）
軍事上的建議，雖未被採用，明知必敗亡，但是，對於天皇命令卻
也不敢違背，可謂「盡己」、「不循私」[132]之忠臣。此外，從「義」
的層面來看，徐興慶曾言：

敗之際留下遺言「我願意七次轉世報效國家」（七生報國），最後與其弟
楠木正季互刺而死，足見其對天皇之忠義之心。元祿 5 年（1692 年），
水戶藩主德川光圀為其立碑，碑上寫著「嗚呼忠臣楠子之墓」，楠木正成
遂成為忠臣的典範。（資料來源：湊川神社 http://www.minatogawajinja.o
r.jp/history/）

132　（明）朱之瑜《朱舜水集》言：「自古未有元帥妒前，庸臣專斷，而大將
　　　能立功於外者。卒之以身許國，之死靡佗。觀其臨終訓子，從容就義，託
　　　孤寄命，言不及私。」頁 572。

> 朱舜水贊成光圀的「南朝正統論」，將楠木正成從叛徒正名
> 為忠臣，是因為足利尊氏曾接受後醍醐天皇之拔擢並賜字，
> 卻另行擁立光明天皇而成為征夷大將軍，背叛天皇的人是足
> 利尊氏而非楠木正成。[133]

依據上述，楠木正成被朱舜水視之為忠臣，並非單純只從「一死報
君王」的層面來論。主要是在於他已竭盡一臣子責任：進諫及奮勇
保衛國土，還有，從日本歷史脈絡看來，南北朝的形成及國家陷入
混亂乃是足利尊氏私心作用，之後，又將楠木正成列入北朝歷史並
稱其為叛徒，從「義」的角度看來，實是顯得不盡合理，有匡正之
必要。

　　綜合以上說明，得知朱舜水在「人道」理論上，先是循著傳統
儒家在道德上基本的認知，以敬、誠、仁、有德等作為人之所以為
人的基礎，也同樣效法日本傳統神道信仰精神來詮解人與天之間的
關係，並不再和宋明理學者一樣將「人道」價值根源於「天道」，
而是從人來談「人道」，另外，還立足於日本人所能理解的「孝」
觀念來建構「人道」系統，針對「忠」、「孝」關係提出了「忠之
時義亦大」使人在處世之理上落入唯心論述，從這則能將其實學精
神融入，注意「義」即凡事得合理、合禮，禮學態度著重祭祀儀節、
喪禮等皆根源此理念之擴充。朱舜水如此用心建構與傳遞的思想脈
絡，大致上是被日本學者所接受的，因此，德川光圀等人均承襲此
想法。至於和應用的層面上看來，德川光圀的立碑及之後刻意強調

133　徐興慶《朱舜水與東亞文化傳播的世界》頁 90。

的紀念禮拜，其「儀式」性的意義大於思想脈絡的延續。

第二節　朱舜水與日本儒學學者

　　朱舜水到日本巧遇德川幕府政策上大改革及日本儒學各學派興起、論學風氣大起之時，尤其知識分子也多半是參與政務者，或則說政治階層大多數接受知識、中國學術之薰陶，無論如何，此讓朱舜水與日本學者之間相互聯繫。

　　朱舜水與日本朱子學、古學及水戶學之間的關係，一直為研究學者所注意。直接有互動往來紀錄有：一，朱子學的安東省菴、林春信、林春常等人；二，朱舜水與古學派學者，依據藤澤誠〈朱舜水の古學思想と我が古學派との關係〉一文指出有：安積覺、山鹿素行、伊藤仁齋、木下順庵、荻生徂徠等五人和朱舜水古學思想脈絡相關[134]，但是，上述除了安積覺與木下順庵之外，其餘皆無與朱舜水有直接連繫紀錄。三，水戶學派，則為：德川光圀、以及朱舜水的弟子佐佐宗淳、今井弘濟等人，在修纂《大日本史》時興起以大義名分、忠義思想為核心的學派。雖然，前後水戶學任務不盡相同，但是，與朱舜水之間密切關係則不得不論。以下略述各學派與朱舜水之關聯。

---

[134]　藤澤誠〈朱舜水の古學思想と我が古學派との關係〉《東京支那學報》12，1966 年。

一、朱舜水與古學派

安積覺〈朱文恭遺事〉指出：「文恭務為古學，視時文為塵飯土羹，況于詩乎！」[135] 換言之，朱舜水具有古學傾向，而與清初考據、經世之學相呼應。但是，在日本江戶時未經歷中國朱子學與陽明學長期的影響階段，竟短時間內也產生朱子學與陽明學論戰，及古學派的萌起，朱舜水和這些人之間有著何種聯繫呢？

(一)山鹿素行：德川時期儒者早期受業於林羅山朱子學門下，朱舜水曾作〈子敬箴〉一文讚美山鹿素行，但是，兩人是否曾經有所接觸？至今尚未能解。〈子敬箴〉內容如下：

> 問學如何？微乎素行。素行如何？希賢希聖。匪敢僭踰，勉承來命。堯舜可為，人皆此性。儒道非難，養至德盛。懿美內涵，聞望外令。文武張弛，維人無競。溫恭誠允，端莊靜正。不在他求，是在子敬。[136]

山鹿素行從接觸朱子學到反朱子學，最終轉向古學，身為兵學家、武士對於君主之忠誠不已更在其思想中展現無遺，於是，朱舜水對其性格、文武皆備等等特質頗為讚譽。然而，二人古學思想上是否有相互浸染，或則山鹿素行是否受朱舜水影響呢？有學者指出山鹿素行古學思想形成的時間點，應較之朱舜水 1664 年來到水戶、江

135　（明）朱之瑜《朱舜水集》頁 628。
136　（明）朱之瑜《朱舜水集》頁 578。

戶前更早。林俊宏〈朱舜水與日本江戶時代儒學各學派的關係〉[137]
一文中指出堀　勇雄將山鹿素行的思想發展劃分為六個時期：

　　(1)訓詁的朱子學期（1627~1642）

　　(2)四教一致期（1642~1656）

　　(3)朱子學期（1656~1662）

　　(4)中華聖學期（1662~1666）

　　(5)日本聖學期（1666~1675）

　　(6)象數的宇宙觀（1675~1685）

　　依此看來，山鹿素行的古學思想之形成，約在上述第四階段
1662~1666 年之間，而在這期間山鹿素行還因為批判朱子學被流放
到磨國赤穗藩（兵庫縣），直到 1675 年才獲許回到江戶，換言之，
1664 年之後才來到水戶、江戶附近的朱舜水，要遇上山鹿素行，
依常理判斷是有其困難性的，且要山鹿素行沒有接觸朱舜水卻受其
古學思想影響，這可能性又更極為低了。但是，在山鹿素行的學術
思想中，的確有許多和朱舜水相似之觀點。內山宗昭〈山鹿素行の
教育内容論に関する考察：構成と内容の分析を中心に〉一文中指
出（意譯如下）：山鹿素行的學問以「日用」實學為主。另外，在
文中亦談道（意譯如下）：山鹿素行認為君主應學習經世致用之有
益的「聖學」，至於選材上應以《書經》、《史記》、《貞觀政要》、
《禮記》、《春秋》等。幼主平日的學習，則以先習文字，後談古
今之事，藉讀書了解聖賢之意。[138]

137　林俊宏《朱舜水在日本的活動及其貢獻研究》頁 169。

138　內山宗昭〈山鹿素行の教育内容論に関する考察：構成と内容の分析を中

　　由此看來，山鹿素行的日用實學思想與朱舜水相近，且對於教育的概念想二人頗有相似之處。再加上山鹿素行兵學家、武土之身分，其對於忠君態度等等，遂很有可能在 1675 年後與朱舜水相遇，朱舜水便依其人格美好撰作此文讚揚，則不無可能。

　　(二)伊藤仁齋：江戶初期古學派學者，出身商人世家，卻在接觸儒學後轉而以弘揚漢學為志業。對於《論語》極為推崇，曾稱其為「最上至極宇宙第一書」，並採用訓詁方式詮解《論語》之章句，《論語古義》、《語孟字義》等皆為其代表作品。[139]依此看來，伊藤仁齋對於漢學的推行、以及研究方式、強調實學，究竟是與朱舜水之理想相近，而且，伊藤氏也屢次向其好友安東省菴表達對於朱舜水的敬仰之意，但是，為何朱舜水卻屢次拒絕安東省菴的引見之伊藤仁齋呢？依《朱舜水集》裡記載，大約五則朱舜水拒絕並批判伊藤氏的言論，摘錄如下：

　　　　伊藤誠修誠貴國之翹楚，頗有見解。賢契欿然不足，大為推
　　　　重，虛心好賢，此更賢契美德。然賢契豈遂出其下？評駁數

心に〉頁 129~119，Kogakuin University bulletin. General education 44(2)，2007 年 2 月 26 日。

[139]　可參考之相關資料：黃俊傑《德川日本《論語》詮釋史論》台灣大學出版，2007 年 10 月。子安宣邦《伊藤仁齋——人倫的世界的思想》東京大學出版會，1982 年 5 月。子安宣邦，陳靜慧譯〈伊藤仁齋與「人文時代」的《論語》解——以「知天命」說為主軸〉《人文學報》，中央大學文學院，第二十四期，1991 年 12 月。余英時〈戴東原與伊藤仁齋〉《中國知識人之史的考察》廣西師範大學出版社，2004 年 4 月。

　　端、言言中竅，聞之自應心服。昔有良工能於棘端刻沐猴，
　　耳目口鼻宛然，毛髮咸具，此天下古今之巧匠也。若使不佞
　　目炫玄黃，忽然得此，則必抵之為砂礫矣。即使不佞明見其
　　耳目口鼻宛然，毛髮咸具，不佞亦必抵之為砂礫。何也？工
　　雖巧，無益於世用也。彼之所為道，自非不佞之道也。不佞
　　之道，不用則卷而自藏。萬一世能大用之，自能使子孝臣忠，
　　時和年登，政治還醇，風物歸厚，絕不區區爭鬪於口角之
　　間。……如果聞其欲來，賢契辛急作書止之，若一成聚訟，
　　便紛然多事矣。……若果來，不佞當以中朝之處徐鉉者處
　　之，必不與之較長絜短也。[140]

朱舜水表達與伊藤氏相見之事頗不恰當，由上述言論看來，朱舜水
對於伊藤氏好浮誇言語之性格頗為抗拒，遂言「若果來，不佞當以
中朝之處徐鉉者處之」，倘若從伊藤仁齋之自述內容則可以理解，
如前所述，當其家人認為以學術為志業非有利於人生發展時的嘮叨
言語，皆充耳不聞，換言之，他直率、自我之性格置於儒學之中則
呈現熱血，只不過，自信與自大往往差之毫釐，或許因此性格故讓
謹慎、嚴肅的朱舜水有所恐懼，下二則亦是表示相同態度。另外，
朱舜水更指出對於「自私自利人格」頗不以為然的態度。

　　孔子生知之聖，其一生並不言生知，所言者學知而已。……
　　不論中國與貴國，皆不當以之為法也。伊藤誠修止之為

140　（明）朱之瑜《朱舜水集》頁 160。

妙。……「小人未可輕與作緣。」前書所問，以此而已。[141]

伊藤誠修誠是學者，闇齋又賓師於井上河內公。貴國文學之
興，指日事也。若使二兄不□自私自利之心，而以力興重學
為主，誠貴國千年奇會矣。然世人自私自利者實多，此道之
興廢，未可期也。[142]

另外，又談到：

伊藤誠修學識文品，為貴國之白眉，然所學與不佞有異。不
佞之學，木豆、瓦登、布、帛、菽、粟而已；伊藤之學，則
雕文、刻鏤、錦繡、纂組。未必相合，一也。且不佞居於此
地，人地則甚輕而聲價則甚重。京華人士不敢輕與相接，即
有書來，亦當稟明黑川公，其為煩瑣二也。此間人情多好自
高，稍有學識，猶且岸然；如此淹貫，豈更求益？且不佞亦
不能有以益之，三也。……多一事不若少一事也。且又無益，
萬萬不須務此。[143]

直指二人學問傾向不同。據伊藤仁齋提倡實學的角度看來應與朱舜
水相似，還有，他將「天道」與「人道」分開論述，亦同於朱氏。

141　（明）朱之瑜《朱舜水集》頁 166~167。

142　案：□為原書簡闕漏字。（明）朱之瑜《朱舜水集》頁 265。

143　（明）朱之瑜《朱舜水集》頁 162~163。

並且強調回歸原典、閱讀經典等古學學術傾向之概念，也無不與朱
氏相同。另外，伊藤氏亦注重《論語》、史書等書籍閱讀。凡此種
種，學識思想理路二者並無太大差異，為何朱氏要言其「所學與不
佞有異」呢？難道就純粹因為伊藤氏會創作詩歌、好交際則厭惡
他、不與交往嗎？那麼，這就與學術思想無涉了。李甦平認為：

> 朱之瑜認為仁齋所治的「心性」之學與他所倡導的「實理實
> 學」相牴牾，曾覆書守約力辭再三。

經歷長久的拒絕接觸，但是，在朱舜水與安東省菴書信往返中卻有
一則寫道：

> 伊藤誠修兄策問甚佳，較之舊年諸作，遂若天淵。儻由此而
> 進之，竟成名筆，豈遜中國人才也。敬服敬服！[144]

朱舜水竟贊美起伊藤仁齋策問內容，並且指出他前後撰寫作品差異
頗大。換言之，二人之間是否果真全然沒有交涉呢？李甦平認為朱
舜水對於伊藤仁齋會有如此前後態度的轉變，是因為仁齋受朱舜水
平實真切學風開啟之下，學術思想產生了變化之故。[145]然而，從伊
藤仁齋的學術歷程看來，三十六歲（約在此時期求見朱舜水）開始
著書（〈論語古義〉、〈孟子古義〉、〈中庸發揮〉等）、講學（古

---

[144] （明）朱之瑜《朱舜水集》頁 194。
[145] 李甦平《轉機與革新——論中國畸儒朱之瑜》。

義堂）、並組「同志會」[146]，直到四十七歲失怙服喪，而策問二十篇的撰寫也在此時期完成。換言之，朱舜水屢次拒絕伊藤氏，那麼伊藤氏又如何受其影響？或許是從中協助的安東省菴之故。〈送片岡宗純還柳川序〉中寫道：

> 嘗學於同邑安東省菴先生者，而又出其師文十數首而耳示之。執而閱之，則皆出入經術，根據義理，鑿鑿有意味。縣歎曰：生之可觀者，因此而已矣。又自憙曰：吾前所欲得而觀之者，則此人也。而其師省菴又得中華真儒為之師，則柳川生之藍田合浦，而非假求之洛市焉者也。[147]

上述伊藤氏不僅讚美了安東省菴的學識，並且也同時又言安東「得中華真儒之為師」，均可見二人交流之情狀。另外，林俊宏談及日本古學派發展在當時的意義時，說道：

> 江戶時代儒學古學派，大體上，是以古代經典為依據，企圖從德川幕府提倡的官學——日本朱子學派籠罩的氛圍中另闢蹊徑，經典之再檢討，古義之再究明，恢復唐堯、虞舜、周朝三代的古學，殊途同歸而提倡經世致用的學說。有人

---

[146] 可參考：Wang Xin〈東亞歷史上的儒學共同體——以日本古派同志會為中心〉頁 117~128，Journal of East Asian cultural interaction studies 4，2011 年 3 月 31 日。

[147] 伊藤仁齋〈送片岡宗純還柳川序〉《古學先生詩文集》頁 20。

說，古學派的發展，是使日本從封建式的學問，進入近代式
學問的橋樑。也有人說山鹿氏和伊藤氏提倡的古學，是江戶
時代前期儒者批判運動中產生出來最顯著的成果。肯定其於
日本近世學術史上的地位。[148]

日本古學派重要人物和朱舜水之間，往往沒有直接接觸紀錄，卻又
有著共同對於學術理解的方向，且中介者多為朱舜水弟子們，這其
間是否也暗示著朱舜水思想在日本儒學界傳播中的困難，是語言問
題所造成的隔閡嗎？還是中、日文化差距問題仍舊無法突破？抑或
是當時階級與學術之學習還是有著限制？凡此種種疑惑均為異國
文化交流之中不免存在的問題。但是，經由上述，得知古學派在江
戶時期為一儒學發展的重要指標。朱舜水也在這期間從事教導日本
弟子，回歸經典閱讀、習小學、讀唐音等等做法，應能算是在江戶
古學學習上有所貢獻。

二、朱舜水與水戶學派

高須芳次郎〈水戶學の源頭〉一開始就揭示著（意譯如下）：
談及水戶學的源頭，當然一開始浮現於腦海的即是水戶義公和其賓
師朱舜水二人。[149]日本學者針對於水戶學研究內容頗為豐富，前後
水戶學發展亦有說明，前期水戶學主要是以德川光圀編纂《大日本
史》時的學者為主——《大日本史》編纂時間約二百五十年左右，

148　林俊宏《朱舜水在日本的活動及其貢獻研究》頁 173。
149　高須芳次郎〈水戶學の源頭〉頁 1，《義公・烈公・幽谷篇》。

在德川光圀 1701 年死後，曾中斷九十年。後期水戶學（1789~1829年）則以藤田幽谷和會澤正志齋等人為主，當時由於日本處於內憂外患之際，這類尊皇思想、政治經濟討論的國體論形式便再受到重視。[150]

德川光圀年輕時便喜愛司馬遷《史記》〈伯夷列傳〉，也因此萌起編纂日本史之志向。朱舜水來到水戶，不只協助他展開這理想的實踐，同時「忠」、「孝」、「義」等觀念亦對德川光圀產生極大影響。在給靈元天皇（1654~1732）之〈應今上皇帝制鳳足硯銘并序〉中指出：

> 斯硯太上法皇之舊物也。……今上聖主常置冗案間，晨夕之，左右之，如覩羹墻。然御愛豈在一硯，叡思在於孝耳。臣聞孝理行於上，德教加於下，萬邦靡然嚮風，黎民於變時雍。天為之示嘉祥，地為之呈靈瑞。左史所記，右史所書，布在方策。功化永垂，豈非所謂立身行道，揚名於後世乎哉。[151]

指出天皇君主在硯的愛好上並非「玩物」而是將思親之情隨時展現，即「御愛豈在一硯，叡思在於孝」，之後將「孝」與有德、國

---

[150] 本鄉隆盛著，陳文松譯〈藤田幽谷《正名論》的歷史地位：水戶學研究的碧況〉《德川時代日本儒學史論集》張寶三、徐興慶編，華東師範大學出版，2008 年 1 月。

[151] 高須芳次郎〈義公の尊皇精神〉頁 22，《水戶學徒列傳》誠文堂新光社，1941 年 6 月。

家得到治理等等內容並列。此外，德川光圀重視「忠孝一體」和「尊皇意識」在文中表現出來。[152]其強調「南朝正統論」雖然引起北朝子孫之爭議，但是由「義」、合宜的原則上來討論，他仍舊秉持此說，曾說道（意譯如下）：私計倘若允許某些情況，當時後世罪我所為之事，大義之辨不得不明。[153]故，從此可知，德川光圀是承襲了朱舜水「忠之時義亦大」之概念，認為「義」、合理合宜地對歷史人物從事評介，才不致失去原來面貌，成為歷史之罪人。同時，德川光圀對於朱氏平反楠木正成的忠義之舉，給予正面肯定，故於楠木正成自縊之湊川立碑紀念，並將朱舜水撰水之贊文刻上。對於德川光圀此舉，後世皆視為「效忠於天皇」、「忠義之臣」之聯結。

其實，朱舜水對於德川光圀「讓位」之「義」之行也曾讚美不已。依國（藩）位繼承理想，德川賴房應當將其位傳給嫡長子，然而，因喜愛德川光圀遂將國（藩）位交給了德川光圀。之後，德川光圀將其兄長之子德川綱條收為養子，且擬將國（藩）位傳予他。此事朱舜水得知後，曾在〈與陳遵之書〉裡談道：

> 上公讓國一事，為之而泯然無迹，真大手段。舊稱泰伯、夷、齊為至德，然為之而有其迹，尚未是敵手。世人必曰：「古人高於今人，中國勝於外國。」此是眼界逼窄，作此三家村語。若如此人君而生於中國，而佐之以名賢碩輔，何難立致

152　高須芳次郎〈義公の尊皇精神〉頁 22。

153　吉田俊純〈『大日本史』編纂の歷史觀──北朝正統論をめぐって〉《水戶光圀の時代》校倉書房株式会社，2000 年 4 月。

雍熙之理。[154]

　　讓國（藩）位一事何其困難，德川光圀竟能無私欲地實行，遂也讓朱舜水驚嘆：「若如此人君而生於中國，而佐之以名賢碩輔，何難立致雍熙之理。」由此看來，德川光圀「孝」、「忠」、「義」等概念上確實承襲、應和了朱舜水之思維。除此之外，德川光圀對於人心之「善」、「不善」之理解亦相近於朱舜水。德川光圀〈如心の說〉曾如此談道（意譯如下）：恰如水中之月。月因水得以明，水在月則顯其清，水若濁月依舊能明。[155]雖然，他〈如心の說〉文中提及心、性、命為「異名實一」的思維概念[156]，但是，對於心「虛靈不昧」的概念則亦同於朱舜水所言。

　　朱舜水實學理想，跳脫空談風氣，以實理、實學態度，秉持儒者忠孝、名分等概念，鼓吹文武合一的學習，凡此種種無不對德川光圀有著重大影響，同時也使水戶學派在朱子學、古學、陽明學崛起之時佔有一席之地。並對之後日本政治經濟等發展，在思想理論提供上有其助益。

---

[154]　（明）朱之瑜《朱舜水集》頁43。

[155]　德川光圀〈如心の說〉頁40，《常山文集抄》收錄於高須芳次郎《義公・烈公・幽谷篇》。

[156]　德川光圀〈如心の說〉頁39。

第七章　結論

　　明亡後朱舜水隨著一群反清義士流亡海外，這期間他不僅面臨亡國之痛，還有女兒柔端、兒子大咸死去的喪子之苦，還是得積極地面對現實惡劣的環境。留居中國的家人們，或許是在清朝新政權的壓力之下，深怕受到朱舜水牽連，或是朱舜水恐懼自身行為危害家人，總之，這期間與家人聯繫極少，即便有聯絡也極為謹慎。一直到 1661 年後，朱舜水定居日本、受到德川光圀重用時，才屢有中國鄉里人傳遞消息，遂而溝通起他與家人之間的往來，孫子毓仁曾幾次來到日本欲見面，卻直到朱舜水死時都未能見上一面。

　　朱舜水在日本學術、政治上的成就受到日本人肯定，同時傳回中國，黃宗羲為其作傳。黃宗羲小朱舜水十歲，當時年輕的他早已在中國學術上為人所知，但是，卻不被同時期、同居處過江浙地區、同赴日本乞師、同時也接觸過陳函輝等人的朱舜水所提及。當然，朱舜水為何許人也？黃宗羲也未曾明瞭，隱約從鄉野裡得知「諸士奇」一人，便將經歷相似的諸士奇與朱舜水二人等同起來，然而，後人卻無法從黃宗羲所提及的昌古社等資訊找到確切的相應內容，反而在諸多考證中認為「諸士奇」非「朱舜水」。黃宗羲等同、類推二人為一人，則為情有可原的推論，二人皆處於江浙人文鼎盛之處，當時文人交往頻繁，人數眾多，時代共性之下人們發展有著

相同背景、經歷、氣節者亦多，因此造成誤認在所難免。

朱舜水居處江浙地區，不僅文學涵養頗深，今日所見詩作雖僅只留下〈舟泊稿〉幾則，但觀其內容無不深刻。再者，在當地學風影響之下，朱舜水注重經典書籍閱讀，凡《四書》、《五經》、史書、農田水利、兵書等無不納入其中，博學精深的學術涵養更由此可知。這些所學也都有助於之後在日本境內推動實學、實用、實行之理念。

朱氏重視閱讀，然而，讀聖賢書所為何事？朱舜水思維理路裡則認為：藉由聖人、賢者經驗，讓人們在處事、應物等活動中有效法對象能自我精進，換言之，期後人們藉由讀書修養與提昇人格。最後，讀書為學目的就是在實用、實踐上，因此讀書人為官、出仕在事功上應有表現，國家有難時挺身而出亦是其中的一種。也因為如此，明亡後朱舜水遂積極的參與反清活動。

反清復明大業得乞師於他國，身為流亡者，內心總有許多情緒壓力無人能夠理解。朱舜水曾因不願停留舟山，遭張煌言等人的言語污辱，使其極為激憤，寫書信痛責。但是，這些都比不上亡國後受到曾經是附屬中國、蠻夷之地的人們欺壓之不悅。明朝文人對於安南國有一種特殊的情懷，由於曾經統治過、漢化過他們，安南無論是文化或制度等都可視為中國政治之延續，換言之，明人基於如此情懷，亡國後文人的第一選擇便是前往安南求援。

只不過安南人對於亡明文人絲毫沒有政治情感上的同情，面對這些遺民採取羞辱方式，例如：明人必須以跪拜禮見安南國王，當時同行明人為求活命都紛紛跪拜，然而，朱舜水身為明朝徵士，無法忍受這種辱身辱國的行為，遂被拘禁長達五十多天，爾後將受辱

之事撰寫成「安南供役之事」。或許是朱舜水一直以來對明朝宣宗
的安南政策態度，認為是「宣宗棄之」，換言之，他認為：不再統
治安南國完全是明宣宗個人的意識，也因如此，逐造成此後安南人
對明人的不尊重。

　　面對此無理對待，朱舜水採取的方式便是展現自身有禮、為文
明、有文化之人的樣貌，藉以形成強烈對比。在安南時禮儀的展現
表現有：相見禮儀、客座次第禮、堂上禮儀、跪拜禮、接詔書禮等
方面。觀朱舜水所言的「禮」其實已非純粹是《周禮》、《禮記》
等古禮之內容，多半夾雜宋朝後的禮制。例如：拜禮，古代坐姿與
明朝已不盡相同，以往席地而坐其姿態與跪相近，因此，拜禮多跪。
但是，「跪」有尊卑等肢體意識，並非朱舜水欲遵從和想與安南國
王見面行禮的方式，故文中對此多有辨析。如前所述，明人之禮多
從宋禮，早已古禮不同，例如：相見禮與賓禮相混等等，歸納後則
可窺見朱舜水的禮學面貌。至於，最後接魯王詔書之禮在儀節內容
的省略，以及其他對待魯王的徵召之態度，其已可略窺政治思維。
他理想中政治正統與血緣正統應相關，魯王雖為明代皇親貴族之
一，卻無法代表明朝，因此，朱舜水屢次虛與委蛇地拒絕徵召。這
政治傾向與其師張肯堂、吳鍾巒、友人王翊、張名振等人皆不相同，
或許因為如此，朱舜水才展開留居日本的動作，而這種內在思維與
外在環境無法協調的情狀之下，流亡者的痛苦難以體會，如同他自
己所言：「奴與去為難」。

　　朱氏 1661 年居留日本後，受到日本人的禮遇，尤其是水戶藩
德川光圀藩主，待他不只在生活起居之協助，連同心裡層面也都顧
及到，德川光圀倣中國式園林興建「後樂園」，完成時還特別邀年

已老邁的朱舜水同遊，以解其思鄉之情。此外，日本弟子安東省菴更是分半俸給朱舜水。還有，奧村庸禮的多禮，曾在家門口跪等待朱舜水來訪等等，這些都讓朱舜水感受到雖為中國之外的異邦，安南與日本卻有著截然不同的文化教養。甚至認為中華文化能在日本流傳，他感慨說道：孔子所言大道之行，大同世界在中國不能也，在日本卻未必不行。

　　日本德川初期政治形態，有助於朱舜水理想實學的推動。政治、經濟、社會之結構也類似於明朝，以農業為主，商業逐漸萌起。他與日本官員論政治經濟時認為：田地農業問題、賦稅等問題應當重視，百姓衣食足而知榮辱，國家自然得到治理。接續其後，提倡教育普及，朱舜水初到日本遇到的是當時儒學勃興時期，這項理念推行更有其實際意義，於是，建議設立廟舍、祭孔等禮儀形式，使人們精神有一收攝，鼓勵文武合一的教養方式。除此之外，注重世子教育，使將成為國家統治者能有完善的養成。凡此皆可知，從中國到安南、日本，朱舜水的人生重心，從政治逐漸轉向到禮學的思維，最終以注重文化實際的保存為志業。因此，探究朱舜水「國家認同意識」可以發現，他從原先以「民族、文化、政治、土地」組合起的國家認同意識，漸漸地因「無道則隱」等觀念，轉變為注重「文化」保存，學術思想的延續亦是其中重要環節。

　　朱舜水與諸多日本官員、學者接觸，藉由討論等進行思想上的交流，只不過日本人傳統的神道信仰、鬼神觀念、以及社會結構形成的方面均和中國不同，中國人談天、天理卻很少與鬼神等同起來談，朱舜水面對此種情況欲推自己實學、實用、實行觀念在日本時，就得先解決這項問題。他巧妙的將天、鬼神等神秘意義者架高來理

解、談論，採取不否定亦不肯定的態度，因此，他也談自己在海上遇上神蹟等等內容，也尊重祭祀，即如孔子所言：「祭神如神在」，且「敬鬼神而遠之」。其實，他注重的是「人道」內容，這才與實學相涉。「人道」中，首先從肯定「人欲之必然」入手，「人欲」是來自於「習」，因此，也可以藉由學習修正，故朱舜水主張人們從閱讀中學習聖賢的處世智慧，持敬、至誠、培養德性。

人道秩序規範的建立，朱舜水並不從「仁」來談，而是與當時日本儒學者一樣，從「孝」來論。以孝連結起屬於人的道德基礎仁、義、禮、智、敬等等概念，這種提高「孝」的觀念來統合一切與其實學的理念相符，直接由人世間重要的行事入手。其次，日本「忠孝一體」觀念由來已久，因此將公與私的情感拉攏在一起，這樣的論述帶來君臣等關係之間的模糊性。故朱舜水又特別提出「忠之時義亦大」，將那容易陷入矛盾情緒中的情結給釐清，換言之，臣對君應盡忠，前提是必須釐清「義」，即盡忠的行為應符合於理、且合宜，否則就成愚忠、愚孝，是沒有價值與意義。清楚分辨忠義之行，朱舜水同時為被北朝視為叛臣的楠木正成作贊，平反其功過，凡此種種帶給以德川光圀為首的水戶學派在從事編纂《大日本史》時著重「大義名分」、「尊皇」之概念。

朱舜水到日本期間儒學興盛，江戶、京都等地多為朱子學、古學之重心，與其交往安東省菴、林春信、林春常，可能與其接觸的古學派山鹿素行、伊藤仁齋等，面對那多元發展的日本儒學論壇，朱舜水非傳朱子、陽明學而來，但是，卻又得與日本朱子學、陽明學等派別學者論學，其調和的說明中國的程朱、陸王學只不過是入門的切入點不同，其實最終的目的傳遞聖學，卻是一致的。另外，

其教弟子時注重小學、唐音等基礎之學，以及回歸經典閱讀之概
念，不知是否直接影響當時日本儒學之發展，然而，可以清楚看到
的，古辭學派等無不是與其論點相近。至於，直接與朱舜水相關的
水戶學派，它的形成是從《大日本史》編輯過程中產生的，以德川
光圀為主，主要思想脈絡則為大義名分及尊皇。《大日本史》編纂
過程整整經歷了二百五十年左右才完成，也因此，其間水戶學派思
想便有了前、後期不同的發展。從前期德川光圀為主的思維之中，
約略能窺見其受朱舜水影響頗多，例如：史書的體制、作傳、以義
為評介、禮儀制度擬寫等等方面均可得知。

　　綜觀朱舜水中國、安南、日本等階段的流動、文化衝擊，以至
於最後思想的完成、成熟，其呈現多元面貌，實與留居中國的明末
遺民有著不同發展。對於日本江戶初期的社會、學術之影響則見微
知著，因此，朱舜水的地位與價值絕非今日中日學者主觀式爭論才
能斷定，平心而論，歷史記憶不容更易，朱舜水在中日交流史上，
對於江戶初期日本之影響由此可和。

附錄一：2004年~2010年朱舜水研究書籍與期刊論文

1.專書

(1). 楊儒賓，吳國豪主編《朱舜水及其時代》台灣大學出版中心，
2010 年。

(2). 韓東育《從「脫儒」到「脫亞」：日本近世以來「去中心化」
之思想過程研究》，台灣大學出版中心，2009 年。（第五章：
朱舜水在日活動再思索）

(3). 錢明、葉樹望主編《舜水學探微——中日舜水學研討會文集》，
人民出版社，2009 年。

(4). 徐興慶《朱舜水與東亞文化傳播的世界》台灣大學出版中心，
2008 年。

(5). 錢明《勝國賓師：朱舜水傳》浙江人民出版社，2008 年 11 月。

(6). 覃啟勛《朱舜水東瀛授業研究》北京人民出版社，2005 年。

2.期刊論文

A.中文部分

2005~

(1). 古藤友子〈中日實學的交流——新井白石與朱之瑜〉《湖南大
學學報(社會科學版)》，第 19 卷第 1 期，2005 年 1 月。

(2). 陳增輝〈朱舜水教育思想簡論〉《寧波黨校學報》，第 1 期，
2005 年。

(3). 彭鮮紅〈明遺民朱舜水儒學精神闡釋〉《求索》，2005 年 10

月。

(4). 謝玲玲〈講學活動：明清浙東學術精神傳承的主要方式〉《寧波經濟》，第 7 期，2005 年。

2006~

(5). 林敏洁〈試論朱舜水的漢語教學理論與實踐〉《中國典籍與文化》第 1 期，2006 年。

(6). 黃俊傑〈論東亞遺民儒者的兩個難式〉《台灣東亞文明研究學刊》第 3 卷第 1 期，2006 年 6 月。

(7). 唐曉明〈論明清之際浙東學派的實學教育思想〉《浙江海洋學院學報（人文科學版）》，第 23 卷第 1 期，2006 年 3 月。

(8). 李熙文《試論朱舜水與中日文化交流》（指導教授：鄭永振）延邊大學碩士學位論文，2006 年 5 月。

2007~

(9). 覃啟勛〈論朱舜水對日本江戶時代漢學隊伍的重組〉《武漢交通職業學院學報》第 9 卷第 4 期，2007 年 12 月。

(10).南炳文〈朱舜水學術思想二論〉《古代文明》，第 1 卷第 3 期，2007 年 7 月。

(11).馬祥〈朱舜水其人〉《中學語文教學》第 1 期，2007 年。

(12).張晉藩〈清初經世致用的思想與實學的學風〉《安徽師範大學學報（人文社會科學版）》，第 35 卷第 3 期，2007 年 5 月。

2008~

(13).謝玲玲〈從《朱氏舜水談綺》析其在日本的實業教育〉《餘姚市歷史文化名城研究會》，第 12 期，2008 年。

(14).董根洪〈百室寧盈 群黎遍德──朱舜水的社會和諧思想〉《中

共寧波市委黨校學報》，第 6 期，2008 年。

(15).韓東育〈朱舜水在日活動新考〉《歷史研究》，第 3 期，2008
年。

(16).南炳文〈朱舜水生平考異三則〉《吉林大學社會科學學報》，
第 48 卷第 5 期，2008 年 9 月。

(17).南炳文〈明末流亡日本二遺民朱舜水、戴笠生平考二則〉《東
北師大學報（哲學社會科學版）》總第 232 期，第 2 期，2008
年。

(18).南炳文〈朱舜水的實功實用思想及對待程朱陸王的態度〉《南
開學報（哲學社會科學版）》，第 3 期，2008 年。

(19).冷洁〈論朱舜水的民族精神〉《浙江萬里學院學報》第 21 卷
第 6 期，2008 年 11 月。

(20).徐興慶〈近代的中日「經世致用」觀——以朱舜水與貝原益軒
之比較為中心〉《台大日本語文研究》第 15 期，2008 年 6 月。

2009~

(21).覃啟勛〈朱舜水與日本水戶學關係之考辨〉《武漢大學歷史學
院》，第 6 期，2009 年。

(22).王海娜〈「中日舜水學研討會」綜述〉《中國計量學院人文學
院》，第 2 期，2009 年。

(23).莊凱雯〈朱舜水論「親親尊尊」二系並列的情理結構——以母
子、夫婦關係為主〉《興大中文學報》第 25 期，2009 年 6 月。

(24).蔡佳琳〈朱舜水（1600~1682）的抉擇與遺民心境的轉變〉《史
耘》第十三期，2009 年 6 月。

(25).李甦平〈釋「舜水學」〉《杭州師範大學學報》，第 4 期，2009

年 7 月。

(26).荒木龍太郎著，錢明、鍾瑩譯〈朱舜水與明末思想〉《杭州師範大學學報（社會科學版）》，第 4 期，2009 年 7 月。

(27).徐興慶〈日本的朱舜水研究史〉《杭州師範大學學報（社會科學版）》第 4 期，2009 年 7 月。

(28).潘起造〈朱舜水「加意民生日用」的為人為學旨趣及實學思想〉《中共寧波市委黨校學報》，第 4 期，2009 年。

(29).徐興慶〈朱舜水對加賀藩的儒教思想普及〉《台大日本語文研究》第 18 期，2009 年 12 月。

(30).徐興慶〈試論朱舜水對科舉制的評價〉科舉学国際シンポジウム——第 5 回 "科挙制と科挙学" シンポジウム 2009 年 8 月 27 日~28 日。

2010~

(31).林和生〈近世向日本傳播儒學的第一人：朱舜水〉《山西師大學報（社會科學版）》第 37 卷第 1 期，2010 年 1 月。

(32).錢明〈舜水學的意蘊與近世中日關係的反思〉《中山大學學報（社會科學版）》，第 50 卷第 1 期，2010 年。

(33).錢明〈日本所存朱舜水遺跡遺物綜考〉《中共寧波市委黨校學報》，第 1 期，2010 年。

(34).顧勁松；馮青〈論《朱舜集》之語言價值〉《湖北社會科學》第 5 卷，2010 年。

(35).楊儒賓〈從體用論到相偶論——朱舜水思想的背景〉（專題演講書面摘要）《朱舜水與東亞文明發展國際學術研討會》台灣大學，2010 年 11 月 5 日。

(36).計文淵〈朱舜水墨蹟研究〉（專題演講書面）《朱舜水與東亞文明發展國際學術研討會》台灣大學，2010 年 11 月 5 日。

(37).楊際開〈舜水精神與馬一浮〉《朱舜水與東亞文明發展國際學術研討會》台灣大學，2010 年 11 月 5 日。

(38).潘朝陽〈古學取向的朱舜水儒學〉《朱舜水與東亞文明發展國際學術研討會》台灣大學，2010 年 11 月 5 日。

(39).錢明〈近世東亞文明與朱舜水之位相〉《朱舜水與東亞文明發展國際學術研討會》台灣大學，2010 年 11 月 5 日。

(40).劉玉才〈知己是同胞 不論族與鄉——淺議張斐與安東省庵的文字之交〉《朱舜水與東亞文明發展國際學術研討會》台灣大學，2010 年 11 月 5 日。

(41).韓東育〈關於朱舜水「日本歸化」問題的再思考〉《朱舜水與東亞文明發展國際學術研討會》台灣大學，2010 年 11 月 5 日。

(42).徐興慶〈朱舜水思想與加賀藩儒教發展再考〉《朱舜水與東亞文明發展國際學術研討會》台灣大學，2010 年 11 月 5 日。

(43).呂玉新〈尊虛君、敬幕府、贊孔子、倡維新：光圀、舜水、水戶學之基本〉《朱舜水與東亞文明發展國際學術研討會》台灣大學，2010 年 11 月 5 日。

B.日文部分

(1). 徐興慶〈心越禅師と徳川光圀の思想変遷試論：朱舜水思想との比較において〉The Journal of Kanbun studies in Japan 3, 356-313, 2008-03 Nishogakusha University

(2). 井沢元彦〈逆説の日本史（第 773 回）第七十七話 江戶「名

君」の虚実(1)「徳川光圀の生涯」編（その 5）水戸黄門が亡命明国人の学者・朱舜水から学んだ朱子学〉週刊ポスト 40(45), 140-143, 2008-10-10 小学館

(3). 徐興慶〈朱舜水的闢佛思想──論其與德川社會思想界的相互影響〉アジア文化交流研究 (3), 355-374, 2008-03 関西大学アジア文化交流研究センター

(4). 吾妻重二〈水戸徳川家と儒教儀礼──祭礼を中心に〉アジア文化交流研究 (3), 219-245, 2008-03 関西大学アジア文化交流研究センター

(5). 田世民〈水戸藩の儒礼受容：『喪祭儀略』を中心に〉Kyoto University research studies in education 53, 137-149, 2007-03-31 京都大学大学院教育学研究科

(6). 徐興慶〈東アジアの視野から見た朱舜水研究〉The Journal of Kanbun studies in Japan 2, 396-357, 2007-03 Nishogakusha University

(7). 崔淑芬〈儒学の伝播者・朱舜水と日本〉Hakkas and multiculture (3), 41-56, 2007-03 亞州文化總合研究所出版會

(8). 清水徹〈伊藤仁斎の思想形成──朱舜水思想の影響〉日本歴史 (706), 37-53, 2007-03 吉川弘文館

(9). 黃俊傑〈近三百年中國知識人の日本経験及び論評：朱舜水、李春生と徐復觀見られる日本観の比較〉（專題演講書面）《朱舜水與東亞文明發展國際學術研討會》台灣大學，2010 年 11 月 5 日。

(10).德川真木〈彰考館、水府明德会所藏の朱舜水文献の內容及び

その利用方法について〉（專題演講書面）《朱舜水與東亞文明發展國際學術研討會》台灣大學，2010 年 11 月 5 日。

(11).德田武〈朱舜水と水戸の唐話学〉《朱舜水與東亞文明發展國際學術研討會》台灣大學，2010 年 11 月 5 日。

(12).佐藤貢悦〈江戸儒学思想史における朱舜水の位置〉《朱舜水與東亞文明發展國際學術研討會》台灣大學，2010 年 11 月 5 日。

(13).松浦章〈朱舜水日本來航時の日中文化交流〉《朱舜水與東亞文明發展國際學術研討會》台灣大學，2010 年 11 月 5 日。

(14).長谷川正江〈水戸藩関係記録類に見える朱舜水関連記事について——儒教儀礼中心〉《朱舜水與東亞文明發展國際學術研討會》台灣大學，2010 年 11 月 5 日。

(15).梁繼國〈朱舜水の困惑と安堵〉《朱舜水與東亞文明發展國際學術研討會》台灣大學，2010 年 11 月 5 日。

3.學位論文

A.台灣

(1). 高連成《朱舜水及其對日本學術文化影響之研究》（指導教授：何廣棪）華梵大學碩士學位論文，2007 年。

(2). 陳昀瑜《朱之瑜與顏元的實行觀》（指導教授：張麗珠）彰化師範大學碩士學位論文，2006 年。

B.中國

(1). 冷潔《朱舜水社會理想研究》（指導教授：李禹階）重慶師範

大學碩士學位論文，2009 年 10 月。

(2). 田恬《朱舜水書簡研究》（指導教授：覃啟勛）武漢大學碩士
學位論文，2006 年 3 月。

(3). 鄭良明《從朱舜水的治學看明末清初的學風》（指導教授：路
新生）華東師範大學碩士學位論文，2004 年 7 月。

附錄二：朱舜水前往長崎七次之行程圖表

中國		日本		西元	航程	備註(1)	備註(2)
清順治二年		後光明天皇正保二年	德川家光將軍	1645	舟山→長崎(四月)→交趾→舟山	❖在長崎短暫停留。頁20.614	第一次
清順治三年	魯監國一年	後光明天皇正保三年	德川家光將軍	1646	舟山→安南	❖頁614 ❖〈上監國魯王謝恩奏疏〉(頁31)	
清順治四年	魯監國二年	後光明天皇正保四年	德川家光將軍	1647	安南→長崎→舟山	❖(頁477)	第二次
清順治八年	魯監國六年	後光明天皇慶安四年	德川家綱將軍	1651	舟山→安南(七月)	❖(頁31)	
清順治九年	魯監國七年	後光明天皇応承元年	德川家綱將軍	1652	安南→長崎(秋)→安南	❖(頁477)	第三次
清順治十年	魯監國八年	後光明天皇応承二年	德川家綱將軍	1653	安南→長崎(七月)→安南	❖七至十二月在長崎。(頁615)	第四次
清順治十一年	魯監國九年	後光明天皇応承三年	德川家綱將軍	1654	安南→長崎(元月)→安南	❖(頁615)	第五次
清順治十四年		後西天皇明曆三年	德川家綱將軍	1657	安南	❖二月發生「安南供役之難」被羈押五十餘日。(頁14)	
清順治十五年		後西天皇萬治元年	德川家綱將軍	1658	安南→長崎(夏)→思明(今廈門・十月)	❖十月接到安東守約來信。(頁616)	第六次
清順		後西	德川	1659	思明→南京→舟山	❖冬，向幕府申	第七次

治十六年	天皇萬治二年	家綱將軍	→長崎(冬)	請永住。(頁617) ◇六月份兒子大咸患傷寒過世。(頁42) ◇與反清之士在南京。(頁153)	

參考：1. 徐興慶〈朱舜水及其時代（海外經營）〉依《朱舜水集》
　　　　（中華本）整理。

　　　2. 石原道博《朱舜水》〈略年表〉頁 282~294。

附錄三：與朱舜水交往之各藩藩主

與朱舜水交往的各藩藩主					
姓名	生卒	地區	官名	事蹟	說明
德川光圀 とくがわ みつくに	1628 — 1701	常陸 水戶 藩	藩主	1·御三家「水戶藩」(中納言) 2·德川賴房之三子	父親德川賴房為德川家康第十一子極受寵愛，水戶藩歸屬「御三家」之一，與將軍家具血緣關係，支持江戶幕府文治策略，故廣納學術之士參與政策推動。派遣小宅生順尋找能協助國內治理且具有學識的中國學者，就此與朱舜水連結以其為水戶藩光圀之賓師。至於，德川光圀禮下賢士及興禮教、辦學校等舉動無不令朱舜水讚揚。
德川綱條 とくがわ つなえだ	1656 — 1718	常陸 水戶 藩	藩主	1·松平賴重(德川賴房長子)之子。 2·元祿三年（1690年）德川光圀讓出水戶藩藩主位給養子德川綱條。	1. 德川光圀將藩主之位傳給養子，是有歸還水戶藩政權於兄長之意味。 2. 松平求女，《朱舜水集》寫為「求」字有誤，應改為「采」字。「采女」為德川綱條的幼名
鍋島直能 なべしま なおよし	1623 — 1689	肥前 小城 藩	藩主		曾命下川三省向朱舜水學習，故被朱舜水讚揚為懂得培養人材之藩主。
大村純長 おおむ ら-すみ なが	1636 — 1706	肥前 大村 藩	藩主		在位56年間所屬藩政的諸機構整備。
加藤明友 かとう- あきと も	1621 — 1684	石見 吉永 藩	藩主	1· 加藤明成的長子。 2· 通稱孫三郎。	
前田綱紀 (まえだ- つなのり	1643 — 1724	加賀 藩	藩主		與德川家姻親關係，在農政改革與軍政制度的管理上有所成就，招聘木下順庵、稻生若水等人從事「和漢古典」的收集，且刊行了《歷代叢書》、《庶物類纂》等書。此外，朱舜水與古學派木下順庵往來等事蹟皆可知其間除了政治之外，學術互動亦不曾缺少，五十川剛伯則為二人之學生。

附錄四：與朱舜水交往之各藩儒官、武士

<table>
<tr><td colspan="5" align="center">與朱舜水交往的各藩儒官、武士</td></tr>
<tr>
<td>小宅生順
おやけせいじ
ゅん</td>
<td>出生
約在
1636
－卒
於
1674</td>
<td>常陸水戶藩</td>
<td>儒臣</td>
<td>1．字安之、坤德，號處齋。著作有「慎終日錄」「小宅氏存箚稿」等。

2．1664 年奉(德川光圀)命前往長崎與朱舜水會面，當時約二十八歲。

3．受業於人見卜幽軒門下。

4．參與日本史編修</td>
</tr>
<tr>
<td>平賀舟翁(平賀勘右衛門)(平賀保秀)
ひらが-やすひで</td>
<td>？－
1683</td>
<td>常陸水戶藩</td>
<td>和算家</td>
<td>1． 通稱勘右衛門。

2． 1661 年應德川光圀之召，郡奉行，水利事業。</td>
</tr>
<tr>
<td>人見竹洞
ひとみ-ちくどう</td>
<td>1638
－
1696</td>
<td>武藏國江戶城(德川氏將軍所在地)</td>
<td>儒臣</td>
<td>1．名節。字宜卿。通稱友元(ゆうげん)。別號鶴山(かくざん)。著作有「韓使手口錄(かんししゅこうろく)」「日光參詣記」

2．受業於林羅山、林春勝父子。

3．德川家綱(第四代將軍)命其為幕府侍講。</td>
</tr>
<tr>
<td>木下順庵
きのした じゅんあん</td>
<td>1621
－
1698</td>
<td>加賀國加賀藩</td>
<td>儒臣</td>
<td>1．名貞幹、字直夫。號，順庵、錦里、敏慎斎・薔薇洞。著有：「錦里文集」「班荊集」「恭靖先生遺稿」。

2．加賀藩主前田綱紀(德川光圀的外甥)禮聘為儒臣。

3．第五代將軍德川綱吉召其擔任侍講。

4．受業於日本朱子學京派藤原惺窩之門人松永尺五門下。

5．與林春勝、林春常朱子學派往來。

6．經安東守約介紹認識朱舜水。</td>
</tr>
<tr>
<td>奧村蒙窩
おくむら-もうか</td>
<td>1627
－
1687</td>
<td>加賀國加賀藩</td>
<td>武士</td>
<td>1．名庸禮(やすひろ)。字師儉。通稱は壹岐。著作有「讀書拔尤錄」。

2． 壯年好禪學，後以為妄，轉而心儻往宋儒性理之學。

3．與日本朱子學派林羅山、木下貞幹為師友。

4． 後拜於朱舜水門下學習。</td>
</tr>
</table>

附錄五：朱舜水的日本弟子

安東省庵 あんどう-せい あん	1622 – 1701	柳川藩	儒臣	1· 名守正,守約(もりなり)。字魯默。通稱市之進。別號恥齋。著作「三忠傳」「恥齋漫錄」「省庵先生遺集」12 卷。 2· 曾受業於日本朱子學派松永尺五門下,後經穎川入德介紹,後師事朱舜水。 3· 分半俸給予朱舜水,在經濟上的協助。
朱舜水的日本弟子				

朱舜水的日本弟子				
安積覺(安積澹泊) あさか-たんぱく	1656 – 1738	常陸水戶藩	武士	1· 名覺、字子先、通稱覺兵衛。著述有「澹泊齋文集」「澹泊先生史論」「西山遺事」「湖亭涉筆」。 2· 十歲師於朱舜水門下。 3· 參與日本史編修。
人見懋齋(野傳) ひとみ-ぼうさい	1638 – 1696	常陸水戶藩	儒臣	1· 本姓藤田。名傳。字子(士)傳。通稱又左衛門。別號井井堂(せいせいどう)。著作有「名字鈔」。 2· 叔父人見止幽軒的養子。 3· 1659 年拜於朱子學林鵝峰門下。 4· 參與日本史編修。 5· 師事朱舜水。
今井弘濟(今井魯齋) いまい-ろさい	1652 – 1689	常陸水戶藩	醫生	1· 名弘濟。字將興。通稱小四郎。著作有「舜水先生行實並略譜」「病餘援筆」。 2· 校訂「參考源平盛衰記」「參考太平記」。 3· 參與日本史編修。 4· 師事朱舜水(1665~1682)。 5· 曾任水戶藩醫,後為幕府侍醫。
酒泉弘(酒泉竹軒) さかいずみ-ちくけん	1654 – 1718	常陸水戶藩	儒臣	1· 筑前(ちくぜん)(福岡縣)出身。名弘。字道甫,恵迪。通稱彥太夫。著作有「言志集」「竹軒遺集」等。 2· 參與日本史編修。後來擔任總裁。 3· 約二十五歲後,遊學(到長崎、京都及江戶時)問學於朱舜水。 4· 藩主德川綱條稱贊為「講官第一」。

佐佐宗淳 さっさむねきよ	1640 － 1698	常陸水戶藩	武官	1・ 字子朴。通稱介(助)三郎。號十竹(じっちく),十竹齋。著作有「南行雜錄」等。 2・ 十五歲時入臨濟宗妙心寺弟度為僧,法號祖淳。 3・ 三十四歲 1673 年作「立志論」否定佛教,認同儒學,因此還俗。 4・ 參與日本史編修。並到関西・九州・中國・北陸地方等蒐集資料、記錄和採訪。 5・ 受業於朱舜水門下。 6・ 德川光圀聘為進物番。
五十川剛伯 (五十川鶴皐) いそがわ-かくこう	1649 － 1699	加賀國加賀藩	儒臣	1. 名剛伯。字濟之。號鶴皐。著作有「詩範」「鶴皐集」。 2. 少時拜木下貞幹為師。之後經安東守約介紹認識朱舜水,並將五十川氏推介給朱舜水。 3. 奉前田綱紀之命編輯《明徵君集》十卷,未刊行。 4. 又將諸教朱舜水的內容記錄編成「學聚問辨」「助語集要」。
服部其衷		加賀人	守祠吏	1・ 字新介、顯思。 2・ 與安積覺、今井弘濟、下川三省等同為朱舜水近身弟子。 3・ 奧村庸禮命其就學於朱舜水。 4・ 服部其衷在釋奠禮儀中態度從容,「陳設檢點,中庭唱贊」都有優秀表現,即使習禮多年的儒者也無法望其項背,此後朱舜水每行禮場合,必以服部為佐。
林春信				1・ 日本幕府朱子學派大儒林羅山之嫡長孫。 2・ 名懿,字孟著,又稱又三郎,以梅洞、勉亭為號。 3・ 1665 年於幕府儒官人見竹洞齋見朱舜水,執弟子禮。 4・ 奉命編纂《本朝通鑑》,表現史才「有得於馬、班、左、范也。」在文學上推崇杜詩格律。 5・ 著有《史館茗話》、《六義堂雜記》、《梅洞全集》等。

下川三省				1· 字宗魯，齋名夢梅，加賀人。 2· 深得加賀鍋島直能喜愛，特地公費選拔他到朱舜水門下受教。

本表格參考資料：
一，徐興慶《新訂朱舜水遺書》。
二，林俊宏《朱舜水在日本的活動及其貢獻研究》。
三，覃啟勛《朱舜水東瀛授業研究》。
四，久野勝弥〈竹軒 酒泉弘〉《水戶史學》第十八號，昭和五十八年四月二十三日。
五，中山久四郎〈朱舜水と日本文化〉《東京支那學報》第三號，1959 年。
六，Japan Knowledge 系列資料庫。

朱舜水的門生

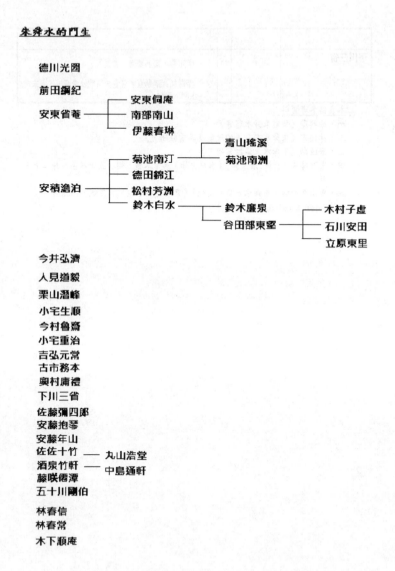

德川光圀

前田綱紀

安東省菴 ── 安東侗庵
           南部南山
           伊藤春琳

安積澹泊 ── 菊池南汀 ── 青山瑤溪
                        菊池南洲
           德田錦江
           松村芳洲
           鈴木白水 ── 鈴木廉泉
                        谷田部東壑 ── 木村子虛
                                      石川安田
                                      立原東里

今井弘濟
人見道毅
栗山潛峰
小宅生順
今村魯齋
小宅重治
吉弘元常
古市務本
奧村庸禮
下川三省
佐藤彌四郎
安藤抱琴
安藤年山
佐佐十竹 ── 丸山浩堂
酒泉竹軒 ── 中島通軒
藤咲僊潭
五十川剛伯

林春信
林春常
木下順庵

本圖錄自：中山久四郎〈朱舜水と日本文化〉《東京支那學報》第三號，1959年·

附錄六：石原道博《朱舜水》
附「鄭成功贈歸化舜水書」

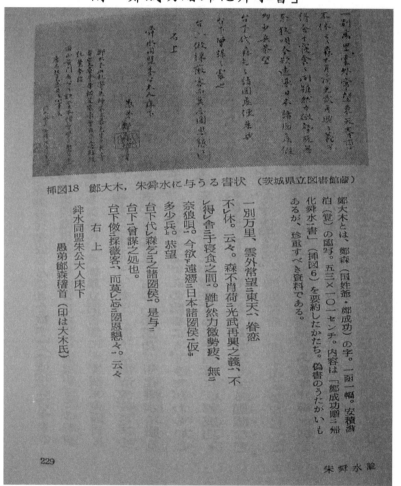

挿図18　鄭大木，朱舜水に与うる書状　（茨城県立図書館蔵）

鄭大木とは、鄭森（国姓爺・鄭成功）の字。一函一幅。安積澹泊〔覚〕の臨写。五三×一〇一センチ。内容は「鄭成功贈三册化舜水」書〔挿図6〕を要約したかたち。偽書のうたがいもあるが、珍重すべき資料である。

一別万里、雲外常望三東天一、眷恋
不レ休。云々。森不肖荷三光武再興之義一、不
レ得下舎二于寝食之間一。雖レ然力微勢疲、無二
奈狼唄一。今欲下遠憑三日本諸圉侯一仮
多少兵上。恭望。
台下代レ森乞三之諸圉侯一。是与三
台下一曾謀之処也。
台下倣三採薇客一、而莫レ忘三圉恩懇々一云々

右　上
舜水同盟朱公大人床下
愚弟鄭森稽首（印は大木氏）

朱舜水籲

參考及引用書目

一、文本及專書

1. 明／朱之瑜《朱舜水集》漢京文化事業，2003 年 1 月。
2. 明／朱之瑜《朱氏舜水談綺》華東師範大學出版社，1988 年 8 月。
3. 德川光國等著；高須芳次郎編《水戶義公‧烈公集：附朱舜水篇》日東書院，昭和 8 年（1933 年）。
4. 明／朱之瑜《朱舜水文選》台灣銀行經濟研究室，1963 年 9 月。
5. 明／朱之瑜《舜水遺書》進學出版社，1969 年。
6. 徐興慶《新訂朱舜水集補遺》台灣大學出版中心，2004 年 11 月。
7. 《朱舜水》朱舜水紀念會，1912 年 6 月。
8. 雨谷毅《朱舜水記事纂錄》彰考館編刊，日本國會圖書館藏，1913 年。
9. 《朱舜水記事纂錄》吉川弘文館，1914 年（大正三年）6 月。
10. 雨谷毅《義公と朱舜水との關係資料》彰考館，1928 年。
11. 梁啟超《朱舜水先生年譜》收錄於《飲冰室全集》97，1936 年。（1937 年中華書局以單行本出版）
12. 宋越倫《朱舜水傳》中央文物供應社，1953 年 12 月。
13. 王進祥《朱舜水評傳》台灣商務印書館，1976 年。
14. 朱力行《朱舜水的一生》世界書局，1982 年 6 月。
15. 王瑞生《朱舜水學記》台北：漢京文化公司，1987 年
16. 石原道博《朱舜水》吉川弘文館，1989 年（平成元年）12 月。
17. 李甦平《轉機與革新──論中國畸儒朱之瑜》中國人民大學出版社 1989 年。

18. 李甦平《朱舜水》東大圖書公司，1993 年。
19. 《中日文化交流的偉大使者——朱舜水研究》北京人民出版社，1998 年 12 月。
20. 李甦平《朱舜水評傳》南京大學出版社，2002 年 3 月。
21. 《朱舜水與日本文化》町田三郎、潘富恩主編，人民出版社，2003 年 7 月。
22. 覃啟勛《朱舜水東瀛授業研究》人民出版社，2005 年 10 月。
23. 林俊宏《朱舜水在日本的活動及其貢獻研究》秀威資訊科技股份有限公司，2006 年 7 月。
24. 錢明《勝國賓師——朱舜水》浙江人民出版社，2008 年 11 月。
25. 徐興慶《朱舜水與東亞文化傳播的世界》台大出版中心，2008 年 11 月。
26. 《認識朱舜水》，中國檔案出版社，2010 年 12 月。

二、相關文本（依朝代、姓氏筆劃排序）

1. 《周禮》《四部叢刊》初編，商務印書，1922 年。
2. 漢／鄭玄注，唐／孔穎達疏《禮記正義》李學勤主編，北京大學出版，1999 年 12 月。
3. 漢／許慎，清／段玉裁注《說文解字注》黎明文化事業，1996 年 9 月。
4. 唐／杜佑《通典》
5. 《晉書》《四部文明 [3] 魏晉南北朝文明卷 5》陝西人民，2007 年。
6. 《宋史》
7. 宋／黎靖德編《朱子語類》中華書局，1999 年 6 月。
8. 宋／葉廷珪《海錄碎事》中華書局，2002 年 5 月。
9. 宋／葉廷珪《海錄碎事》中華書局，2002 年 5 月。
10. 王燕均、王光照校點《朱子全集·家禮》
11. 明／王陽明《傳習錄上》上海古籍出版社，1992 年 1 月。
12. 明／徐光啟《農政全書》清光緒癸卯重刊本。
13. 明／呂坤《實政錄》《北京圖書館古籍珍本叢刊》書目文獻出版社，2003 年。

14. 明／王夫之《讀四書大全說》嶽麓書社出版，1991 年 12 月。

15. 明／王夫之《宋論》中華書局，2003 年 11 月。

16. 明／徐孚遠《交行摘稿》藝文印書館，1958 年。

17. 明／費信《星槎勝覽》《明清筆記史料叢刊》中國書店，2000 年。

18. 明／孫能傳《剡溪漫筆》中國書店出版，1987 年。

19. 明／王世貞《觚不觚錄》藝文印書館，1967 年。

20. 明／俞汝楫《禮部志稿》台灣商務，1983 年。

21. 明／朱長祚《玉鏡新譚》中華書局，1997 年 11 月。

22. 清／黃宗羲著／陳乃乾編《黃梨洲文集》中華書局，2009 年。

23. 清／黃遵憲《日本雜事詩》岳麓書社，1985 年 5 月。

24. 清／顧炎武《日知錄》上海商務印書館，1929 年 10 月。

25. 清／張廷玉等撰《明史》中華書局，1974 年 4 月。

26. 清／胡蘊玉《髮史》《滿清野史 第十種》文橋出版社，1972 年。

27. 清／趙翼《二十二史札記》商務印書，1937 年 12 月。

28. 清／夏燮《明通鑑》中華書局，1980 年 7 月。

29. 清／計六奇《明季北略》中華書局，1984 年 6 月。

30. 《餘姚縣志》，清／邵友濂修；清／孫德祖等纂，成文出版社，1983 年。

31. 清／邵友濂修；清／孫德祖等纂《餘姚縣誌》，1899 年。

32. 人見竹洞《人見竹洞詩文集》汲古書院，1991 年（平成三年），5 月。

33. 小宅生順《西遊手錄》收錄於《朱舜水記事纂錄》附錄，吉川弘文館，1914 年（大正三年）6 月。

34. 山鹿素行《謫居童問》博文館，1913（大正 2）年。

35. 安東省菴《安東省菴集影印編 1 柳川文化資料集成第二集》，柳川市史編輯委員會，2001 年 3 月。

36. 伊藤仁齋《語孟字義》鳳出版，1978 年（昭和 53 年）

37. 伊藤仁齋《古學先生詩文集》收錄於《近世儒學家文集集成 第一卷》（天理圖書館古義堂文庫藏），三宅正彥編集、解說，ぺりかん社，1985 年（昭和 60 年）。

38. 新井白石《新井白石全集》第五冊，吉川半七，1906 年（明治 39 年）。

三、專書（依姓名筆劃排序）

1. Dore, R.P, "Education in Tokugawa Japan" Los Angeles University of California Press, 1965.

2. Julia Ching "A Chinese Confuician Scholar in Tokugawa Japan", "Monumenta Nipponica" Vol.30, No.2, Published by: Sophia University, 1975.

3. James L. McClain, "Japan: A modern History", W.W. Orton & Company, Inc, 2002.

4. Ku, Helena Pui-king "Chu Shun-shui:His Life and Influence" Doctoral dissertation, St. John's University, 1972.

5. Lynn A. Struve "The southern ming, 1644-1662" Yale University Press, c1984.

6. 卜正民著，張華譯《為權力祈禱──佛教與晚明中國士紳社會的形成》江蘇人民出版社，2005 年 11 月。

7. 大庭 脩《江戶時代における唐船持渡書の研究》関西大學出版部，1981 年 3 月。

8. 大石慎三郎《江戶時代》中央公論社，1993 年 9 月。

9. 丸山真男著，區建英譯《福澤諭吉與日本近代化》出林出版社，1992 年 10 月

10. 丸山真男，江中江譯《日本政治思想史》三聯書局，2000 年 1 月。

11. 山本達郎《安南史研究 1》第二編，山川出版社，1995 年 6 月。

12. 子安宣邦《東亞儒學：批判與方法》喜瑪拉雅基金會發行，2003 年 7 月。

13. 子安宣邦《伊藤仁齋──人倫的世界の思想》東京大學出版會，1982 年 5 月。

14. 王雲五《明清教學思想》台灣商務印書館，1971 年 5 月。

15. 王力《王力文集》山東教育出版社，1991 年。

16. 王茂、莊國保、余秉頤、陶清著《清代哲學》安徽人民出版社，1992 年 1 月。

17. 王家驊《儒家思想與日本文化》淑馨出版社，1994 年。

18. 王曉秋《中日文化交流史話》台灣商務印書館，1994 年 9 月。

19. 王中田《江戶時代日本儒學研究》中國社會科學院，1994 年 12 月。

20. 王汎森《晚明清初思想十論》復旦大學出版，2004 年 12 月。

21. 井上光貞、笠原一男、兒玉幸多《要說日本史（改訂版）教授資料》，山
    川出版社，1978 年 3 月。

22. 井上光貞等人著《詳說日本史》山川出版社，1984 年。

23. 司徒琳著，李榮慶等譯《南明史 1644~1662》上海古籍出版社，1992 年 7
    月。

24. 古清美《慧菴存稿(二)》大安出版社，2004 年 7 月。

25. 牟宗三《中國哲學的特質》學生書局，1994 年 8 月。

26. 圭室諦成《日本の佛教》大藏出版株式伝社，1958 年（昭和三十三年）9
    月。

27. 朱天順等人編《媽祖研究論文集》鷺江出版社，1989 年 7 月。

28. 朱歧祥《殷墟甲骨文字通釋稿》文史哲出版社，1989 年 12 月。

29. 江宜樺《自由主義、民族主義與國家認同》揚智文化，1998 年。

30. 吉田俊純《水戶光圀の時代》校倉書房株式会社，2000 年 4 月。

31. 辻本雅史，張崑將、田世民譯《日本德川時代的教育思想與媒體》台灣大
    學出版中心，2005 年。

32. 吳士連等撰，引田利章句讀，《大越史記全書》，日／埴山堂翻刻本，1884
    年。

33. 吳文星、許雪姬編著《戒嚴時期台灣政治事件口述歷史——台灣地區戒嚴
    時期政治案件——五〇～七〇年代文獻專輯》台灣省文獻委員會，2001
    年 12 月。

34. 村上重良，聶長振譯《國家神道》商務印書館，1992 年 3 月。

35. 坂本賞三、福田豐彥監修《新編日本史圖表》第一学習社，1997 年 5 月。

36. 坂本太郎《日本史》中國社會科學出版社，2008 年 6 月。

37. 呂玉新 "Confucius, Zhu Shun Shui, and the Original of Japanese
    Statebuilding in The Tokugawa Era: 1650-1700," Doctoral dissertation, St.

John's University, 1998.

38. 呂玉新《古代東亞政治環境中天皇與日本國的產生》香港中文大學，2006年。

39. 杜維明《儒家思想——以創造轉化為自我認同》東大圖書，1997年11月。

40. 余英時《論戴震與章學誠》三聯書店，2000年6月。

41. 余英時《儒家倫理與商人精神》廣西師範大學出版，2004年4月。

42. 何冠環《宋初朋黨與太平興國三年進士》中華書局，1994年10月。

43. 何宗美《明末清初文人結社研究》南開大學出版，2003年1月。

44. 何弓盈、張猛、胡雙寶編《中國漢字文化大觀》北京大學出版，1996年。

45. 沈文倬《宗周禮樂文明考論》浙江大學出版社，2001年6月。

46. 岑大利《中國歷代鄉紳史話》瀋陽出版社，2007年2月。

47. 青木美智男《百姓一揆の時代》校倉書房，1999年1月。

48. 春山作樹《江戶時代の教育》岩波書店，1935（昭和10）年。

49. 周志文《晚明學術與知識分子論叢》大安出版社，1999年3月。

50. 河合敦，黃秋鳳譯《早わかり江戶時代》城邦文化，2009年5月。

51. 胡吉勛《「大禮議」與明廷人事變局》社會科學文獻出版，2007年8月。

52. 郭沫若《金文叢考》人民出版社，1954年6月。

53. 郭紹虞《中國文學批評史》百花文藝出版社，1999年5月。

54. 許倬云《求古編》聯經，2003年9月。

55. 梁啟超《中國近三百年學術史》里仁書局，1995年2月。

56. 高須芳次郎《水戶學派の尊皇及び經綸》雄山閣，1936年（昭和11年）。

57. 高須芳次郎《水戶學徒列傳》誠文堂新光社，1941年6月。

58. 高須芳次郎《水戶義公・烈公集》日東書院，1933年（昭和8年）。

59. 高尾一彥《近世の日本》東京都：講談社，1976年。

60. 越／陳重金著，戴可來譯《越南通史》，1992年12月。

61. 勞思光《新編中國哲學史》三民書局，1997年10月。

62. 黃俊傑《德川日本《論語》詮釋史論》台灣大學出版，2007年10月。

63. 馮賢亮《明清江南地區的環境變動與社會控制》上海人民出版社，2002年8月。

64. 源了圓著，郭連友、漆紅譯《日本文化與日本人性格的形成》，北京出版社，1992 年 3 月。

65. Ruth Benedict（潘乃德）著，黃道琳譯《菊花與劍──日本的民族文化模式》桂冠出版，2002 年 10 月。

66. 謝國楨《明末清初的學風》上海書店出版社，2005 年 1 月。

67. 謝國楨《明清之際黨社運動考》遼寧教育出版社，1998 年 3 月。

68. 溝口雄三著，索介然、龔穎譯《中國前近代思想的演變》中華書局，2005 年 5 月。

69. 張崑將《德川日本「忠」「孝」概念的形成與發展──以兵學與陽明學為中心》華東師範大學出版社，2008 年 1 月。

70. 張寶三、徐興慶合編《德川時代日本儒學史論集》華東師範大學出版社，2008 年 1 月。

71. 張寶三、徐興慶編《德川時代日本儒學史論集》國立台灣大學出版中心，2004 年。

72. 張壽安《十八世紀禮學考證的思想活力》中央研究院近代史研究所，2001 年 12 月。

73. 喬治忠《中國官方史學與私家史學》北京圖書館出版社，2008 年 5 月。

74. 新渡戶稻造，林水福譯《武士道》聯合文學出版，2008 年。

75. 趙園《明清之際的思想與言說》三聯書店，2008 年。

76. 趙園《明清之際士大夫研究》北京大學出版社，2006 年 11 月。

77. 劉述先《理一分殊》上海文藝出版社，2000 年 1 月。

78. 劉萍《津田左右吉研究》中華書局，2004 年。

79. 趙克生《明朝嘉靖時期國家祭禮改制》社會科學文獻出版社，2006 年 6 月。

80. 錢婉約《從漢學到中國學》中華書局，2007 年 3 月。

81. 錢玄《三禮通論》南京師範大學出版社，1996 年 10 月。

82. 戴景賢《王船山之道器論》廣學社印書館，1982 年 12 月。

83. 韓東育《從「脫儒」到「脫亞」：日本近世以來「去中心化」之思想過程研究》台灣大學出版中心，2009 年。

84. 韓東育《從「脫儒」到「脫亞」——日本近世以來「去中心化」之思想過程》台灣大學出版中心，2009 年 11 月。

85. 瞿林東《中國史學史綱》〈史學走向社會深層——明代史學〉北京出版社，1999 年 12 月。

86. 嚴紹璗《日本的中國學家》中國社會科學出版社，1980 年。

87. 越南社會科學委員會編著《越南歷史》人民出版社，1997 年 6 月。

88. 《江戶の思想家たち（上下）》東京研究出版社，1979 年 11 月。

89. 《四庫全書總目提要》經部四書類一，第七冊，台灣商務印書館，1931 年 4 月。

四、單篇論文（依時間先後排序）

1. 稻葉君山〈朱舜水建聖廟の意見〉《日本と日本人》531，1910 年。

2. 稻葉君山〈長崎における朱舜水〉《日本と日本人》583，1912 年。

3. 稻葉君山〈朱舜水考〉《日本と日本人》475~485，1912 年。

4. 李大釗〈朱舜水之海天鴻爪〉《言治月刊》第 1 期，1913 年。（1988 年並收在《舜水朱氏談綺》附錄中）

5. 李大釗〈東瀛人士關於舜水事蹟之爭訟〉《言治月刊》第 1 期，1913 年。（1988 年並收在《舜水朱氏談綺》附錄中）

6. 李大釗〈覆景學鈐君〉《言治月刊》第 1 期，1913 年。（1988 年並收在《舜水朱氏談綺》附錄中）

7. 安積覺〈朱氏略譜〉《朱舜水記事纂錄》彰考館編刊，1913 年。

8. 雨谷毅錄〈舜水先生略年譜——始自先生至水府前年〉《朱舜水記事纂錄》彰考館編刊，1913 年。

9. 稻葉君山，〈日支關係〉《太陽》第二十五卷十一號，1919 年（大正八）年 9 月 1 日。

10. 稻葉君山，〈對支國論を警む〉《太陽》第二十六卷十一號，1920 年（大正九）年 10 月 1 日。

11. 稻葉君山，〈現代支那的內面觀察〉《太陽》第二十八卷五號，1922 年（大正十一）年 5 月 1 日。

12. 梁啟超〈黃黎洲、朱舜水乞師日本辯〉《東方雜誌》第 20 卷第 6 號，1923年。

13. 梁啟超〈朱舜水之學術思想〉《史地學報》第 3 卷第 2 期，1924 年。收入於《中國近三百年學術史》第七章。

14. 許嘯天〈朱舜水思想的研究〉《國故學討論集》，群學社，1927 年 1 月。

15. 石原道博〈朱舜水〉《東洋歷史大辭典》4 卷，1937 年。

16. 石原道博〈朱舜水と向陵〉《一高同窗會會報》35，1937 年

17. 石原道博〈向陵朱舜水碑の筆者について〉《一高同窗會會報》37，1937年。

18. 中山久四郎：〈朱舜水と文化交流溝通〉《支那》第三十五卷第五號，1944年。

19. 石原道博〈朱舜水の思想と生涯〉《教育と社會》第 4 卷第 7 期，1949年。

20. 石原道博〈朱舜水の經世濟民〉《いばらき》學藝欄，1952 年。

21. 梁若容〈讀梁任公著《朱舜水年譜》〉《大陸雜誌》第 7 卷第 9 期，1953年。

22. 郭敏行〈迎日本漢學家〉《聯合報》1953 年 10 月 21 日。

23. 梁若容〈朱舜水與日本文化〉《大陸雜誌》第 8 卷第 4 期，1954 年。

24. 中山久四郎〈朱舜水と日本文化〉《東京支那學報》第三號，1957 年。

25. 中山久四郎〈朱舜水と日本文化〉《東京支那學報》第三號，1959 年。

26. 梁容若〈迎日本漢學家吉川幸次郎博士〉《聯合報》1960 年 11 月 2 日。

27. 〈陳和銑赴日 將謁朱舜水墓〉《聯合報》，1961 年 9 月 2 日。

28. 稻葉君山著，傅仲濤譯〈論中國社會結構——家族制度〉（原刊於《支那近世史講話》）《外國資產階級是怎樣看待中國歷史的——資本主義國家反動學者研究中國近代歷史的論著選譯》第 1 卷，中國科學院近代史研究所資料編譯組編譯，商務印書館，1961 年。

29. 崔萬秋〈東京見聞記〉《聯合報》1964 年 10 月。

30. 石原道博〈朱舜水関係史料補說〉《茨城縣史研究》，1965 年（昭和年）3 月 25 日。

31. 藤澤誠〈朱舜水の古學思想と我が古學派との關係〉《東京友那學報》第十二號，1966 年。

32. 〈蔣部長離大阪 歡送場面盛大——行前接見華僑領袖指出 光復大陸使命終必完成〉《聯合報》，1967 年 12 月 3 日。

33. 李嘉〈朱舜水與明治維新〉《聯合報》，1968 年 3 月 22 日。

34. 李嘉〈朱舜水的孤忠與孤獨〉《中華日報》、《台灣新生報》、《聯合報》，1968 年 3 月 29 日。

35. 李嘉〈明末日本乞師記〉《聯合報》，1968 年 4 月 5 日。

36. 李嘉〈三百年前中日間的師弟愛〉《聯合報》，1968 年 4 月 10 日。

37. 李嘉〈老死日本的朱舜水〉《聯合報》，1968 年 4 月 12 日。

38. 李嘉〈梅都水戶祭明儒〉《聯合報》，1968 年 4 月 19 日。

39. 李嘉〈朱舜水先生的學問思想〉《聯合報》，1969 年 4 月 18.19 日。

40. 李嘉〈朱舜水與鄭成功〉《聯合報》，1968 年 5 月 9 日。

41. 何佑森〈黃梨洲與浙東學派〉《書目季刊》7-4，1974 年 3 月。

42. 劉紀曜〈公與私——忠的倫理內涵〉《天道與人道》黃俊傑主編、劉岱總主編，聯經出版，1982 年。

43. 久野勝弥〈竹軒 酒泉弘〉《水戶史學》第十八號，1983 年（昭和 58 年）4 月 23 日。

44. 白砥民〈黃宗羲與朱之瑜〉《寧波大學學報（教育科學版）》第 2 期，1984 年。

45. 郭紹虞〈明代文人集團〉，收錄於《照隅室古典文學論集》，丹青圖書，1985 年 10 月。

46. 錢明〈黃梨洲朱舜水關係辨——兼與白砥民先生商榷〉《杭州大學學報》，1986 年第 4 期。

47. 王森汎〈清初講經會〉《中央研究院歷史語言研究所集刊》，第六十八本，第三分，1987 年 9 月。

48. 李大釗〈東瀛人士關於舜水事蹟之爭訟〉收錄於《朱氏舜水談綺》附錄，頁 14~19，華東師範大學出版社，1988 年 8 月。

49. 朱鴻林〈明太祖的孔子崇拜〉《中央研究院歷史語言研究所集刊》第七十

本，第二分，1989 年 6 月。

50. 朱金明〈談媽祖信仰的初期傳播〉《媽祖研究論文集》朱天順等人編，鷺江出版社，1989 年 7 月。

51. 嚴紹璗《日本中國學史　第一卷　世紀年代——世紀年代中期》〈白鳥庫吉史學與堯舜禹抹急論——中國史學的奠基性成果〉江西人民出版社刊，1991 年。

52. 子安宣邦，陳靜慧譯〈伊藤仁齋與「人文時代」的《論語》解——以「知天命」說為主軸〉《人文學報》，中央大學文學院，第二十四期，1991 年 12 月。

53. 木下英明〈朱舜水と彰考館の史臣達〉水戶史學會《水戶史學 38 卷》，1993 年 5 月。

54. 德田武〈人見竹洞・朱舜水往復書牘年時考證〉《明治大學教養論集》通卷 259 號，1993 年。

55. 鄭永常〈論明成祖出兵安南及郡縣其地的問題〉《成大歷史學報》，第十九期，1993 年 12 月。

56. 呂士朋〈明代制度文化對越南黎朝的影響〉《史學集刊》第一期，1994 年。

57. 呂玉新〈有關朱舜水研究文獻目錄〉《漢學研究通訊》，1994 年 11 月。

58. 鄭永常〈論明宣宗棄守安南〉《國立成功大學歷史學報》第 20 期，1994 年 12 月。

59. 木下英明〈朱舜水と大日本史編纂について〉茨城縣立歷史館《茨城縣立歷史館報》第 22 號，1995 年 3 月。

60. 山本達郎〈第一章明初に於ける安南との關係〉《安南史研究 1》第二編，山川出版社，1995 年 6 月。

61. 錢明〈朱舜水事蹟在故國的早期傳播〉《浙江學刊》，1995 年第 5 期。

62. 郭佐唐〈張國維年譜〉《浙江師大學報（社會科學版）》第二期，1995 年。

63. 趙子富〈明代府州縣儒學的教育經費（上）（下）〉《首都師範大學學報》第二期、第三期，1995 年。

64. 淺野裕一〈儒教の形成（VI）——《孝經》の著作意図〉《東北大学大学院国際文化研究科 アジア文化論講座》第三號 1995 年 12 月。

65. 疋田啟佑〈朱舜水と安東省庵その思想上の影響の一端〉《文藝と思想》福岡女子大學文學部紀要，第 60 號，1996 年 2 月。

66. 賴振南〈日本漢學研究的歷史背景概述〉《漢學研究通訊》總 97 期，1996 年 2 月。

67. 李喜所〈甲午戰後五十年間留日學生的日本觀及其影響〉《社會科學研究》1997 年 1 月。

68. 江宜樺〈自由民主體制下的國家認同〉《台灣社會研究季刊》第 25 期，1997 年 3 月。

69. 諸煥灿〈黃宗羲與朱之瑜關係考察〉《黃梨洲三百年祭》吳光等編，當代中國出版社，1997 年 12 月。

70. 阿部隆一、大沼晴暉〈孝經類簡明目錄〉《斯道文庫論集 14》1977 年 12 月。

71. 江宜樺〈自由民主體制下的國家認同〉《台灣社會研究季刊》第 25 期，1997 年 3 月。

72. 錢明〈朱舜水事跡回傳故國考——清末民初的朱舜水熱〉張立文、町田三郎主編《中日文化交流的偉大使者——朱舜水研究》，人民出版社，1998 年 12 月。

73. 李鳳金整理〈補正二則——據方行先生提供資料〉，《中日文化交流的偉大使者——朱舜水研究》張立文，町田三郎主編，人民出版社，1998 年 12 月。

74. 姚建平〈松江的人文環境與朱舜水的學問人格〉，收錄於《中日文化交流的偉大使者——朱舜水研究》，人民出版社，1998 年 12 月。

75. 李甦平〈舜水學與省庵學〉《中日文化交流的偉大使者——朱舜水研究》張立文、町田三郎主編，人民出版社，1998 年 12 月。

76. 張立文〈論舜水學的意蘊——為紀念朱舜水誕辰 395 周年而作〉《中日文化交流的偉大使者——朱舜水研究》張立文、町田三郎主編，人民出版社，1998 年 12 月。

77. 唐政〈魯迅與日本學者三題〉《魯迅研究月刊》1999 年 3 月。

78. 木下英明〈加賀と朱舜水〉《茨城縣立歷史館報》，1999 年 3 月。

79. 周志文〈明代笑話書中的士子〉《晚明學術與知識分子論叢》，大安出版社，1999 年 3 月。

80. 張兆裕〈明代萬曆時期災荒中的蠲免〉《中國經濟史研究》第三期，1999 年。

81. 許邦權、許邦官〈盛唐學校教育繁榮原因探析〉《培訓與研究——湖北教育學院學報》第六期，1999 年。

82. 張立文〈論「大禮議」與朱熹王陽明思想的衝突〉《南昌大學學報》第 30 卷第 2 期，1999 年 6 月。

83. 陳東有〈明清時期東南商人的神靈崇拜〉《中國文化研究》（總第 28 期）2000 年。

84. 董郁奎〈試論明中葉的財政危機與浙江的賦稅制度改革〉《浙江學刊》第四期，2000 年。

85. 羅麗馨〈明代災荒時期之民生——以長江中下游為中心〉《史學集刊》第一期，2000 年 2 月。

86. 余英時〈從宋明儒學的發展論清代思想史——宋明儒學中智識主義的傳統〉《論戴震與章學誠》，三聯書店，2000 年 6 月。

87. 郭齊〈朱熹《四書》次序考論〉《四川大學學報（哲學社會科學版）》第六期，2000 年。

88. 吉田俊純〈『大日本史』編纂の歷史觀——北朝正統論をめぐって〉《水戶光圀の時代》校倉書房株式会社，2000 年 4 月。

89. 田曉紅、高春平〈明代的學校制度及其警示〉《滄桑》，2000 年 5 月。

90. 趙建民〈朱舜水研究的回顧與前瞻〉《浙江學刊》，第 2 期，2001 年。

91. 方健〈宋代的相見、待客與交游風俗〉《浙江學刊》第四期，2001 年。

92. 牛軍凱〈南明與安南關係初探〉《南洋問題研究》第二期，2001 年。

93. 黃宇雁〈「孝」書籍與孝觀念在日本的流傳〉《浙江教育學院學報》總 49 期，2001 年。

94. 何冠彪〈清朝官方的「明亡於萬曆」說〉《國立編譯館館刊》第二十八卷

第一期，2001 年 11 月。

95. 李樹華〈明末儒將朱舜水的園林花木趣味及他對東京小石川後樂園的貢獻〉《中國園林》，2002 年。

96. 林安梧〈中日儒學與現代化的哲學省察：「情實理性、氣的感通」與「儀式理性、神道儀軌」——由李澤厚〈中日文化心理比較試說略稿〉一文引發的檢討〉《哲學評論》武漢大學哲學系宗教學系編，湖北人民出版社，2002 年 1 月。

97. 蔣為文〈語言、階級、與民族主義：越南語言文字演變之探討〉第四屆「2002 年台灣的東南亞區域研究年度研討會」4 月 26~27 日，中山大學，高雄。

98. 徐杰令〈朝覲禮考〉《求是學刊》第三期，2002 年 5 月。

99. 陳瑋芬在〈「道」、「王道」、「皇道」概念在近代日本的詮釋〉《中山人文學報》，2002 年 9 月。

100. 張維屏〈從《四戲全書總目》〈史部 史評類〉對於所錄明代著作的評述分析明人的史評論著〉《政大史粹》第四期，2002 年 7 月。

101. 解學詩〈從史學博士白鳥庫吉到右翼狂人大川周明——滿鐵的「滿鮮」歷史地理調查和「滿蒙狂」煽動〉《社會科學戰線》（東北歷史與文化）第三期，2003 年。

102. 山谷〈乘桴浮於海——關於朱舜水〉，《書屋》，2003 年第十二期。

103. 今井弘濟、安積覺撰〈朱舜水行實〉，收錄於《朱舜水集》，漢京文化事業，2003 年 1 月。

104. 何宗美〈張居正改革對晚明黨爭及文人結社的影響〉，《社會科學輯刊》，2003 年第 4 期。

105. 甘懷真〈中國古代君臣間的敬禮及其經典詮釋〉《台大歷史學報》第三十一期 2003 年 6 月。

106. 久信田喜一在〈水戶的朱舜水研究現狀〉，町田三郎、潘富恩主編《朱舜水與日本文化》，2003 年 7 月。

107. 鄭紅〈舜水學的「古學」傾向與儒學的過濾〉《朱舜水與日本文化》町田三郎、潘富恩主編，人民出版社，2003 年 7 月。

108. 錢明〈朱舜水事跡回傳故國考之二——家鄉親友的朱舜水情節〉收錄在町

田三郎，潘富恩主編《朱舜水與日本文化》2003 年 7 月。

109. 金子正道〈朱舜水與安東省庵的相識——陳明德（穎川入德）其人〉《朱舜水與日本文化》人民出版社，2003 年 7 月。

110. 巫仁恕〈晚明旅遊活動與消費文化——以江南為討論中心〉《中央研究院近代史研究所集刊》第 41 期 2003 年 9 月。

111. 陳來〈林羅山理學思想研究〉《哲學門》湖北教育出版社，2003 年 11 月。

112. 渡邊告〈儒學史異同的解釋：「朱子學」以後的中國與日本〉《德川時代日本儒學史論集》張寶三、徐興慶編，國立台灣大學出版中心，2004 年。

113. 李雲泉〈賓禮的演變與明清朝貢禮儀〉《河北師範大學學報（哲學社會科學版）》第 27 卷第一期，2004 年 1 月。

114. 余英時〈士商互動與儒學轉向——明清社會史與思想史之一面相〉《儒家倫理與商人精神》，廣西師範大學出版社，2004 年 4 月。

115. 余英時〈戴東原與伊藤仁齋〉《中國知識人之史的考察》廣西師範大學出版社，2004 年 4 月。

116. 邱仲麟〈明代北京的瘟疫與帝國醫療體系的應變〉《中央研究院歷史語言研究所集刊》第七十五本，第二分，2004 年 6 月。

117. 本鄉隆盛〈藤田幽谷〈正名論〉的歷史地位：水戶學研究的現況〉《德川時代日本儒學史論集》，國立台灣大學出版中心，2004 年 8 月。

118. 杜保瑞〈從朱熹鬼神觀談三教辨正問題的儒學理論建構〉《東吳哲學學報》第 10 期，2004 年 8 月。

119. 王汎森〈清初士人的悔罪心態與消極行為——不入城、不赴講會、不結社〉《晚明清初思想十論》，復旦大學出版，2004 年 12 月。

120. 周振鶴〈從明人文集看晚明旅游風氣及其與地理學的關係〉《復旦學報》第一期，2005 年。

121. 吳德壽〈漢字對現在越南文化的影響〉《漢字與全球化國際學術研討會論文集》，北市文化局，2005 年。

122. 韓碧琴〈儀禮覲禮儀節研究〉《興大中文學報》第十七期，2005 年 6 月。

123. 何莊〈從古代詔敕制度的演變看明清君主專制統治的加強〉《檔案學通訊》第五期，2005 年。

124. 謝必震，陳碩炫〈琉球天妃信仰狀況及其嬗變〉《莆田學院學報》2005年6月。
125. 辻本雅史，張崑將、田世民譯〈文字社會的成立與出版媒體〉《日本德川時代的教育思想與媒體》，台灣大學出版中心，2005年。
126. 高權德〈試論明代的教育及其管理制度〉《山西大學學報》第二十八卷第六期，2005年11月。
127. 佐藤貢悅〈重評福澤諭吉的儒學觀與「脫亞論」〉《中山大學學報》（社會科學版）第46卷第3期，2006年。
128. 李濟〈跪坐蹲居與箕踞——殷墟石刻研究之一〉《李濟文集卷四》，上海人民出版社，2006年。
129. 加加美光行〈日中關係的曲折演進：一種宏觀歷史的角度〉《世界經濟與政治》第二期，2006年。
130. 王曉秋〈中國留學日本110年歷史的回顧與啟示〉《徐州師範大學學報》第32卷第4期，2006年7月。
131. 陳瑋芬〈日本關於「東亞」的思考〉《思想：天下、東亞、台灣》第三期，2006年12月。
132. 黃俊傑〈論中國經典中「中國」概念的涵義及其在近世日本與現代台灣的轉化〉《台灣東亞文明研究學刊》2006年12月。
133. 李慶〈關於內藤湖南的「唐宋變革論」〉《學術月刊》第三十八卷，2006年10月。
134. 辻本雅史，田世民譯〈談日本儒學的「制度化」以十七到十九世紀為中心〉《台灣東亞文明研究學刊》第三卷第一期，2006年6月。
135. 閆孟祥、賈明杰〈宋代太學教育〉《河北大學學報》第三十二卷第一百三十六期，2007年。
136. 魏向東〈明間禁忌與旅游空間——晚明旅游時間分析與研究〉《歷史學研究》第三期，2007年。
137. 張筱兌〈宋代太學論證與文官集團的重組——宋代文官集團研究系列之一〉《甘肅高師學報》第十二卷第四期，2007年。
138. 林安梧〈旅日手札〉《人間福報》2007年1月。

139. 內山宗昭〈山鹿素行の教育內容論に関する考察：構成と內容の分析を中心に〉頁 129~119，Kogakuin University bulletin. General education 44(2), 2007 年 2 月 26 日

140. 李圭之〈在傳統中發現近代：京都學派學者內藤湖南的東洋意識〉《國家發展研究》第 7 卷第 1 期，2007 年 12 月。

141. 黃俊傑〈「東亞儒學」如何可能？〉〈在傳統中發現近代：京都學派學者內藤湖南的東洋意識〉《國家發展研究》第 7 卷第 1 期，2007 年 12 月。

142. 周邦君〈明末湖州稻作與災害防治問題——以沈氏《農書》為基礎的考察〉《南京農業大學學報（社會科學版）》第七卷第一期，2007 年 3 月。

143. 陳文源〈明朝士大夫的安南觀〉《史林》，2008 年 4 月。

144. 張利〈嘉靖年間明朝對安南危機的處置〉頁 73，《安慶師範學院學報（社會科學版）》第 27 卷第四期 2008 年 4 月。

145. 何培齊〈內藤湖南的歷史發展觀及期時代〉《史學集刊》第四期，2008 年 7 月。

146. 宇野精一〈宋越倫先生與我〉《宋越倫所長古稀紀念文集》，文化大學日本研究所，2008 年。

147. 島田正郎〈恭頌宋越倫先生古稀華誕〉《宋越倫所長古稀紀念文集》，文化大學日本研究所，2008 年。

148. 吳震〈「證人社」與明季江南士紳的思想動向〉《中華文史論叢》，2008 年 1 月。

149. 本鄉隆盛著，陳文松譯〈藤田幽谷《正名論》的歷史地位：水戶學研究的碧況〉《德川時代日本儒學史論集》張寶三、徐興慶編，華東師範大學出版，2008 年 1 月。

150. 李永剛〈劉宗周與證人社〉《溫州大學學報・社會科學版》，第 21 卷第 4 期 2008 年 7 月。

151. 楊自平〈曹端與薛瑄理學思想之比較研究〉《明代學術論集》，萬卷樓，2008 年 2 月。

152. 張德建〈春秋學與明代學術的歷史變遷〉《武漢大學學報（人文科學版）》第六十一卷第三期，2008 年 5 月。

153. 蘇嘉〈徐光啟和《農政全書》〉《出版史料》第四期，2009 年。

154. 劉志剛〈晚明士大夫與旅游資源評價〉《社會科學家》2009 年 9 月。

155. 章景明〈〈曲禮〉「禮不下庶人，刑不上大夫」的解釋〉《孔德成先生學術與薪傳研討會論文集》台大中文系，2009 年 12 月。

156. 張海英、張松輝〈二程之鬼神觀探析〉《齊魯學刊》第 2 期，2009 年。

157. 吳迪〈明成祖安南政策的雙重性〉《忻州師範學院學報》第 25 卷第 3 期，2009 年 6 月。

158. 聶鑫〈傳統中國的土地產權分立制度探析〉《浙江社會科學》第九期，2009 年 9 月。

159. 霍有明〈黃遵憲《日本雜事詩》在中日文化交流史上的意義〉《安康學院學報》，第 21 卷第 5 期，2009 年 10 月。

160. 王海娜〈中國大陸地區朱舜水研究述評〉錢明、葉樹望主編《舜水學探微——中日舜水學研討會文集》，人民出版社 2009 年。

161. 何為民〈《脫亞論》解讀過程中的誤區〉《日本學刊》第 4 期，2009 年。

162. 羅以民〈歸化、儒化與文化堅守——朱舜水亡命日本的文化心態剖析〉，錢明、葉樹望主編《舜水學探微——中日舜水學研討會文集》，人民出版社，2009 年。

163. 韓志平〈崔萬秋其人其事〉《春秋》，2009 年 6 月。

164. 谷川道雄〈戰後日本中國史研究的動態與特點〉《歷史學》2009 年 8 月。

165. 楊際開〈朱舜水研究的雙峰——評 1、徐興慶著《朱舜水與東亞文化傳播的世界》2、錢明著《勝國賓師——朱舜水傳》〉《二十一世紀》，2009 年 6 月。

166. 荒木龍太郎在〈朱舜水與明末思想〉《杭州師範大學學報（社會科學版）》第四期，2009 年 7 月。

167. 鄭麗航〈清代國家祭祀體系中的天后考述〉《海南大學學報（人文社會科學版）》2009 年 10 月。

168. 吾妻重二〈江戶初期における学塾の発展と中国・朝鮮——藤原惺窩、姜沆、松永尺五、堀杏庵、林羅山、林鵞峰らをめぐって〉東アジア文化交渉研究第 2 号，2009 年。

169. 曾健民〈台灣「日本情結」的歷史諸相：一個政治經濟學的視角〉《思想14：台灣的日本症候群》，聯經出版，2010 年 1 月。

170. 楊麗敏、唐瑩〈《孝經》的版本及流傳〉《語文學刊》2010 年 1 月

171. 徐向東〈論西周時代國家控制土地方式的特點〉《內江師範學院學報》第二十五卷第五期，2010 年。

172. 佐藤貢悅〈江戶儒學思想史における朱舜水の位置〉「朱舜水與東亞文明發展國際學術研討會」2010 年 11 月 6 日。

173. 代安〈「舜水學」的現實意義——專訪錢明〉《東方養生》2010 年，10 期。

174. 何宗美〈明代文人結社現象批判之辨析〉《文藝研究》2010 年第 5 期。

175. Wang Xin〈東亞歷史上的儒學共同體——以日本古派同志會為中心〉頁 117~128，Journal of East Asian cultural interaction studies 4，2011 年 3 月 31 日。

五、碩博士論文（依時間先後排序）

1. 王瑞生《朱舜水學記》文化大學中文所博論，1984 年 3 月。

2. 子安宣邦《伊藤仁齋研究》東京大學博論，1987 年。

3. 徐興慶《近世中日文化交流史の研究》九州大學博士論文，1992 年。

4. 阮進立《漢字與喃字形體結構比較之研究》國立屏東教育大學中國語文學系碩論，1999 年 7 月。

5. 林冠宏《冷戰後「中」日安全戰略關係：認知、政策與影響》，政治大學東亞研究所碩士論，2006 年 6 月。

6. 遠藤美幸《伊藤仁齋《語孟字義》之研究》台灣大學中國文學系碩論，2007 年 6 月。

7. 邵軒磊《戰後日本之中國研究系譜》政治大學東亞研究所博士論文，2008 年。

8. 毛德傳〈愛國抗日文化人崔萬秋——並非領導藍苹張春橋的大特務〉http://www.chinalzs.com/web/?action-viewnews-itemid-18100，2009 年 2 月。

9. 〈朱舜水記念館修復のために写真を贈呈〉http://www.pref.ibaraki.jp/buky

oku/seikan/kokuko/shanghai/topics/98/tp9812.htm 日本茨城縣上海事務所網
頁。

10. 小石川後樂園：可參考 http://teien.tokyo-park.or.jp/contents/map030.html。

11. 湊川神社 http://www.minatogawajinja.or.jp/history/。

國家圖書館出版品預行編目資料

朱舜水學術思想及其對日本江戶時代文化之影響

莊凱雯著. – 初版. – 臺北市：臺灣學生，2012.10

面；公分

ISBN 978-957-15-1566-3 (平裝)

1. （明）朱之瑜 2. 學術思想 3. 儒學 4. 文化傳播
5. 江戶時代

126.9   101011622

朱舜水學術思想及其對日本江戶時代文化之影響

著　作　者：莊　　　凱　　　雯
出　版　者：臺 灣 學 生 書 局 有 限 公 司
發　行　人：楊　　　雲　　　龍
發　行　所：臺 灣 學 生 書 局 有 限 公 司
　　　　　　臺北市和平東路一段七十五巷十一號
　　　　　　郵 政 劃 撥 帳 號 ： 0 0 0 2 4 6 6 8
　　　　　　電　話 ： (0 2) 2 3 9 2 8 1 8 5
　　　　　　傳　眞 ： (0 2) 2 3 9 2 8 1 0 5
　　　　　　E-mail：student.book@msa.hinet.net
　　　　　　http：//www.studentbook.com.tw

本 書 局 登
記 證 字 號：行政院新聞局局版北市業字第玖捌壹號

印　刷　所：長　欣　印　刷　企　業　社
　　　　　　新北市中和區永和路三六三巷四二號
　　　　　　電　話 ： (0 2) 2 2 2 6 8 8 5 3

定價：新臺幣六〇〇元

西 元 二 〇 一 二 年 十 月 初 版

12612
ISBN 978-957-15-1566-3 (平裝)

臺灣 **學ㄓ書局** 出版

日本漢學叢刊

❶ 日本江戶時代的考證學家及其學問　　　　　　　連清吉著

❷ 日本江戶後期以來的莊子研究　　　　　　　　　連清吉著

❸ 從螺旋史觀看中日文化的發展　　　　　　　　　連清吉著

❹ 明治的漢學家　　　　　　　　　　町田三郎著・連清吉譯

❺ 日本近代的文化史學家──內藤湖南　　　　　　連清吉著

❻ 日本京都中國學與東亞文化　　　　　　　　　　連清吉著

❼ 朱舜水學術思想及其對日本江戶時代文化之影響　莊凱雯著